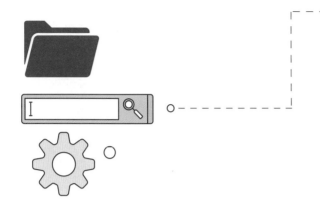

ADSP

데이터분석
준전문가

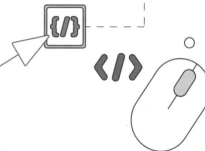

단기완성

박영식 편저

PROFILE
저자약력

박영식

학력 Education

- Ph.D. Candidate in Management Information System at HanSung Univ.
- BSL(Business School Lausanne, Swiss) AI BigData MBA
- aSSIST(a Seoul School of Integrated Sciences & Technologies) AI BigData MBA

경력 Career

現 지이큐 대표
現 한국데이터사이언티스트협회 이사
現 행정안전부 데이터 분석 양성과정 메인 교수
現 서울사이버평생교육원 경영학과 교수
現 ㈜토마토패스 AI/데이터 분석 전문교수
現 ㈜뉴스토마토 AI/데이터 분석 전문교수
現 ㈜케이브레인컴퍼니 AI/데이터 분석 자문위원
現 법무부 외국인 빅데이터팀 AI/데이터 분석 및 기술평가 자문위원
現 NIA 데이터기반 행정팀 AI/데이터 분석 및 기술평가 자문위원
現 중소기업기술정보진흥원 AI/데이터 분석 및 기술평가 자문위원
現 ADsP/빅데이터분석기사 전문교수(서울대, KPC, 더조은, 코리아IT 등)
現 NCS강사(정보기술개발, 정보기술전략)
前 ㈜리얼타임메디체크 AI 예측분석 전략기획실장
前 ㈜와이즈인컴퍼니 수석연구원
前 교보문고 CRM 군집세분화 전략 데이터 분석 컨설팅
前 롯데백화점 CRM Alert 전략 데이터 분석 컨설팅

PREFACE
머리말

21세기 가장 핫한 직업이라 일컬어진 '데이터 과학자'의 인기를 대변이라도 하듯 '데이터분석준전문가(ADsP)'에 응시하는 인원은 2020년 1만 1,396명에서 2021년 2만 3,346명, 2022년에는 3만 517명으로 크게 증가하여 현재까지 꾸준한 응시율을 기록하고 있습니다.

필자는 다수의 대학교, 기업체, 학원, 직업훈련기관 등에서 빅데이터 강의를 하며 비전공 대학생, 직장인, 도메인 전문가, 기업 임원 등 다양한 학생들을 만날 기회가 많았습니다. 많은 만남을 통해 다양한 분들이 빅데이터 학습을 통해 예비 데이터 전문가가 되고자 하는 열망을 가지고 있음을 느꼈습니다.

필자 역시 학부 때 경영학 전공으로 비전공자였던 사람으로서 이후 빅데이터 전공으로 석사 생활을 하며 느꼈던 애로사항과 답답한 마음을 담아 비전공자 학습자들에게 조금이나마 도움이 되고자 이 책을 집필하게 되었습니다.

늘 공부를 하면 할수록 부족한 점이 보이는 것처럼 이 책을 돌아보니 좀 더 쉬운 예제, 좀 더 많은 문제를 수록하지 못한 점이 아쉬움으로 남습니다. 그럼에도 불구하고 어렵고 딱딱할 수 있는 암기, 특히 데이터 분석 부분을 쉽게 풀어쓰려 노력했고, 다양한 문제들을 수록하여 수험생들의 합격에 일조하고자 하였습니다.

이제는 '데이터 과학자'가 아니더라도 자신의 전문 분야에 대한 지식과 함께 데이터 가공 능력을 기본 소양으로 갖추고 있는 인재들이 필요한 시대입니다. 수험생 여러분들께서 ADsP 취득을 시작으로 데이터 분석·가공 능력을 갖추어 원하는 바를 이루는 데 있어 이 책이 작은 보탬이 되었으면 좋겠습니다.

마지막으로 부족한 저를 늘 응원해주는 저의 부모님과 여동생에게 사랑한다는 말을 전하며 인사말을 마칩니다.

저자 박영식

■ 개요

• 데이터분석 준전문가(ADsP ; Advanced Data Analytics Semi-Professional)란 데이터 이해에 대한 기본지식을 바탕으로 데이터분석 기획 및 데이터분석 등의 직무를 수행하는 실무자를 말한다.

• 데이터분석 준전문가의 직무

직무	세부 내용
데이터 기획	비즈니스 목표 달성을 위해 내부 업무 프로세스를 기반으로 다양한 분석 기회를 발굴하여 분석의 목표를 정의하고, 분석 대상 도출 및 분석 결과 활용 시나리오를 정의하여 분석 과제를 체계화 및 구체화하는 빅데이터 분석 과제 정의, 분석 로드맵 수립, 성과 관리 등을 수행한다.
데이터 분석	분석에 대한 요건을 구체적으로 도출하고, 분석 과정을 설계하고, 요건을 실무 담당자와 합의하는 요건 정의, 모델링, 검증 및 테스트, 적용 등을 수행한다.

■ 시험일정(2024년)

회차	접수 기간	수험표 발급	시험일	사전 점수 발표	결과 발표
제40회	1.22~1.26	2.8	2.24(토)	3.15~3.19	3.22
제41회	4.8~4.12	4.26	5.11(토)	5.31~6.4	6.7
제42회	7.1~7.5	7.26	8.10(토)	8.30~9.3	9.6
제43회	9.30~10.4	10.18	11.3(토)	11.22~11.26	11.29

■ 시험과목

• 데이터분석 준전문가 자격 검정 시험은 총 3과목으로 구성되어 있으며, 데이터 이해 과목을 바탕으로 데이터를 분석하는 능력을 검정한다.

• 데이터분석 준전문가 자격 시험은 실기 시험이 없으며 필기시험은 PBT(Paper Based Test) 방식으로 자격을 검정한다. 필기시험 합격 기준 요건을 충족하면 최종 합격자로 분류되어 데이터분석 준전문가 자격이 부여된다.

• 검정과목

구분	과목명	문항수(객관식)	배점(객관식)	시험 시간
필기	데이터 이해	10	100 (각 2점)	90분
	데이터분석 기획	10		
	데이터분석	30		
	계	50	100	

■ 출제기준

과목명	장	절
데이터 이해	데이터의 이해	데이터와 정보
		데이터베이스의 정의와 특징
		데이터베이스 활용
	데이터의 가치와 미래	빅데이터의 이해
		빅데이터의 가치와 영향
		비즈니스 모델
		위기 요인과 통제 방안
		미래의 빅데이터
	가치 창조를 위한 데이터 사이언스와 전략 인사이트	빅데이터 분석과 전략 인사이트
		전략 인사이트 도출을 위한 필요 역량
		빅데이터 그리고 데이터 사이언스의 미래
데이터 분석 기획	데이터분석 기획의 이해	분석 기획 방향성 도출
		분석 방법론
		분석 과제 발굴
		분석 프로젝트 관리 방안
	분석 마스터 플랜	마스터 플랜 수립
		분석 거버넌스 체계 수립
데이터 분석	R 기초와 데이터 마트	R 기초
		데이터 마트
		결측값 처리와 이상값 검색
	통계분석	통계학 개론
		기초 통계분석
		다변량분석
		시계열 예측
	정형 데이터 마이닝	데이터 마이닝 개요
		분류분석(Classification)
		군집분석(Clustering)
		연관분석(Association Analysis)

■ 응시 자격 및 합격 기준

· 응시 자격 : 제한 없음
· 합격 기준

합격 기준	과락 기준
총점 60점 이상	과목별 40% 미만 취득

※ 자세한 시험 일정 및 시험 관련 정보는 변경될 수 있으니 시행처(www.dataq.or.kr)의 공지사항을 반드시 확인하시기 바랍니다.

합격후기

ADsP 3주 92점 합격 후기 - 심*호

1. 취득 동기

대학을 다니고 있었기 때문에 자격증 공부에만 몰두할 수 없는 상황이었고, 시험까지 3주 정도밖에 남지 않았기 때문에 혼자 공부하기보단 인강을 들어야겠다고 생각을 했습니다. 인터넷에서 토마토패스 강의 관련 후기들을 많이 접할 수 있었고, 주변에 투자자산운용사를 취득한 지인분이 토마토패스 강의를 추천해주셔서 토마토패스를 선택했습니다. 해당 강의에서 사용하는 교재에 대해서도 인터넷에 검색해본 결과 좋은 후기들이 많이 있었기에 큰 고민 없이 등록하였습니다.

2. 공부 기간 및 방법

총 기간은 대략 3주였습니다. 3주 동안 공부한 시간은 매일 달랐지만 개념강의와 문제풀이를 모두 수강했습니다. 교재를 보면 총 세 과목으로 이루어져 있는데 각 과목별로 개념과 문제가 있습니다. 저는 일단 문제는 풀지 않고 개념 강의를 쭉 수강했습니다. 그리고 앞에서부터 한 과목씩 문제를 다 풀고 문제 풀이 강의를 보는 방식으로 공부했습니다.

3. 토마토패스의 장점

강사님이 자격증 문제에 대해 정말 많이 분석을 하신 게 느껴졌습니다. 무슨 내용이 중요한지, 무슨 내용이 덜 중요한지, 어떤 단어가 주관식으로 나오는지를 전부 알려주셔서 공부시간을 매우 효율성 있게 분배할 수 있었습니다. 2과목에 암기해야 할 내용이 정말 방대한데 외워야 할 부분과 외우지 않아도 될 부분은 잘 나눠주셔서 정말 부담이 덜했고 더 중요한 부분에 그만큼 시간을 더 쏟으면서 고득점이 가능했습니다.

4. 합격 팁

합격 팁은 그냥 한 문장으로 요약할 수 있습니다. '전적으로 강의를 믿으세요.' 정말입니다. 강사님이 중요하다고 말한 부분은 무슨 일이 있어도 외우고, 읽어보고 넘겨도 된다고 하신 부분은 과감하게 놓아주는 것도 중요하다고 생각합니다. 여러분도 ADsP 합격을 목표로 하고 있다면 꼭 토마토패스 박영식 선생님 강의를 들으시고 의심하지 마시고 믿고 따라가세요.

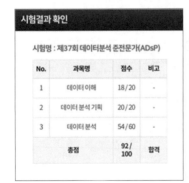

ADsP 고득점 합격 후기(노베이스 직장인) – 서*록

1. 취득 동기

빅데이터 직무와 관련 없는 부서에서 근무하는 4년 차 직장인입니다. 장기적으로 빅데이터 전문가로서의 이직을 목표로 해서 그 첫 단추로 ADsP 취득 준비를 시작하게 되었습니다. 이미 투자자산운용사 등 금융 자격증으로 토마토패스가 유명한 건 알고 있었는데, 가까운 지인이 토마토패스 통해서 ADsP를 한 달 만에 고득점으로 취득했다고 추천하더라고요. 그래서 의심 없이 선택하게 되었습니다.

2. 공부기간 및 방법

공부기간은 약 한 달 정도 소요된 것 같습니다. 시험까지 남은 기간에 비해 너무 빠듯하게 준비하는 것이 아닌가 싶어 걱정했는데, 시간을 효율적으로 쓰기 위해 과목별로 쪼개서 핵심이론 강의를 1회차 정주행한 후 바로 문제풀이 강의로 넘어가 복습은 문제풀이 위주로 진행하고, 헷갈리는 개념이나 내용들을 핵심이론 강의에서 다시 찾아보는 방식으로 학습했던 것 같습니다. 그 결과 90점이라는 만족스러운 점수로 합격할 수 있었습니다.

3. 토마토패스의 장점

토마토패스 ADsP 강의의 가장 큰 장점은 박영식 교수님의 세심함이라고 할 수 있을 것 같습니다. 시험에 대한 분석이 완벽하신 것은 물론, 저 같은 초심자 입장에서 어떤 방식으로 ADsP라는 자격증에 대해 접근하고 공부하면 될지 친절하게 알려주신 덕분에 수월하게 공부할 수 있었습니다. 또한 교수님께서 강의 중에 빈출되는 부분이나 문제를 풀기 위해 꼭 짚고 넘어가야 할 부분은 강조해서 언급해주시고, 출제 빈도가 떨어지는 부분 혹은 ADsP 시험 범위에서 벗어나는 심화적인 내용은 과감히 넘어가라고 가이드라인을 제시해 주신 덕분에 시간 낭비 없이 효율적인 학습이 가능했던 것 같습니다.

4. 합격 팁

우선 저같이 단기간에 해당 자격을 취득하고자 하시는 분들께 전하고 싶은 말이 있는데요, 중요한 내용은 꼭 챙기시고 포기해야 할 내용은 과감하게 버리는 용기를 가지라고 말씀드리고 싶습니다. 이것에 대한 모든 판단은 본인이 할 필요 없이 교수님께서 강의 중에 짚어주시기 때문에 고민 없이 공부하실 수 있으리라 생각됩니다. 결론적으로 전적으로 교수님이 제시해주시는 가이드라인을 믿으시고 성실하게 따라가시면 큰 어려움 없이 고득점 합격을 이뤄내실 수 있으리라 생각합니다. 모두 토마토패스 & 박영식 교수님과 함께하시고 저처럼 단기간에 고득점 ADsP 취득에 성공하시길 응원하겠습니다!

※ 해당 합격 후기는 모두 합격증이 웹상에 인증되어 있으며, 토마토패스 홈페이지 수강 후기에서 더 많은 합격 후기를 확인할 수 있습니다.

이 책의 구성

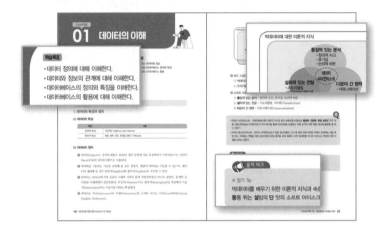

출제경향을 완벽 분석한 과목별 핵심이론

- 데이터 전문 저자의 노하우가 반영된 학습목표 및 과목별 핵심이론 수록
- 효율적 이론 학습을 위한 다양한 도표 및 팁박스로 학습 효율 극대화

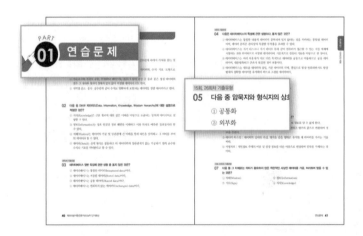

최신 출제 유형을 완벽 반영한 연습문제

- 이론 학습 직후 연습문제를 통한 효율적인 이론 복습 가능
- 실제 기출유형과 유사한 문제에는 관련 기출 회차 표시

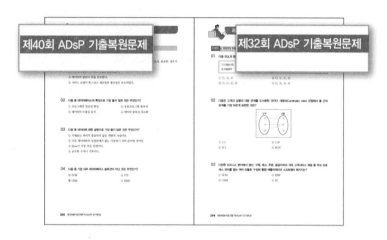

실전 대비를 위한 최신 기출복원문제 9회분 전격 수록

- 제32회~제40회 최신 기출복원문제를 수록하여 실전 대비 가능
- 2024년 시험 출제기준 변경에 따른 전 회차 객관식 문항으로 재구성

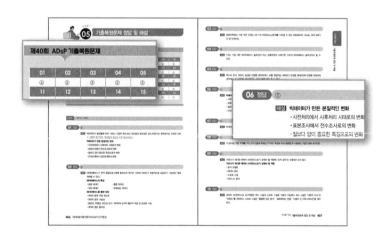

단기 합격을 위한 저자만의 꼼꼼한 해설 수록

- 한눈에 확인하는 전체 정답표를 통한 빠른 문제풀이 가능
- 정답해설 뿐만 아니라 오답해설까지 수록한 양질의 해설

CONTENTS
목차

PART 01

데이터의 이해

TOPIC 01 데이터와 정보

1. 데이터의 특성과 정의

(1) 데이터의 특성

특성	내용
존재적 특성	객관적인 사실(Fact, Raw Material)
당위적 특성	추론, 예측, 전망, 추정을 위한 근거(Basis)

(2) 데이터의 정의

❶ 데이터(Data)라는 용어의 태동은 1646년 영국 문헌에 처음 등장하면서 시작되었으며, 라틴어 Dare(주다)의 과거분사형으로 사용된다.

❷ 데이터를 구분하는 기준을 유형에 둘 경우 정성적, 정량적 데이터로 구분할 수 있으며, 데이터의 형태에 둘 경우 암묵지(Implicit)와 형식지(Explicit)로 구분할 수 있다.

❸ 데이터는 1940년대 이후 컴퓨터 시대의 시작과 함께 자연과학뿐만 아니라 경영학, 통계학 등 다양한 사회과학이 발전하면서, 추상적(Abstract)이고 관념적(Ideological)인 개념에서 기술적(Descriptive)이고 사실적인 의미로 확장된다.

❹ 데이터는 추론(Inference)과 추정(Estimation)의 근거를 이루는 사실(Fact)이다(Oxford English Dictionary).

❺ 데이터는 단순한 객체로서의 가치뿐만 아니라 다른 객체와의 상호관계 속에서 가치를 갖는 것으로 설명되므로 정보, 지식, 지혜와 같은 객체도 큰 연관성을 가진다.

2. 데이터의 구분

데이터는 유형에 따라 정성적 데이터와 정량적 데이터로 구분한다.

유형	내용	형태
정성적 데이터 (Qualitative data)	저장, 검색, 분석에 많은 비용이 소모됨	언어, 문자 등
정량적 데이터 (Quantitative data)	정형화된 데이터로 비용 소모가 적음	수치, 도형, 기호 등

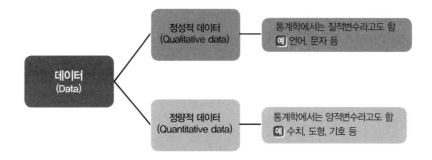

3. 지식경영과 지식창조 프로세스

❶ 지식창조 이론의 최초 제시자는 '노나카 이꾸지로'이며 1990년대 초 무렵 제언하였다.

❷ Polanyi는 1966년에 데이터의 지식경영 핵심 이슈가 암묵지(Implicit knowledge)와 형식지 (Explicit knowledge)의 상호작용에 있어 중요한 역할을 한다고 주장하였다.

구분	내용	특징	형태
암묵지 (Implicit)	학습과 경험을 통한 개인의 관심사나 체계화된 지식으로서 형식화, 체계화하기 어려운 지식	중요하지만 공유하기와 형식화하기가 어려움	수영하기, 자전거 타기
형식지 (Explicit)	공식 문서, 재무제표 등과 같이 정형화된 지식	전달 및 공유하기가 용이	재무제표, 교재, DB

- **암묵지** : 개인에게 체화된 **내면화**(Internalization)된 지식 → 집단 지식으로 **공통화**(Socialization)
- **형식지** : 언어, 숫자, 기호 등 **표출화**(Externalization)된 지식 → 개인 지식으로 **연결화**(Combination)

※ 암내공(어두운 곳에서 내공을 모아)
　형표연(형으로 표연한다)

4. DIKW의 정의와 피라미드

(1) DIKW의 정의

❶ DIKW는 Data, Information, Knowledge, Wisdom의 약자이다.

❷ 데이터(Data) : 다른 형태의 자료들과 연관되어야 중요성이 높아지는 객관적인 사실이다.

❸ 정보(Information) : 데이터를 처리, 가공하여 데이터 간의 관계 속에서 의미가 도출된다.

❹ 지식(Knowledge) : 데이터를 통해 구조화된 유의미한 정보를 토대로 개인 경험을 결합하여 고유의 지식으로 내재화시킨 것이다.

❺ 지혜(Wisdom) : 근본적인 원리를 이해하고 이를 근거로 지식의 축적 및 아이디어가 결합된 창의적인 산물이다.

(2) DIKW 피라미드

 출제 체크

- '정보'와 '지식'에 해당하는 내용이 많이 출제된다.
- 현상에 대한 내용이 정보(Information)층과 비슷하다.
- 지식(Knowledge)은 주로 '~해야겠다'로 끝나는 경우가 많다.

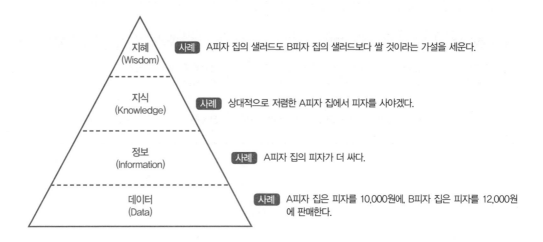

TOPIC 02 　데이터베이스 정의와 특징

1. 데이터베이스(Database)의 정의

데이터베이스(Database)란 사용자들이 사용하는 데이터들을 다 같이 공유하며 사용할 수 있도록 하는 **'데이터의 모음'**, 즉 여러 사용자가 데이터를 공유하고 전체 데이터를 사용함으로써 편의성을 향상시키는 것이라 할 수 있다.

2. 데이터베이스의 특징

(1) 데이터베이스의 일반적 특징

❶ 데이터베이스의 특징은 일반적 특징과 다양한 측면에서의 특징으로 구분된다.

❷ 데이터베이스의 일반적 특징은 4가지로 다음과 같다.

특징	내용
통합된 데이터 (Integrated Data)	동일한 데이터가 중복, 중첩되지 않게 통합된 데이터
저장된 데이터 (Stored Data)	데이터를 컴퓨터의 저장매체에 저장할 수 있다는 특징을 지님
공용 데이터 (Shared Data)	서로 다른 사용자가 데이터를 함께 사용할 수 있음
변화하는 데이터 (Renewable Data)	데이터베이스에 존재하는 내용은 늘 현시점을 나타내지만 CRUD(Create-생성, Read-읽기, Update-갱신, Delete-삭제)로 인해 변화가 가능하다는 특징을 지님

 출제 체크

※ 암기 Tip
개인이 사용한 데이터를 혼자 활용하니 한계가 있어 **공용적(공용데이터)**으로 합쳐(**통합 데이터**) 쓰고, 저장공간에 **저장(저장된 데이터)**하는데 그 데이터가 매일매일 **변화(변화하는 데이터)**한다.

(2) 데이터베이스의 다양한 측면에서의 특징

❶ 정보의 축적 및 전달 측면
　　㉠ 기계가독성 : 일정한 형식에 따라 컴퓨터 등의 정보처리기기가 읽고 쓸 수 있음
　　㉡ 검색가독성 : 다양한 방법으로 필요한 정보를 검색
　　㉢ 원격조작성 : 정보통신망을 통하여 원거리에서도 즉시 이용 가능

❷ 정보 이용 측면

　　㉠ 사용자 정보 요구에 따른 다양한 정보를 신속 정확하게 획득할 수 있음

　　㉡ 원하는 정보를 정확하고 경제적으로 찾아낼 수 있음

❸ 정보 관리 측면 : 정보를 구조와 주제 및 일정한 법칙에 따라 정리, 저장, 검색, 관리가 가능
하도록 하여 체계성 제고를 통해 새로운 내용의 추가, 갱신, 삭제의 용이성을 높임

❹ 정보 기술 발전 측면 : 데이터베이스는 정보처리, 검색, 관리 소프트웨어 및 하드웨어 정보 전
송을 위한 다양한 네트워크 기술의 발전을 리딩하고 그에 크게 기여할 수 있음

출제 체크

기계가독성, 검색가독성, 원격조작성 등은 간혹 시험문제에서 4지선다 문제로 나올 수 있으니 반드시 체크

[예시] 다음 중 데이터베이스의 정보 축적 및 전달 측면에서의 특징으로 볼 수 없는 것은?

　　① 기계가독성　　　② 검색가독성　　　③ 원격조작성　　　④ 조작용이성

답 : ④

<h2>TOPIC 03　데이터베이스 활용</h2>

1. 기업 내부 데이터베이스

　국내의 경우 정보통신망 구축이 가속화되면서 1990년대에는 기업 내부 데이터베이스(이하 인하
우스 DB)가 기업 경영 전반에 관한 자료를 연계하여 경영활동의 기반이 되는 전사적 시스템으로 확
대되었다.

2. 기업 내부 데이터베이스 연혁

(1) 1990년대 중반 이전의 기업 내부 데이터베이스

❶ 정보의 '수집' 및 이를 내부에서 활용하기 위한 경영정보시스템(MIS)과 기업활동의 영역별로
구축되던 시스템들이 데이터 마이닝 등의 기술로 생산 자동화, 통합 자동화의 형태로 등장했다.

❷ 단순 자동화에 치우친 시스템을 OLTP라 하고, 단순한 정보의 '수집'에서 탈피, '분석'이 중심
이 되는 시스템 구축을 OLAP 시스템이라 정의할 수 있다.

(2) OLTP와 OLAP

❶ OLTP(On-Line Transaction Processing)

　㉠ **트랜잭션 지향 애플리케이션**을 손쉽게 관리할 수 있도록 도와주는 **정보 시스템의 한 계열**로서, 일반적으로 데이터 기입 및 트랜잭션 처리를 위해 존재함

　㉡ 이 용어는 모호할 수도 있는데, **컴퓨터 환경에서 트랜잭션을 데이터베이스 트랜잭션**으로 해석할 수도 있고 **비즈니스 분야**에서 **금융 거래로 정의**할 수도 있기 때문임. 즉, 데이터베이스의 데이터를 수시로 갱신하는 프로세싱을 의미함

　㉢ 주문입력시스템, 재고관리시스템 등 현업의 거의 모든 업무는 이와 같은 성격을 띰

〈참조 : ko.위키피디아.org〉

❷ OLAP(On-Line Analytical Processing)

　㉠ 최종 사용자가 다차원 정보에 직접 접근하여 대화식으로 정보를 분석하고 의사결정에 활용하는 과정에서 등장함

　㉡ 사용자는 **온라인상에서 직접 데이터에 접근**하며, **대화식으로 정보를 분석**하므로 사용자가 기업의 전반적인 상황을 이해할 수 있게 하고 의사결정을 지원하는 데 그 목적이 있음

　㉢ OLTP에서 처리된 트랜잭션 데이터를 분석해 제품의 판매 추이, 구매 성향 파악, 재무 회계 분석 등을 프로세싱하는 것을 의미함

　㉣ OLTP가 데이터 갱신 위주라면, OLAP는 데이터 조회 위주라 할 수 있음

〈참조 : 경영정보 시스템 원론. 395p. 법영사. 2005년.〉

❸ OLTP와 OLAP의 비교

구분	OLAP	OLTP
데이터 구조	단순	복잡
데이터 갱신	정적이며 주기적	동적이며 순간적
데이터 범위	수 년 이상 오랜 기간 저장된 데이터	수십 일 전후 저장된 데이터
데이터 크기	테라 바이트(TB) 단위	기가 바이트(GB) 단위
데이터 내용	요약된 데이터	현재 데이터
데이터 성격	비정규적이며 읽기 전용의 데이터	정규적이며 조작 가능한 데이터
데이터 특성	주제 중심	트랜잭션 중심
데이터 접근 빈도	보통	높음
반응 시간	수 초~수 분 사이로 걸림	수 초 이내로 짧음
결과에 대한 예측	예측 가능성이 낮음	주기적이며 예측 가능성이 높음

〈참조 : 소설처럼 읽는 DB 모델링 이야기. 영진닷컴. 2006년.〉

(3) 2000년대 기업 내부 데이터베이스

❶ 2000년대에 들어서면서 기업들의 DB 구축의 화두는 CRM(Consumer Relationship Management, 고객관계관리)와 SCM(Supply Chain Management, 공급망관리)으로 쏠린다.

❷ CRM은 고객관계관리의 준말로서 고객별 구매 이력 DB를 분석하여 고객에 대한 이해도를 제고하고 이를 바탕으로 마케팅 전략을 수립, 제언하는 것을 뜻한다.

❸ SCM은 기업이 외부 공급업체 또는 제휴업체와 통합된 정보시스템으로 연계하여 시간과 비용을 최적화하기 위한 것이다. 특히 유통·판매 및 고객 데이터가 CRM과 연동되기 때문에 CRM과 SCM은 상호 밀접한 관련을 갖는다.

❹ 이와 같은 연혁별 인하우스 DB의 발전 과정은 산업 부문별로도 변화 양상을 띤다.

(4) 각 분야별 인하우스 DB

❶ 제조 부문
  ㉠ 2000년대를 분기점으로 기존에는 재고관리 및 부품 관련 테이블 등의 영역에서만 적용되었던 DB 적용이 2000년대 이후에는 제조 및 유통 전 공정을 포함하는 범위로 확대됨
  ㉡ 클라이언트/서버 기반의 내부 정보 시스템을 웹환경으로 전환하거나 ERP(Enterprise Resource Planning) 이후에 SCM으로 기능을 확장하는 등의 동향이 대기업에서 이루어짐
  ㉢ 중소기업과의 균형 투자를 이루기 위해 RTE(Real-Time Enterprise)를 통해 대기업-중소기업 협업 관계를 이루어나감
  ㉣ 최근에는 제조 부문의 ERP 시스템 도입과 함께 DW, CRM, BI(Business Intelligence) 등의 진보된 정보기술을 적용한 기업 내부 인하우스 DB 구축이 주류가 됨

❷ 금융 부문
  ㉠ 1998년 IMF 이후, 금융 부문은 업무 프로세스 효율화나 e비즈니스 활성화, 금융권 통합 시스템 구축으로 확산됨
  ㉡ 2000년대 초반에는 EAI(Enterprise Application Integration), ERP, e-CRM 등과 같이 DB 간의 정보 공유 및 통합이나 고객 정보의 전략적 활용이 주된 이슈였음
  ㉢ 2000년대 중반, DW(Data Warehouse)를 적극 도입하여 DB 활용 마케팅을 강화하였고, DW를 위한 최적화 및 BI 기반의 시스템 구축이 가속화됨
  ㉣ 최근 금융 부문은 차세대 프로젝트, 다운사이징, 그리고 바젤Ⅱ와 같은 대형 프로젝트를 마무리하면서 향후 EDW(Enterprise Data Warehouse)의 확장이 DB 시장 확장에 큰 기여를 할 것으로 예상됨

❸ 유통 부문

    ㉠ 2000년 이후, IT 환경 변화에 따라 유통 부문 또한 CRM과 SCM 구축이 활발히 진행 중

    ㉡ 상거래를 위한 인프라와 KMS를 위한 백업 시스템 구축도 함께 진행됨

    ㉢ BSC, KPI와 DB를 연계함과 동시에 RFID의 등장으로 유비쿼터스 시대를 준비 중

(5) 사회 기반 구조로서의 데이터베이스

❶ 정의

    ㉠ 1990년대 사회 각 부문의 정보화가 본격화되면서 DB 구축이 활발히 추진됨

    ㉡ 정부를 중심으로 사회간접자본(SOC) 차원에서 EDI(Electronic Data Interchange, 전자문서교환)를 활용, VAN(Value Added Network, 부가가가치통신망)을 통한 정보망 구축이 시작됨

    ㉢ 1990년대 후반부터 정보기술이 고도로 발전하면서 EDI, CALS(Commerce At Light Speed) 등에서 벗어나 국가적으로 필요한 기반시설인 지리, 교통 부문에서의 DB 구축이 시작됨

    ㉣ 2000년대 초부터 지리, 교통 부문의 DB는 보다 고도화되어 현재의 수준에 이르렀고, 의료·교육·행정 등 사회 각 부문으로 공공 DB의 구축·이용이 확대됨. 또한 인터넷의 발달과 상용화로 인해 일반 국민들도 필요한 정보의 손쉬운 습득이 가능하게 됨

분야	기술
물류 부문	• CVOS(Commercial Vehicle Operation System) • PORT-MIS • KROIS(Korean Railroad Operating Information System)
지리/교통 부문	• GIS(Geographic Information System) • RS(Remote Sensing) • GPS(Global Positioning System) • ITS(Intelligent Transport System) • LBS(Location Based Service) • SIM(Spatial Information Management)
의료 부문	• PACS(Picture Archiving and Communications System) • U-Health(Ubiquitous-Health)
교육 부문	NEIS(National Education Information System)

〈참조 : 데이터 분석 전문가이드. 한국데이터진흥원. 2018년.〉

02 데이터의 가치와 미래

학습목표

- 빅데이터의 정의, 출현 배경, 변화를 이해한다.
- 빅데이터의 가치 및 빅데이터가 기업, 정부, 개인에 미치는 영향을 이해한다.
- 빅데이터에 사용되는 비즈니스 모델을 이해한다.
- 빅데이터 활용에 따른 위기 요인 및 통제 방안을 이해한다.
- 빅데이터를 통한 미래 모습을 예상한다.

학습구성

TOPIC 01 빅데이터의 이해
TOPIC 02 빅데이터의 가치와 영향
TOPIC 03 비즈니스 모델
TOPIC 04 위기 요인과 통제 방안
TOPIC 05 미래의 빅데이터

TOPIC 01   빅데이터의 이해

1. 빅데이터

(1) 다양한 빅데이터의 정의

❶ **데이터 규모에 따른 정의** : 빅데이터는 일반적인 DB 소프트웨어로 저장, 관리, 분석할 수 있는 범위를 초과하는 규모의 데이터이다(McKinsey, 2011).

❷ **분석 비용 및 기술에 따른 정의** : 빅데이터는 다양한 종류의 대규모 데이터로부터 저렴한 비용으로 가치를 추출하고 데이터의 초고속 수집 발굴 분석을 지원하도록 고안된 차세대 기술 및 아키텍쳐이다(IDC, 2011).

❸ **빅데이터에 대한 일반적 정의** : 빅데이터는 **데이터의 양(Volume), 데이터의 다양성(Variety), 데이터의 수집 및 처리 속도(Velocity)**가 급격히 **증가**하며 **발생한 현상**이라 정의할 수 있다(Doug Laney, Gartener Group, 2011).

출제 체크

시험에서는 3V의 용어와 정의에 관한 출제가 주를 이룬다.

❹ 만약 Python이나 R의 데이터 형식으로 빅데이터를 연관지어 생각한다면, 데이터의 양은 행(Row)으로, 데이터의 다양성은 열(Columns)로 생각하고, 이에 대한 연산 처리가 빨라지는 현상에서 나타난 것이 빅데이터라 할 수 있다.

데이터의 다양성(Variety)

	PassengerId	Survived	Pclass	Name	Sex	Age	SibSp	Parch	Ticket	Fare	Cabin	Embarked
0	1	0	3	Braund, Mr. Owen Harris	male	22.0	1	0	A/5 21171	7.2500	NaN	S
1	2	1	1	Cumings, Mrs. John Bradley(Florence Briggs Th...	female	38.0	1	0	PC 17599	71.2833	C85	C
2	3	1	3	Heikkinen, Miss. Laina	female	26.0	0	0	STON/O2. 3101282	7.9250	NaN	S
3	4	1	1	Futrelle, Mrs. Jacques Heath(Lily May Peel)	female	35.0	1	0	113803	53.1000	C123	S
4	5	0	3	Allen, Mr. William Henry	male	35.0	0	0	373450	8.0500	NaN	S
5	6	0	3	Moran, Mr. James	male	Nan	0	0	330877	8.4583	NaN	Q
6	7	0	1	McCarthy, Mr. Timothy J	male	54.0	0	0	17463	51.8625	E46	S

데이터의 양(Volume)

(2) 빅데이터의 특징 3V

최근에는 3V의 개념이 확대되어 가치(Value)를 더한 4V부터 진실성(Veracity), 정확성(Validity), 휘발성(Volatility)을 합하여 7V의 개념까지 확대되는 추세이다.

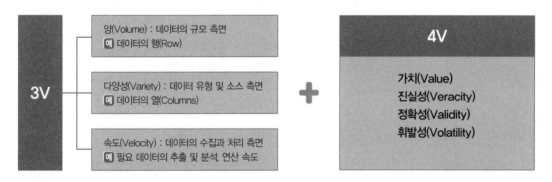

3V
- 양(Volume) : 데이터의 규모 측면
  예 데이터의 행(Row)
- 다양성(Variety) : 데이터 유형 및 소스 측면
  예 데이터의 열(Columns)
- 속도(Velocity) : 데이터의 수집과 처리 측면
  예 필요 데이터의 추출 및 분석, 연산 속도

+

4V
가치(Value)
진실성(Veracity)
정확성(Validity)
휘발성(Volatility)

2. 빅데이터의 출현 배경

❶ 빅데이터가 출현하게 된 것은 전혀 없었던 것이 새로 등장한 것이 아니라 기존의 데이터, 처리 방식, 다루는 사람과 조직 차원에서 일어나는 변화가 복합적으로 일어난 것이다.

각 분야별 환경 변화	출현 배경	내용 및 예시
산업계	고객 데이터 축적	기업들의 보유 데이터가 거대한 가치 창출이 가능할 만큼 충분한 규모에 도달
학계	거대 데이터 활용, 과학 확산	데이터를 다루는 아키텍쳐, 통계, 알고리즘의 발달
기술 발전	관련 기술의 발전	인터넷 발전 및 로그 정보, 모바일 정보, 클라우드 컴퓨팅 등의 활용 가능성 확대

❷ ICT의 발전 및 빅데이터의 출현

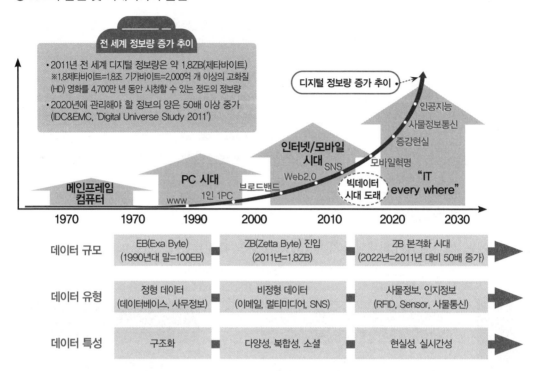

데이터 규모	EB(Exa Byte) (1990년대 말=100EB)	ZB(Zetta Byte) 진입 (2011년=1.8ZB)	ZB 본격화 시대 (2022년=2011년 대비 50배 증가)
데이터 유형	정형 데이터 (데이터베이스, 사무정보)	비정형 데이터 (이메일, 멀티미디어, SNS)	사물정보, 인지정보 (RFID, Sensor, 사물통신)
데이터 특성	구조화	다양성, 복합성, 소셜	현실성, 실시간성

3. 빅데이터의 기능(빅데이터에 대한 기대감을 은유적으로 표현)

차세대 산업혁명의 석탄이나 철의 역할	빅데이터는 석탄과 철이 산업혁명에서 했던 역할을 차세대 산업혁명에서 해낼 것으로 기대된다. 제조업뿐 아니라 서비스 분야의 생산성을 획기적으로 끌어올려 사회·경제·문화 생활 전반에 혁명적 변화를 가져올 것으로 기대된다.
21세기의 원유(Oil)의 역할	각종 비즈니스, 공공기관 대국민 서비스, 경제 성장에 필요한 '정보'를 제공함으로써 산업 전반의 생산성을 제고하고, 새로운 범주의 산업 창조에 기여할 것으로 예상된다.
렌즈(Lens)의 역할	현미경의 렌즈가 수많은 메커니즘을 밝혀내고 생물학 발전에 영향을 미쳤던 만큼이나 데이터가 산업 전반에 영향을 미칠 것으로 생각된다. **예** 구글의 Ngram Viewer
플랫폼(Platform)의 역할	'공동 활용의 목적으로 구축된 유·무형의 구조물'이란 의미의 플랫폼처럼 다양한 제3자들이 활용하는 비즈니스(이하 서드파티 비즈니스)에 큰 역할을 할 것으로 기대된다. **예** 카카오톡, 페이스북 등

4. 빅데이터가 만들어 내는 본질적인 변화(과거에서 현재로의 변화)

통계학	→	빅데이터
사전처리		사후처리
표본조사		전수조사
데이터의 질		데이터의 양
인과관계		상관관계

❶ **사전처리 → 사후처리 :** 필요 정보와 변수만을 선택적으로 수집하고 그 외 정보를 버렸던 과거와 달리 가능한 한 많은 데이터를 모은 후, 그 데이터를 다양한 방식으로 조합해서 숨은 정보를 찾아낸다.

❷ **표본조사 → 전수조사 :** 데이터 수집 비용의 감소와 클라우드 컴퓨팅 기술의 발전으로 데이터 처리 비용이 감소하게 되었다. 이는 표본을 조사하는 기존의 탐구방법론에서 전수조사를 통해 표본조사의 한계였던 패턴이나 정보를 발견 및 통찰할 수 있는 방식으로 데이터 활용법이 향상된 것을 의미한다.

❸ 데이터의 **질** 중시 → 데이터의 **양** 중시 : 과거에는 데이터를 표본조사함에 따라 질을 중요시한 경향이 있었다면, 빅데이터 시대에서는 전수조사가 가능해져 데이터의 양을 중시하게 되었다.

❹ **인과관계** 중심의 분석 → **상관관계** 중심의 분석 : 과거의 회귀분석에 따른 원인과 결과를 규명하는 형식의 분석 방법도 중요하지만, 빅데이터 시대에는 상관관계를 통해 특정 현상의 발생 가능성이 포착되고, 그에 상응하는 행동을 하도록 추천되는 일이 점점 늘어나고 있다.

TOPIC 02 **빅데이터의 가치와 영향**

1. 빅데이터의 가치

❶ 빅데이터 가치 산정이 어려운 이유 : 여러 가지 변수로 인해 빅데이터 시대에서의 가치 산정이 어려운데, 그것을 유형화하면 다음과 같이 3가지로 요약하여 산정을 시도해 볼 수 있다.

❷ 빅데이터 가치 산정이 어려운 주된 3가지 이유

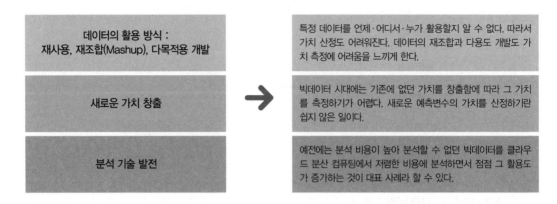

2. 빅데이터의 영향

❶ 빅데이터의 가치 창출 방식은 크게 기업, 정부, 소비자의 관점에서 다양하게 나타난다. **기업**은 빅데이터를 활용해 소비자의 행동을 분석하고 신사업을 발굴하며, **정부**는 기상, 인구이동 통계 등을 수집해 사회 변화를 추정하거나 관련 정보를 추출한다. 마지막으로 **개인**은 빅데이터를 인지도 향상 등에 활용할 수 있다.

❷ 빅데이터의 영향을 받는 3가지 분야

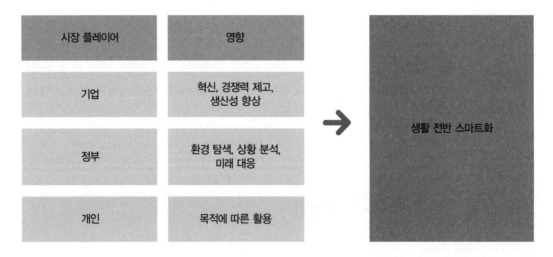

TOPIC 03 비즈니스 모델

1. 시장 플레이어별 빅데이터 활용 사례

(1) 기업

❶ 구글은 사용자의 로그 데이터를 활용하여 기존의 페이지랭크(PageRank) 알고리즘을 혁신했으며, 이후에도 꾸준히 다양한 차원의 신호를 추가해 검색 결과를 개선해 왔다.

❷ 월마트는 고객의 구매 패턴을 분석해 상품 진열에 활용한다.

❸ 의료 부분의 경우 미국에서는 질병의 예후 진단 및 처방에 빅데이터를 활용하기 시작했으며 IBM의 왓슨(Watson)도 병원에서 활용한다.

(2) 정부

실시간 교통 정보 수집, 기후 정보, 각종 지질 활동, 소방 서비스를 위한 모니터링 등을 통해 다양한 국가 안전 확보 활동에 실시간 모니터링을 활용하며, 이 밖에도 의료와 교육 개선을 위해 빅데이터를 적극 활용한다.

(3) 개인

❶ 정치인은 선거 유세 및 승리를 위해 사회관계망 분석(Social Network Analysis) 등을 통해 가장 연결성이 강한 유세 지역 및 관계를 선정·탐색한다.

❷ 가수는 팬들의 음악 선호도와 추천 시스템을 통해 장르에 따른 노래와 곡을 준비할 수 있다.

2. 빅데이터를 활용하기 위한 기본 테크닉

테크닉	정의	예시
연관규칙 학습	어떤 변인들 간에 주목할 만한 상관관계가 있는지를 찾는 방법	• 커피를 구매하면 탄산음료도 더 구매하는가? • 교차판매 전략 등의 마케팅 전략서가 활용됨
유형분석	문서를 분류하거나 조직을 그룹으로 나눌 때, 혹은 온라인 수강생들을 특성에 따라 분류할 때 활용됨	이 사용자는 어떤 특성을 가진 집단에 속하는가?
유전자 알고리즘	최적화가 필요한 문제의 해결책을 진화알고리즘을 통해 점진적으로 개선해 나가는 방법	• 응급실 의사의 가장 효과적 배치 방법은? • 연료 효율성 제고를 위한 최적의 원자재 및 엔지니어링 결합 방법은?

테크닉	정의	예시
기계학습	훈련 데이터(Train data)로부터 학습한 알려진 특성을 활용해 '예측'하는 일에 초점을 맞추는 방법	• 스팸 메일과 정상 메일을 구분할 수 있는 기준은? • 어떠한 제품을 추천하는 것이 가장 좋을까?
회귀분석	'독립변수'와 '종속변수' 간의 관계를 통해 두 변수 간의 '인과관계'를 파악하려는 기법	'구매자의 나이가 구매 차량의 타입에 어떤 영향을 미치는가?'와 같은 문제에 대한 해답
감성분석	특정 주제에 대해 언급한 이의 감정을 분석하는 기법	'새로운 가격 정책에 대한 고객의 평가는?'과 같은 문제를 해결하기 위한 기법
소셜네트워크분석 (=사회관계망분석, SNA)	영향력 있는 사람(Opinion leader)과 같은 사람을 찾아내어 그들 간의 사회적 관계를 분석하려는 기법	• 과거 싸이월드의 촌수 • '사람들 간 관계의 밀접도는 어떻게 되는가?' 등을 분석하는 기법

TOPIC 04 ﹒ 위기 요인과 통제 방안

1. 빅데이터의 창조적 파괴

❶ 미국의 경제학자 슘페터(Joseph Alois Schumpeter)가 제시한 '창조적 파괴'는 '기술혁신으로 낡은 것을 파괴·도태시키고 새로운 것을 창조하고 변혁을 일으키는 과정'을 의미한다.

❷ 빅데이터가 만드는 새로운 가치와는 달리 사생활 침해, 책임원칙 훼손, 데이터 오용 등의 문제가 나타나는 것을 예로 들 수 있다.

2. 빅데이터 시대의 위기 요인

종류	정의 및 예시
사생활 침해	본격적으로 M2M 시대에 들어서면서 우리 주변에서의 정보 수집 센서의 증가로 인해 우리의 개인정보가 본래 목적 외에 2차·3차적 목적으로 활용될 가능성이 증가한다는 점에서 더 큰 우려를 내포한다. 예 여행 사실을 트윗한 사람의 집을 강도가 노린 사례
민주주의 사회 책임 원칙 훼손	빅데이터 기반의 분석과 예측 기술의 발전으로 높은 정확도를 보이는 만큼 범죄를 저지르기 전에 예상 범죄자를 체포하게 될 가능성이 존재한다. 그러나 민주주의 국가의 형사 처벌은 잠재적 위험이 아닌 명확하게 행동한 결과에 대해 책임을 묻고 있기에 이와 충돌할 가능성이 있다. 예 영화 '마이너리티 리포트'처럼 저지르지 않은 범죄를 저지르기 전에 체포
데이터 오용	데이터 사용자가 데이터를 과신하거나 잘못된 지표를 사용하는 경우 빅데이터의 폐해가 될 수 있다. 예 베트남 전쟁 때 적군 사망자 수를 지표로 활용하여 과장된 숫자로 데이터가 보고됨

3. 위기 요인별 통제 방안

(1) **사생활 침해**에 따른 통제 방안

❶ 데이터 처리 방법을 '동의제에서 책임제'로 바꾸는 것이다.

❷ 본래 목적 외에 **2차·3차적 목적으로 활용될 가능성**이 증가한다는 특징을 지닌 개인정보를 **'개인의 정보동의'**가 아닌 **'정보사용자의 책임'**으로 해결하자는 것이다.

(2) **책임원칙 훼손** 위기 요인에 대한 통제 방안

❶ 기존의 책임 원칙을 좀 더 보강할 수 있는 **'결과 기반 책임 원칙 고수'**를 통해 해결하는 것이다.

❷ 지금까지 민주주의 사회에서는 특정인을 '성향'에 따라 처벌하는 것이 아니라 '행동 결과'를 보고 처벌했으므로 이에 따라 결과 기반의 책임 원칙을 고수해야 한다는 것이다.

(3) **데이터 오용**으로 인한 위기 요인에 대한 통제 방안

❶ '알고리즘에 대한 접근권 제공'이 중요한 이슈로 부상한다.

❷ **알고리즘미스트(Algorithmist)**
  ㉠ '알고리즘에 대한 접근권'이 주어진다 해도 아무나 그 내용을 해석할 수 있는 것은 아니며, 이에 따라 '알고리즘미스트'라는 직업이 부상하고 있음
  ㉡ 데이터 오용 혹은 알고리즘의 부당함을 반증하여 알고리즘으로 인한 피해를 구제해주는 것을 업으로 삼는 사람을 일컫는 개념임

TOPIC 05   **미래의 빅데이터**

1. 개요

❶ 자본주의에서의 전통적인 생산의 3요소인 **토지, 노동, 자본**은 이후 미래의 빅데이터 시대에서 **데이터, 기술, 인력**으로 변화하게 되었다.

❷ 미래 빅데이터 시대의 3요소

데이터	모든 것의 데이터화(Datafication)
기술	진화하는 알고리즘, 인공지능(AI ; Artificial Intelligence)
인력	데이터 사이언티스트, 알고리즈미스트(Algorithmist)

2. 미래 빅데이터 – 데이터

❶ 스마트폰 도입 이후 태블릿 PC 등 단말 부문에서의 계속되는 데이터화(Datafication)에 따른 혁신은 웨어러블(Wearable) 시장으로 확산되는 중이다.

❷ 특히 개인의 생체 정보, 금융 정보 등의 데이터들을 토대로 기업들이 **마이데이터(MyData)* 사업**을 영위하는 등 데이터화는 피할 수 없는 물결이다.

※ 마이데이터 : 정보 주체인 개인이 본인의 정보를 적극적으로 관리 및 통제하여 이를 신용 관리, 자산 관리, 나아가 건강 관리까지 개인 생활에 능동적으로 활용하는 일련의 과정

3. 미래 빅데이터 – 기술

❶ 빅데이터의 분석 **알고리즘**의 진화가 매우 가파르게 이뤄질 것으로 예측된다.

❷ 일반적으로 알고리즘은 **데이터 양의 증가**에 따라 **정확도가 증가**하게 되는 경향이 있다. 이는 **알고리즘**에 학습할 수 있는 **훈련 데이터(Train data)**가 증가함에 따라 알고리즘이 점점 스마트해짐을 의미한다.

4. 미래 빅데이터 – 인력

❶ 미래의 빅데이터와 관련해 **데이터 사이언티스트(Data-Scientist)와 알고리즈미스트의 역할**이 매우 중요해질 것으로 예상된다.

❷ 데이터 사이언티스트란 이론적 지식과 숙련된 분석 기술을 바탕으로 **통찰력·전달력·협업 능력**을 두루 갖춘 **전문 인력**을 의미한다.

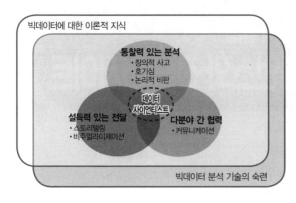

⬜ : HARD skill ⭕ : SOFT skill

〈출처 : 한국정보화진흥원〉

❸ 하드 스킬(Hard skill)

　　㉠ 빅데이터에 대한 **이론적 지식** : 관련 기법에 대한 이해와 방법론 습득

　　㉡ 분석기술에 대한 **숙련도** : 최적의 분석 설계 및 노하우 축적

❹ 소프트 스킬(Soft skill)

　　㉠ **통찰력 있는 분석** : 창의적 사고, 호기심, 논리적 비판

　　㉡ **설득력 있는 전달** : 스토리텔링, 시각화(Visualization)

　　㉢ **다분야 간 협력** : 커뮤니케이션(Communication)

• 데이터 사이언티스트 : 빅데이터에 대한 이론적 지식과 분석 숙련도를 바탕으로 **통찰력·전달력·협업 능력**을 두루 갖춘 전문인력으로서 빅데이터의 다각적 분석을 통해 인사이트를 도출하고 이를 조직의 전략 방향 제시에 활용할 줄 아는 전문가

• 데이터 알고리즈미스트 : 데이터 사이언티스트가 만든 알고리즘과 그가 한 일로 인해 부당한 피해가 발생하는 것을 예방 또는 구제하는 역할을 하며, 알고리즘의 코딩 해석을 위해 컴퓨터, 수학, 통계학뿐 아니라 비즈니스 전반에 대한 이해를 요하는 전문가

🔊 출제 체크

※ 암기 Tip

빅데이터를 배우기 위한 이론적 지식과 숙련적 태도 → **이론**은 **딱딱**하니까 **Hard**하다(**하드 스킬**)

통통 튀는 **설**빙의 **단** 맛의 소프트 아이스크림 → **통설단**(**소프트 스킬**)

학습목표

- 빅데이터 분석의 현황과 현 단계의 과제에 대해 이해한다.
- 전략적 가치 기반 분석에 대해 이해한다.
- 데이터 사이언스의 의미와 역할에 대해 이해한다.
- 전략적 통찰력과 인문학 대두의 배경에 대해 이해한다.
- 데이터 사이언티스트에게 요구되는 인문학적 사고에 대해 이해한다.
- 데이터 사이언스의 미래에 대해 이해한다.

학습구성

TOPIC 01 빅데이터 분석과 전략 인사이트

TOPIC 02 전략 인사이트 도출을 위한 필요 역량

TOPIC 03 빅데이터 그리고 데이터 사이언스의 미래

TOPIC 01 빅데이터 분석과 전략 인사이트

1. 빅데이터의 열풍과 회의론

(1) 개요

어느 분야든 정반합, 새로운 흐름이 나타날 때마다 열기와 냉기가 교차한다. 최근 흥행의 보증수표처럼 떠오른 빅데이터도 예외는 아니다. '빨리 끓어오른 냄비가 빨리 식는다'는 말처럼 일종의 거품 현상을 우려하는 시선도 적지 않다. 이러한 지적은 일리 있어 보이지만, 이런 **회의론**의 단점은 실제 우리가 **빅데이터 분석**에서 찾을 수 있는 **수많은 가치들**을 제대로 **발굴해보기도 전**에 그 활용 가능성 자체를 사전에 차단해 버릴 수 있다는 점이다.

(2) 빅데이터 회의론의 이유

❶ 부정적 학습 효과
   ㉠ 과거 경험했던 '고객관계관리(CRM)'를 통한 부정적 학습 효과
   ㉡ 공포 마케팅을 통한 기업들의 관심 끌기 → 도입 후 모든 문제가 해결될 것으로 포장 → 막상 투자하니 실상이 달라 하드웨어(H/W)와 솔루션 활용법, 가치산정 등에 대한 애로사항 발생

❷ 과거의 케이스만을 답습
   ㉠ 빅데이터 성공 사례가 실제로는 기존 분석 프로젝트를 재포장한 경우가 다수
   ㉡ 빅데이터가 군이 필요하지 않은 경우(고객 구매 패턴 분석, 우수고객 이탈 예측)
   ㉢ 국내 빅데이터 업체들의 성과 내기 급급 → 기존 CRM 분석을 빅데이터 분석으로 포장

(3) 결론

빅데이터 분석도 기존의 분석과 마찬가지로 데이터에서 가치, 즉 **통찰을 끌어내 성과를 창출하는 것**이 관건이다. 단순히 빅데이터라는 단어에만 집중하기보다는 **분석을 통해 가치를 창출해내는 것에 집중**하는 것이 더욱 중요함을 깨달아야 한다.

2. 빅데이터 분석, 'Big'이 핵심이 아니다.

(1) 빅데이터에 대한 관심 증대

❶ 데이터가 회사의 핵심 자산이라는 말을 하는 경영자들이 많이 늘어나고 있다.

❷ 데이터 분석 기반의 통찰의 중요성에 대한 공감대를 키워가며 빅데이터의 관심도는 더욱 증가했다.

(2) 현실적 한계점 및 발전 방향

❶ 국내외를 막론하고 기업 대부분은 여전히 빅데이터 프로젝트를 위한 초기 단계의 질문에서 벗어나지 못하고 있다.

❷ 많은 기업에서 우선 더 많은 데이터를 보유하는 데 관심을 쏟고 '빅'한 데이터를 보유하고 있으면 거기서 뭔가 쓸만한 것을 찾아내고 가치를 창출할 수 있을 것이라 한다.

❸ 하지만, 이미 대용량 데이터를 보유하고 있던 거대 조직들의 경우에서 알 수 있듯이, **데이터는 크기의 이슈가 아니라 거기에서 어떤 시각과 통찰을 얻을 수 있느냐의 문제이다.**

(3) 전략적 통찰이 없는 분석의 함정

울워스의 쥐덫 생산회사 (Better Mousetrap Fallacy)	구분	반스앤노블의 눅(vs 아마존의 킨들)
미국에서 쥐덫(Mousetrap)을 가장 많이 생산 및 판매하던 울워스 → '리틀 챔프'라는 신형 제품 개발	배경	초기 e북 리더의 대명사로 반스앤노블의 '눅'이 부상
울워스의 생각 • 구형 제품에 비해 비싸지 않은 가격 • 구형 제품에 비해 쥐도 더욱 잘 잡음 • 모양도 더욱 심미적이며, 위생적임	관점	반스앤노블의 생각 • 킨들보다 더 큰 용량 • 킨들보다 좋은 시인성 및 화면 • 킨들보다 더 좋은 H/W
• 좋은 쥐덫이 너무 예뻐서 재사용하려 함 • 그러나 죽은 쥐를 꺼낸 후 세척하려니 불쾌 • 결과적으로 구형 제품을 사용하는 것이 낫다는 결론	결과	• 킨들의 에코시스템이 더욱 훌륭 • 킨들을 활용해 이용할 수 있는 콘텐츠 수 다수 • 결국 경험중심적 가치를 사로잡은 킨들의 압승

3. 일차원적인 분석 vs 전략도출을 위한 가치 기반 분석

(1) 일차원적 산업별 분석 애플리케이션

산업	일차원적 분석 애플리케이션
금융 서비스	신용점수 산정, 사기 탐지, 가격 책정, 프로그램 트레이딩, 클레임 분석, 고객 수익성 분석
소매업	판촉, 매대 관리, 수요 예측, 재고 보충, 가격 및 제조 최적화
제조업	공급사슬 최적화, 수요 예측, 재고 보충, 보증서 분석, 맞춤형 상품 개발, 신싱품 개발
운송업	일정 관리, 노선 배정, 수익 관리
헬스케어	약품 거래, 예비 진단, 질병 관리
병원	가격 책정, 고객 로열티, 수익 관리
에너지	트레이딩, 공급, 수요 예측
커뮤니케이션	가격 계획 최적화, 고객 보유, 수요 예측, 생산능력 계획, 네트워크 최적화, 고객 수익성 관리
서비스	콜센터 직원 관리, 서비스·수익 사슬 관리
정부	사기 탐지, 사례 관리, 범죄 방지, 수익 최적화
온라인	웹 매트릭스, 사이트 설계, 고객 추천
모든 사업	성과 관리

〈출처 : 토마스 데이븐포트·잔느 G. 해리스, 로버트 모리슨, 『분석의 기술』, 2011, 21세기북스〉

(2) 일차원적 분석의 한계점 및 모멘텀 도출

❶ 일차원적인 분석을 통해 해당 부서나 업무 영역에서 미시적 관점에서는 효과성을 제고시킬 수 있는 것이 사실이지만, 일차원적 분석으로 인해, 성공 가능성이 낮아질 수 있다.

❷ 따라서, 활용 범위를 좀 더 넓고 **전략적으로 변모시켜 사업 성과를 견인하는 요소들, 차별화를 꾀할 기회**에 대해 **전략적 통찰을 주는 분석**으로 발전해 나가야 **강력한 모멘텀**을 만들어낼 수 있다.

TOPIC 02 **전략 인사이트 도출을 위한 필요 역량**

1. 데이터 사이언스의 의미와 역할

(1) 데이터 사이언스의 의미

❶ 데이터 사이언스란 정형 데이터 또는 비정형 데이터를 막론하고 대상으로 하여 데이터 공학,

수학, 통계학, 컴퓨터공학, 시각화, 해커의 사고 방식 등 해당 분야의 전문지식을 종합한 학문이다.

❷ 데이터 사이언스가 기존의 통계학과 다른 점은 데이터 사이언스는 총체적(holistic) 접근법을 사용한다는 점이다(O'Relly Media, 2012).

(2) 데이터 사이언스를 위한 데이터 사이언티스트의 역할

❶ 훌륭한 데이터 사이언티스트를 중심으로 데이터 사이언스의 주된 역할을 찾을 수 있는데, 데이터 사이언티스트는 비즈니스의 성과를 좌우하는 핵심요소를 정확하게 겨냥할 수 있고, 이때 데이터 사이언스의 역할이 빛을 발하게 된다.

❷ 특히 데이터 사이언티스트는 비즈니스의 성과를 좌우하는 핵심 문제와 아젠다에 정확한 답을 찾고, 사업의 성과를 주도적으로 리드할 수 있어야 한다. 바로 이러한 점 때문에 데이터 사이언티스트의 주요 역량 중 하나로 소통력을 꼽는다.

2. 데이터 사이언스의 핵심 구성 요소

❶ 데이터 사이언스의 영역을 잘 나타내는 것으로는 다음의 그림이 존재한다.

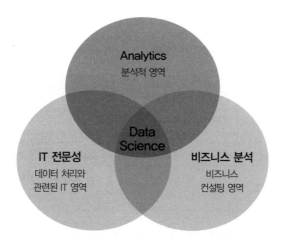

❷ 데이터 사이언스는 많은 데이터 속에서 데이터 소스를 찾고, 복잡한 대용량 데이터를 구조화하고, 불완전한 데이터를 서로 연결해야 한다.

❸ 데이터 사이언티스트가 갖춰야 할 역량 중 한 가지는 '강력한 호기심'이다. 호기심이란 문제의 이면을 파고들고, 질문들을 찾고, 검증 가능한 가설을 세우는 능력이다.

3. 데이터 사이언스의 요구 역량

데이터 사이언티스트에게 요구되는 역량은 하드 스킬(Hard skill)과 소프트 스킬(Soft skill)이며, 이를 그림으로 정리하면 다음과 같다.

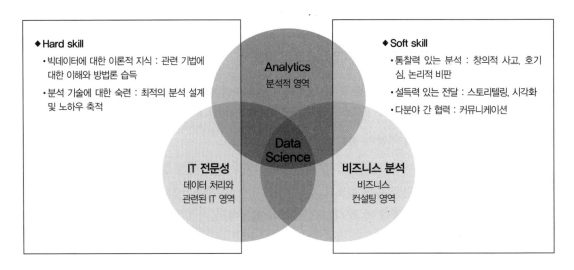

4. 데이터 사이언티스트에게 요구되는 인문학적 사고

(1) 인문학의 열풍이 부는 이유

❶ 외부 환경적 측면에서 바라본 인문학 열풍 이유

외부 환경의 변화	내 용
단순세계화 → 복잡 세계화	컨버전스에서 디버전스로의 변화
제품 생산 → 서비스 중심	고장 없는 제품 생산 등 품질 집중에서 체험경제 서비스로의 변화
경제논리 : 생산 → 시장 창조	새로운 현지화 패러다임에 근거한 시장 창조로서 암묵적이고 함축적인 무형의 지식의 가치가 커짐

❷ 우리는 현재 기존 사고의 틀을 벗어나 문제를 바라보고 해결하는 능력, 비즈니스의 핵심 가치를 이해하고 고객과 지원의 내면적 요구를 이해하는 능력 등 인문학에서 배울 수 있는 역량이 점점 더 절실히 요구되는 시대를 맞이하고 있다.

TOPIC 03 빅데이터 그리고 데이터 사이언스의 미래

1. 빅데이터의 시대

❶ 전 세계에서 생성된 디지털 정보량이 2011년을 기준으로 1.8제타바이트가 된다는 것은 널리 알려진 이야기이다. 이는 대한민국 국민이 약 4,875만 명이라 상정할 때, 18만 년 동안 쉬지 않고 1분마다 트위터에 3개의 글을 게시하는 양이다.

❷ 이러한 빅데이터는 다양한 측면에서 활용되는데, 작게는 회사 워크샵 추천 및 선정에서부터 선거 결과 예측 및 주식 종목 선정 혹은 주식 가격 예측 등에도 적용이 가능하다.

2. 데이터 관련 정보

(1) 데이터 양의 단위

단위	데이터 양
바이트(B)	1byte, 2^0B
킬로바이트(KB)	1,024B, 2^{10}B
메가바이트(MB)	1,024KB, 2^{20}B
기가바이트(GB)	1,024MB, 2^{30}B
테라바이트(TB)	1,024GB, 2^{40}B
페타바이트(PB)	1,024TB, 2^{50}B
엑사바이트(EB)	1,024PB, 2^{60}B
제타바이트(ZB)	1,024EB, 2^{70}B
요타바이트(YB)	1,024ZB, 2^{80}B

 출제 체크

데이터 양의 단위에서 바이트의 순서(페타 → 엑사 → 제타 → 요타) 및 각 바이트 단위의 데이터 양 또한 출제되고 있으니 잘 숙지한다.

(2) 데이터의 유형

유형	내용	예시	난도
정형 데이터	• 내부 시스템인 경우가 대부분이라 수집이 쉬움 • 파일 형태의 스프레드시트라도 내부에 형식을 가지고 있어 처리가 쉬운 편 • CRUD가 일어나는 일반적인 아키텍처 구조로 이루어짐 • 형태(고정된 행과 열)가 있으며, 연산이 가능함 • 관계형 DB에 저장됨	Table, CSV, Excel, 관계형 DB 등	下
반정형 데이터	• 보통 API 형태로 제공되기 때문에 데이터 처리 기술(파싱)이 요구됨 • 형태(스키마, 메타데이터)가 존재하며, 주로 파일로 저장됨 • 데이터의 제공자가 선별해 제공하는 데이터이기에 잠재적 가치는 정형 데이터보다 높으며, 연산이 불가능함	XML, HTML, JSON, 로그 및 센서 데이터	中
비정형 데이터	• 형태가 없으며, 연산이 불가능하며 주로 NoSQL에 저장됨 • 데이터 수집 난도가 가장 높으며, 텍스트나 파일을 파싱해 메타구조를 갖는 데이터의 셋 형태로 바꾸고 정형 데이터 형태의 구조로 바꾸는 처리를 해야 하므로 데이터 처리 또한 어려움 • 수집 주체에 의한 분석이 선행되었으므로 수집이 가능하면 가장 높은 잠재적 가치를 제공	Text, Image, 음성, 영상 데이터 등	上

(3) 데이터베이스와 데이터 웨어하우스 간의 비교

매개 변수	데이터베이스	데이터 웨어하우스
용처	데이터 기록	데이터 분석
처리 방법	OLTP	OLAP
동시 사용자 수	수천 명	제한적
사용 사례	소규모 트랜잭션	복잡한 분석
다운타임	항시 사용 가능	일부 예정된 다운타임
최적화	CRUD 작업 기준	복잡한 분석 기준
데이터 유형	실시간 상세 데이터	요약형 기록 데이터

〈출처 : https://www.integrate.io/〉

❶ 데이터베이스의 특징 : 통합된 데이터, 저장된 데이터, 공용 데이터, 변화하는 데이터

❷ 데이터 웨어하우스의 특징 : 주제지향적(Subject oriented), 통합적(Integrated), 시계열적(Time variant), 비소멸성(Non volatile)

(4) 데이터 비식별 기술

❶ 최근 마이데이터(MyData) 사업 등의 형태로 개인정보의 필요성과 가치가 증대됨에 따라 개인정보 보안에 대한 중요성이 커지고 있다.

❷ 비식별 기술 : 데이터셋(Dataset)에서 개인을 식별할 수 있는 요소의 일부 또는 전부를 삭제하거나 다른 값으로 대치(Imputation)하는 등의 기술을 지칭

비식별 기술	내용	적용 예시
데이터 범주화	• 데이터의 값을 범주의 값으로 변환하여 값을 숨김 • 통계학에서 비율척도를 도수분포표로 등간으로 변화시킬 때 볼 수 있음	홍길동, 키 168.9cm → 홍씨, 키 165~175 사이
가명 처리	• 개인정보 주체의 이름 및 신상 정보를 다른 이름으로 변경하는 것 • 다른 이름으로 변경할 때 규칙성이 드러나지 않도록 익명성, 다양성, 근접성을 고려하여 데이터를 가명처리해야 함	홍길동, 29세, 서울, 한국대 → 일지매, 20대, 서울, 세계대
데이터 마스킹	데이터의 길이와 속성, 형식을 같은 형태로 유지한 채 데이터를 가리는 기술	홍길동, 29세, 서울, 한국대 → 홍**, 2*세, 서울, **대
총계 처리	• 데이터를 총합 및 평균 등의 값으로 표현함으로써 개별 관측 데이터를 노출시키지 않는 것 • 한계점으로 속성 정보를 공개하는 것이 개인정보를 공개하는 것과 비슷한 결과를 도출할 수 있음에 유의	홍길동 160cm, 일지매 170cm, 임꺽정 180cm, 순이 150cm → 영웅들의 키 총합 – 660cm, 영웅들의 평균 키 – 165cm
해당 데이터 삭제	데이터 공유, 개방 목적에 따라 데이터셋에 구성된 값 중 개인식별에 주요한 역할을 하는 식별자(예 주민등록번호, ID, 이름 등)와 개인과 관련된 날짜 정보(예 자격취득일, 합격일 등)를 삭제 혹은 연 단위로 처리	• 일지매, 29세, 서울, 한국대 → 29세, 서울에 거주하는 학생 • 주민번호 991231-1221125 → 90년대생, 남성

01 데이터에 대한 설명으로 옳지 않은 것은?

① 데이터를 단순한 객체로서의 가치뿐만 아니라 다른 객체와의 상호관계 속에서 가치를 갖는 것으로 설명할 수 있다.

② 데이터는 그 형태에 따라 언어·문자 등으로 기술되는 정량적 데이터와, 수치·기호·도형으로 표시되는 정성적 데이터로 구분된다.

③ 설문조사와 주관식 응답, 트위터나 페이스북, 블로그 등에 올린 글 등과 같은 정성 데이터의 경우 그 형태와 형식이 정해져 있지 않아 비정형 데이터라고도 한다.

④ 지역별 온도·풍속·강수량과 같이 수치로 명확하게 표현되는 데이터를 정량 데이터라고 한다.

02 다음 중 DIKW 피라미드(Data, Information, Knowledge, Wisdom hierarchy)에 대한 설명으로 적절한 것은?

① 지식(Knowledge)은 근본 원리에 대한 깊은 이해를 바탕으로 도출되는 창의적 아이디어로 설명할 수 있다.

② 정보(Information)는 상호 연결된 정보 패턴을 이해하고 이를 토대로 예측한 결과물이라 할 수 있다.

③ 지혜(Wisdom)는 데이터의 가공 및 상관관계 간 이해를 통해 패턴을 인식하고 그 의미를 부여한 데이터라 할 수 있다.

④ 데이터(Data)는 존재 형식을 불문하고 타 데이터와의 상관관계가 없는 가공하기 전의 순수한 수치나 기호를 의미한다고 할 수 있다.

30회차 기출유형
03 데이터베이스 일반 특징에 관한 설명 중 옳지 않은 것은?

① 데이터베이스는 통합된 데이터(Integrated data)이다.

② 데이터베이스는 저장된 데이터(Stored data)이다.

③ 데이터베이스는 공용 데이터(Shared data)이다.

④ 데이터베이스는 변화되지 않는 데이터(Unchanged data)이다.

5회차 기출유형

04 다음은 데이터베이스의 특성에 관한 설명이다. 옳지 않은 것은?

① 데이터베이스는 동일한 내용의 데이터가 중복되어 있지 않다는 것을 의미하는 통합된 데이터이며, 데이터 중복은 관리상의 복잡한 부작용을 초래할 수 있다.

② 데이터베이스는 자기 디스크나 자기 테이프 등과 같이 컴퓨터가 접근할 수 있는 저장 매체에 저장되는 것을 의미하므로 저장된 데이터이며, 기본적으로 컴퓨터 기술을 바탕으로 한 것이다.

③ 데이터베이스는 여러 사용자가 서로 다른 목적으로 데이터를 공동으로 이용하므로 공용 데이터이며, 대용량화되고 구조가 복잡한 것이 보통이다.

④ 데이터베이스는 새로운 데이터의 삽입, 기존 데이터의 삭제, 갱신으로 항상 변화하면서도 항상 현재의 정확한 데이터를 유지해야 하므로 고정된 데이터이다.

15회, 26회차 기출유형

05 다음 중 암묵지와 형식지의 상호작용과 가장 관련이 없는 것은?

① 공통화   ② 표출화

③ 외부화   ④ 연결화

14회, 26회, 29회차 기출유형

06 다음 중 개인정보 비식별화 기법에 대한 설명으로 옳지 않은 것은?

① 총계처리 : 데이터의 총합 값을 보임으로써 각각의 관측치들의 정보를 알 수 없게 한다.

② 범주화 : 데이터의 개별 값들을 동일한 구간의 데이터로 표현하고 범주의 값으로 변환하여 정보를 감춘다.

③ 데이터 마스킹 : 데이터의 길이와 속성, 형식을 같은 형태로 유지한 채 데이터를 가리는 기술이다.

④ 가명처리 : 개인정보 주체의 이름 및 신상 정보를 다른 이름으로 변경하며 일부를 삭제하는 것이다.

13회, 22회차 기출유형

07 다음 중 그 자체로는 의미가 중요하지 않은 객관적인 사실인 데이터를 가공, 처리하여 얻을 수 없는 것은?

① 지혜(Wisdom)   ② 정보(Information)

③ 기호(Sign)   ④ 지식(Knowledge)

08 다음 중 지식(Knowledge)에 대한 예시로 가장 적절한 것은?

① A사이트보다 B사이트가 다른 물건도 비싸게 팔 것이다.

② B사이트보다 가격이 상대적으로 저렴한 A사이트에서 USB를 사야겠다.

③ A사이트는 10,000원에, B사이트는 15,000원에 USB를 팔고 있다.

④ B사이트의 USB 판매 가격이 A사이트보다 더 비싸다.

09 다음 중 빅데이터가 기업에 주는 가치가 아닌 것은?

① 혁신 수단 제공　　　　　　② 경쟁력 강화

③ 생산성 제고　　　　　　　④ 환경 탐색

10 다음 중 빅데이터가 만들어 내는 변화가 아닌 것은?

① 데이터의 질보다 양에 비중을 둔다.

② 데이터의 사전 처리보다 사후 처리에 비중을 둔다.

③ 새로운 것에 대한 발견법으로 상관관계보다 인과관계에 비중을 둔다.

④ 조사 방법으로서 표본조사보다 전수조사에 비중을 둔다.

11 빅데이터 출현 배경 중 거대한 데이터의 분석 비용 문제를 해결해 준 것은?

① 디지털 기술　　　　　　　② 클라우드 컴퓨팅 기술

③ 하드 드라이브 가격의 하락　④ SNS 확산

12 커피를 사는 사람들이 탄산음료도 많이 구매하는지를 알아보기 위해 사용되는 분석은?

① 회귀 분석(Regression analysis)

② 기계 학습(Machine learning)

③ 유전 알고리즘(Genetic algorithm)

④ 연관 규칙 학습(Assocation rule learning)

13 다음 설명 중 옳은 것을 고르면?

① 빅데이터 과제의 주된 걸림돌은 비용이 아니라 분석적 방법에 대한 이해 부족이다.

② 분석을 다방면에 많이 사용하는 것이 경쟁우위를 가져다주는 첫 번째 요소이다.

③ 빅데이터 분석에서 가치 창출은 데이터의 크기에 의해 좌우된다.

④ 성과가 높은 기업들은 대부분 폭넓은 가치 분석적 통찰력을 갖추고 있다.

14 전략적 가치 기반 분석을 위해 고려해야 할 요소가 아닌 것은?

① 사업에 영향을 미치는 트렌드에 대해 큰 그림을 그려야 한다.

② 사업 성과를 견인하는 핵심 요소에 집중해야 한다.

③ 기존 성과를 유지하기 위해 필요한 것이 무엇인지에 주의해야 한다.

④ 경쟁의 본질에 영향을 미치는 단계에까지 나아가야 한다.

15 다음 설명 중 틀린 것은 무엇인가?

① 강력한 호기심은 데이터 사이언티스트의 중요한 특징이다.

② 과학적 분석 과정에는 가정과 인간의 해석이 개입하지 않는다.

③ 분석은 미세한 관점에서 접근할 경우 큰 효과를 보기 어렵다.

④ 뛰어난 분석적 리더는 의사결정에서 과학과 직관을 혼합한다.

15회, 27회차 기출유형

16 다음 중 데이터에 관한 구조화된 데이터로서, 다른 데이터를 설명해주는 데이터는?

① 데이터 모델　　　　　　　　　② 메타 데이터

③ 백업 데이터　　　　　　　　　④ 데이터 마트

12회차 기출유형

17 다음 중 기업 내부 데이터베이스인 고객관계관리(CRM)에 대한 설명으로 적절한 것은?

① 부품의 설계, 제조, 유통 등의 공정을 포함한다.

② 외부 공급업체와의 정보시스템 통합으로 시간과 비용을 최적화한다.

③ 기업의 내부 고객들만을 대상으로 한 정보시스템이다.

④ 단순한 정보의 수집에서 탈피하여 분석 중심의 시스템 구축을 지향한다.

18 기업 내부 데이터베이스 중 기업 전체가 경영자원을 효과적으로 이용함으로써 경영의 효율화를 기하기 위해 기업의 모든 자원을 통합적으로 최적 관리하는 기업 경영정보시스템은?

① ERP(Enterprise Resource Planning)

② SCM(Supply Chain Management)

③ KMS(Knowledge Management System)

④ CRM(Customer Relationship Management)

19 가트너그룹의 더그래니가 정리한 빅데이터 3가지 측면 중에서 나머지와 다른 하나는?

① 양(Volume) ② 다양성(Variety)

③ 속도(Velocity) ④ 유효성(Valid)

20 다음 중 빅데이터의 수집, 구축, 분석의 최종 목적으로 가장 적절한 것은?

① 새로운 통찰과 가치를 창출한다.

② 데이터 중심의 조직을 구성한다.

③ 초고속 데이터 처리 기술을 개발한다.

④ 데이터 관리 비용을 절감한다.

21 빅데이터의 기능 중 '공동 활용의 목적으로 구축된 유·무형의 구조물 역할을 수행한다'라는 것에 해당하는 내용은 무엇인가?

① 산업혁명 시대의 석탄, 철 ② 21세기의 원유

③ 렌즈 ④ 플랫폼

22 '특정 그룹의 편중된 의견으로 인해 왜곡된 결과를 초래하는 문제가 빅데이터의 도입으로 해결되고 있다'와 관련 있는 변화는 무엇인가?

① 사후처리로의 변화 ② 전수조사로의 변화

③ 인과관계로의 변화 ④ 상관관계로의 변화

14회차 기출유형

23 다음 중 감성 분석(Sentiment analysis)에 대한 설명으로 옳지 않은 것은?

① 특정 주제에 대한 사용자의 긍정 또는 부정의 의견을 분석한다.

② 주로 네이버 스토어나 오픈 마켓에서의 사용자 상품평에 대한 의견 분석이 대표적인 사례이다.

③ 특정인과 다른 사람이 몇 촌 정도의 관계인가를 파악하고자 할 때 활용한다.

④ 사용자가 사용한 문장이나 단어 단위의 분석도 포함한다.

12회차 기출유형

24 비즈니스 문제와 활용되는 기법과의 연결이 올바르지 않은 것은?

① '연료 효율성 제고를 위한 최적의 원자재 및 엔지니어링 결합 방법은 무엇인가?' – 유전자 알고리즘

② '새로운 가격 정책에 대한 고객의 평가는 어떻게 될까?' – 감정분석

③ '영업사원의 수에 증가에 따른 매출액의 변화는 어떻게 될까?' – 회귀분석

④ '택배 차량을 어떻게 배치하는 것이 비용 측면에서 가장 효율적인가?' – 유형분석

25 사람들 간의 관계의 밀접도와 촌수가 어떻게 되는지를 파악할 때 사용하는 기법은?

① 연관 규칙 학습　　　　　　② 유전 알고리즘

③ 사회관계망 분석　　　　　　④ 기계 학습

14회차 기출유형

26 다음 핀테크 분야에서 빅데이터의 분석이 활용될 수 있는 분야는?

① 크라우드 펀딩(Crowd funding)

② 신용평가(Credit rating)

③ 간편결제(Simple payment)

④ 블록체인(Block chain)

27회차 기출유형

27 다음 중 데이터 사이언티스트의 소프트 역량(Soft skill)으로 옳지 않은 것은?

① 통찰력 있는 분석　　　　　　② 이론적 지식

③ 설득력 있는 전달　　　　　　④ 다분야 간 협력

28 다음 중 데이터베이스의 특징으로 옳지 않은 것은?

① 통합된 데이터   ② 저장된 데이터

③ 공용 데이터   ④ 비소멸성을 지닌 데이터

29 데이터베이스가 지닌 다양한 측면 중 정보의 축적 및 전달 측면에서 나머지와 성격이 다른 하나는?

① 기계 가독성   ② 검색 근접성

③ 검색 가독성   ④ 원격 조작성

30 다음 중 데이터화(Datafication) 현상에 큰 영향을 미치는 기술로 옳은 것은?

① 3D프린팅(3D-Printing)

② 인공지능(Artificial Intelligence)

③ 사물인터넷(Internet Of Things)

④ 가상현실(Virtual Reality)

31 다음 중 빅데이터에 대한 정의로 부적절한 것은?

① 대규모 데이터에서 저비용으로 가치를 추출, 초고속으로 수집 및 분석하기 위한 아키텍쳐이다.

② 데이터의 양, 수집, 처리 속도가 급격히 증가하면서 나타난 현상이다.

③ 일반적인 데이터베이스 소프트웨어로 저장, 분석할 수 있는 범위를 초과하는 규모를 빅데이터라 정의한다.

④ 용량이 방대하나 구조는 단순한 형태의 데이터 세트들을 집합화한 것이다.

32 다음 중 빅데이터 시대에 발생할 수 있는 위기 요인으로 부적절한 것은?

① 재산권 침해   ② 데이터 오용

③ 책임 원칙 훼손   ④ 사생활 침해

33 다음 중 빅데이터와 데이터 사이언스에 대한 설명으로 옳지 않은 것은?

① 기업에서의 빅데이터 분석은 기업의 분석 문화에 결정적으로 영향을 받는다.

② 데이터 사이언스에서 시각화와 효과적 커뮤니케이션은 매우 중요한 요소이다.

③ 미래 가치 패러다임과 변화에서 빅데이터 분석 활용 능력은 핵심적인 역할을 할 것이다.

④ 데이터 사이언스는 정형화된 실험 데이터를 분석 대상으로 한다.

34 빅데이터 시대에 발생할 수 있는 위기 요인 중 데이터 오용의 문제를 해결하기 위한 방법으로 적절한 것은?

① 현재 개인정보의 활용 동의를 통한 가공, 유통에 따른 사생활 침해에 대비해 개인정보 사용자의 책임제로 변환하여 사용자의 적극적인 보호를 유도한다.

② 데이터를 통한 결과가 모든 것을 예측할 수 없다는 사실을 인정하고 그에 따른 데이터 분석을 하는 대신 사용자의 판단에 따르는 것이 옳다.

③ 피해를 본 사람을 구제하기 위해 알고리즈미스트를 통해 알고리즘에 대한 접근권을 획득하고 어떤 식으로 계산되는지 알고리즘을 소개하여 명시함으로써 문제가 발생한 피해자를 구제하고자 한다.

④ 사전적인 예측을 통한 판단보다는 행동 결과를 보고 판단하는 원칙을 고수함으로써 기업들이 담합할 확률이 높다고 먼저 처벌하거나 사용자의 신용등급이 낮다고 불이익을 주는 일 등의 가능성을 최소화하고자 한다.

35 다음 중 데이터의 가치 측정이 어려운 이유로 적절하지 않은 것은?

① 데이터 재사용의 일반화로 특정 데이터를 언제 누가 사용했는지 알기 힘들기 때문이다.

② 빅데이터는 기존에 존재하지 않던 새로운 가치를 창출하기 때문이다.

③ 분석기술의 발전으로 과거에 분석이 불가능했던 데이터를 분석할 수 있게 되었기 때문이다.

④ 전문 인력의 증가로 다양한 곳에서 빅데이터가 활용되고 있기 때문이다.

36 아래에서 설명하고 있는 (A)와 (B)에 적절한 용어를 쓰시오.

> 데이터 사이언티스트가 갖춰야 할 역량은 빅데이터의 처리 및 분석에 필요한 이론적 지식과 기술적 숙련에 관련된 능력인 (A) Skill과 데이터 속에 숨겨진 가치를 발견하고 새로운 발전 기회를 만들어 내기 위한 능력인 (B) Skill로 나누어진다.

	(A)	(B)
①	하드(Hard)	소프트(Soft)
②	도메인(Domain)	IT
③	수학(Math)	통계(Stat)
④	수학(Math)	IT

37 DIKW 피라미드 중 다음 내용이 설명하는 것은 무엇인가?

> "A피자 집의 샐러드 가격도 B피자 집의 샐러드 가격보다 더 저렴할 것이다."

① 데이터(Data)　　　　　② 정보(Information)
③ 지식(Knowledge)　　　④ 지혜(Wisdom)

38 아래의 특징을 지닌 데이터 분석과 관련된 기술을 무엇이라 하는가?

> 기업의 의사결정 과정을 지원하기 위한 주제 중심적으로 통합적이며 시간성을 가지는 비휘발성 데이터의 집합을 (　　　　　)라고 한다.

① 데이터 베이스　　　　② 데이터 마트
③ 데이터 웨어하우스　　④ 데이터 레이크

39 아래의 특징을 지닌 데이터 분석과 관련된 기술을 무엇이라 하는가?

> 구조화되거나 반구조화되거나 구조화되지 않은 대량의 데이터를 저장, 처리, 보호하기 위한 중앙 집중식 저장소로써 전사적으로 쉽게 인사이트를 공유하는 데 도움이 되는 이 데이터 분석 기술을 무엇이라 하는가?

① 데이터 베이스
② 데이터 마트
③ 데이터 웨어하우스
④ 데이터 레이크

40 이것은 형태와 형식이 정해져 있지 않고 언어 또는 문자로 기술되어 있는 데이터이다. 이를 무엇이라고 하는가?

① 정형 데이터
② 반정형 데이터
③ 비정형 데이터
④ 시계열 데이터

12회차 기출유형
41 아래는 데이터의 양을 표현하는 단위를 오름차순으로 표현하였다. 아래의 빈칸에 적합한 단위는 무엇인가?

> 기가바이트(GB) < 테라바이트(TB) < (   ) < 엑사바이트(EB)

① 페타바이트(PB)
② 메가바이트(MB)
③ 제타바이트(ZB)
④ 요타바이트(YB)

42 아래 빈칸의 들어갈 내용은 무엇인가?

> (   )은/는 기업의 데이터를 수집, 정리, 분석하여 효율적인 의사결정을 지원하는 도구로 리포트(Report) 기능 중심이다.

① R
② Python
③ SQL
④ BI(Business Intelligence)

43 다음의 내용으로 올바른 것은?

> 식별자를 제거하여 식별방지 및 프라이버시 모델을 기반한 추론을 방지하는 기술이다. 빅데이터의 경우 식별자 제거, 추론 방지 등을 수행해야 한다.

① 데이터 정규화 작업　　　　　　　　② 스키마 설정 작업
③ 비식별화　　　　　　　　　　　　　④ 인과관계 추론 방지

44 데이터베이스 구조를 추상적으로 표현한 것으로 3계층으로 이루어지며 내부, 개념, 외부로 나누어지게 되는 이것은 무엇인가?

① 디그리(Degree)　　　　　　　　　② 튜플(Tuple)
③ 속성(Attribute)　　　　　　　　　④ 스키마(Schema)

45 다음의 빈칸에 들어갈 내용으로 올바른 것은 무엇인가?

> (　　　　　　　　)은/는 수학, 통계학, 컴퓨터공학, 시각화, 해커의 사고방식, 해당 분야의 전문지식을 종합한 학문으로써 정형 또는 비정형을 막론하고 인터넷, 휴대전화, 감시용 카메라 등에서 생성되는 숫자와 문자, 영상 정보 등 다양한 유형의 데이터를 대상으로 분석뿐 아니라 이를 효과적으로 구현하고 전달하는 과정까지를 포함한 포괄적 개념이다.

① 특성공학(Feature Engineering)　　② 데이터 사이언스
③ 경영과학　　　　　　　　　　　　④ 데이터마이닝

16회, 29회차 기출유형

46 다음의 빈칸에 들어갈 내용으로 올바른 것은 무엇인가?

> (　　　　　　　　)은/는 관리 대상이 되는 데이터를 P2P 방식 기반으로 생성된 연결된 형태의 연결고리 기반의 분산 데이터 저장 환경에 저장하여, 누구도 임의로 수정할 수 없고 누구나 변경된 결과를 열람할 수 있는 분산 컴퓨팅 기술 기반의 원장관리 기술이다.

① 블록체인(Block Chain)　　　　　　② 사물인터넷(IoT)
③ 관계형데이터베이스　　　　　　　　④ 크라우드펀딩

12회차 기출유형

47 다음의 빈칸에 들어갈 내용으로 올바른 것은 무엇인가?

> (   )은/는 공장 내 설비와 기계에 사물인터넷(IoT)이 설치되어 공정 데이터가 실시간으로 수집되고 데이터에 기반한 의사결정이 이루어짐으로써 생산성을 극대화할 수 있는 기술이다.

① 블록체인(Block Chain)　　　　② RPA

③ 스마트 팩토리　　　　　　　　④ 크라우드펀딩

17회, 22회차 기출유형

48 다음의 빈칸에 들어갈 내용으로 올바른 것은 무엇인가?

> (   )은/는 기업이 외부 공급업체 또는 제휴업체와의 통합된 정보시스템 연계를 통하여 시간과 비용을 최적화시키기 위한 시스템으로 자재구매 데이터, 생산·재고 데이터, 유통·판매 데이터, 고객 데이터로 구성된다.

① CRM　　　　　　　　　　② SCM

③ ERP　　　　　　　　　　④ RPA

18회차 기출유형

49 다음의 빈칸 A, B에 들어갈 내용으로 올바른 것은 무엇인가?

> • 신속한 의사결정을 원하는 비즈니스에서는 복잡한 (A)보다 실시간 (B)분석에서는 도출된 인사이트를 바탕으로 수익을 창출한다.
> • (A)은/는 어떤 상황에 대해 현상을 일으킨 원인과 결과 사이의 관계이다.
> • (B)은/는 어떤 두 현상이 관계가 있지만, 어느 쪽이 원인인지 알 수 없는 관계이다.

	(A)	(B)
①	상관관계	인과관계
②	인과관계	상관관계
③	선행관계	상관관계
④	인과관계	사후관계

50 다음 보기에서 설명하는 빅데이터의 활용 기법은 무엇인가?

> • 대출 상환을 잘하는 집단에 속하는지 그렇지 않은 집단에 속하는지 문제를 해결하려 할 때 적용한다.
> • 문서를 분류하거나 조직을 그룹으로 나눌 때, 온라인 수강생들을 특성에 따라 분류할 때 적용한다.
> • "사용자는 어떤 특성을 가진 집단에 속하는가?"와 같은 문제를 해결할 때 활용한다.

① 상관분석   ② 회귀분석

③ 분류분석   ④ 차원축소

연습문제 정답 및 해설

01	02	03	04	05	06	07	08	09	10
②	④	④	④	③	④	③	②	④	③
11	12	13	14	15	16	17	18	19	20
②	④	①	③	②	②	④	①	④	①
21	22	23	24	25	26	27	28	29	30
④	②	③	④	③	②	②	④	②	③
31	32	33	34	35	36	37	38	39	40
④	①	④	③	④	①	④	③	④	③
41	42	43	44	45	46	47	48	49	50
①	④	③	④	②	①	③	②	②	②

01 정답 ②

해설 데이터는 그 형태에 따라 언어·문자 등으로 기술되는 정성적 데이터와 수치·기호·도형으로 표시되는 정량적 데이터로 구분된다.

02 정답 ④

해설 DIKW(Data, Information, Knowledge, Wisdom)
- 데이터(Data) : 다른 형태의 자료들과 연관되어야 중요성이 높아지는 객관적인 사실이다.
- 정보(Information) : 데이터를 처리, 가공하여 데이터 간의 관계 속에서 의미가 도출된다.
- 지식(Knowledge) : 데이터를 통해 구조화된 유의미한 정보를 토대로 개인 경험을 결합하여고유의 지식으로 내재화시킨 것이다.
- 지혜(Wisdom) : 근본적인 원리를 이해하고 이를 근거로 지식의 축적 및 아이디어가 결합된 창의적인 산물이다.

03 정답 ④

해설 데이터베이스의 일반 특징으로는 '통합된 데이터, 저장된 데이터, 공용 데이터, 변화하는 데이터'를 들 수 있다.

04 정답 ④

해설 데이터베이스는 고정된 데이터가 아닌 변화되는 데이터이다. 데이터베이스가 저장하는 내용은 곧 데이터베이스의 한 상태를 나타낸다. 다만, 이 상태는 새로운 데이터의 삽입, 기존 데이터의 삭제, 갱신으로 항상 변화하면서도 항상 현재의 정확한 데이터를 유지해야 한다.

05 정답 ③

해설 암묵지는 내면화와 공통화, 형식지는 표출화와 연결화의 상호작용 특징을 지닌다.
※암기하자! 암내공, 형표연

06 정답 ④

해설 가명처리는 개인정보 주체의 이름 및 신상 정보를 다른 이름으로 변경하지만, 일부를 삭제하는 것은 아니다.

07 정답 ③

해설 DIKW 피라미드 구조에서 기호(Sign)는 포함되지 않는다.

08 정답 ②

해설 DIKW 피라미드 구조에서 지식(Knowledge)은 '~해야겠다'로 끝내는 경우 또는 의사결정의 내용이 포함된 경우가 많다. 이때 지식은 상호 연결된 정보 패턴을 이해하여 이를 토대로 예측한 결과물이다.

09 정답 ④

해설 빅데이터는 기업의 혁신, 경쟁력 제고, 생산성 향상의 근간이 된다. 반면 정부에는 환경 탐색, 상황 분석, 미래 대응 수단을 제공한다.

10 정답 ③

해설 빅데이터는 새로운 것에 대한 발견법으로 '인과관계'보다 '상관관계'에 비중을 둔다.

11 정답 ②

해설 디지털 기술의 발전, 하드 드라이브의 가격, SNS의 확산 등이 모두 결합되어 빅데이터 시대가 도래한 것은 모두 올바른 진술이다. 그러나 거대한 규모의 데이터 처리 비용을 해결해 준 것은 클라우드 컴퓨팅 기술의 분산 병렬 처리 기술이다.

12 정답 ④

해설 해당 물품을 구매한 후 다른 것도 구매하는 것을 마케팅에서는 교차판매(Cross selling)라 한다. 이러한 교차판매 전략은 연관 규칙 학습(Associate rule learning)에 해당한다.

13 정답 ①

해설 빅데이터 과제의 주된 걸림돌은 분석적 방법의 이해가 부족함에서 비롯된 올바르지 못한 빅데이터의 응용 및 활용이다.

14 정답 ③

> **해설** 기존 성과를 유지하기 위해 필요한 것이 무엇인지 주의해야 하는 분석은 일차원적인 분석 방법이다. 이러한 방식은 시장에서의 매출 상승은 가능하지만, 시장을 리딩(Leading)하기는 어렵다.

15 정답 ②

> **해설** 모든 분석은 가정에 기반한다. 또한 분석에는 반드시 인간의 해석이 개입하기 마련이다. 훌륭한 데이터 사이언티스트는 모델의 능력에 대해 항상 의구심을 가지고, 가정들과 현실의 불일치에 대해 끊임없이 고찰하고, 분석 모델이 예측할 수 없는 위험을 살피기 위해 큰 그림을 그리고, 분석 과정에서는 경험과 세상에 대한 통찰력을 함께 활용하는 것이 중요하다.

16 정답 ②

> **해설** 데이터를 설명하는 데이터는 메타 데이터(Meta Data)이며 데이터의 수집 시기, 담당자, 데이터 표의 종류 등을 정리해 놓은 것을 의미한다. 이는 데이터 사전(Data Dictionary)과도 비슷하지만 일반적으로 데이터 사전의 경우 컬럼 정의서와 같이 컬럼에 대한 설명이 적혀 있다는 점에서 두 용어 간에는 약간의 차이가 존재한다.

17 정답 ④

> **해설** 고객관계관리(CRM)는 단순한 내부 정보만이 아닌 분석 중심의 시스템 구축을 지향한다. 따라서 고객들과의 관계가 단기적이지 않고 장기적으로 지속되며 그에 따른 마케팅 전략을 구사할 수 있다.
> ①, ② SCM에 관한 내용이다.
> ③ 기업의 내부 고객들만을 대상으로 하는 것이 아니다.

18 정답 ①

> **해설** 기업 내부 데이터베이스 중에서 자원을 통합적으로 관리하고 정보의 통합을 위해 전사적으로 관리하는 시스템은 전사적관리시스템, 즉 ERP(Enterprise Resource Planning)이다.

19 정답 ④

> **해설** 기본적으로 빅데이터의 특징으로 일컬어지는 3V는 Volume, Variety, Velocity이다.

20 정답 ①

> **해설** 빅데이터의, 구축, 분석의 최종 목적으로는 기존 방식(일차원적인 분석 방식)으로는 얻을 수 없었던 통찰 및 가치 창출, 사업 방식·시장·사회·정부 등에서의 변화와 혁신 주도이다.

21 정답 ④

> **해설** 플랫폼이란 비즈니스 측면에서는 일반적으로 '공동 활용의 목적으로 구축된 유·무형의 구조물'을 의미하며 최근에는 빅데이터가 다양한 서드파티(Third Party) 비즈니스에 활용되며 플랫폼 역할을 할 것으로 전망되고 있다.

22 정답 ②

해설 데이터 수집 비용의 감소와 클라우딩 컴퓨터 기술의 발전으로 전수조사로의 변화가 가능해졌으며, 이를 통해 샘플링이 주지 못하는 패턴이나 정보를 제공해주게 된다.

23 정답 ③

해설 특정인과 다른 사람의 촌수를 계산하는 방식은 소셜네트워크 분석(Social network analysis)이다.

24 정답 ④

해설 유형분석은 뉴스의 주제를 분류하거나 혹은 변수들 간의 특성을 유형화할 때 쓰이는 분석법이다.

25 정답 ③

해설 사회관계망 분석은 영향력 있는 사람(Opinion leader)과 같은 사람을 찾아내어 그들 간의 사회적 관계를 분석하려는 기법을 의미한다. 이는 '과거 싸이월드의 촌수', '사람들 간 관계의 밀접도는 어떻게 되는가?' 등을 분석하는 기법으로, 소셜네트워크 분석으로도 불린다.

26 정답 ②

해설 다른 핀테크 분야에서도 빅데이터의 분석이 활용 가능하지만 지도학습과 비지도학습의 적용이 가장 용이한 분야가 신용평가(Credit Rating)이다.

27 정답 ②

해설 데이터 사이언티스트의 소프트 역량(Soft Skill)에는 즉, 통찰력 있는 분석, 설득력 있는 전달, 다분야 간 협력이 존재한다('통설다'). 이론적 지식과 숙련도는 하드 역량(Hard Skill)이다.

28 정답 ④

해설 데이터베이스의 특징은 통합된 데이터, 저장된 데이터, 공용 데이터, 변화하는 데이터이다. 비소멸성을 지닌 데이터는 데이터 웨어하우스의 특징이다.

29 정답 ②

해설 데이터베이스의 정보의 축적 및 전달 측면의 특징 3가지는 기계 가독성, 검색 가독성, 원격 조작성이다.

30 정답 ③

해설 데이터화(Datafication)가 일어날 수 있었던 이유는 사물인터넷(IoT)의 등장으로 많은 데이터들을 디지털화할 수 있었기 때문이다.

31 정답 ④

해설 빅데이터의 성격은 Volume, Variety, Velocity로, 용량에 해당하는 Volume뿐만 아니라 다양한 데이터를 분석할 수 있는 Variety도 고려해야 한다. 다양한 데이터가 생기게 되면 구조는 단순하지 않고 복잡해진다.

32 정답 ①

해설 빅데이터 시대에 발생할 수 있는 위기 요인으로 사생활 침해, 책임원칙 훼손, 데이터 오용이 있다. 재산권 침해는 이에 해당하지 않는다.

33 정답 ④

해설 데이터 사이언스에서의 빅데이터 분석은 정형데이터만이 아닌 비정형데이터도 분석의 대상으로 한다. 대표적으로 딥러닝에서의 텍스트 마이닝, 이미지 분석 등이 있다.

34 정답 ③

해설 데이터 오용은 데이터 사이언티스트가 설계한 알고리즘의 오류로 문제가 발생한 피해자를 구제하기 위한 방식으로, 알고리즈미스트에게 알고리즘 접근권을 부여하여 위기 상황을 통제할 수 있다.

35 정답 ④

해설 데이터의 가치 측정이 어려운 이유로 교재에서는 크게 3가지를 언급하고 있다.
  • 데이터 활용 방식이 재사용, 재조합, 다목적용 개발이라는 점
  • 새로운 가치를 창출한다는 점
  • 분석 기술이 발전해간다는 점
  전문 인력의 증가는 데이터 가치 측정의 애로사항에 포함되지 않는다.

36 정답 ①

해설 '이론적 지식'과 '기술적 숙련도'에 관련된 능력은 '하드 스킬'이며 '데이터의 잠재적 가치'를 발견하는 능력은 '소프트 스킬'이다.

37 정답 ④

해설 DIKW에서 '~할 것이다'라는 것은 새로운 가설을 설정했다고 볼 수 있다. 이는 Wisdom(지혜)에 속한다.

38 정답 ③

해설 데이터 웨어하우스의 특징은 주제지향적(Subject Oriented), 통합적(Integrated), 시계열적(Time variant), 비소멸성(Non volatile)이다.

39 정답 ④

해설 구조화되지 않고 정형화되지 않은 대량의 데이터를 저장, 보호, 처리하는 중앙집중식 저장소는 데이터 레이크 (Data Lake)이다.

40 정답 ③

해설 언어 또는 문자로 기술되어 있는 데이터는 비정형(정성) 데이터이다.

41 정답 ①

해설 테라바이트(TB)와 엑사바이트(EB) 사이에는 페타바이트(PB)가 존재한다.

42 정답 ④

해설 기업의 데이터를 수집, 정리, 분석하여 효율적인 의사결정을 지원하는 리포트(Report)기능 중심도구는 BI (Business Intelligence)이다.

43 정답 ③

해설 식별자 제거를 통해 식별방지 및 프라이버시 모델 기반의 추론을 방지하는 기술은 비식별화이다.

44 정답 ④

해설 데이터베이스 구조를 추상적으로 표현하면 내부 스키마, 개념 스키마, 외부 스키마로 표현이 가능하다.

45 정답 ②

해설 데이터 사이언스란 정형 데이터 또는 비정형 데이터를 막론하고 대상으로 하여 데이터 공학, 수학, 통계학, 컴퓨 터공학, 시각화, 해커의 사고방식, 해당 분야의 전문지식을 종합한 학문이다.

46 정답 ①

해설 P2P 방식 기반으로 생성된 연결된 형태의 연결고리 기반의 분산 데이터 저장 환경에 저장하여, 누구도 임의로 수정할 수 없고 누구나 변경된 결과를 열람할 수 있는 분산 컴퓨팅 기술 기반의 원장관리 기술은 블록체인이다.

47 정답 ③

해설 기계에 사물인터넷(IoT)이 설치되어 공정 데이터가 실시간으로 수집되어 데이터에 기반한 의사결정이 이루어짐 으로써 생산성을 극대화할 수 있는 기술은 스마트 팩토리를 뜻한다.

48 정답 ②

해설 SCM은 기업이 외부 공급업체 또는 제휴업체와 통합된 정보시스템으로 연계하여 시간과 비용을 최적화시키기 위한 것이다. 특히 유통·판매 및 고객 데이터가 CRM과 연동되기 때문에 CRM과 SCM은 상호 밀접한 관련을 갖는다.

49 정답 ②

해설 인과관계는 원인과 결과의 관계이며, 상관관계는 상호 간에 관계는 있지만 특정하게 선행되는 관계를 보기 어려운 관계이다.

50 정답 ②

해설 데이터를 그룹화하거나 분류하거나 할 때 활용되는 분석방법은 분류분석(Classification)이며 이는 지도학습(Supervised Learning)에 속한다.

PART

02

데이터 분석 기획

CHAPTER 01 데이터 분석 기획의 이해

TOPIC 01 분석 기획 방향성 도출

1. 분석 기획의 특징

❶ 분석 기획 : 실제 분석을 수행하기에 앞서 수행할 **과제의 정의 및 의도했던 결과**를 도출할 수 있도록 이를 적절하게 관리할 수 있는 방안을 **사전에 계획하는 작업**이다.

❷ 분석의 특징 : **수학/통계학적 지식 및 해킹 기술(IT 기술 등)**을 비롯하여 **해당 비즈니스에 대한 이해와 전문성**을 포함한 3가지 영역에 대한 고른 역량과 시각이 요구된다.

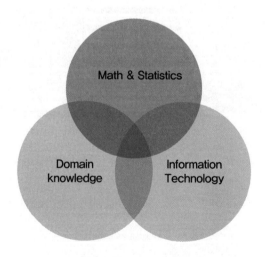

2. 분석 대상과 방법

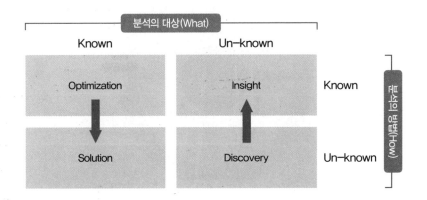

❶ 특정한 분석 주제를 대상으로 진행할 경우 상기의 2×2 Matrix의 유형을 통해 분석을 수행하고 결과를 도출할 수 있다.

❷ 분석 방식의 구분
  ㉠ Top-down(하향식) : 최적화에서 솔루션으로 내려오는 형태로 분석하는 방식이다.
  ㉡ Bottom-up(상향식) : 발견에서 통찰로 올라오는 형태로 분석하는 방식이다.

3. 목표 시점별 당면 과제 해결 방안

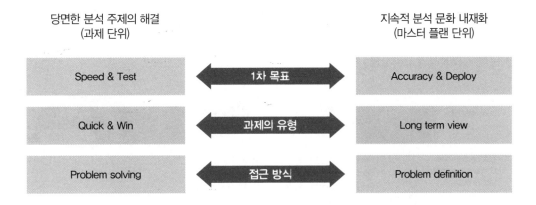

❶ 분석기획에서는 문제 해결(Problem solving)을 위한 단기적인 접근방식과 분석과제 정의(Problem definition)를 위한 중장기적인 마스터 플랜 접근 방식을 융합하여 적용하는 것이 중요하다.

❷ 단기적인 접근 방식을 목표 시점별로 살펴볼 수 있는 **"과제 중심적인 접근 방식"**과 분석과제 정의를 위한 방식인 **"장기적인 마스터 플랜 방식"**으로 나눌 수 있다.

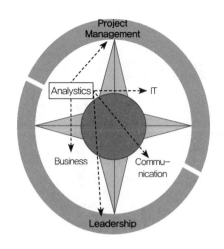

❸ 데이터 분석가에게는 앞서 언급하였던 기본역량 3가지에 더하여 프로젝트 관리(Project management) 역량, 리더십(Leadership) 역량 등이 필요하다.

❹ 의미 있는 분석을 하기 위해서는 분석 기술, IT 및 프로그래밍, 분석 주제에 대한 도메인 지식 및 전문성, 의사소통이 중요하고 분석 대상 및 방식에 따라 적합한 분석 주제를 과제 단위 혹은 마스터 플랜 단위로 도출할 수 있어야 한다.

4. 분석 기획 시 고려사항

❶ 분석 기획 : 실제 분석을 수행하기에 앞서 어떤 목표(What)를 달성하기 위하여(Why) 어떤 데이터를 가지고 어떻게(How) 수행할지에 대한 일련의 계획 수립 과정이다.

❷ 분석 기획에서의 고려사항

Available data	Proper business use case	Low barrier of Execution	성공적 분석
• Transaction data • Humans-generated data • Mobile data • Machine and sensor data etc.)	• Customer analytics • Social media analytics • Plant and facility mgmt • Pipeline optimization • Fraud detection etc.)	• Cost • Simplicity • Performance • Culture etc.)	

ㄱ 가용 데이터(Available data)
  • 가용 데이터에 대한 고려는 분석이 가능한 데이터가 있는지의 여부를 의미함
  • 분석을 위한 **데이터의 확보**가 우선적이며, **데이터의 유형에 따라 적용 가능한 솔루션** 및 **분석 방법**이 다르므로 유형에 대한 분석이 선행적으로 이루어져야 함

ⓛ 적절한 유스케이스(Proper business use case)

- 분석을 통한 가치 창출을 위해 적절한 유스케이스 탐색이 필요
- 기존에 잘 구현되어 활용되고 있는 비슷한 케이스 및 솔루션을 최대한 활용하려 하는 것이 매우 중요함
  > **예** '바퀴를 재발명하지 마라'는 IT의 격언을 기억

ⓒ 분석과제 수행을 위한 장애 요소(Low barrier of Execution)

- 분석 수행 시 발생하는 장애 요소들에 대한 사전계획 수립 필요
- 일회성 분석으로 그치지 않고 조직의 역량으로 내재화하기 위해서는 충분하고 계속적인 교육 및 활용방안 등의 변화 관리(Change mgmt)가 고려되어야 함

TOPIC 02   분석 방법론

1. 분석 방법론 개요

(1) 분석 방법론의 개요

❶ 데이터 분석을 효과적으로 기업 내에 정착시키기 위해서는 이를 체계화한 절차와 방법이 정리된 데이터 분석 방법론의 수립이 필수적이다.

❷ 프로젝트는 일정한 수준의 품질을 갖춘 산출물과 프로젝트의 성공 가능성을 확보하고 제시할 수 있어야 하되 한 개인의 역량이나 우연한 성공에 기인해서는 안 된다.

❸ 기업성공을 위한 합리적인 의사결정을 가로막는 대표적인 장애요소 3가지

ㄱ 고정관념(Stereotype)

ㄴ 편향된 생각(Bias)

ㄷ 프레이밍 효과(Framing effect)

※ 프레이밍 효과 : 문제의 표현 방식에 따라 동일한 사건이나 상황임에도 불구하고 개인의 판단이나 선택이 달라질 수 있는 현상

❹ 방법론은 상세한 절차(Procedures), 방법(Methods), 도구와 기법(Tools & Techniques), 템플릿과 산출물(Templates & Outputs)로 구성되어 어느 정도의 지식만 있으면 활용이 가능해야 한다.

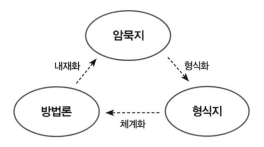

❺ 상기 그림과 같이 개인의 '암묵지'가 조직의 '형식지'로 발전하는 형식화 과정을 거치고, 이를 체계화하여 문서화한 형식지로 전개되면서 방법론이 생성된다.

구분	내용	특징	상호작용
암묵지 (Implicit)	학습과 경험을 통한 개인의 관심사나 체계화된 지식으로서 형식화, 체계화하기 어려운 지식	중요하지만 공유하기와 형식화하기가 어려움	공통화 내면화
형식지 (Explicit)	공식문서, 재무제표 등과 같이 정형화된 지식	전달 및 공유하기가 용이함	표출화 연결화

(2) 전통적인 IT업무 특성에 따른 방법론

❶ 폭포수 모델(Waterfall model)

　㉠ 단계를 순차적으로 진행하는 방법이자, 가장 오래된 모형으로 많은 적용 사례가 있는 방법이다.

　㉡ 각 단계의 결과가 완료되어야 다음 단계로 넘어가는 방법을 취하는 모델이다.

　㉢ 하향식(Top down)의 대표적인 방식이다.

❷ 프로토타입 모델(Prototype model)

　㉠ 단계를 거스르기 어려운 폭포수 모델의 단점을 개선하기 위해 최종 결과물이 만들어지기 전에 점진적으로 시스템을 개발해 나가는 접근 방식이다.

　㉡ 고객의 요구를 완전하게 이해하고 있지 못하거나 완벽한 요구 분석의 어려움을 해결하기 위해 일부분을 우선 개발하여 사용자에게 제공하는 방식이다.

　㉢ 시험 사용 후 사용자의 요구를 분석하거나 요구 정당성을 점검하고 성능을 평가하여 그 결과를 통한 개선 작업을 시행하는 모델이다.

❸ 나선형 모델(Spiral model)

　㉠ 반복을 통해 점증적으로 개발하는 방법이다.

　㉡ 처음 시도하는 프로젝트에 적용이 용이하나 관리체계를 효과적으로 갖추지 못할 경우 복잡도가 상승하여 프로젝트 진행이 어려움이 발생한다.

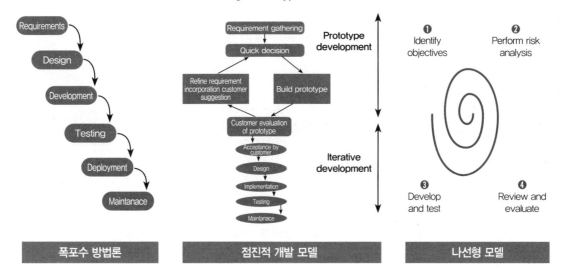

Fig : Prototype model

폭포수 방법론   **점진적 개발 모델**   **나선형 모델**

2. KDD 분석 방법론

(1) KDD 분석 방법론 정의

❶ KDD(Knowledge Discovery in Databases)

㉠ 1996년 Fayyad가 체계적으로 정리한 데이터 마이닝 프로세스이다.

㉡ 데이터베이스에서 의미 있는 지식을 탐색하는 데이터 마이닝부터 기계학습, 인공지능, 패턴 인식, 데이터 시각화 등에서 응용될 수 있는 구조를 가진다.

❷ KDD는 데이터에서 패턴을 찾는 과정을 아래와 같은 9개의 프로세스로 제시한다.

㉠ 분석 대상 비즈니스 도메인의 이해

㉡ 분석 대상 데이터셋 선택과 생성

㉢ 데이터에 포함되어 있는 노이즈(Noise)와 이상값(Outlier) 등을 제거하는 정제작업이나 선처리

㉣ 분석 목적에 맞는 변수를 찾고 필요시 데이터의 차원을 축소하는 데이터 변경

㉤ 분석 목적에 맞는 데이터 마이닝 기법 선택

㉥ 분석 목적에 맞는 데이터 마이닝 알고리즘 선택

㉦ 데이터 마이닝 시행

㉧ 데이터 마이닝 결과에 대한 해석

㉨ 데이터 마이닝에서 발견된 지식 활용

(2) KDD 분석 절차(5가지 프로세스)

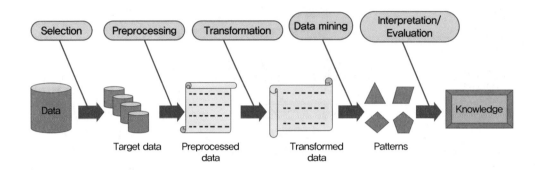

❶ 데이터셋 선택(Selection)

　㉠ 분석 대상의 **비즈니스 도메인에 대한 명확한 이해**와 프로젝트의 목표를 정확히 설정하고 DB 또는 **원시 데이터**(Raw Data)에서 분석에 필요한 데이터를 선택할 수 있다.

　㉡ 데이터셋 선택 프로세스를 통하여 데이터 마이닝에 필요한 **목표 데이터**(Target Data)를 구성한다.

　㉢ 다음 단계에서 전처리(Preprocessing)을 통해 데이터셋 추가가 요구되는 경우 이 단계를 반복할 수 있다.

❷ 데이터 전처리(Preprocessing)

　㉠ 데이터셋 선택 프로세스에서 추출된 분석 대상용 데이터셋에 포함된 잡음(Noise)과 이상치(Outlier), 결측치(Missing value)를 식별하고 필요시 제거하거나 의미 있는 데이터로 대치(imputation)하여 데이터셋을 정제(Cleansing)한다.

　㉡ 전처리(Preprocessing)를 통해 데이터셋 추가가 요구되는 경우 데이터셋 선택 단계를 반복할 수 있다.

❸ 데이터 변환(Transformation)

　㉠ 데이터 마이닝 프로세스를 진행하기 위해 학습용 데이터(Train data)와 평가 데이터(Test data)를 분리하는 단계이다.

　㉡ 데이터 전처리 과정을 통해 정제된 데이터가 분석용 데이터셋이 편성되면 분석 목적에 맞는 변수를 선택하거나 '데이터의 차원을 축소'하여 데이터 마이닝이 효율적으로 적용될 수 있도록 데이터셋을 변경하는 프로세스를 수행한다.

❹ 데이터 마이닝(Data Mining)

　㉠ 데이터 변환 프로세스를 통해 만들어진 분석용 데이터셋(Train data, Test data)을 활용하여 목적에 부합하는 **'데이터 마이닝 기법'**과 **'알고리즘을 선택'**하여 데이터를 **분석(분류 또는 예측)**한다.

　㉡ 데이터 마이닝 프로세스를 수행하면서 필요시 데이터 전처리, 데이터 변환 프로세스를 병행하여 최적의 결과를 산출한다.

❺ 데이터 마이닝 결과 평가(Interpretation/Evaluation)

　　㉠ 데이터 마이닝 '**결과에 대한 해석과 평가**', 그리고 '**분석 목적과의 일치성**'을 확인한다.

　　㉡ 데이터 마이닝을 통해 **발견된 지식을 업무에 활용**하기 위한 방안을 찾고 필요에 따라 데이터 선택에서부터 데이터 마이닝 분석까지의 프로세스를 반복 수행한다.

3. CRISP-DM 분석 방법론

(1) CRISP-DM 분석 방법론 정의

❶ CRISP-DM(CRoss Industry Standard Process for Data Mining)은 1996년 EU의 ESPRIT에서 있었던 프로젝트에서 시작되었고 주요 업체(DaimlerChryrler, SPSS, NCR) 등이 참여하여 1999년 첫 버전을 발표하였다.

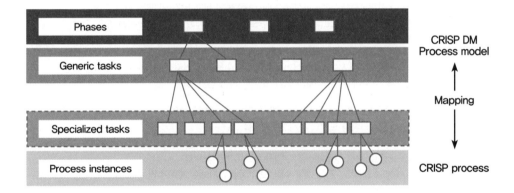

❷ 상기 그림을 통해 CRISP-DM이 4개 레벨로 구성되어 있음을 확인할 수 있다. 가장 위에 존재하는 레벨은 여러 개의 단계(Phases)로 구성되고 각 단계(Phases)는 일반적인 업무(Generic tasks)를 포함한다.

❸ 일반적인 업무(Generic tasks, 이하 일반화 태스크)는 데이터 마이닝에서의 단일 프로세스를 완전하게 수행할 수 있는 단위를 뜻한다. 일반화 태스크는 또 구체적으로 수행되기 위해서 그 하위에 레벨을 지니는데 이것이 바로 세분화 태스크(Specialized tasks)이다.

　　예 **일반화 태스크** : 데이터 정제(Data cleansing) → **세분화 태스크** : 범주형 데이터 정제와 연속형 데이터 정제

❹ 마지막 레벨인 프로세스 실행(Process instances)의 경우 데이터 마이닝을 위한 구체적인 실행을 포함한다.

(2) CRISP-DM 프로세스

단계	내용
업무 이해 (Business Understanding)	• 비즈니스 관점에서 '**프로젝트의 목적**'과 '**요구사항**'을 이해하기 위한 단계 • **도메인 지식**을 데이터 분석을 하기 위한 문제 정의로 변경하고 초기 프로젝트 계획을 수립하는 단계 ※ 수행업무 : 업무 목적 파악, 상황 파악, 데이터 마이닝 목표 설정, 프로젝트 계획 수립
데이터 이해 (Data Understanding)	• 분석을 위한 데이터를 수집하고 데이터 속성을 이해하기 위한 과정 • 데이터 품질에 대한 문제점을 식별하고 숨겨져 있는 인사이트를 발견하는 단계 ※ 수행업무 : 초기 데이터 수집, 데이터 기술 분석, 데이터 탐색, 데이터 품질 확인
데이터 준비 (Data Preparation)	• 분석을 위해 수집된 데이터에서 분석 기법에 적합한 데이터셋을 편성하는 단계 • '데이터셋'을 편성하는 데 많은 시간이 소요될 수 있음 ※ 수행업무 : 분석용 데이터셋 선택, 데이터 정제, 분석용 데이터셋 편성, 데이터 통합 & 포맷팅
모델링 (Modeling)	• 사용되는 파라미터를 최적화해 나가는 단계 • 이 과정에서 데이터셋이 추가로 필요할 경우 데이터 준비 단계 반복 수행 가능 • 모델링을 통해 생성된 모델은 테스트용 데이터와 프로세스로 평가 • 이 과정에서 모델 과적합(Overfitting) 등의 문제 발견 및 대응 방안 마련 ※ 수행업무 : 모델링 기법 선택, 모델 테스트 계획 설계, 모델 작성, 모델 평가
평가 (Evaluation)	• 생성된 모델이 프로젝트의 목적에 부합하는지를 평가 • 이 단계에서는 데이터 마이닝 결과를 수용할 것인지 최종적으로 판단하는 과정 ※ 수행업무 : 분석결과 평가, 모델링 과정 평가, 모델 적용성 평가
전개 (Deployment)	• 완성된 모델을 실 업무에 적용하기 위한 계획을 수립 • 모니터링과 모델의 유지보수계획을 마련 • 비즈니스 도메인 특성, 데이터 품질, 평가 기준 등에 따라 상세한 전개 계획 필요 • 종료 관련 프로세스를 수행하여 프로젝트를 완료 ※ 수행업무 : 전개 계획 수립, 모니터링&유지보수 계획 수립, 종료 보고서 작성, 프로젝트 리뷰

4. 각 방법론별 비교

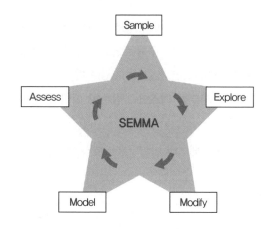

KDD 방법론	CRISP-DM 방법론
분석대상 비즈니스 이해	Business understanding
Select	Data understanding
Preprocess	
Transform	Data preparation
Data mining	Modeling
Interpret / Evaluate	Evaluation
데이터 마이닝 활용	Deployment

각 방법론을 순서대로 숙지하는 것이 매우 중요하다. 뿐만 아니라 각 방법론의 단계에서 어느 단계와 매칭되는지, 특히 KDD 방법론과 CRISP-DM 방법론 간의 단계별 매칭을 기억해야 한다.

5. 빅데이터 분석 방법론

(1) 빅데이터 분석의 계층적 프로세스

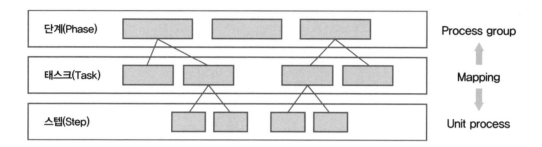

❶ 단계(Phase) : 프로세스 그룹(Process group)을 통해 완성된 단계별 산출물이 생성되면 각 단계는 기준선(Baseline)으로 설정되어 관리되어야 하며, 버전 관리(Configuration Mgmt) 등으로 통제 및 관리해야 한다.

❷ 태스크(Task) : 각 단계(Phase)는 여러 태스크(Task)로 구성되는데, 각 태스크는 단계를 구성하는 단위 활동으로서 물리적 또는 논리적 단위로 품질검토의 항목이 될 수 있다.

❸ 스텝(Step) : 마지막 계층의 단계인 스텝은 WBS의 워크 패키지(Work package)에 해당되고, 입력자료(Input), 처리 및 도구(Process & Tool), 출력자료(Output) 등으로 구성된 단위 프로세스(Unit process)이다.

(2) 빅데이터 분석 방법론 참조 모델

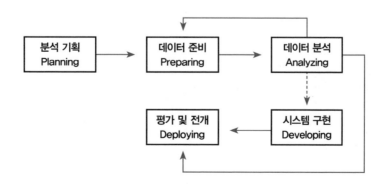

빅데이터 분석 방법론 5단계와 각 단계에서의 주요 업무는 4지선다로 매우 자주 출제된다. 따라서 그림과 순서, 그리고 주요 업무를 반드시 기억해야 한다.

분석 기획	데이터 준비	데이터 분석	시스템 구현	평가 및 전개
비즈니스 이해 및 범위 설정	필요 데이터 정의	분석용 데이터 준비	설계 및 구현	모델 발전 계획 수립
프로젝트 정의 및 계획 수립	데이터 스토어 설계	텍스트 분석	시스템 테스트 및 운영	프로젝트 평가 및 보고
프로젝트 위험 계획 수립	데이터 수집 및 정합성 점검	탐색적 분석		
		모델링		
		모델 평가 및 검증		
		모델 적용 및 운영 방안 수립		

단계	내용
분석 기획 (Planning)	비즈니스 이해 및 문제점 진단 후 프로젝트 범위를 확정하는 단계 ※ 수행업무 : 비즈니스 이해 및 범위 설정, 프로젝트 정의 및 계획 수립, 프로젝트 위험 계획 수립
데이터 준비 (Preparing)	프로젝트 범위, 요구사항에 따른 필요 원데이터(Raw data) 정의 및 준비 단계 ※ 수행업무 : 필요 데이터 정의, 데이터 스토어 설계, 데이터 수집 및 정합성 점검
데이터 분석 (Analyzing)	• '데이터 스토어'에서 분석에 필요한 **데이터셋 준비 및 EDA, 모델링 및 평가단계** • 필요데이터 미확보 시 '**데이터 준비 단계**'를 반복하여 수행 ※ 수행업무 : 분석용 데이터 준비, 텍스트 분석, 탐색적 분석, 모델링, 모델 평가 및 검증, 모델 적용 및 운영 방안 수립
시스템 구현 (Developing)	• 분석 기획 의도에 맞는 모델을 도출한 후 이를 운영 중인 시스템에 적용하는 단계 • 혹은 데이터 분석 단계 진행 후 프로토타입을 구현하고자 할 때 수행하는 단계 ※ 수행업무 : 설계 및 구현, 시스템 테스트 및 운영
평가 및 전개 (Deploying)	• 분석 기획 단계에서 수립된 목표의 달성 여부를 평가하는 단계 • 구축했던 모델의 발전계획 수립 등 빅데이터 분석 프로젝트 종료 및 전개 단계 ※ 수행업무 : 모델 발전계획 수립, 프로젝트 평가 및 보고

❶ 분석 기획(Planning)

분석 기획	데이터 준비	데이터 분석	시스템 구현	평가 및 전개
비즈니스 이해 및 범위 설정	필요 데이터 정의	분석용 데이터 준비	설계 및 구현	모델 발전 계획 수립
프로젝트 정의 및 계획 수립	데이터 스토어 설계	텍스트 분석	시스템 테스트 및 운영	프로젝트 평가 및 보고
프로젝트 위험 계획 수립	데이터 수집 및 정합성 점검	탐색적 분석		
		모델링		
		모델 평가 및 검증		
		모델 적용 및 운영 방안 수립		

구분		내용
비즈니스 이해 및 범위 설정	비즈니스 이해	내부 업무 매뉴얼과 관련 자료, 외부의 관련 비즈니스 자료를 조사하고 향후 프로젝트 진행을 위한 방향을 설정한다. • 입력자료 : 업무 매뉴얼, 업무전문가의 지식, 빅데이터 분석 대상 도메인에 대한 관련 자료 • 프로세스 및 도구 : 자료 수집 및 비즈니스 이해 • 출력자료 : 비즈니스 이해 및 도메인 문제점
	프로젝트 범위 설정	빅데이터 분석 프로젝트의 대상인 비즈니스에 대한 이해와 프로젝트 목적에 부합되는 범위(Scope)를 명확하게 설정하고 프로젝트에 참여하는 모든 관계자들(Project stakeholders)의 이해를 일치시키기 위하여 구조화된 프로젝트 범위 정의서인 SOW(Statement Of Work)를 작성한다. • 입력자료 : 중장기 계획서, 빅데이터 분석 프로젝트 지시서, 비즈니스 이해 및 도메인 문제점 • 프로세스 및 도구 : 자료 수집 및 비즈니스 이해, 프로젝트 범위 정의서 작성 절차 • 출력자료 : 프로젝트 범위 정의서(SOW)
프로젝트 정의 및 계획 수립	데이터 분석 프로젝트 정의	프로젝트의 목표 및 KPI, 목표 수준 등을 구체화하여 상세 프로젝트 정의서를 작성하고 프로젝트 목표를 명확화하기 위한 모델 운영 이미지 및 평가 기준을 설정한다. • 입력자료 : 프로젝트 범위 정의서, 빅데이터 분석 프로젝트 지시서 • 프로세스 및 도구 : 프로젝트 목표 구체화, 모델 운영 이미지 설계 • 출력자료 : 프로젝트 정의서, 모델 운영 이미지 설계서, 모델 평가 기준
	프로젝트 수행 계획 수립	프로젝트 목적과 배경, 기대효과, 수행 방법, 일정, 추진조직, 프로젝트 관리 방안을 작성한다. WBS는 프로젝트 산출물 위주로 작성되어 프로젝트의 범위를 명확히 한다. • 입력자료 : 프로젝트 정의서, 모델 운영 이미지 설계서, 모델 평가 기준 • 프로세스 및 도구 : 프로젝트 수행 계획 작성, WBS 작성 도구, 일정 계획 수립 도구 • 출력자료 : 프로젝트 수행 계획서, WBS
프로젝트 위험 계획 수립	데이터 분석 위험 식별	선행된 프로젝트 산출물과 정리자료(Lesson learned)를 참조하고 전문가의 판단을 활용하여 빅데이터 분석 프로젝트를 진행하면서 발생 가능한 위험을 식별한다. 식별된 위험은 위험 영향도와 빈도, 발생 가능성 등을 평가하여 위험의 우선순위를 설정한다. • 입력자료 : 프로젝트 정의서, 프로젝트 수행 계획서, 선행 프로젝트 산출물 및 정리자료

구분		내용
		• 프로세스 및 도구 : 위험 식별 절차, 위험 영향도 및 발생 가능성 분석, 위험 우선순위 판단 • 출력자료 : 식별된 위험 목록
	위험 대응 계획 수립	식별된 위험은 상세할 정량적·정성적 분석을 통하여 위험 대응 방안을 수립한다. 예상되는 위험에 대한 대응은 회피(Avoid), 전이(Transfer), 완화(Mitigate), 수용(Accept)으로 구분하여 위험관리 계획서를 작성한다. • 입력자료 : 식별된 위험 목록, 프로젝트 정의서, 프로젝트 수행 계획서 • 프로세스 및 도구 : 위험 정량적 분석, 위험 정성적 분석 • 출력자료 : 위험관리 계획서

❷ 데이터 준비(Preparing)

분석 기획	데이터 준비	데이터 분석	시스템 구현	평가 및 전개
비즈니스 이해 및 범위 설정	필요 데이터 정의	분석용 데이터 준비	설계 및 구현	모델 발전 계획 수립
프로젝트 정의 및 계획 수립	데이터 스토어 설계	텍스트 분석	시스템 테스트 및 운영	프로젝트 평가 및 보고
프로젝트 위험 계획 수립	데이터 수집 및 정합성 점검	탐색적 분석		
		모델링		
		모델 평가 및 검증		
		모델 적용 및 운영 방안 수립		

구분		내용
필요 데이터 정의	데이터 정의	다양한 내·외부 원천 데이터(Raw Data) 소스로부터 분석에 필요한 데이터를 정의한다. • 입력자료 : 프로젝트 수행 계획서, 시스템 설계서, ERD, 메타데이터 정의서, 문서 자료 • 프로세스 및 도구 : 내·외부 데이터 정의, 정형·비정형·반정형 데이터 정의 • 출력자료 : 데이터 정의서
	데이터 획득 방안 수립	• 다양한 내·외부 원천 데이터(Raw Data)를 수집하기 위한 방안을 구체적으로 수립한다. • 입력자료 : 데이터 정의서, 시스템 설계서, ERD, 메타데이터 정의서, 문서자료, 데이터 구매 • 프로세스 및 도구 : 데이터 획득 방안 수립, 데이터 구매 계획 수립 • 출력자료 : 데이터 획득 계획서, 데이터 구매 계획서
데이터 스토어 설계	정형 데이터 스토어 설계	정형데이터는 일반적으로 관계형 데이터베이스, RDBMS를 사용하고 데이터 저장의 효율성, 활용도 제고를 위해 데이터스토어의 논리적, 물리적 설계를 구분해 설계한다. • 입력자료 : 데이터 정의서, 데이터 획득 계획서 • 프로세스 및 도구 : 데이터베이스 논리설계, 데이터베이스 물리설계, 데이터 매핑(Data Mapping) • 출력자료 : 정형 데이터 스토어 설계서, 데이터 매핑 정의서
	비정형 데이터 스토어 설계	비정형 데이터는 하둡, NoSQL 등을 이용하여 비정형 또는 반정형 데이터를 저장하기 위한 논리적, 물리적 데이터 스토어를 설계한다. • 입력자료 : 데이터 정의서, 데이터 획득 계획서 • 프로세스 및 도구 : 비정형·반정형 데이터 논리설계, 비정형·반정형 데이터 물리설계 • 출력자료 : 비정형 데이터 스토어 설계서, 데이터 매핑 정의서

구분		내용
데이터 수집 및 정합성 점검	데이터 수집 및 저장	크롤링, 데이터 수집을 위한 ETL 등의 다양한 도구와 API, 스크립트(Script) 프로그램 등을 통해 데이터를 수집하고 설계된 데이터 스토어에 저장한다. • 입력자료 : 데이터 정의서, 데이터 획득 계획서, 데이터 스토어 설계서 • 프로세스 및 도구 : 데이터 크롤링 도구, ETL 도구, 데이터 수집 스크립트 • 출력자료 : 수집된 분석용 데이터
	데이터 정합성 점검	데이터 스토어의 품질 점검을 통하여 데이터의 정합성을 확보하고 데이터 품질 개선이 필요한 부분에 대하여 보완 작업을 한다. • 입력자료 : 수집된 분석용 데이터 • 프로세스 및 도구 : 데이터 품질 확인, 데이터 정합성 점검 리스트 • 출력자료 : 데이터 정합성 점검 보고서

❸ 데이터 분석(Analyzing)

분석 기획	데이터 준비	데이터 분석	시스템 구현	평가 및 전개
비즈니스 이해 및 범위 설정	필요 데이터 정의	분석용 데이터 준비	설계 및 구현	모델 발전 계획 수립
프로젝트 정의 및 계획 수립	데이터 스토어 설계	텍스트 분석	시스템 테스트 및 운영	프로젝트 평가 및 보고
프로젝트 위험 계획 수립	데이터 수집 및 정합성 점검	탐색적 분석		
		모델링		
		모델 평가 및 검증		
		모델 적용 및 운영 방안 수립		

구분		내용
분석용 데이터 준비	비즈니스 룰 확인	비즈니스 이해, 도메인 문제점 인식, 프로젝트 정의 등을 이용하여 프로젝트 목표를 정확히 인식하고 세부 비즈니스 룰을 파악, 분석에 필요한 데이터 범위를 확인한다. • 입력자료 : 프로젝트 정의서, 프로젝트 수행 계획서, 데이터 정의서, 데이터 스토어 • 프로세스 및 도구 : 프로젝트 목표 확인, 비즈니스 룰 확인 • 출력자료 : 비즈니스 룰, 분석에 필요한 데이터 범위
	분석용 데이터셋 준비	데이터 스토어에서 필요한 정형/비정형 데이터를 추출하고 적절한 가공을 통해 분석도구 입력 자료로 사용되도록 편성하며, 추출된 데이터를 DB나 구조화하여 구성한다. • 입력자료 : 데이터 정의서, 데이터 스토어 • 프로세스 및 도구 : 데이터 선정, 데이터 변환, ETL 도구 • 출력자료 : 분석용 데이터셋
텍스트 분석	텍스트 데이터 확인 및 추출	전사 차원의 데이터 스토어(Data Store)에서 확인하고 필요한 데이터를 추출한다. • 입력자료 : 비정형 데이터 스토어 • 프로세스 및 도구 : 분석용 텍스트 데이터 확인, 텍스트 데이터 추출 • 출력자료 : 분석용 텍스트 데이터
	텍스트 데이터 분석	분석을 위해 용어사전을 미리 확보 또는 업무 도메인에 맞춰 작성해야 한다. 구조화된 모델은 텍스트 시각화 도구 활용으로 모델 의미 전달을 명확히 한다. • 입력자료 : 분석용 텍스트 데이터, 용어사전(용어 유의어 사전, 불용어 사전 등) • 프로세스 및 도구 : 분류체계 설계, 형태소 분석, 키워드 도출, 토픽 분석, 감성분석, 의견분석, 네트워크 분석 • 출력자료 : 텍스트 분석 보고서

구분		내용
탐색적 분석	탐색적 데이터 분석	다양한 관점 별로 기초 통계량을 산출하고 데이터의 분포와 변수 간 관계 등 데이터 자체와 데이터의 통계적 특성을 이해하고 모델링을 위한 기초자료로 활용한다. •입력자료 : 분석용 데이터셋 •프로세스 및 도구 : EDA 도구, 통계 분석, 변수간 연관성 분석, 데이터 분포 확인 •출력자료 : 데이터 탐색 보고서
	데이터 시각화	EDA 도구로 활용되는 데이터 시각화는 모델의 시스템화를 위한 시각화를 목적으로 활용될 경우 시각화 기획, 설계, 구현 등의 별도 프로세스를 따라 진행한다. •입력자료 : 분석용 데이터셋 •프로세스 및 도구 : 시각화 도구 및 패키지, 인포그래픽, 시각화 방법론 •출력자료 : 데이터 시각화 보고서
모델링	데이터 분할	모델의 과적합과 일반화를 위하여 분석용 데이터셋을 모델 개발을 위한 학습 데이터와 평가 데이터로 분할한다. 모델에 적용하는 기법에 따라 교차검증을 수행하거나 앙상블 기법을 적용할 경우 데이터 분할 또는 검증 횟수, 생성모델 수 등을 설정하여 데이터 분할 기법을 응용한다. •입력자료 : 분석용 데이터셋 •처리 및 도구 : 데이터 분할 패키지 •출력자료 : 훈련용 학습 데이터, 테스트용 데이터
	데이터 모델링	머신러닝 등을 활용한 모델링은 분류(Classification), 예측(Prediction), 군집(Clustering) 등의 모델을 생성하여 기존 운영 시스템에 적용한다. 또한 필요시 비정형 데이터 분석 결과를 통합, 활용하여 프로젝트 목적 지향적인 모델링을 수행한다. •입력자료 : 분석용 데이터셋 •처리 및 도구 : 통계 모델링 기법, 기계학습, 모델 테스트 •출력자료 : 모델링 결과 보고서
	모델 적용 및 운영 방안	모델 가동 중인 운영시스템에 적용하기 위해 상세한 알고리즘 설명서 작성이 필수적이며 필요시 의사코드(Pseudocode) 수준의 상세한 작성도 필요하다. 또한 안정적 운영을 위한 모니터링 방안도 수립한다. •입력자료 : 모델링 결과 보고서 •프로세스 및 도구 : 모니터링 방안 수립, 알고리즘 설명서 작성 •출력자료 : 알고리즘 설명서, 모니터링 방안
모델 평가 및 검증	모델 평가	정의서의 모델 평가 기준에 따른 기준으로 모델을 객관적 평가 및 품질 관리를 수행하고 모델평가 프로세스를 진행한다. 모델평가를 위해 모델 결과 보고서 내의 알고리즘 파악 후 필요시 테스트 데이터나 검증 데이터를 활용한다. •입력자료 : 모델링 결과 보고서, 평가용 데이터 •프로세스 및 도구 : 모델 평가, 모델 품질 관리, 모델 개선 작업 •출력자료 : 모델 평가 보고서
	모델 검증	검증 데이터를 활용해 모델 검증 작업을 실시 후 모델링 검증 보고서를 작성한다. 검증 데이터는 모델 개발 및 평가에 활용된 학습 데이터나 평가 데이터가 아닌 실질적 운영용 데이터로서 모델의 품질을 최종 검증하도록 하는 것이 바람직하다. •입력자료 : 모델링 결과 보고서, 모델 평가 보고서, 검증용 데이터 •프로세스 및 도구 : 모델 검증 •출력자료 : 모델 검증 보고서

❹ 시스템 구현(Developing)

분석 기획	데이터 준비	데이터 분석	시스템 구현	평가 및 전개
비즈니스 이해 및 범위 설정	필요 데이터 정의	분석용 데이터 준비	설계 및 구현	모델 발전 계획 수립
프로젝트 정의 및 계획 수립	데이터 스토어 설계	텍스트 분석	시스템 테스트 및 운영	프로젝트 평가 및 보고
프로젝트 위험 계획 수립	데이터 수집 및 정합성 점검	탐색적 분석		
		모델링		
		모델 평가 및 검증		
		모델 적용 및 운영 방안 수립		

구분		내용
설계 및 구현	시스템 분석 및 설계	가동 중인 시스템을 분석하고 알고리즘 설명서에 근거하여 응용시스템(Application) 구축 설계 프로세스를 진행하며, 시스템 분석과 설계는 현재 진행 중인 정보시스템 개발 방법론을 커스터마이징하여 적용 가능하다. • 입력자료 : 알고리즘 설명서, 운영중인 시스템 설계서 • 프로세스 및 도구 : 정보 시스템 개발방법론 • 출력자료 : 시스템 분석 및 설계서
	시스템 구현	시스템 분석 및 설계서에 따라 BI 패키지를 활용하거나 새로운 시스템 구축 또는 가동 중인 운영시스템의 커스터마이징 등을 통해 설계된 모델을 구현한다. • 입력자료 : 시스템 분석 및 설계서, 알고리즘 설명서 • 프로세스 및 도구 : 시스템 통합개발도구(IDE), 프로그램 언어, 패키지 • 출력자료 : 구현 시스템
시스템 테스트 및 운영	시스템 테스트	구축된 시스템의 검증(Verification and Validation)을 위해 단위 테스트, 통합 테스트, 시스템 테스트 등을 실시한다. 시스템 테스트는 품질관리 차원에서 진행함으로써 적용된 시스템의 객관성 및 완전성을 확보한다. • 입력자료 : 구현 시스템, 시스템 테스트 계획서 • 프로세스 및 도구 : 품질관리 활동 • 출력자료 : 시스템 테스트 결과보고서
	시스템 운영 계획	구현된 시스템을 지속적으로 활용하기 위해 시스템 운영자, 사용자를 대상으로 필요한 교육을 실시, 시스템 운영 계획을 수립한다. • 입력자료 : 시스템 분석 및 설계서, 구현 시스템 • 프로세스 및 도구 : 운영 계획 수립, 운영자 및 사용자 교육 • 출력자료 : 운영자 매뉴얼, 사용자 매뉴얼, 시스템 운영 계획서

❺ 평가 및 전개(Deploying)

분석 기획	데이터 준비	데이터 분석	시스템 구현	평가 및 전개
비즈니스 이해 및 범위 설정	필요 데이터 정의	분석용 데이터 준비	설계 및 구현	모델 발전 계획 수립
프로젝트 정의 및 계획 수립	데이터 스토어 설계	텍스트 분석	시스템 테스트 및 운영	프로젝트 평가 및 보고
프로젝트 위험 계획 수립	데이터 수집 및 정합성 점검	탐색적 분석		
		모델링		
		모델 평가 및 검증		
		모델 적용 및 운영 방안 수립		

구분		내용
모델 발전 계획 수립	모델 발전 계획	개발된 모델의 지속적 운영 및 발전계획을 세밀하게 수립하여 모델의 계속성을 확보한다. • 입력자료 : 구현 시스템, 프로젝트 산출물 • 프로세스 및 도구 : 모델 발전계획 수립 • 출력자료 : 모델 발전 계획서
프로젝트 평가 및 보고	프로젝트 성과 평가	프로젝트의 정량·정성 성과로 나누어 성과 평가서를 작성한다. • 입력자료 : 프로젝트 산출물, 품질 관리 산출물, 프로젝트 정의서, 프로젝트 수행 계획서 • 프로세스 및 도구 : 프로젝트 평가 기준, 프로젝트 정량적 평가, 프로젝트 정성적 평가 • 출력자료 : 프로젝트 성과 평가서
	프로젝트 종료	프로젝트의 모든 산출물 및 프로세스를 지식자산화하고 최종 보고서를 작성하여 의사소통 절차에 따라 보고 후 프로젝트를 종료한다. • 입력자료 : 프로젝트 산출물, 품질 관리 산출물, 프로젝트 정의서, 프로젝트 수행 계획서, 프로젝트 성과 평가서 • 프로세스 및 도구 : 프로젝트 지식자산화 작업, 프로젝트 종료 • 출력자료 : 프로젝트 최종 보고서

TOPIC 03 분석 과제 발굴

1. 분석 과제 발굴 방법론

(1) 분석 방법론의 개요

❶ 분석 과제는 다양한 사회적 문제들이 데이터 분석 문제로 변환된 후 관계자들로 하여금 이해 가능하고 프로젝트로 수행할 수 있는 과제 정의서 형태로 도출되는 것이다.

❷ 분석 과제 도출 방식

　㉠ 하향식 접근 방법(Top down approach) : 문제가 주어지고 이에 대한 해법을 찾기 위하여 각 과정이 체계적으로 단계화되어 수행되는 방식이다.

　㉡ 상향식 접근 방법(Bottom up approach) : 문제의 정의 자체가 어려운 경우 데이터를 기반으로 문제의 재정의 및 해결 방안을 탐색하고 이를 지속적으로 개선하는 방식이다.

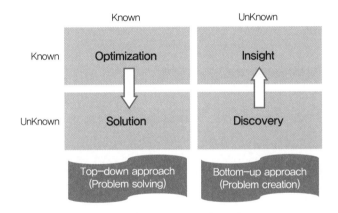

❸ 최근 다양한 데이터의 생성, 빠르게 변화하는 기업 환경 등에서는 전통적 방식의 분석 과제 발굴 방식의 적용이 어려워지고 있다. 최적의 의사결정은 두 가지 접근 방식이 상호보완적 관계일 때 일어날 수 있다. 최적의 의사결정을 위한 방법으로 디자인 사고(Design thinking)가 존재한다.

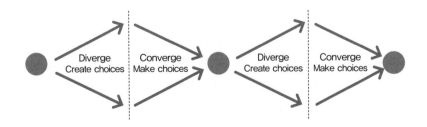

(2) 하향식 접근법(Top down approach)

❶ 개요

하향식 분석 접근법은 현황 분석을 통해 인식된 문제점 혹은 전략으로부터 **기회나 문제를 탐색**(Problem discovery)하고, 해당 **문제를 정의**(Problem definition)한 후 **해결방안 탐색**(Solution search), 그리고 **데이터 분석의 타당성 평가**(Feasibility study)를 거쳐 분석 과제를 도출하는 과정으로 이루어진다.

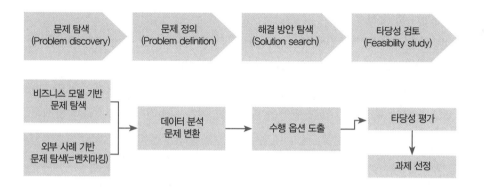

❷ STEP 1 – 문제 탐색(Problem discovery) 단계

　㉠ 개요

　　• 문제를 단순 정리하는 것보다는 전사 관점에서 모델을 활용해 문제점을 도출 및 식별해야 한다.

　　• 전사적 관점에서 기업의 내·외부환경을 고려하는 모델로는 비즈니스 모델과 외부참조 모델이 존재한다.

　　• 과제 발굴 단계에서는 현재 데이터 소유 여부, 솔루션 및 세부 구현 방안보다는 문제해결에 따른 발생 가치에 중점을 두는 것이 중요하다.

　㉡ 세부 활동

---

[1] 비즈니스 모델 기반 문제 탐색

• 비즈니스 모델 관점에서는 해당 기업의 사업모델을 도식화하여 나타낸 비즈니스 모델 캔버스의 9가지 블록을 단순화하여 **업무(Operation), 제품(Product), 고객(Customer)** 단위로 문제를 발굴하고, 이를 관리하는 두 가지의 영역인 **규제와 감사(Regulation & Audit) 영역**과 **IT지원 인프라(IT & Human Resource) 영역**에 대한 기회를 추가로 도출하는 작업을 수행한다.

※ 비즈니스 모델 캔버스 : 핵심활동, 가치제안, 고객관계, 고객 세그먼트, 수익원, 채널, 핵심 자원, 비용 구조, 핵심 파트너십 9가지 블록으로 사업 모델이 도식화된 것을 뜻한다.

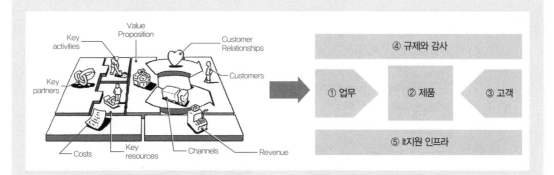

❶ **업무(Operation)** : 제품 및 서비스를 생산하기 위해서 운영하는 내부 프로세스 및 주요 자원 (Resource) 관련 주제를 도출한다.

　예 생산공정 최적화, 재고량 최소화 등

❷ **제품(Product)** : 생산 및 제공하는 제품·서비스를 개선하기 위한 관련 주제를 도출한다.

　예 제품의 주요 기능 개선, 서비스 모니터링 지표 도출 등

❸ **고객(Customer)** : 제품 및 서비스를 제공받는 사용자 및 고객, 이를 제공하는 채널의 관점에서 관련 주제를 도출한다.

　예 고객 Call 대기 시간 최소화, 영업점 위치 최적화 등

❹ **규제와 감사(Regulation & Audit)** : 제품 생산 및 전달 과정 프로세스 중에서 발생하는 규제 및 보안의 관점에서 주제를 도출한다.

　예 제공 서비스 품질의 이상 징후 관리, 새로운 환경 규제 시 예상되는 제품 추출 등

❺ **IT지원 인프라(IT & Human Resource)** : 분석을 수행하는 시스템 영역 및 이를 운영·관리하는 인력의 관점에서 주제를 도출한다.

　예 EDW 최적화, 적정 운영 인력 도출 등

• 새로운 문제의 발굴 및 장기적 접근을 위해서는 현재 기업이 사업을 영위하고 있는 환경, 보유 역량, 현재 시장 등을 넘어서 거시적 관점의 요인, 경쟁자 동향, 시장의 니즈 변화, 역량의 재해석 등 새로운 관점의 접근을 통해 '새로운 유형의 분석 기회 및 주제 발굴'을 수행해야 한다.

[2] 분석 기회 발굴의 범위 확장

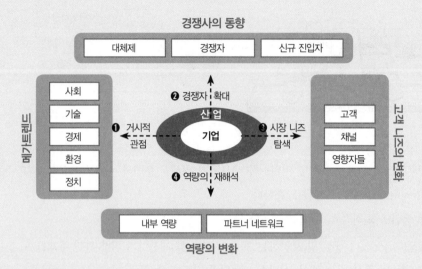

❶ 거시적 관점에서의 메가트렌드

현재 조직 및 해당 산업에 폭넓게 영향을 미치는 사회·경제적 요인을 STEEP로 요약되는 Social (사회), Technological(기술), Economic(경제), Environmental(환경), Political(정치) 영역으로 나누어 폭넓게 기회 탐색을 수행한다.

거시적 영역	내용	예
Social (사회)	BM의 고객(Customer)영역에 존재하는 현 고객을 확장하여 전체 시장을 대상으로 사회적, 문화적, 구조적 트렌드 변화에 기반한 분석 기회 도출	노령화, MZ세대의 등장, 저출산에 따른 모델 변화 등
Technological (기술)	과학, 기술, 의학 등 최신 기술의 등장 및 변화에 따른 역량 내재화와 제품·서비스 개발에 대한 분석기회 도출	나노 기술, IT 융합 기술, 로봇 기술의 고도화에 따른 기존 제품의 SMART화 등
Economic (경제)	산업과 금융 전반의 변동성 및 경제 구조 변화 동향에 따른 시장의 흐름을 파악하고 이에 대한 분석 기회 도출	원자재 가격, 환율, 금리 변동에 따른 구매전략의 변화 등
Environmental (환경)	환경과 관련된 정부, 사회단체, 시민사회의 관심과 규제 동향을 파악하고 이에 대한 분석 기회 도출	탄소 배출 규제 및 거래 시장 등장에 따른 원가 절감 및 정보 가시화 등
Political (정치)	주요 정책방향, 정세, 지정학적 동향 등의 거시적인 흐름을 토대로 한 분석 기회 도출	대북 관계 동향에 다른 원자재 구매 거래선의 다변화 등

❷ 경쟁자 확대 관점

현재 수행하고 있는 사업 영역의 직접 경쟁사 및 제품·서비스뿐만 아니라 대체재와 신규 진입자 등으로 관점을 확대하여 위협이 될 수 있는 상황에 대한 분석 기회 발굴의 폭을 넓혀서 탐색한다.

경쟁자 확대 영역	내용	예
Substitute (대체재)	융합적인 경쟁 환경에서 현재 생산을 수행하고 있는 제품·서비스의 대체재를 파악하고 이를 고려한 분석 기회 도출	현재 생산하고 있는 제품·서비스의 대체재를 파악하고 이를 고려한 분석 기회 도출
Competitor (경쟁자)	과학, 기술, 의학 등 최신 기술의 등장 및 변화에 따른 역량 내재화와 제품·서비스 개발에 대한 분석기회 도출	식별된 경쟁사의 제품·서비스 카탈로그 및 전략을 분석하고 이에 대한 잠재적 위협 파악
New entrant (신규 진입자)	산업과 금융 전반의 변동성 및 경제 구조 변화 동향에 따른 시장의 흐름을 파악하고 이에 대한 분석 기회 도출	NIKE의 경쟁자는 Nintendo라는 잠재위협 파악

❸ 시장의 니즈 탐색 관점

현재 수행하고 있는 사업 영역에서의 직접고객뿐만 아니라 고객과 접촉하는 역할을 수행하는 채널(Channel) 및 고객의 구매와 의사결정에 영향을 미치는 영향자(Influencer)에 대한 폭넓은 관점을 바탕으로 분석 기회를 탐색한다.

시장 니즈 탐색 영역	내용	예
Customer (고객)	고객의 구매 동향 및 고객의 맥락을 더욱 깊게 이해하여 제품·서비스의 개선 필요에 대한 분석 기회 도출	건축자재 기업의 경우 건설사와 원자재 가격의 동향 등을 파악하고 분석 기회 도출
Channel (채널)	영업 사원, 직판 대리점, 홈페이지 등 자체적으로 운영하는 채널뿐 아니라 최종 고객에게 상품 및 제품을 전달하는 유통, 경로 채널을 파악하여 각 경로와 채널별로 분석 기회를 탐색	상품 판매업자의 경우 오프라인 채널 외에 온라인 채널로의 확장 및 분석 기회를 모색
Influencer (영향자)	기업 의사결정에 영향을 미치는 내·외부 이해관계자(주주, 투자자, 종업원 등)의 주요 관심 사항에 대해 파악하고 분석 기회를 탐색	M&A에 따른 회사의 수직적, 수평적 결합의 기회 탐색

❹ 역량의 재해석 관점

현 기업 및 내외부 조직의 보유 역량과 해당 기업의 사업영역에 영향을 끼치는 파트너 네트워크를 포함한 활용 가능 역량을 토대로 폭넓은 분석 기회를 탐색한다.

역량의 재해석 영역	내용	예
Internal competency (내부역량)	자사의 분석 역량 및 유·무형자산(지적 재산권, 기술력 등)과 같은 기본적인 것뿐만 아니라 중요하면서도 자칫 간과하기 쉬운 지식, 기술, 스킬 등의 노하우와 인프라적인 유형 자산에 대해서 폭넓게 재해석, 분석 기회를 탐색	자사의 기계장치를 활용한 제품 생산 및 부가가치 창출 기회 발굴

역량의 재해석 영역	내용	예
Partner & Network (파트너와 네트워크)	자사와 밀접한 관계인 관계사와 공급사 등의 역량을 활용해 수행 가능 역량을 파악하고 그에 대한 분석 기회를 추가로 도출	도레이 첨단 소재와 보잉 사와의 항공기 부품 및 소재 공동 개발, 사업 기회 탐색

[3] 외부참조 모델 기반 문제 탐색

❶ 새로운 문제를 발굴하기 위해서는 유사·동종의 환경에서 기존에 수행한 분석 과제를 살펴보는 것도 주요 시사점을 도출해준다. 유사·동종 사례의 벤치마킹을 통한 분석 기회 발굴은 제공되는 산업별, 업무 서비스별 분석 테마 후보 그룹(Pool)들을 통해서 **"Quick & Easy"** 방식으로 필요한 분석 기회가 무엇인지에 대한 아이디어를 얻고 기업에 적용할 분석 테마 후보 목록을 **"브레인스토밍(Brain storming)"**을 통해 빠르게 도출하는 방법이다.

❷ 특히 현재 기업경영환경에서는 데이터가 활용되지 않는 업종이 거의 없다시피 하므로 데이터 분석을 통해 통찰(Insight)을 도출하고 업무에 활용하는 사례들을 발굴하여 자사의 업종 및 업무 서비스에 적용이 가능하다.

교통	보건	복지	국방	금융	기상	도시	산업자원	세무	안전	기타

교통			
교통사고 예방 활동을 위한 고속도로 사고 기록 데이터 분석	대중교통 서비스 개선을 위한 택시 이동 및 정차 시간 실시간 분석	빅데이터를 이용한 교통 및 범죄정보 관리	디지털 지도 서비스 제공을 위한 빅데이터 분석(GPS를 통해 수집한 교통 및 네비게이션 관련 데이터)
서울시 심야버스 노선 확정을 위한 빅데이터 분석	서울 시민의 대중교통 이용 실태분석을 위한 KCB 융합데이터 분석	지능형 교통서비스 제공을 위한 교통상황 예측 분석	신속한 도로 유지보수, 차량 파손 최소화 및 사고 방지를 위한 'Street bump' 앱 기반 빅데이터 분석
지능형 교통안내 시스템을 위한 센서 데이터 분석	최적 경로 제시 및 연료 절감을 위한 개인 위치 데이터 분석	포트홀 사고 방지를 위한 스마트폰의 GPS 정보 분석	

보건			
공중보건 감시 및 대응을 위한 빅데이터 분석	국민건강주의예보 서비스 제공을 위한 빅데이터 분석	맞춤형 의료 서비스 제공을 위한 유전자 데이터 분석	맞춤형 의료 서비스 제공을 위한 전자의료기록 분석
스마트폰 소음지도 작성을 위한 데이터 분석	의약품 안전성 조기경보 서비스를 위한 빅데이터 분석	질병치료체계 마련을 위한 유전자 데이터 분석	효율적인 의료복지 재원 사용을 위한 만성질환 데이터 분석

복지			
고용정책 수립 지원을 위한 일자리 현황 분석	맞춤형 복지 서비스 제공을 위한 복지 수요·공급 매칭 분석	맞춤형 복지사회 구현을 위한 주민위원회 센터 네트워크 정보 분석	사업 기회 발굴(노인 평생 교육 프로그램)을 위한 '인구센서스' 통계 분석
정책의 환류 시스템 마련을 위한 민원 데이터 분석			

건설	교육	농업	보안	금융	항공	물류 운송	에너지	엔터테 인먼트	유통	의료	통신	제조

건 설	건축물 건전성 파악을 위한 센서 데이터 분석		교 육	일별 물가 상승률 예측을 위한 상품 가격 분석	
농 업	귤 재배 생산성 향상을 위한 센서/환경 데이터 분석		보 안	보안 능력 개선을 위한 하둡 기반 실시간 보안 데이터 분석	

[보험]

금 융	고객 위치에 따른 보험정보 제공을 위한 고객 위치 분석	보험사기 방지를 위한 보험사고 데이터 분석	자동차 보험료 산정 및 손실률 축소를 위한 자동차센서정보(운행기록장치) 분석	콜센터 직원 배분을 위한 고객 데이터 분석

[은행]

	고객의 금융 습관 개선을 위한 고객 행동 패턴 분석	금융사기 관리를 위한 빅데이터 분석	기업 이미지 관리를 위한 평판 분석	빅데이터에 의한 경기 지표 산출을 통한 경기 현황 분석
		상품가치 평가를 위한 고객 니즈 분석	신채널 도입 효율성 파악을 위한 채널 효과 분석	신규 금융상품 개발을 위한 고객 성향 분석
	신규 금융서비스 기회 발전을 위한 고객정보 분석	신용 위험도 파악을 위한 고객 생활 패턴 분석	신용평가 모델 수립을 위한 대출 신청자 행동패턴 분석	최적의 투자 상품 추천을 위한 고객 경험 분석

[4] 분석 유즈 케이스(Analytics Use Case) 정의

분석 유즈 케이스는 풀어야 할 문제에 대한 상세한 설명 및 해당 문제를 해결했을 때 발생하는 효과를 명시, 데이터 분석문제로의 전환 및 적합성 평가에 활용할 수 있다. 효과적인 활용을 위해서는 빠짐없이 도출한 분석 기회들을 분석 유즈 케이스로 표기하는 것이 필요하다.

업무	분석 유즈 케이스	설명	효과
재무	자금 시재 예측	일별로 예정된 자금 지출과 입금을 추정	자금 과부족 현상 예방, 자금 운용 효율화
	구매 최적화	구매 유형과 구매자별로 과거 실적과 구매 조건을 비교·분석하여 구매 방안 도출	구매 비용 절감
고객	서비스 수준 유지	서비스별로 달성 수준을 측정 및 평가한 뒤 목표 수준을 벗어났으면 경보 발행	품질수준 제고, 고객만족 제고
	고객 만족 달성	고객 세그먼트별로 만족 수준을 측정하고 이상이 있으면 원인을 분석하여 대책 강구	고객만족 제고, 고객유지 향상
판매	파이프라인 최적화	파이프라인 단계별로 고객 상태를 파악하고 수주 규모를 예상하고 필요한 고객 기회를 추정하여 영업 촉진	목표 매출 달성, 고객 반응률 향상
	영업성과 분석	영업 직원별 사용 원가(급여 포함)와 실적을 분석하고 부진한 영업 직원 세그먼트를 식별하여 영업 정책에 반영	영업 수율 향상, 영업 직원 생산성 제고

❸ STEP 02 – 문제 정의(Problem Definition) 단계

ㄱ 식별된 **비즈니스 문제를 데이터의 문제**로 변환하여 정의하는 단계이다.

ㄴ 앞서 수행했던 무엇을(What) 왜(Why)라는 관점과는 달리 필요 데이터 및 기법(How)를 정의하기 위한 데이터 분석의 문제로의 변환을 수행한다.

> **예** '고객 이탈의 증대'라는 비즈니스 문제는 '고객 이탈에 영향을 미치는 요인 식별' 후 '이탈 가능성을 예측'하는 데이터 분석 문제로 변환이 가능

ㄷ 데이터 분석 문제의 정의 및 요구사항은 분석을 수행하는 당사자뿐만 아니라 해당 문제가 해결되었을 때 효용을 얻을 수 있는 최종 사용자(End User) 관점에서 이루어져야 한다.

ㄹ **'필요한 데이터의 정의 및 기법 발굴의 용이성 제고'**를 위해서 **데이터 분석 문제를 재정의할 필요**가 있다.

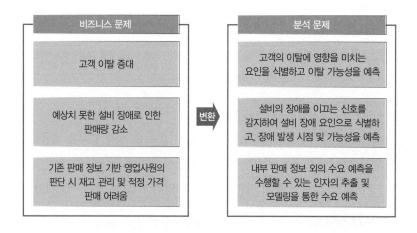

❹ STEP 03 – 해결방안 탐색(Solution Search) 단계

ㄱ 동일한 데이터 분석 문제더라도 어떤 데이터 또는 분석도구를 사용할 것인지에 따라 **'소요예산'** 및 **'활용가능도구(Tool)'**가 다르기에 다각도 고려가 필요하다.

- 기존 시스템의 단순한 보완으로 분석이 가능한지 고려
- 하둡 등 분산병렬처리를 활용한 빅데이터 분석도구로 체계성과 심도를 함께 고려한 방안 적용이 가능한지 고려

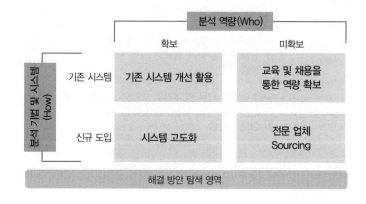

ⓒ 상기 〈해결 방안 탐색 영역〉을 통해 '분석역량(Who)'과 '분석 기법 및 시스템(How)'의 확
보 여부를 파악하며 **과제를 해결하는 방안**에 대해 **사전 검토**를 수행할 수 있다.

❺ STEP 04 – 타당성 검토(Feasibility Study) 단계

　ⓐ 도출된 문제나 가설에 대한 대안을 과제화 및 구체화하기 위해서는 다음과 같은 다각적인
타당성 분석이 수행되어야 한다.

---

[1] 경제적 타당성

비용 대비 경제적 효익을 비교하는 관점의 접근이 필요하며, 이때 비용 항목은 데이터, 시스템,
인력, 유지보수 등과 같은 분석 비용으로 구성된다. 경제적 효익으로는 분석 결과로 인해 파생
되는 실질적 비용 절감, 추가적 매출과 수익 등과 같은 경제적 가치가 있다.

[2] 데이터 및 기술적 타당성

데이터 분석에는 데이터 존재 여부, 분석 시스템 환경, 그리고 분석 역량이 필요하다. 특히,
분석 역량의 경우 **'데이터 통찰력을 가진 인력 부족'**으로 인해 프로젝트 수행 시 걸림돌이 되
는 경우가 많기 때문에 기술적 타당성을 분석하고 역량 확보 방안을 사전에 미리 수립해야
한다.

　ⓑ 효과적 평가를 위해서 비즈니스 지식과 기술적 지식이 요구되므로 **비즈니스 분석가, 데이
터 분석가, 시스템 엔지니어** 등과의 협업이 수반되어야 한다.

(3) 상향식 접근법(Bottom up Approach)

❶ 개요 : 절차가 규정된 전통적인 하향식 문제해결 방식이 아닌 다양한 데이터로부터의 분석을
통하여 통찰력과 지식을 얻는 '상향식 접근방식'이 새로운 분석 패러다임이라 할 수 있다.

❷ 기존의 하향식 접근법의 한계를 극복하기 위한 분석 방법론

　ⓐ 기존의 문제 구조와 달리 현 데이터 분석 문제는 복잡하고 다양한 환경에서 발생하므로
논리적인 단계별 접근법의 적용이 어려울 수 있다. 이에 스탠포드 대학의 d.school(In-
stitute of Design at Stanford)은 전통적인 분석적 사고를 극복하기 위해 디자인 사고
(Design thinking) 접근법을 활용한다.

　ⓑ 상향식 접근법에서는 객관적으로 존재하는 데이터 그 자체를 관찰하고 실제적으로 행동
에 옮김으로써 대상을 보다 잘 이해하는 방식으로의 접근을 수행한다. d.school에서는 이
를 고려하여 첫 단계로 감정이입(Empathize)을 특히 강조하고 있다.

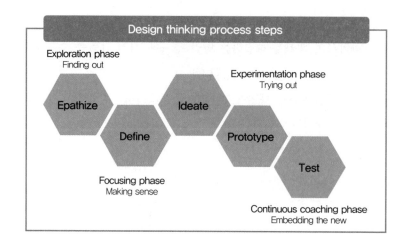

❸ 지도학습(Supervised Learning)

　ⓐ 지도학습이란 **정답(종속변수, y변수)이 존재하는 상황하에서 데이터 분석을 실시하는 것**을 의미한다.

　ⓑ 지도학습은 크게 2가지(**분류, 회귀**) 문제로 귀결되며 사용자의 주도하에 분석을 실시하고 지식을 도출하는 것을 목적으로 한다.

❹ 비지도학습(Unsupervised Learning)

　ⓐ 일반적으로 **상향식 문제 접근 방식**이다.

　ⓑ **비지도학습은 정답(종속변수, y변수)이 존재하지 않는 상황**, 즉 데이터의 **분석 목적이 불명확한 상태**에서 **수행**하는 것을 의미한다.

　ⓒ 즉, 데이터 자체의 결합, 연관성, 유사성 등을 중심을 데이터의 상태를 표현하는 것을 말한다. **예** 차원축소, 군집분석, 연관규칙 분석, 기술통계학 등

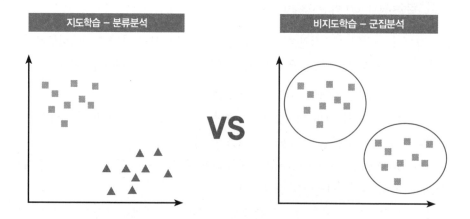

❺ 통계적 분석 vs 빅데이터 환경

　ⓐ 과거의 **통계학 분석**에서는 표본추출과 인과관계 분석을 통해 가설을 설정하고 이를 검정하면서 문제를 해결해 왔다.

ⓛ 그러나 빅데이터의 분석 환경에서는 인과관계보다는 **상관관계와 연관규칙**을 활용하여 다양한 문제해결에 도움을 받을 수 있다. 즉 **빅데이터 환경 분석은 상향식 접근법도 포함하며, 따라서 더 폭넓은 분석접근법**이라 할 수 있다.

❻ 시행착오를 통한 문제 해결

ⓐ 시행착오를 통한 문제를 해결하는 방법 중 대표적인 방법으로 '**프로토타이핑(Prototyping) 접근법**'을 예로 들 수 있다. 프로토타이핑 접근법은 고객의 요구사항 정의가 모호하고 데이터 소스 결과도 명확히 파악하기 어려운 상황에서 '**분석**'을 먼저 '**시도**'해 보고 그 결과를 보면서 **반복적으로 개선해 나가는 방법**을 뜻한다.

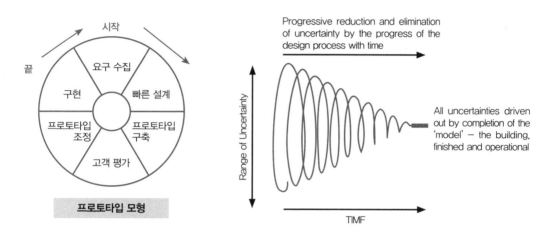

프로토타입 모형

Progressive reduction and elimination of uncertainty by the progress of the design process with time

All uncertainties driven out by completion of the 'model' — the building, finished and operational

Range of Uncertainty

TIMF

ⓛ 과거 방식인 하향식 접근 방식에 비해 '**프로토타이핑 접근법**'은 **신속한 모형** 제시, 과정 속에서 **문제에 대한 보다 명확한 인식, 필요 데이터의 식별·구체화 용이** 등의 장점을 가진 **상향식 접근법**이다.

ⓒ 프로토타이핑 접근법의 단계는 **요구사항 수집, 빠른 설계, 프로토타입 구축, 고객의 평가 및 피드백, 프로토타입 조정, 구현**의 6단계로 구성된다.

❼ 빅데이터 분석 환경에서 프로토타이핑의 필요성

ⓐ 문제에 대한 인식 수준 : 정보시스템 개발 환경에서와 마찬가지로 **문제 정의가 불명확**하거나 이전에 접해보지 못한 새로운 문제일 경우, 사용자는 **프로토타입을 이용하여 문제를 구체화**하는 데 도움을 받을 수 있다.

ⓛ **필요 데이터 존재 여부의 불확실성** : 문제해결에 필요한 데이터의 집합이 모두 존재하지 않을 경우, 그 데이터의 수집을 어떻게 할 것인지 또는 그 데이터 대신에 다른 데이터로 대체할 것인지 등에 대한 **빅데이터 사용자와 분석가 간의 반복적이고 순환적인 협의 과정**이 필요하다.

ⓒ 데이터의 사용 목적의 가변성 : 데이터의 가치는 사전에 정해진 수집 목적에 따라 확정되는 것이 아니고, 그 효용이 지속적으로 변화할 수 있다. 오히려 **빅데이터 환경에서는 데이터의 가치가 본질적인 사용 목적에 의해서가 아니라 부수적인 사용 목적에 의해서 달성된다**는 것이다.

(4) 분석과제 정의(Definite Assignment Analysis)

분석과제 정의서를 통해 분석별로 필요한 원천 데이터(Raw Data), 분석방법, 데이터 수집방법 및 분석의 난이도, 분석의 수행주기, 분석결과에 대한 검증, 상세한 분석 프로세스, 분석 과정 등을 정의한다.

Job task analysis form

Job task analysis							
Job identification							
Job title :							
Job purpose :							
Job context							
In which department is this job performed?							
What is the function of that department?	2						
To which department performance indicator(PI) is this job related?							
Tasks and Sub-tasks							
#	Task	Frequency	Importance	Knowledge	Skills	Attitudes	Related standard
	Task						
1.	(Task 1) 3	□ Daily □ Weekly □ Monthly	□ Limited □ Important □ Essential				5
	Sub-tasks						
1.1	(Sub-task 1,1)	□ Daily □ Weekly □ Monthly	□ Limited □ Important □ Essential				
1.2	4 (Sub-task 1,2)	□ Daily □ Weekly □ Monthly	□ Limited □ Important □ Essential				

> **📢 출제 체크**
>
> 상향식 접근법의 특징과 하향식 접근법의 특징을 비교하는 문제가 출제되므로 꼭 기억한다.

TOPIC 04 　**분석 프로젝트 관리 방안**

1. 분석과제 관리를 위한 5가지 주요 영역

❶ 정의된 과제 형태가 되면 분석기회가 도출되는데, 이 분석기회는 프로젝트를 통해 가치가 증명되어야 하며 그 목표 또한 달성되어야 한다.

❷ 분석 프로젝트는 다른 프로젝트의 케이스와 마찬가지로 범위, 일정, 품질, 리스크, 의사소통 등 영역별 관리가 수행되어야 할 뿐 아니라 5가지의 주요 속성을 고려한 추가 관리가 필요하다.

 출제 체크

5가지 주요 속성법의 방법론과 특징은 출제 가능성이 있으니 암기해 둔다.

속성	내용
데이터의 양 (Data Size)	**분석할 데이터의 양(Data Size)**을 고려한 관리 방안 수립이 필요하다. 과거 디바이스의 한계로 데이터 수집 후 **표본을 추출**하여 데이터를 분석하는 방식과 하둡 환경에서의 **방대한 데이터 양**을 기반으로 분석하는 관리 방식은 차이가 있다.
데이터 복잡도 (Data Complexity)	빅데이터 환경에서 분석과제 수행 시의 **데이터 복잡도(Data Complexity)**는 매우 증가하였다. BI(Business Intelligence) 프로젝트와 같이 정형 데이터가 분석할 수 있는 **데이터 마트 형태로 구성**되어 있는 상태에서 분석을 하는 것과는 달리, **비정형 데이터**(텍스트, 이미지 등) 및 **원천 데이터**(Raw Data)들을 통합하여 분석 프로젝트를 진행할 경우에는 사전 고려가 필요하다. 사전 고려 사항에는 초기 데이터의 확보와 통합뿐 아니라 해당 데이터에 잘 적용 가능한 분석 모델의 선정 등이 있다.
속도(Speed)	분석결과가 도출되었을 때 이를 활용하는 **시나리오 측면에서의 속도**를 고려해야 한다. 일 단위, 주 단위 실적의 경우에는 **배치(Batch) 형태**로 작업되어도 무방하지만 실시간으로 분석결과를 다루어야 하는 경우에는 프로젝트 수행 시 **분석 모델의 성능 및 속도를 고려한 개발 및 테스트**가 수행되어야 한다.
분석 모델 복잡도 (Analytic Complexity)	**분석 모델의 정확도와 복잡도 간에는 '트레이드오프(Trade Off) 관계'**가 존재한다. 분석 모델이 복잡할수록 정확도는 올라가지만 해석이 어려워지는 단점이 존재하므로 이에 대한 **기준점**을 사전에 정의해 두어야 한다. **'해석이 가능하면서도 정확도를 올릴 수 있는 최적 모델'**을 찾는 방안을 사전에 모색해야 한다.
정확도 및 정밀도 (Accuracy & Precision)	**정확도(Accuracy)는 모델과 실제 값 사이의 차이가 적다**는 것을 의미하고 **정밀도(Precision)는** 모델을 지속적으로 반복했을 때의 **편차의 수준**으로서 일관적으로 동일한 결과를 제시한다는 것을 의미한다. 분석의 활용인 측면에서는 정확도(Accuracy)가 중요하며, 안정성 측면에서는 정밀도(Precision)가 중요하다. 그러나 정확도(Accuracy)와 정밀도(Precision)는 트레이드오프가 되는 경우가 많기 때문에 모델의 해석 및 적용 시 사전에 고려해야 한다.

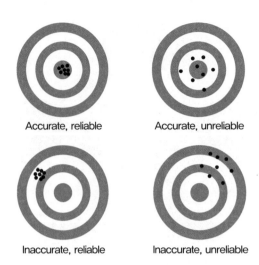

Accurate, reliable   Accurate, unreliable

Inaccurate, reliable   Inaccurate, unreliable

2. 분석 프로젝트의 특성

❶ 분석가의 목표

ㄱ 분석의 정확도를 높이는 것이다.

ㄴ 프로젝트 관점에서 도출된 분석과제를 구현하고 원하는 결과를 얻는 것이다.

ㄷ 사용자의 원활한 활용을 위한 전반적인 프로젝트를 관리한다.

❷ 분석가의 입장

ㄱ '**데이터 영역**'과 '**비즈니스 영역**'의 중간에서 '**조정자 역할**'을 한다.

ㄴ '**프로젝트 관리 방안 이해**'와 '**주요 관리포인트 사전 숙지**'가 필요하다.

❸ 분석 프로젝트 특징

ㄱ 분석 프로젝트는 지속 반복 및 정교화가 수행되는 경우가 다반사이다.

ㄴ 프로토타이핑 방식의 **애자일(Agile) 프로젝트** 관리 방식을 **고려**한다.

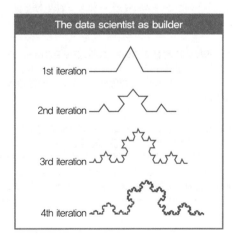

The data scientist as builder

1st iteration

2nd iteration

3rd iteration

4th iteration

3. 분석 프로젝트의 관리 방안

❶ 프로젝트 관리지침의 프로젝트 관리체계는 **범위**(Scope), **시간**(Time), **원가**(Cost), **품질**(Quality), **통합**(Integration), **조달**(Procurement), **자원**(Resource), **위험**(Risk), **의사소통**(Communication), **이해관계자**(Stakeholder) 10개의 주제그룹으로 구성되어 있다.

❷ 분석 프로젝트의 경우 각 영역에서 분석 프로젝트가 가지게 되는 특성과 고려해야 할 주요 항목들을 살펴봐야 한다.

속성	내용
범위 (Scope)	• 분석 기획단계에서는 데이터의 형태와 양 또는 적용 모델 알고리즘에 따라 범위가 빈번하게 변경됨 • 분석 최종 결과물이 분석 보고서 형태인지 시스템인지에 따라 투입 자원 및 범위의 변경이 예상되므로 사전에 충분한 고려가 필요함
시간 (Time)	• 데이터 분석 프로젝트는 초기에 의도했던 결과(모델)로 나오기가 쉽지 않기 때문에 지속적으로 반복되어 많은 시간이 소요될 수 있음 • 분석 결과 품질이 보장된다는 전제하에 Time Boxing 기법으로 일정관리를 진행하는 것이 필요함
원가 (Cost)	• 외부 데이터 활용 시 데이터 비용이 발생할 수 있으므로 사전에 충분한 조사가 이뤄져야 함 • 오픈 소스 도구(Tool) 외에, 프로젝트 수행 시 의도했던 결과를 달성하기 위하여 상용 버전의 도구(Tool)가 필요할 수 있음(웹 가시화를 위한 BI 솔루션, 지리정보 표기를 위한 GIS 솔루션 등)
품질 (Quality)	• 분석 프로젝트의 수행 결과에 대한 품질 목표도 또한 사전에 수립해야 함 • 프로젝트 품질은 품질통제(QC)와 품질보증(QA)으로 나누어 수행되어야 함
통합 (Integration)	프로젝트 관리 프로세스들의 통합 관리가 가능하도록 운영함
조달 (Procurement)	• 프로젝트 목적성에 맞는 아웃소싱(외주 등)을 적절히 활용할 필요가 있음 • POC(Proof Of Concept) 형태의 프로젝트는 구매뿐만 아니라 클라우드 등의 다양한 방안을 검토할 필요가 있음
자원 (Resource)	고급 분석 및 빅데이터 아키텍쳐 설계 시 전문가가 부족하므로 프로젝트 수행 전 전문가 확보 검토
위험 (Risk)	• 분석에 필요한 데이터 미확보로 인한 관련 위험을 식별하고 대응 방안을 사전에 수립해야 함 • 데이터 & 분석 알고리즘의 한계로 품질 목표 달성에 애로사항이 발생할 수 있어 대응 방안 수립이 필요
의사소통 (Communication)	• 데이터 분석의 결과는 모든 프로젝트 이해관계자(Stakeholders)가 공유할 수 있도록 해야 함 • 프로젝트의 원활한 진행을 위한 다양한 커뮤니케이션 체계 마련 필요
이해관계자 (Stakeholder)	데이터 분석 프로젝트는 데이터 전문가, 비즈니스 전문가, 분석 전문가, 시스템 전문가 등 다양한 전문가가 참여하므로 이해관계자의 식별과 관리가 필요함

학습목표

• 데이터 분석을 위한 마스터플랜 수립을 이해한다.
• 데이터 분석 거버넌스 체계를 이해한다.

학습구성

TOPIC 01 마스터 플랜 수립 프레임워크
TOPIC 02 분석 거버넌스 체계 수립

TOPIC 01 마스터 플랜 수립 프레임워크

1. 마스터 플랜 수립 개요

❶ 마스터 플랜 적용 우선순위를 설정하기 위해 **전략적 중요도, 비즈니스 성과 및 ROI, 분석 과제의 실행 용이성** 등 다양한 기준을 고려하고 데이터 기반 구축을 준비한다.

❷ 데이터 분석 구현 로드맵은 업무내재화 적용 수준, 분석데이터 적용 수준, 기술 적용 수준 등 분석 적용 범위 및 적용 방식이 종합적으로 고려된 후 수립되어야 한다.

	우선순위 고려 요소		적용 범위 및 적용 방식 고려 요소	
적용 우선순위 설정	① 전략적 중요도	Analytics 구현 로드맵 수립	① 업무 내재화 적용 수준
	② 비즈니스 성과/ROI		② 분석 데이터 적용 수준
	③ 실행 용이성		③ 기술 적용 수준

❸ 기업 및 공공기관에서 활용되는 정보전략계획(ISP)

㉠ 시스템 중장기 로드맵 정의를 위해 **정보전략계획(ISP ; Information Strategy Planning)**을 수행한다. ISP란 정보기술 또는 정보시스템을 전략적으로 활용하기 위하여 조직 내·외부 환경을 분석하여 기회나 문제점을 도출하고 사용자의 요구사항을 분석하여 '**시스템 구축 우선순위를 결정**'하는 등 중장기 마스터 플랜을 수립하는 절차이다.

ⓛ **분석 마스터 플랜**이란 일반적인 ISP **방법론을 활용**하되 데이터 분석 기획의 특성을 고려하여 수행하고 기업에서 필요한 데이터 분석 과제를 **빠짐없이** 도출한 후 과제의 우선순위를 결정하고 단기 및 **중·장기**로 나누어 계획을 수립하는 것을 말한다.

2. 수행 과제 도출 및 우선순위 평가

❶ 우선순위 평가 방법 및 절차 : 우선순위 평가의 경우 정의된 데이터 과제에 대한 실행 순서를 정하는 것이다. 업무별로 도출된 분석과제를 우선순위 평가 기준에 따라 평가한 뒤, 과제 수행의 선·후행 관계를 고려하여 적용 순위를 조정해 최종 확정한다.

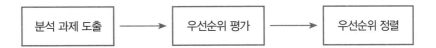

❷ 우선순위 고려 요소(전략적 중요도, 실행 용이성) : 정보전략계획(ISP)과 같은 일반적인 IT 프로젝트 과제의 우선순위 평가를 위해 전략적 중요도, 실행 용이성 등 기업에서 고려하는 중요 가치 기준에 따라 다양한 관점에서의 우선순위 기준을 수립하여 평가한다.

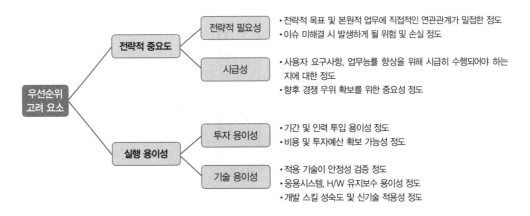

❸ ROI 관점에서 빅데이터의 핵심 특징

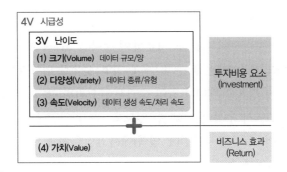

ⓐ 투자비용(Investment) 요소

- **크기(Volume)** : 데이터 규모 및 양을 의미하며, 대용량 데이터를 저장·처리하고 관리하기 위한 투자가 필요하다.
- **다양성(Variety)** : 다양한 종류와 형태를 가진 데이터를 입수하는 데 있어 투자가 필요하다.
- **속도(Velocity)** : 데이터의 생성 속도 및 처리 속도를 빠르게 가공·분석하는 기술이 요구된다.

ⓑ 비즈니스 효과(Return) 요소 − 가치(Value) : 분석 결과를 활용하거나 실질적인 실행을 통해 얻게 되는 비즈니스 효과 측면의 요소

❹ 데이터 분석과제 추진 시 고려해야 할 우선순위 평가 기준

ⓐ **시급성** : 전략적 중요도와 목표가치에 부합하는지에 따른 시급성이 가장 중요한 기준이다. **시급성의 판단기준은 전략적 중요도**가 우선이며, 이는 현재 관점으로 전략적 가치를 고려할 것인지, 미래 관점에서 전략적 가치를 고려할 것인지를 **분석 과제의 목표가치(KPI)**와 함께 고려해야 한다.

ⓑ **난이도** : 난이도는 현 시점에서 과제를 추진하는 것이 범위와 비용 측면에서 바로 적용 가능한 것인지를 판단기준으로 하여 데이터 분석의 적합성 여부를 확인한다.

❺ 포트폴리오 4사분면을 통한 과제 우선순위 선정

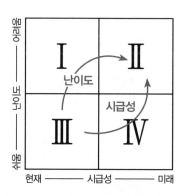

ⓐ 4사분면 영역에서 가장 우선적인 분석 과제로 선정될 수 있는 분면은 3사분면이다.

ⓑ 시급성과 난이도를 고려했을 때 현재는 상대적으로 시급성과 난도가 낮은 편이지만 중장기적으로 경영에 미칠 영향이 높고 분석과제로 바로 적용하는 것의 난도가 높아 우선순위가 낮은 영역은 2사분면이다.

ⓒ 분석과제의 적용 우선순위 기준을 '**시급성**'에 둔다면 '**Ⅲ → Ⅳ → Ⅱ 영역**' 순이며, 우선순위 기준을 '**난이도**'에 둔다면 '**Ⅲ → Ⅰ → Ⅱ 영역**' 순으로 의사결정을 할 수 있다.

ⓓ 예를 들어 분석에 필요한 데이터 양이 수 TB 규모라면, 분석 대상이 되는 소스 데이터를 내부 데이터 관점에서 우선 분석할 수 있도록 데이터의 양을 줄여 난도를 낮출 수 있다. 이를 통해 궁극적으로는 1사분면(**Ⅰ 영역**)에서 3사분면(**Ⅲ 영역**)으로 분석 적용의 우선순위를 조정하여 추진할 수 있다.

3. 이행계획 수립

❶ 로드맵 수립

- ㉠ 분석과제에 대한 포트폴리오 사분면(Quadrant) 분석을 통해 과제의 1차적 우선순위를 결정한다.
- ㉡ 분석과제별 적용 범위 및 방식을 고려하여 최종적인 실행 우선순위를 결정한 후 단계적 로드맵을 수립한다.
- ㉢ 단계별로 추진하고자 하는 목표를 정의한다.
- ㉣ 추진과제별 선·후행 관계를 고려하여 단계별 추진 내용을 정렬한다.

추진 단계	데이터 분석체계 도입	데이터 분석 유효성 검증	데이터 분석 확산 및 고도화
단계별 추진 목표	빅데이터의 성공적인 도입을 위해 비즈니스 Pain point가 무엇인지 식별하고, 이를 해결해 나가는 관점에서 분석 기회를 발굴하여 분석 과제로 정의하고 마스터 플랜을 수립함	•분석 과제에 대한 Pilot을 수행하여 비즈니스적인 유효성과 타당성을 검증하고 기술적인 실현 사능성을 검증함 •Pilot 수행에 필요한 분석 알고리즘 및 아키텍쳐를 설계함	•Pilot을 통해 검증된 분석 과제를 업무 프로세스에 내재화하기 위한 PI와 변화 관리 실시 •Pilot 검증 결과를 전사에 확산하는 관점에서 빅데이터 분석·활용 시스템을 구축하고 유관 시스템을 고도화함
추진 과제	**추진 과제 0** 분석 기회 발굴 및 마스터 플랜 분석 과제 정의 수립	**추진 과제 1** 분석 알고리즘 및 분석 과제 아키텍처 설계 Pilot 수행	**추진 과제 2** 업무 프로세스 내재화를 변화시키기 위한 Process innovation 관리 **추진 과제 3** 빅데이터 분석 – 유관 시스템 활용 시스템 구축 고도화

※ 폭포수 모델(Water–Fall) : 순차적 SW 개발 프로세스로 개발의 흐름이 마치 폭포수처럼 지속적으로 전진한다는 것에서 유래한 방법이다. SW 요구사항 기술, SW 설계, SW 구현, 통합 시험, SW 유지보수 단계로 프로세스가 이루어진다.

❷ 세부 이행계획 수립

- ㉠ 데이터 분석 체계에서는 고전적인 폭포수(Water–Fall) 모델보다 반복적인 정련 과정을 통하여 프로젝트의 완성도를 제고시켜나가는 방식을 주로 사용한다.
- ㉡ 반복적인 분석 체계는 모든 단계를 반복하기보다 데이터 수집 및 확보와 분석 데이터를 준비하는 단계를 순차적으로 진행하고, 모델링 단계는 반복적으로 수행하는 혼합형을 많이 적용하며, 이러한 특성을 고려해서 세부 일정계획도 수립해야 한다.

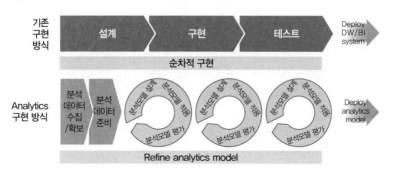

Key : ■=Critical path ◇=Milestone ├─┤=Slack time

Install power to new machine			February 14th(Time of day)									
Task	Who	mins	8	9	10	11	12	13	14	15	16	
Power down	HS	0	◇									
Remove old fusebox	HS	40										
Install new fusebox	HS	80										
Cut cable channeling	GM	200										
Fit cable channeling	HS	140										
Lay new cable	HS, GM	120										
Connect to fusebox	HS	40										
Connect to machine	GM	20										
Power up	HS	0								◇		
Test machine	GM	60										
	HS	400										
	HS	420										

TOPIC 02 분석 거버넌스 체계 수립

1. 분석 거버넌스 체계 개요

❶ 사내에서 데이터를 활용한 의사결정이 강조될수록 **데이터의 체계적인 관리 중요성**은 증가해 가고 있다. 이는 단순히 데이터의 수집·축적에 목적을 두는 것보다 **어떤 목적**으로 데이터를 수집해서 **어떻게 활용할 것인지**가 더욱 중요하기 때문이다. 또한 **데이터 분석을 기업 문화로 정착**하고 **데이터 분석 업무를 지속적으로 고도화**하기 위해서 조직 내 관리체계를 수립해야 한다.

❷ 마스터 플랜 수립 시점에서의 분석 거버넌스 체계는 **분석 기획 및 관리를 수행하는 조직** (Organization), **과제 기획 및 운영 프로세스**(Process), **분석 관련 시스템**(System), **데이터** (Data), **분석 관련 교육 및 마인드 육성 체계**(Human Resource)로 구성된다.

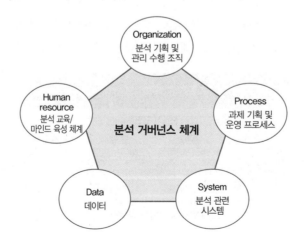

2. 데이터 분석 성숙도 모델 및 수준 진단

❶ 빅데이터가 핵심 역량이라는 관점하에서 기업들은 데이터 분석 도입 여부 및 활용에 대한 분석 수준을 점검할 필요가 있다.

❷ 데이터 분석의 수준 진단을 통해 데이터 분석 기반을 구현하기 위해 무엇을 준비하고 보완해야 하는지 등 분석의 유형 및 분석의 방향성을 결정할 수 있다.

❸ 데이터 분석의 수준 진단을 위한 프레임 워크는 6개 영역의 **분석 준비도**(Readiness)와 3개 영역의 **분석 성숙도**(Maturity)를 함께 평가함으로써 수행될 수 있다.

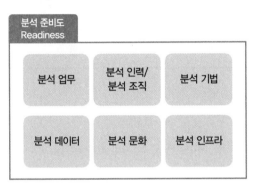
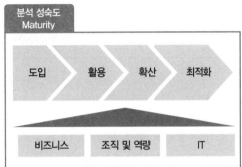

❹ 기업의 현재 분석 수준을 명확히 이해하고, 수준 진단 결과를 토대로 미래 목표 수준을 정의한다.

❺ 데이터 분석을 위한 인프라가 타 경쟁사와 비교하여 어느 정도 수준인지를 측정하고, 데이터를 활용한 '**분석 경쟁력 확보를 위한 영역 선택**' 및 집중을 결정하는 등의 개선 방안을 도출한다.

3. 분석 준비도 및 분석 성숙도 정의

(1) 분석 준비도

❶ 기업의 데이터 분석 도입의 수준을 파악하기 위한 진단 방법을 목표로, 총 6가지(분석 업무 파악, 인력 및 조직, 분석 기법, 분석 데이터, 분석 문화, IT 인프라)로 구성된다.

❷ 분석 준비도를 진단하는 과정
　㉠ 영역별로 세부 항목에 대한 수준 파악
　㉡ 진단 결과 전체 요건 중 일정 수준 이상 충족되면 분석 업무 도입
　㉢ 충족하지 못할 시에는 분석 환경 조성

분석 업무 파악	인력 및 조직	분석 기법
• 발생한 사실 분석 업무 • 예측 분석 업무 • 시뮬레이션 분석 업무 • 최적화 분석 업무 • 분석 업무 정기적 개선	• 분석 전문가 직무 존재 • 분석 전문가 교육 훈련 프로그램 • 관리자들의 기본적 분석 능력 • 전사 분석 업무 총괄 조직 존재 • 경영진의 분석 업무 이해 능력	• 업무별 적합한 분석 기법 사용 • 분석 업무 도입 방법론 • 분석 기법 라이브러리 • 분석 기법 효과성 평가 • 분석 기법 정기적 개선
분석 데이터	분석 문화	IT 인프라
• 분석 업무를 위한 데이터 충분성 • 분석 업무를 위한 데이터 신뢰성 • 분석 업무를 위한 데이터 적시성 • 비구조적 데이터 관리 • 외부 데이터 활용 체계 • 기준 데이터 관리(MDM)	• 사실에 근거한 의사결정 • 관리자의 데이터 중시 정도 • 회의 등에서 데이터 활용 상황 • 경영진의 직관 vs 데이터 기반의 의사 결정 • 데이터 공유 및 협업 문화	• 운영 시스템 데이터 통합 • EAI, ETL 등 데이터 유통 체계 • 분석 전용 서버 및 스토리지 • 빅데이터 분석 환경 • 통계 분석 환경 • 비쥬얼 분석 환경

(2) 분석 성숙도

❶ 조직의 성숙도 평가 도구로는 CMMI(Capability Maturity Model Integration)모델, 즉 능력 성숙도 통합모델을 활용한다.

❷ 성숙도 수준에 따라 도입단계, 활용단계, 확산단계, 최적화 단계로 구분된다.

❸ 분석 성숙도 진단 분류는 비즈니스 부문, 조직·역량 부문, IT 부문으로 나누어진다.

❹ 성숙도 수준과 진단에 따른 단계

단계	도입단계	활용단계	확산단계	최적화단계
비즈니스 부문	• 실적 분석 및 통계 • 정기 보고 수행 • 운영 데이터 기반	• 미래 결과 예측 • 시뮬레이션 • 운영 데이터 기반	• 성과 실시간 분석 • 프로세스 혁신 3.0 • 분석 규칙 관리 • 이벤트 관리	• 외부 환경 분석 활용 • 최적화 업무 적용 • 실시간 분석 • 비즈니스 모델 진화
조직 역량 부문	• 일부 부서에서 수행 • 담당자 역량에 의존	• 담당 부서에서 수행 • 분석 기법 도입 • 관리자가 분석 수행	• 전사 모든 부서 수행 • 분석 COE 조직 운영 • 데이터 사이언티스트 확보	• 데이터 사이언스 그룹 • 경영진 분석 활용 • 전략 연계
IT 부문	• 데이터 웨어하우스 • 데이터 마트 • ETL/EAI • OLAP	• 실시간 대시보드 • 통계 분석 환경	• 빅데이터 관리 환경 • 시뮬레이션·최적화 • 비주얼 분석 • 분석 전용 서버	• 분석 협업 환경 • 분석 Sandbox • 프로세스 내재화 • 빅데이터 분석

(3) 분석 수준 진단 결과 – 사분면 분석을 중심으로

❶ 자사 기준 : 현재 분석 수준을 객관적으로 파악한다.

❷ **타사 기준** : 타사와 비교하여 분석 경쟁력 확보 및 강화를 위한 목표 기준 설정이 가능하다.

❸ 분석 관점에서의 사분면 분석으로는 **분석 수준 진단 결과 구분** 및 **데이터 분석 수준에 대한 목표 방향 정의, 유형별 특성에 따른 개선 방안 수립** 등이 가능하다.

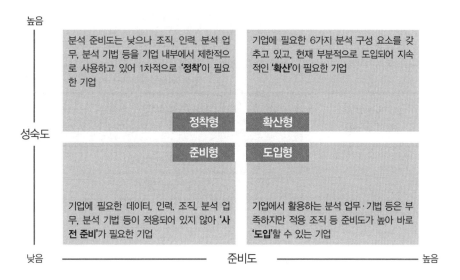

4. 분석 지원 인프라 방안 수립

❶ 분석 과제 단위별로 별도의 분석 시스템을 구축하는 경우 관리의 복잡성, 비용의 증가 등의 부작용이 나타날 수 있다. 따라서 분석 마스터 플랜을 기획하는 단계에서부터 장기적이고 안정적으로 활용 가능한 확장성을 고려하여 플랫폼 구조를 도입하는 것이 적절하다.

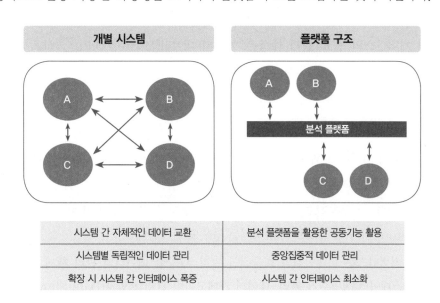

❷ 플랫폼 : 단순 분석 응용프로그램을 넘어서서 '분석 서비스를 위한 응용프로그램이 실행될 수 있는 기초를 이루는 컴퓨터 시스템'을 의미한다.

❸ 플랫폼의 특징 : 데이터 분석에 필요한 프로그래밍 환경과 실행 및 서비스 환경을 제공한다.

광의의 분석 플랫폼	분석 서비스 제공 엔진
	분석 어플리케이션
	분석 서비스 제공 API
협의의 분석 플랫폼	데이터 처리 Framework
	분석 엔진 / 분석 라이브러리
	운영체제(OS)
	하드웨어

5. 데이터 거버넌스 체계 수립

(1) 데이터 거버넌스의 필요성 및 개요

❶ 실시간으로 쌓이는 데이터와 비정형·반정형 데이터는 조직, 프로젝트 단위보다 더 큰 전사 단위에서의 체계적인 데이터 거버넌스(Data Governance)의 필요성을 부각시키고 있다.

❷ 데이터 거버넌스란 전사 차원의 모든 데이터에 대한 정책 및 지침, 표준화, 운영조직 및 책임 등의 표준화된 관리 체계를 수립하고 운영을 위한 프레임워크(Framework) 및 저장소 (Repository)를 구축하는 것을 말한다.

❸ 데이터 거버넌스의 중요 관리 대상은 마스터 데이터(Master Data), 메타 데이터(Meta Data), 데이터 사전(Data Dictionary)이다.

(2) 데이터 거버넌스 구축을 통한 장점

❶ 기업은 데이터 거버넌스 체계를 구축함으로써 '**데이터의 가용성**', '**유용성**', '**통합성**', '**보안성**', '**안전성**'을 확보할 수 있다.

❷ 데이터 거버넌스는 독자적으로 수행되기도 하고, 전사 차원의 IT 거버넌스나 EA(Enterprise Architecture)의 구성 요소로서 구축되는 경우도 존재한다.

❸ 빅데이터 거버넌스는 빅데이터의 효율적인 관리, **다양한 데이터의 관리 체계, 데이터 최적화, 정보 보호, 데이터 생명주기 관리, 데이터 카테고리별 관리 책임자(Data Steward) 지정** 등의 역할을 수행한다.

(3) 데이터 거버넌스 구성 요소

데이터 거버넌스 구성 요소인 원칙(Principle), 조직(Organization), 프로세스(Process)의 유기적 조합을 통하여 비즈니스 목적에 부합하는 최적의 정보 서비스를 제공하기 위해 데이터를 효율적으로 관리한다.

❶ 원칙(Principle)
  ㉠ 데이터를 유지·관리하기 위한 지침과 가이드
  ㉡ 보안, 품질 기준, 변경관리

❷ 조직(Organization)
  ㉠ 데이터를 관리할 조직의 역할과 책임
  ㉡ 데이터 관리자, 데이터베이스 관리자, 데이터 아키텍트(Data Architect)

❸ 프로세스(Process)
  ㉠ 데이터 관리를 위한 활동과 체계
  ㉡ 작업 절차, 모니터링 활동, 측정 활동

(4) 데이터 거버넌스 체계

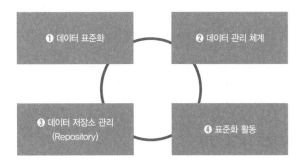

❶ 데이터 표준화
  ㉠ 데이터 표준화는 데이터 표준 용어 설정, 명명 규칙(Name Rule) 수립, 메타 데이터(Meta Data) 구축, 데이터 사전(Data Dictionary) 구축 등의 업무로 구성된다.
  ㉡ 데이터 표준 용어는 표준 단어 사전, 표준 도메인 사전, 표준 코드 등으로 구성되며 사전 간 교차검증을 위한 점검 프로세스를 포함하여야 한다.
  ㉢ 메타 데이터와 데이터 사전은 데이터의 데이터 구조 체계를 형성하는 것으로서 데이터 활용을 원활하게 하기 위한 데이터 구조 체계(Data Structure Architecture) 혹은 메타 엔티티 관계 다이어그램(Meta Entity Relationship Diagram)을 제공한다.

❷ 데이터 관리 체계

   ⊙ 데이터 정합성(Data Integrity) 및 활용의 효율성을 위하여 표준 데이터를 포함한 메타 데이터와 데이터 사전의 관리 원칙을 수립한다.

   ⓒ 빅데이터의 경우 데이터 생명 주기 관리방안(Data Life Management)을 수립하지 않으면 수집되는 데이터 양의 급증으로 데이터 가용성 한계 및 관리비용 증대 문제에 직면하게 될 수 있다.

   ⓒ 위와 같은 문제를 예방하기 위해 수립된 원칙에 근거하여 항목별로 상세한 프로세스를 만들고, 관리와 운영을 위한 담당자 및 조직별 역할과 책임에 대해 명확하고 상세히 준비해야 한다.

❸ 데이터 저장소 관리

   ⊙ **전사 차원의 저장소는 메타 데이터 및 표준 데이터를 관리**하기 위한 요소로 구성한다.

   ⓒ 데이터 구조 변경에 따른 **사전 영향 평가**가 수행되어야 효율적인 활용이 가능하다.

   ⓒ 데이터 저장소는 데이터 관리 체계 지원을 위한 워크플로우(Workflow) 및 관리용 응용 소프트웨어를 지원하고, 관리 대상 시스템에 대한 통제가 이뤄져야 한다.

❹ 표준화 활동

   ⊙ 데이터 거버넌스 체계 구축 후 **표준 준수 여부**(Compliance)를 주기적으로 점검한다.

   ⓒ 거버넌스의 안정적 정착을 위한 계속적인 변화 관리 및 **주기적 교육**을 진행한다.

   ⓒ 지속적인 **데이터 표준화 개선 활동**으로 **실용성을 제고**시켜야 한다.

6. 데이터 조직 및 인력 방안 수립

(1) 데이터 조직 및 인력의 필요성 및 개요

❶ 기업들은 빅데이터로 차별화된 경쟁력을 확보하고 데이터 과제 발굴, 기술 검토 등과 같이 데이터를 효과적으로 활용하기 위해 기획 및 운영 관리를 위한 전문 분석조직에 대한 필요성을 강조하고 있다.

❷ 데이터 분석 조직은 기업 경쟁력 확보를 위해 데이터 분석에 따른 부가가치 창출과 비즈니스 목표 설정에 기여해야 한다. 이를 위해서는 전사적인 차원에서 다양한 분석 과제를 정의하고 데이터 분석을 통해 데이터에 근거한 전략 수행에 일조해야 한다.

❸ 구성원은 다양한 분야의 지식과 경험을 가진 도메인 전문가와 업무 담당자 등으로 구성된 전사 또는 팀으로 구성할 수 있다.

조직 목표	기업의 경쟁력 확보를 위하여 비즈니스 질문(Question)과 이에 부합하는 가치(Value)를 찾고 비즈니스를 최적화(Optimization)하는 것
조직 역할	전사 및 부서의 분석 업무를 발굴하고 전문적 기법과 분석 도구를 활용하여 기업 내에 존재하는 빅데이터 속에서 Insight를 찾아 전파하고 이를 Action화 하는 것
조직 구성	기초통계학 및 분석 방법에 대한 지식과 분석 경험을 가지고 있는 인력으로, 전사 또는 부서 내 조직으로 구성하여 운영

(2) 데이터 조직 및 인력 구성 시 고려사항

구분	고려사항
조직 구조	• 비즈니스 질문을 선제적으로 찾아낼 수 있는 구조인가? • 분석 전담 조직과 타 부서 간 유기적인 협조와 지원이 원활한 구조인가? • 효율적인 분석 업무를 수행하기 위한 분석 조직의 내부 조직 구조는? • 전사 및 단위부서가 필요시 접촉하며 지원할 수 있는 구조인가? • 어떤 형태의 조직(중앙집중형, 분산형)으로 구성하는 것이 효율적인가?
인력 구성	• 비즈니스 및 IT 전문가의 조합으로 구성되어 있는가? • 어떤 경험과 어떤 스킬을 갖춘 사람으로 구성해야 하는가? • 통계적 기법 및 분석 모델링 전문 인력을 별도로 구성해야 하는가? • 전사 비즈니스를 커버하는 인력이 없다면? • 전사 분석 업무에 적합한 인력 규모는 어느 정도인가?

(3) 데이터 조직 및 인력 구성 시 3가지 유형

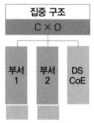

집중 구조

• 전사 분석업무를 별도의 분석 전담 조직에서 담당
• 전략적 중요도에 따라 분석 조직이 우선순위를 정해서 진행 가능
• 현업 업무 부서의 분석 업무와 이중화·이원화의 가능성이 높음

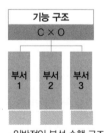

기능 구조

• 일반적인 분석 수행 구조
• 별도 분석 조직이 없고 해당 업무 부서에서 분석 수행
• 전사적 핵심 분석이 어려우며, 부서 현황 및 실적 통계 등 과거 실적에 국한된 분석 수행 가능성이 높음

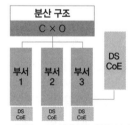

분산 구조

• 분석 조직 인력들을 현업 부서로 직접 배치하여 분석 업무 수행
• 전사 차원의 우선순위 수행
• 분석 결과에 따른 신속한 Action 가능
• 베스트 프랙티스 공유 가능
• 부서 분석 업무와 역할 분담을 명확히 해야 함(→ 업무 과다 이원화 가능성)

(4) 분석 조직의 인력 구성

분석 조직의 경쟁력을 극대화하기 위하여 전문 역량을 갖춘 각 분야의 인재들을 모아 조직을 구성한다.

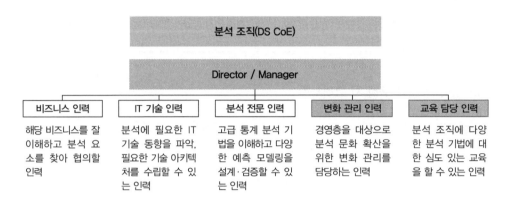

7. 분석 과제 관리 프로세스 수립

(1) 개요

❶ 분석 마스터 플랜의 수립 후 초기 데이터 분석 과제가 성공적으로 수행될 때는 지속적인 분석 니즈 및 기회가 분석 과제 형태로 도출될 수 있다.

❷ 이 과정에서 분석 조직이 수행할 주요 역할 중 하나가 분석 과제의 기획 및 운영이므로 이를 체계적으로 관리하기 위한 프로세스를 수립해야 한다.

(2) 과제 관리 프로세스

❶ 과제 발굴 : 개별 조직이나 개인이 도출한 분석 아이디어를 발굴하고 이를 과제화하여 분석 과제 풀(Pool)로 관리하면서 분석 프로젝트를 선정하는 작업을 수행한다.

❷ 과제 수행
　㉠ 분석을 수행할 팀을 구성하고 분석 과제 실행 시 지속적인 모니터링과 과제 결과를 공유하고 개선하는 절차를 수행한다.

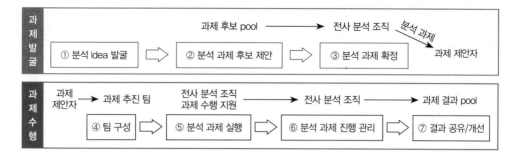

ⓛ 해당 과제를 진행하면서 만들어진 시사점(Lesson Learned)을 포함한 결과물을 풀(Pool)에 잘 축적하고 관리함으로써, 향후 유사한 분석 과제 수행 시 시행착오의 최소화 및 프로젝트의 효율적 진행이 가능하다.

8. 분석 교육 및 변화 관리

(1) 현황 및 개요

❶ 빅데이터의 등장으로 인한 변화에 보다 적극적인 대응을 하기 위해서는 기업에 맞는 정확한 분석 업무를 도출하고, 가치를 높여줄 수 있도록 **'분석 조직 및 인력에 대한 지속적 교육 및 훈련'**을 실시하여야 한다. 또한 경영층이 **'사실 기반 의사결정을 할 수 있는 문화 정착'** 등 지속적으로 변화를 관리하고 계획하면서 수행해야 한다.

❷ 새로운 체계의 도입 시에는 분석 가치 극대화 및 내재화를 위해서 분석에 관련된 교육 및 마인드 육성을 위한 적극적인 변화 관리가 필요하다.

(2) 관련 참고 사항

❶ 직무별 역할

　　㉠ 분석 기획자 : 데이터 분석 큐레이션 교육

　　ⓛ 분석 실무자 : 데이터 분석 기법 및 툴에 대한 교육

　　㉢ 업무 수행자 : 분석 기회 발굴, 구체화, 시나리오 작성법 등

❷ 빅데이터 시대에 따른 대응 방법

　　㉠ 기업에 맞는 적합한 분석 업무의 수행

　　ⓛ 분석 조직 및 인력에 대한 지속적인 교육과 훈련 실시

　　㉢ 경영층이 사실 기반의 의사결정을 할 수 있는 문화 정착

　　㉣ 지속적인 변화 관리를 계획하고 수행, 업무 수행자에 대한 분석 기회 발굴, 구체화, 시나리오 작성법 등

01 다음 중 분석가가 가져야 할 가장 주요한 역량은?

① 문제에 대한 전문성 역량

② 프로그래밍 등 기술 역량

③ 수학/통계적 지식 등 분석 역량

④ ①, ②, ③을 포괄하는 역량

02 데이터 분석 단계 모델링 태스크 중 모델 적용 및 운영방안 스텝(단계)에서의 주요한 산출물은?

① 알고리즘 설명서　　　　　　　　② 모델 검증 보고서

③ 모델 발전 계획서　　　　　　　　④ 데이터 시각화 보고서

03 데이터 분석을 통한 가치 발굴에서 필수 주요 요소로 보기 어려운 것은?

① Analytic model　　　　　　　　② Data

③ Analyst　　　　　　　　　　　　④ Hadoop

13회 기출유형

04 분석주제 유형 중 문제를 잘 알고 있으면서 기존에 수행하고 있는 방법이 존재하는 경우에 해당하는 유형은?

① Optimization　　　　　　　　② Solution

③ Discovery　　　　　　　　　　④ Insight

05 분석 프로젝트 수행 시 "Data, Business, 분석 등 다양한 영역의 사람들이 프로젝트에 참여하며, Project Sponsor 및 향후 분석 결과를 활용할 User 등 다양한 사람들의 니즈를 고려해야 한다." 라는 관리 포인트에 대한 부분을 고려해야 하는 영역은?

① 원가(Cost)　　　　　　　　　② 이해관계자(Stakeholder)

③ 범위(Scope)　　　　　　　　　④ 품질(Quality)

18회, 27회차 기출유형

06 분석 기획 시 고려해야 할 사항에 대한 설명으로 옳지 않은 것은?

① 비용 대비 효과를 고려한 적정한 비용을 산정한다.

② 분석을 위한 데이터를 확보한다.

③ 이해도가 높은 모형보다는 복잡하고 정교한 모형을 고려한다.

④ 조직의 역량으로 내재화하기 위해서 충분하고 계속된 교육 및 활용 방안 등의 변화 관리를 고려한다.

13회차 기출유형

07 빅데이터의 특징 중 성격이 다른 요소 하나를 고르면?

① 데이터 규모(Volume)   ② 데이터 다양성(Variety)

③ 데이터 가치(Value)   ④ 데이터 속도(Velocity)

08 데이터 거버넌스의 구성 요소가 아닌 것은?

① 원칙(Principle)   ② 조직(Organization)

③ 프로세스(Process)   ④ 활동(Action)

10회차 기출유형

09 분석 과제의 우선순위 선정 매트릭스에서 일반적으로 데이터 분석 과제를 가장 먼저 추진해야 하는 영역은 어디인가?

① 시급성 – 현재/난이도 – Difficult 영역

② 시급성 – 미래/난이도 – Difficult 영역

③ 시급성 – 현재/난이도 – Easy 영역

④ 시급성 – 미래/난이도 – Easy 영역

6회차 기출유형

10 분석 성숙도 모델 중 빅데이터 관리를 위한 환경이 갖추어지고, 전사 차원에서 분석을 관리하고 공유하며, 이를 위해 분석 전문 조직을 운영하는 수준의 성숙 단계는?

① 도입 단계   ② 활용 단계

③ 확산 단계   ④ 최적화 단계

11 다음 빈칸에 들어갈 분석 주제 유형으로 적절한 것은?

> 데이터 분석의 대상(what)이 무엇인지는 인지하고 있지만 데이터 분석방법과 다양한 분석도구의 활용은 모르는 상황에서는 ( ) 접근법을 활용할 수 있다.

① 통찰(Insight)　　　　　　　　　　② 솔루션(Solution)

③ 최적화(Optimization)　　　　　　 ④ 발견(Discovery)

12 다음 중 성공적인 분석을 위해서 고려해야 할 요소가 아닌 것은?

① 원점에서의 솔루션 탐색　　　　　 ② 관련 데이터의 파악

③ 이행 저해 요소 관리　　　　　　　 ④ 비즈니스 케이스 확보

13 다음 중 순차적으로 진행되면서 이전 단계가 완료된 후 다음 단계로 진행하는 하향식(Top-down)으로 진행되는 특징을 지니는 모델은?

① 프로토타입(Prototype)모델　　　　 ② 폭포수(Waterfall)모델

③ 나선형(Spiral)모델　　　　　　　　 ④ 애자일(Agile)모델

14 분석 방법론 중 CRISP-DM 분석 과정으로 분석할 경우 올바른 순서는?

① 업무 이해 → 데이터 이해 → 데이터 준비 → 모델링 → 평가 → 전개

② 데이터 이해 → 데이터 준비 → 평가 → 업무 이해 → 전개 → 모델링

③ 업무 이해 → 데이터 이해 → 데이터 준비 → 모델링 → 전개 → 평가

④ 업무 이해 → 데이터 준비 → 데이터 이해 → 모델링 → 평가 → 전개

15 다음 중 기업에서 데이터에 기반한 의사결정을 방해하는 요소들로 구성된 것은?

① 바이어스, 비편향적 사고　　　　　 ② 프레이밍 효과, 직관력

③ 프레이밍 효과, 고정 관념　　　　　 ④ 직관력, 비편향적 사고

13회, 17회, 21회, 31회차 기출유형

16 다음 중 분석 주체 유형을 분류할 때 데이터 분석 방법과 다양한 분석 구조의 활용은 충분히 이해하고 있으나, 조직 내 분석대상이 무엇인지 인지하지 못하는 유형은?

① 최적화   ② 솔루션

③ 발견   ④ 통찰

21회, 25회차 기출유형

17 다음 중 CRISP-DM 방법론의 모델링 단계에서 수행하는 태스크(Task)로 적절하지 않은 것은?

① 모델 테스트 계획 설계   ② 모델 평가

③ 모델 적용성 평가   ④ 모델링 기법 선택

14회, 22회, 27회차 기출유형

18 다음 중 비즈니스 모델 캔버스의 채널(Channels)에 대한 기능으로 옳지 않은 것은?

① 해당 고객에게 접근하는 유통 채널을 공급한다.

② 고객에게 밸류 프로포지션*을 전달한다.

③ 기업이 제공하는 상품이나 서비스에 대한 고객의 이해도를 제고해 준다.

④ 구매 고객에 대한 애프터서비스(A/S)를 제공한다.

※ 밸류 프로포지션(Value Proposition) 비즈니스 캔버스 내에서 가치제안(자신의 주장을 간략히 요약해놓은 진술서와 같은 의미를 지닌다.

15회, 18회차 기출유형

19 분석과제 발굴 방식 중 하향식 접근 방식의 단계에서 타당성 평가에 대한 설명으로 옳지 않은 것은?

① 데이터 타당성 확보를 위하여 문제 발생 포인트에 대한 데이터 확보가 중요하다.

② 경제적 타당성은 비용대비 효익(Benefit)의 관점에서 평가한다.

③ 기술적 타당성을 고려할 때에는 적용 가능한 요소기술 확보 방안에 대한 사전 고려가 필요하다.

④ 도출된 분석 문제에 대한 대안을 과제화하기 위해서는 다각적 타당성 검토가 필요하다.

15회차 기출유형

20 다음 중 도출된 분석 문제나 가설의 대안들에 대한 타당성을 고려하여 분석 과제화를 할 때 고려할 주요 속성으로 옳지 않은 것은?

① 경제적 타당성   ② 점차적 타당성

③ 기술적 타당성   ④ 데이터 타당성

21 분석 성숙도 모델 중 기업에서 활용하는 분석 업무 및 분석 기법 등은 부족한 상태이나, 조직 및 인력 등 준비도가 높은 유형으로 데이터 분석을 바로 도입할 수 있는 수준의 성숙단계에 해당하는 유형은?

① 도입형　　　　　　　　　　　　② 준비형

③ 확산형　　　　　　　　　　　　④ 정착형

22 다음 중 데이터 분석과제에서 프로젝트 관리에 대한 설명으로 옳지 않은 것은?

① 분석 과제는 분석 전문가의 상상력을 요구하므로 일정을 제한하는 일정계획은 적절하지 못하다.

② 분석 과제는 적용되는 알고리즘에 따라 범위가 변할 수 있어 범위 관리가 중요하다.

③ 분석 과제에서 다양한 데이터를 확보하는 경우가 있어 조달관리 또한 중요하다.

④ 분석 과제에는 많은 위험이 있어 사전에 위험을 식별하고 대응방안을 수립해야 한다.

23 다음 중 '분석과제 정의서'에 대한 설명으로 가장 적절한 것은?

① '분석과제 정의서'는 프로젝트를 수행하는 이해관계자가 프로젝트의 방향을 설정하고 성공여부를 판별할 수 없는 자료이다.

② '분석과제 정의서'에는 소스데이터, 데이터 입수 및 분석 난이도, 분석 방법 등에 대한 항목이 포함되어야 한다.

③ '분석과제 정의서'는 프로젝트 계획서를 작성하기 위한 중간 결과로써 구성 항목(Configuration item)으로 도출할 필요는 없다.

④ '분석과제 정의서'에는 분석모델에 적용될 알고리즘과 분석모델의 기반이 되는 Feature가 포함되어야 한다.

24 다음 중 '분석 준비도'의 분석 데이터의 진단 항목으로 옳지 않은 것은?

① 분석 업무를 위한 데이터의 충실성, 신뢰성, 적시성

② 기준데이터 관리(MDM)

③ 비구조적 데이터 관리

④ 내부데이터 집중 활용 체계

15회차 기출유형

25 다음 중 분석 마스터플랜의 세부 이행계획 수립 시 고려해야 할 데이터 분석 체계(분석 방법론)에 대한 설명으로 가장 적절한 것은?

① 데이터 분석 체계는 이해도가 높은 폭포수 모델이 가장 적정하다.

② 반복적 정련 방식은 데이터 수집 및 확보 단계를 반복적으로 수행한다.

③ 프로토타입(Prototype) 모델은 데이터 분석 체계로는 적절하지 못하다.

④ 프로젝트의 세부 일정계획도 데이터 분석 체계를 고려하여 작성한다.

13회차 기출유형

26 기업의 데이터 분석과제 수행을 위한 수준을 평가하기 위하여 분석 준비도(Readiness)를 파악해야 한다. 다음 중 데이터 분석 준비도 프레임워크에서 분석 업무 파악 영역으로 옳지 않은 것은?

① 최적의 분석 업무　　　　　　　　② 업무별 적합한 분석 기법

③ 예측 분석 업무　　　　　　　　　④ 발생한 사실 분석 업무

21회, 23회차 기출유형

27 다음의 내용이 설명하는 빅데이터 분석 조직 구조의 유형은?

> • 분석 조직 인력들을 현업 부서로 직접 배치해 분석 업무를 수행
> • 전사 차원에서의 분석의 우선순위를 선정 및 수행하고 신속한 업무에 적합한 구조
> • 분석 결과에 따른 신속한 피드백이 나오고 베스트 프랙티스 공유가 가능한 구조

① 집중형 구조　　　　　　　　　　② 기능형 구조

③ 분산형 구조　　　　　　　　　　④ 복합형 구조

16회, 18회, 25회차 기출유형

28 다음에서 설명하는 데이터 거버넌스 체계는?

> • 데이터 표준 용어 및 명명 규칙 설정
> • 데이터 사전(Data dictionary) 구축
> • 메타 데이터(Meta data) 구축 등의 업무로 구성되어 있는 체계

① 데이터 표준화　　　　　　　　　② 표준화 활동

③ 데이터 저장 관리　　　　　　　　④ 데이터 관리 체계

29 다음 중 데이터 거버넌스의 구성 요소가 아닌 것은?

① 방법론(Methodology)

② 조직(Organization)

③ 원칙(Principle)

④ 절차(Process)

30 다음 중 사분면 영역에 대한 설명으로 옳지 않은 것은?

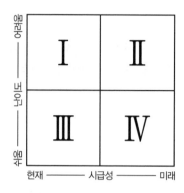

① 분석과제를 바로 적용하기 어려우므로 우선순위가 낮은 영역은 Ⅱ사분면이다.

② 우선순위 기준을 시급성에 둘 경우, Ⅲ → Ⅳ → Ⅱ사분면 순이다.

③ 가장 우선순위 분석과제 적용이 필요한 영역은 Ⅰ사분면이다.

④ 우선순위 기준을 난이도에 둘 경우, Ⅲ → Ⅰ → Ⅱ사분면 순이다.

31 분석 과제의 5가지 주요 특성이 아닌 것은?

① 데이터 크기

② 데이터 분석 방법

③ 정확도와 정밀도

④ 속도

32 분석 과제의 5가지 주요 특성 중 정확도(Accuracy)와 정밀도(Precision)에 대한 설명으로 옳지 않은 것은?

① 정확도(Accuracy)와 정밀도(Precision)는 서로 상충관계(Trade Off)인 경우가 많다.

② 정확도와 정밀도는 모델의 해석 및 적용 시 사전에 고려가 필요하다.

③ 정밀도는 모델을 지속해서 반복했을 때 편차의 수준을 의미한다.

④ 모델의 안정성 측면에서는 정확도가 중요하고 분석의 활용 측면에서는 정밀도가 중요하다.

16회, 25회차 기출유형

33 빅데이터 분석 방법론에서 단계 간 피드백이 반복적으로 많이 발생하는 단계는 다음 중 어느 구간 인가?

① 데이터 준비~데이터 분석   ② 데이터 분석~시스템 구현

③ 분석 기획~데이터 준비   ④ 시스템 구현~평가 및 전개

21회, 27회차 기출유형

34 CRISP-DM 분석 방법론의 단계 중 데이터 준비 단계의 Task가 아닌 것은?

① 데이터 정제   ② 데이터 탐색

③ 데이터 포맷팅   ④ 분석용 데이터 세트 선택

20회, 22회, 29회차 기출유형

35 다음 중 프로젝트 위험 대응 계획을 수립할 때 예상되는 위험에 대한 대응 방법으로 옳지 않은 것은?

① 회피(Avoid)   ② 완화(Mitigate)

③ 실행(Execution)   ④ 수용(Accept)

19회, 30회차 기출유형

36 다음 중 목표 시점별로 당면한 과제를 빠르게 해결하는 '과제 중심적인 접근 방식'의 특징이 아닌 것은?

① Quick&Win   ② Speed&Test

③ Problem Solving   ④ Accuracy&Deploy

29회차 기출유형

37 빅데이터 분석은 분석 주제 유형의 구분 기준에 따라 4가지로 나눌 수 있다. 이때 분석 주체 유형의 구분 기준은?

① Where, What   ② How, Why

③ What, How   ④ What, Why

22회차 기출유형

38 KDD 분석 방법론의 절차 중 데이터 세트에 포함된 잡음, 이상치, 결측치 등을 식별하고 필요시 제거하거나 의미 있는 데이터로 처리하는 단계는?

① 데이터 세트 선택   ② 데이터 전처리

③ 데이터 변환   ④ 데이터 마이닝

39 데이터 분석 조직 구조 중 집중형 구조의 특징으로 옳지 않은 것은?

① 현업 업무부서의 분석업무와 이중화 또는 이원화될 가능성이 높다.

② 분석 결과에 대한 신속한 실행이 가능하다.

③ 전담 분석업무를 별도 독립된 분석 전담 조직에서 담당한다.

④ 전략적 중요도에 따라 분석 조직의 우선순위를 정하여 진행할 수 있다.

40 다음 중 분석 과제 관리 프로세스 수립에 대한 설명으로 옳지 않은 것은?

① 분석 과제 관리 프로세스는 과제 발굴과 과제수행 및 모니터링으로 나눈다.

② 과제 수행 단계에서는 분석을 수행할 팀을 구성하고 분석 과제를 실행한다.

③ 분석관리 프로세스를 수행하여 조직 내 분석 문화를 내재화하고 경쟁력을 확보할 수 있다.

④ 개발 조직이나 개인이 도출한 분석 아이디어에서 확정된 것은 모두 분석 과제 풀(Pool)로 관리 한다.

41 분석 준비도(Readiness)는 기업의 데이터 분석 도입의 수준을 파악하기 위한 진단 방법으로 총 6가지 영역을 대상으로 현 수준을 파악한다. 다음에서 설명하는 분석 준비도의 영역은?

• 업무별 적합한 분석 기법 사용	• 분석 기법 정기적 개선
• 분석 기법 라이브러리	• 분석 업무 도입 방법론
• 분석 기법 효과성 평가	

① 분석 문화   ② 인력 및 조직

③ 분석 업무 파악   ④ 분석 기법

42 다음 중 분석 준비도 프레임워크(Readiness framework)의 영역이 아닌 것은?

① 분석 문화   ② 인력 및 조직

③ 성과 분석   ④ 분석 데이터

17회, 31회차 기출유형

43 다음 중 데이터 분석 조직구조에 대한 설명으로 옳지 않은 것은?

① 분석 조직은 구성 시 분석 전문인력뿐만 아니라 비즈니스 전문가, IT 전문가, 분석 전문인력, 변화 관리 및 교육 담당 인력 등을 다양하게 구성함으로써 분석 조직의 경쟁력을 극대화할 수 있다.

② 분산 조직구조는 분석 조직의 인력을 현업 부서에 배치하여 분석 업무를 수행함으로써 신속한 실무 적용이 어려운 단점이 있다.

③ 기능 중심의 조직구조는 별도의 분석 전담 조직을 구성하지 않고 해당 부서에서 직접 분석을 수행함으로써 특정 부서에 국한된 분석을 수행할 가능성이 크다.

④ 집중형 조직구조는 조직 내 별도의 분석 전담 조직을 구성하는 것으로써 분석업무의 중복 및 이원화 가능성이 크다.

19회, 31회차 기출유형

44 빅데이터 거버넌스에 대한 설명 중 옳은 것은?

> 가. 고품질의 데이터 확보가 필요하므로 빅데이터는 데이터 생명주기 관리보다는 데이터 품질 관리가 중요하다.
> 나. 다양한 데이터를 활용하기 위하여 회사 내 모든 데이터를 활용해야 한다.
> 다. 빅데이터 거버넌스는 산업 분야별, 데이터 유형별, 정보 거버넌스 요소별로 구분하여 작성한다.
> 라. 운영 중인 데이터베이스와 일치하기 위하여 ERD는 철저히 변경관리를 하여야 한다.

① 가, 나　　　　　　　　　　　② 가, 다

③ 나, 라　　　　　　　　　　　④ 다, 라

32회차 기출유형

45 다음 중 빅데이터 분석 방법론의 절차로 옳은 것은?

① 데이터 전처리 → 데이터 변환 → 데이터 마이닝 → 데이터 마이닝 결과 평가 → 분석 기획

② 분석 기획 → 데이터 준비 → 데이터 분석 → 시스템 구현 → 평가 및 전개

③ 데이터 전처리 → 데이터 준비 → 데이터 마이닝 → 시스템 구현 → 결과 평가

④ 업무 이해 → 데이터 이해 → 데이터 준비 → 모델링 → 평가 및 전개

32회차 기출유형

46 '빅데이터 분석 방법론'의 분석 기획 단계 중 '비즈니스 이해 및 범위 설정'에서 프로젝트에 참여하는 관계자들의 이해를 일치시키기 위해 작성하는 것은?

① 데이터 정의서　　　　　　　② WBS(Work Breakdown Structure)

③ SOW(Statement Of Work)　　④ 위험관리계획서

19회차 기출유형

47 다음 중 분석 과제 기획 시 고려 요소가 아닌 것은?

① 데이터 분석을 위해서는 데이터 정형화가 필수적이다.

② 분석을 수행할 때 발생하는 장애 요소들에 대한 사전 계획 수립이 필요하다.

③ 기존에 잘 구현되어 활용되고 있는 유사 분석 시나리오 및 솔루션을 최대한 활용한다.

④ 분석 과제가 조직의 역량으로 내재화하기 위해서 충분하고 계속된 교육이 필요하다.

32회차 기출유형

48 다음 중 분석 기회 발굴의 범위 확장에서 '거시적 관점' 영역이 아닌 것은?

① 사회   ② 환경

③ 기술   ④ 채널

17, 18회차 기출유형

49 분석 마스터플랜에 관한 설명 중 적절하지 않은 것은?

① 중장기적 마스터플랜 수립을 위해 분석 과제를 대상으로 다양한 기준을 고려해 적용할 우선순위를 설정할 필요가 있다.

② 분석 과제 수행 프로세스는 전체 과제를 반복적이고 순환적으로 작성한다.

③ 일반적인 IT 프로젝트의 우선순위로는 전략적 중요도와 실행 용이성이 있다.

④ 분석 과제의 적용 범위 및 방식에 대해서도 종합적으로 고려하여 결정한다.

16회, 30회, 31회차 기출유형

50 다음 중 분석 마스터플랜 수립 시 분석과제 우선순위를 결정하는 고려사항이 아닌 것은?

① 전략적 중요도   ② 비즈니스 성과 및 ROI

③ 실행 용이성   ④ 데이터 필요 우선순위

19회차 기출유형

51 아래의 설명은 어떠한 분석 모델 방법론에 대한 설명인가?

> 반복을 통해 점진적으로 개발해나가는 방법으로 처음 시도하는 프로젝트에는 적용이 용이하지만, 반복에 대한 효과적인 관리 체계를 갖추지 못할 경우에는 복잡도가 급격히 상승하여 프로젝트 진행이 어려울 수 있는 특징을 지니고 있다.

① 폭포수 모델   ② 나선형 모델

③ 애자일 모델   ④ 프로토타입 모델

18회, 27회차 기출유형

52 아래의 설명은 어떠한 것에 대한 설명인가?

> 분석용 데이터를 이용한 가설 설정을 통하여 통계 모델을 만들거나 기계학습을 활용한 데이터의
> 분류, 예측, 군집 등의 기능을 수행하는 모델을 만드는 과정

① 데이터 탐색　　　　　　　　　　　　② 데이터 전처리

③ 모델링　　　　　　　　　　　　　　④ 데이터 평가

25회, 26회차 기출유형

53 기업의 합리적인 의사결정을 저해하는 장애요소 중 하나이며, 동일한 사건이나 상황임에도 불구하고 문제의 표현 방식에 따라 개인의 판단이나 선택이 달라질 수 있는 현상을 뜻하는 것은 무엇인가?

① 편향　　　　　　　　　　　　　　② 고정관념

③ 직관력　　　　　　　　　　　　　④ 프레이밍 효과

16회차 기출유형

54 KDD의 데이터 전처리(Preprocessing) 단계에서는 분석 대상용 데이터셋에 포함된 잡음(Noise), 이상값(Outlier), 결측치(Missing Value)을 식별하고 필요시 제거하거나 의미있는 데이터로 처리하는 데이터셋 정제작업을 수행한다. 그렇다면 CRISP-DM 분석 방법론에서 이와 유사한 프로세스 단계는 무엇인가?

① 업무이해　　　　　　　　　　　　② 데이터 이해

③ 데이터 준비　　　　　　　　　　　④ 모델링

21회차 기출유형

55 인간에 대한 관찰과 공감을 바탕으로 다양한 대안을 탐색하는 확산적 사고와 주어진 상황에 대한 제일 나은 방법을 찾는 수렴적 사고의 반복을 통해 혁신적 결과를 도출하는 창의적 문제를 해결하는 상향식 접근 방법론을 무엇이라고 하는가?

① 폭포수 모델　　　　　　　　　　　② 나선형 모델

③ 디자인 사고　　　　　　　　　　　④ 프로토타입 모델

01	02	03	04	05	06	07	08	09	10
④	①	④	①	②	③	③	④	③	③
11	12	13	14	15	16	17	18	19	20
②	①	②	①	③	④	③	④	①	②
21	22	23	24	25	26	27	28	29	30
①	①	②	④	④	②	③	①	①	③
31	32	33	34	35	36	37	38	39	40
②	④	①	②	③	④	③	②	②	④
41	42	43	44	45	46	47	48	49	50
④	③	②	④	②	③	①	④	②	④
51	52	53	54	55					
②	③	④	③	③					

01 정답 ④

> **해설** 데이터 분석가가 지녀야 할 역량은 도메인 역량(즉, 문제에 대한 전문성 역량), 수학/통계적 분석 역량, IT기술 및 프로그래밍 역량이다. 즉, 보기의 모든 역량이 필요하다.

02 정답 ①

> **해설** 데이터 분석 단계 모델링 태스크 중 모델 적용 및 운영방안 스텝(단계)에서의 주요한 산출물은 알고리즘 설명서이다. 모델 가동 중인 운영시스템에 적용하기 위해 상세한 알고리즘 설명서 작성이 필수적이며 필요시 의사코드(Pseudocode) 수준의 상세한 작성도 필요하다. 또한 안정적 운영을 위한 모니터링 방안도 수립한다.

03 정답 ④

> **해설** 데이터 분석을 통한 가치 발굴에서 필요한 요소는 분석의 근간을 이루는 데이터(Data), 분석을 수행하는 분석 모델(Analytics model), 이를 활용하여 데이터 분석을 수행하고 결과를 전달하는 분석가(Analyst)가 있으며, 이러한 기본 요소를 통합적으로 잘 활용할 때 가치(Value) 창출이 가능하다.

04 정답 ①

> **해설** 문제를 잘 알고 있으면서 기존에 수행하고 있는 방법이 존재하는 경우에 해당하는 유형은 최적화(Optimization)이다.

05 정답 ②

해설 데이터 분석 과제도 일반적인 프로젝트 관리 영역인 통합관리, 이해관계자관리, 범위관리, 자원관리, 시간관리, 원가관리, 리스크관리, 품질관리, 조달관리, 의사소통관리를 포함한다. 이러한 관리 주체 중 이해관계자관리는 과제에 참여하고 있는 다양한 주체들(⬛ 스폰서, 고객, 데이터전문가, 분석전문가, 시스템전문가 등)을 식별하고 관리하기 위한 영역이다.

06 정답 ③

해설 복잡하고 정교한 모델보다는 이해도 및 정확도가 높은 모델이 더욱 바람직한 모델이다. 또한 분석 기획 시 고려 사항은 '가용 데이터, 적절한 유스케이스, 분석 과제 수행을 위한 장애 요소'이며, ③은 이에 해당하지 않는다.

07 정답 ③

해설 빅데이터 특징 중 ①, ②, ④는 투자비용 측면의 요소이며, ③ 데이터 가치(Value)는 비즈니스 효과(Return) 측면의 요소이다.

08 정답 ④

해설 데이터 거버넌스의 구성 요소인 원칙(Principle), 조직(Organization), 프로세스(Process)의 유기적인 조합을 통하여 비즈니스 목적에 부합하는 최적의 정보 서비스를 제공할 수 있도록 데이터를 효과적으로 관리하여야 한다.

09 정답 ③

해설 데이터 분석과제를 가장 먼저 추진해야 하는 영역은 시급하고 과제의 난이도가 낮은 과제이다.

10 정답 ③

해설 확산 단계는 전사 차원의 성과를 실시간으로 분석하는 단계로, 분석 COE가 구성되어 있으며 데이터 사이언티스트가 확보되고 전사 차원으로 분석 과제의 성과를 충분히 공유하고 있는 단계이다.

11 정답 ②

해설 분석의 대상은 알고 있지만 분석의 방법은 모를 경우, 솔루션(Solution) 접근법을 활용한다.

12 정답 ①

해설 **분석 기획 시 고려사항**
- 분석의 기본이 되는 데이터에 대한 고려 필요
- 분석을 통한 가치가 창출될 수 있는 적절한 활용방안과 활용 가능한 유스케이스의 탐색 필요
- 분석 수행 시 발생하는 장애요소들에 대한 사전계획 수립 필요

13 정답 ②

해설 순차적으로 진행되면서 이전 단계가 완료된 후 다음 단계로 진행하는 하향식(Top down)으로 진행되는 특징을 지니는 모델은 '폭포수(Waterfall)모델'이다. 분석 방법론 중 가장 오래된 모델이기도 하다.

14 정답 ①

해설 **CRISP-DM의 순서**
업무 이해(Business understanding) → 데이터 이해(Data understanding) → 데이터 준비(Data preparation) → 모델링(Modeling) → 평가(Evaluation) → 전개(Deployment)

15 정답 ③

해설 기업에서 데이터에 기반한 의사결정을 방해하는 요소는 고정 관념, 편향된 생각, 프레이밍 효과이다.

16 정답 ④

해설 통찰(Insight)은 데이터 분석 방법(How)은 충분히 이해하고 있으나, 분석 대상(What)이 무엇인지 인지하지 못하는 유형이다.

17 정답 ③

해설 모델 적용성 평가는 평가(Evaluation) 단계에서 이루어진다. 모델링 단계에서는 모델링 기법 선택, 모델 테스트 계획 설계, 모델 작성, 모델 평가를 수행한다.

18 정답 ④

해설 채널 영역은 영업 사원, 직판 대리점과 홈페이지 등의 자체적으로 운영하는 채널뿐만 아니라 최종 고객에게 상품·서비스를 전달하는 데 있어 가능한 경로에 존재하는 채널 또한 포함하고 있다. 그렇지만, 구매 고객에 대한 애프터서비스(A/S) 제공에 대한 내용은 채널 영역과 관련이 없다.

19 정답 ①

해설 데이터 타당성 평가를 위해 데이터 존재 여부, 분석 시스템 환경, 분석 역량에 대한 검토가 필요하나, 문제 발생 포인트에 대한 확보는 중요하지 않다.

20 정답 ②

해설 도출된 분석 문제나 가설의 대안들에 대한 타당성 고려 시 경제적 타당성, 기술적 타당성, 데이터 타당성을 고려한다.

21 정답 ①

해설 분석 성숙도 모델에서 기업에서 활용하는 분석 업무 및 분석 기법 등은 부족한 상태이나, 조직 및 인력 등 준비도가 높은 유형으로 데이터 분석을 바로 도입할 수 있는 수준의 성숙단계는 '도입단계'이다.

22 정답 ①

해설 분석 프로젝트 관리방안에서 시간관리는 프로젝트 화동 일정 수립 및 일정 통제를 모니터링하는 데 필요한 프로세스이다.

23 정답 ②

해설 '분석과제 정의서'에는 소스 데이터, 데이터 입수 및 분석의 난이도, 분석 방법 등에 대한 항목이 포함되어야 한다.

24 정답 ④

해설 '분석준비도'의 분석 데이터의 진단 항목에 내부 데이터 집중 활용 체계는 포함되지 않는다. '외부 데이터 활용 체계'가 진단 항목에 포함된다.

25 정답 ④

해설 프로젝트의 세부 일정계획 또한 데이터 분석 체계를 고려하여 작성하는 것이 바람직하다.

① 데이터의 종류 및 일정 계획에 따른 분석 모델을 선정하는 것이 더욱 적절하다.

② 반복적 정련 방식은 모든 단계를 반복하기보다는 데이터 수집 및 확보와 분석 데이터를 준비하는 단계는 순차적으로 진행하고, 모델링 단계는 반복적으로 수행하는 혼합형을 많이 적용한다.

③ 프로토타입 모델 또한 엄연한 데이터 분석 체계 방법 중 하나이다.

26 정답 ②

해설 데이터 분석 준비 프레임워크에서 분석 업무 파악 영역에는 발생한 사실 분석 업무, 예측 분석 업무, 시뮬레이션 분석 업무, 최적화 분석 업무, 분석 업무 정기적 개선이 있다.

27 정답 ③

해설 데이터 분석 조직 구조 중 분산형 구조는 분석 조직의 인력들을 현업 부서에 배치해 분석 업무를 수행하는 형태이다. 또한 '베스트 프랙티스(모범사례)'라는 핵심어가 존재하므로 '분산형 구조'가 정답으로 적절하다.

28 정답 ①

해설 데이터의 표준 용어 설정, 명명 규칙 수립, 메타 데이터 구축, 데이터 사전 구축은 데이터 거버넌스 체계 중 데이터 표준화 활동에 관련되는 내용이다. 이때 설정한 표준 용어는 사전 간 상호 검증이 가능하도록 점검 프로세스를 포함해야 한다.

29 정답 ①

해설 데이터 거버넌스의 구성 요소는 원칙(Principle), 조직(Organization), 절차(Process)이다.

30 정답 ③

해설 가장 우선적인 분석 과제 적용이 가능한 사분면은 '난이도'는 쉽고, '시급성'은 현재인 사분면인 III사분면이다.

31 정답 ②

해설 분석 과제의 5가지 주요 특성 및 관리 영역은 데이터의 크기(Size), 데이터의 복잡성(Data complexity), 데이터 분석 모델 복잡성(Analytic complexity), 정확도 및 정밀도(Accuracy & Precision)이다. 데이터 분석 방법은 이에 해당하지 않는다.

32 정답 ④

해설 정확도는 통계학에서의 타당도와 비슷한 개념이고, 정밀도는 통계학에서의 신뢰도(분산이 작다는 의미)와 비슷한 개념이다. 그러므로 분석의 활용 측면에서 오히려 정확도가 중요하며, 모델의 안정성 측면에서 정밀도가 중요하다.

33 정답 ①

해설 분석용 데이터 세트를 구축하는 과정에서 분석에 필요한 적정한 양의 데이터를 확보할 수 없을 경우에는 데이터 준비 단계에서 데이터 분석 단계 구간을 반복해서 피드백을 수행한다. 즉, 데이터 준비~데이터 분석의 단계가 반복적으로 수행된다.

34 정답 ②

해설 데이터 탐색은 데이터 이해(Data Undestanding)에서 탐색적 데이터 분석(EDA)을 수행할 때의 Task이다. 나머지 단계는 데이터 준비(Data Preparation) 단계에서 수행된다.

35 정답 ③

해설 프로젝트의 위험 대응 방법은 회피(Avoid), 전가(Transfer), 완화(Mitigate), 수용(Accept)이다. 실행(Execution) 단계는 포함되지 않는다.

36 정답 ④

해설 과제 중심적인 접근 방식은 단기 중심의 과제 방식이다. 이러한 접근 방식의 특징은 Speed&Test, Quick&Win, Problem Solving이 있다.

37 정답 ③

해설 빅데이터 분석은 분석의 대상(What)과 방법(How)에 따라 최적화, 솔루션, 통찰, 발견의 4사분면으로 구분이 가능하다.

38 정답 ②

해설 KDD 분석 방법론은 데이터 선택, 데이터 전처리, 데이터 변환, 데이터 마이닝, 평가인 5가지로 구성이 되며 데이터 전처리 단계에서 결측치, 이상치 등을 확인한다.

39 정답 ②

해설 분석 결과에 대한 신속한 실행이 가능한 조직구조가 되기 위해서는 규모가 작은 구조, 즉 분산구조여야 한다. 집중구조의 경우 이중화 및 이원화라는 핵심 단어가, 분산구조의 경우에는 이원화 가능성이라는 핵심 단어만이 존재하게 된다.

40 정답 ④

해설 도출된 분석 아이디어는 확정 여부를 불문하고 모두 분석 과제 풀(Pool)로 관리한다.

41 정답 ④

해설 데이터 분석 수준 진단은 6개 영역에서의 분석 준비도와 3개 영역에서의 분석 성숙도를 함께 평가함으로써 수행한다. 분석 준비도의 6개 영역은 분석 업무 파악, 분석 인력 및 조직, 분석 기법, 분석 데이터, 분석 문화, IT 인프라이다. 보기를 통해 유추할 수 있는 영역은 분석 기법 영역이다.

42 정답 ③

해설 데이터 분석 수준 진단은 6개 영역에서의 분석 준비도와 3개 영역에서의 분석 성숙도를 함께 평가함으로써 수행한다. 분석 준비도의 6개 영역은 분석 업무 파악, 분석 인력 및 조직, 분석 기법, 분석 데이터, 분석 문화, IT 인프라이다. 이때 성과 분석은 포함되지 않는다.

43 정답 ②

해설 분산형 조직구조는 분석 조직의 인력을 현업 부서에 배치하여 분석 업무를 수행함으로써 신속한 실무 적용이 가능하다. 이때 조직구성은 분석 전문 인력뿐만 아니라 다양한 분야의 전문가들로 구성함으로써 분석 방향에 편향(bias)이 생기지 않도록 유의해야 한다.

44 정답 ④

해설 라. ERD는 ER-Diagram을 의미한다.
가. 빅데이터의 경우 데이터 양의 급증으로 데이터 생명주기 관리방안을 아예 수립하지 않으면 데이터 가용성 및 관리비용이 증대되는 문제에 직면할 수 있다.
나. 사내의 모든 데이터를 활용하지 않더라도 어떠한 데이터를 정확히 활용할지가 매우 중요하다.

45 정답 ②

해설 빅데이터 분석 방법론의 절차는 분석 기획 → 데이터 준비 → 데이터 분석 → 시스템 구현 → 평가 및 전개의 순서로 진행된다.

46 정답 ③

해설 ① 데이터 정의서 : 데이터 준비 단계에서 작성하는 것이다.
② WBS : 프로젝트 정의 및 계획 수립 단계에서 작성한다.
④ 위험관리계획서 : 프로젝트 위험계획 수립 단계에서 작성한다.

47 정답 ①

해설 데이터 분석을 위한 정형화가 필요하기는 하지만, 분석 과제 기획 시 고려 요소로 보기는 어렵다. 분석 과제 기획 시 고려 요소로는 가용 데이터, 적절한 유스케이스, 분석 과제 수행을 위한 장애 요소이다.

48 정답 ④

해설 채널은 비즈니스 모델 기반 탐색 중 시장 니즈 탐색 관점 분석 모델에 해당하는 부분이다. 따라서 거시환경분석(STEEP)에 포함되지 않는다.

49 정답 ②

해설 모든 과제를 반복적이고 순환적으로 작성하기에는 효과성과 효율성과 매우 떨어지므로 분석과제에서는 혼합형을 많이 활용한다. 이는 데이터 수집 및 확보와 분석 데이터를 준비하는 단계는 순차적으로 진행하고 모델링 및 평가 단계는 반복적으로 수행하는 방법이다.

50 정답 ④

해설 데이터 분석 시 과제 우선순위 고려요소는 전략적 중요도, 비즈니스 성과 및 ROI, 실행 용이성이다. '데이터 필요 우선순위', '데이터 우선순위' 등은 오답이므로 유의한다.
- 데이터 분석 과제 우선순위 고려요소 : 전략적 중요도, 비즈니스 성과&ROI, 실행 용이성
- 데이터 분석 과제 적용 범위/방식 고려요소 : 업무 내재화 적용 수준, 분석데이터 적용 수준, 기술 적용 수준

51 정답 ②

해설 반복에 대한 효과적인 관리 체계를 갖추지 못할 경우에는 복잡도가 급격히 상승하여 프로젝트 진행이 어려울 수 있는 특징을 지니고 있는 모델은 '나선형 모델'이다.

52 정답 ③

해설 학습 데이터를 활용하여 가설 설정 및 통계 모델 생성, 머신러닝 모델 생성 등의 과정들을 총칭하는 말은 모델링이다.

53 정답 ④

해설 문제의 표현 방식에 따라 개인의 판단이나 선택이 달라질 수 있는 현상으로 기업의 합리적 의사결정을 저해하는 요인 중 하나인 현상은 프레이밍 효과라 할 수 있다.

54 정답 ③

해설 KDD에서의 데이터 전처리 단계는 CRISP–DM에서의 데이터 준비 단계와 매핑(mapping)을 할 수 있다.

55 정답 ③

해설 발산과 수렴을 반복하면서 혁신적 결과를 도출하는 창의적 문제해결 방식을 디자인 사고라 한다.

MEMO

PART

03

데이터 분석

01 통계 분석

학습목표

- 모집단과 표본의 개념 및 표본추출 방법을 이해한다.
- 4가지 척도의 종류를 이해한다.
- 확률변수 및 가설검정 과정을 이해한다.
- 상관분석, 회귀분석, 주성분분석, 다차원 척도법을 이해한다.
- 시계열 모형을 이해한다.

학습구성

TOPIC 01 통계학 개론
TOPIC 02 기초 통계 분석
TOPIC 03 다변량 분석

TOPIC 01 통계학 개론

1. 통계학의 정의

(1) 개요

❶ 통계학이란 '**불확실한 상황**'에서 '**현명한 의사결정**'을 하기 위한 '**이론**'과 '**방법**'의 체계이며 자료의 '**수집**', '**분류**', '**분석**'과 '**해석**'의 체계를 갖는다.

❷ 통계학은 매일 발표되는 일기예보, 물가, 실업률, GNP 등과 같은 경제 통계, 야구 시합의 승률 예측 조사, 대학 진학 시 수능성적의 분포와 합격선, 복권의 당첨 확률 계산, 새로운 치료제의 임상실험 결과 등 다양한 분야에서 활용되고 있다.

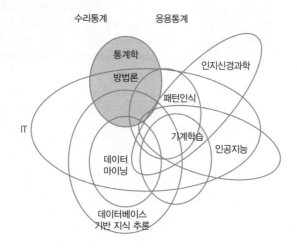

(2) 모집단과 표본

❶ **모집단** : 연구자의 관심이 되는 모든 개체의 집합으로 크기가 다를 수도 있다.

　예 우리나라 남성 키가 연구 대상이라면 수천만 명, 우리 가족이라면 매우 적은 수

❷ **표본집단** : 모집단에서 조사 대상으로 채택된 일부를 뜻한다.

　예 우리나라 남성 키를 한 번에 조사하기 어려우므로, 나이대별 표본을 추출하여 연구

❸ **모수** : '모집단의 특성을 수치로 나타낸 '것이다.

❹ **통계량** : '표본집단의 특성을 수치로 나타낸 것'이다.

(3) 통계학의 종류

❶ **기술통계학**(Descriptive Statistic) : '**집단의 특성을 파악**'하는 통계학이다.

❷ 추리통계학(Inferential Statistic) : '**표본집단의 특성**'으로 '**모집단의 특성을 규명**'하는 통계학이다.

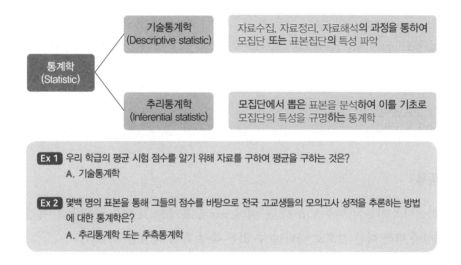

❸ '**추리통계학**'(혹은 추론통계학)'은 '모집단에 대한 가정'으로 추론하는 '**모수통계학**'과 모집단에 대한 가정이 선행되지 않는 '**비모수통계학**'으로 구분할 수 있다.

| 추리통계학
(Inferential statistic) | 모수통계학
(Parameteric statistic) | · 모집단의 분포에 대한 가정이 필요
· 자료형 : 연속적 자료가 사용됨 |
| | 비모수통계학
(Non-parameteric statistic) | · 모집단의 분포에 대한 가정이 필요하지 않음
· 자료형 : 질적 자료, 수량적 자료, 빈도수 등 비연속적 자료가 사용 |

- 모수통계학에서는 모집단의 분포모양이 정규분포라는 가정과 활용될 자료가 연속형이어야 한다는 가정을 지닌다.
- 비모수통계학에서는 모집단의 정규성 가정이 필요하지 않으며 심지어 표본의 크기가 충분하지 않아도 활용 가능하며 **질적 자료 및 비연속적 자료(빈도수 등)**을 활용하여 사용한다
  - 편리성 : 모수통계학 < **비모수통계학**
  - 신뢰성 : **모수통계학** > 비모수통계학
  - 활용성 : **모수통계학** > 비모수통계학
- ※ 향후 학습 방향 : 자료의 종류 → 모수통계학(추리통계학) → 비모수통계학(추리통계학)

'비모수검정'의 종류

- 부호검정(Sign test)
- 윌콕슨의 순위합검정(Rank sum test)
- 윌콕슨의 부호순위합검정(Wilcoxon signed rank test)
- 만-위트니의 U검정
- 런검정(Run test)
- 스피어만의 순위상관계수 등

(4) 자료의 종류

❶ 통계학에서의 자료는 변수(Variable, 이하 var로 표기)로 표현되며, 변수란 '**측정 결과와 조사 대상에 따라 다른 값으로 나타날 수 있는 특성 혹은 속성**'을 뜻한다.

❷ 변수는 비정형데이터를 다루는 **질적 변수(Qualitative var)**와 정형데이터를 다룰 수 있는 양적 변수(Quantitative var)로 구분이 가능하며, 양적변수는 이산적 변수(Discrete var), 연속적 변수(Continuous var)로 구분이 가능하다.

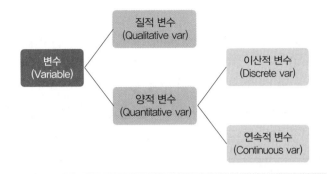

- 질적 변수(Qualitative var) : 종교, 성별, 직업 등 속성을 수치로 나타내기 어려운 변수
- 양적 변수(Quantitative var) : 점수, 통조림 용량, 기업 매출 등 수치로 나타낼 수 있는 변수
- 이산적 변수(Discrete var) : 세대 수, 학생 수, 휴대폰 판매 수 등과 같이 정수값인 변수
- 연속적 변수(Continuous var) : 길이, 키, 몸무게, 온도 등 연속적인 실수값인 변수

❸ 표본조사나 실험을 실시하는 과정에서 추출된 원소들이나 실험 단위로부터 주어진 목적에 적합하도록 관측해 자료를 얻는 것을 측정(Measurement)이라고 한다. 측정 방법은 크게 **명목척도(Nominal scale), 서열척도(Ordinal scale), 등간척도(혹은 구간척도, Interval scale), 비율척도(Ratio scale)**로 구분이 가능하다.

　㉠ **명목척도(Nominal scale)** : 가장 낮은 수준의 변수, 단순한 구분 기호 　예　성별, 종교, 출생지, 자녀 유무, 운동선수의 번호 등

　㉡ **서열척도(Ordinal scale)** : 측정 대상 간 순서를 매기기 위한 변수 　예　석차, 선호도 등

　㉢ **등간척도(Interval scale)** : 측정 대상의 순서, 순서 사이의 간격을 알 수 있는 변수 　예　온도, 지능지수, 대학 학년 등

　㉣ **비율척도(Ratio scale)** : 등간척도의 특성과 측정자료 간의 비율 계산이 결합한 개념 　예　연봉, 월급, 거리 등

2. 분포의 특성

(1) 집중화 경향

❶ 집중화 경향은 관찰된 자료들이 어디에 집중되어 있는지를 나타낸 것으로, '산술평균', '중앙값', '최빈값' 등이 있다.

❷ **최빈값(Mode)** : 자료의 분포에서 빈도수가 어느 곳에 가장 많이 모여 있는가를 나타내며, 질적 자료, 양적 자료(이산형, 연속형)에서 모두 확인할 수 있다.

❸ 중앙값(Median)

　　㉠ 숫자로 표현되는 양적 자료에만 사용되며, 수치 자료들을 순서대로 나열했을 때 가장 가운데 위치하는 값

　　㉡ n개의 값이 있을 때 (n+1)/2번째로 큰 값을 찾는 것이 중앙값임

　　㉢ (n+1)/2번째로 큰 값은 (n+1)/2번째로 작은 값과 동일하므로 중앙값 크기는 큰 순서대로 정렬해서 계산하든 작은 순서대로 정렬해서 계산하든 동일함

[예제] 9명의 학생이 시험을 본 결과가 아래와 같을 때 중앙값을 구하시오.

7, 3, 6, 8, 2, 7, 9, 5, 4

A. 중앙값을 구하기 위한 정렬 : 2, 3, 4, 5, 6, 7, 7, 8, 9
　　공식 : (n+1)/2 → (9+1)/2=5번째의 값=6

---

❹ 산술평균

　　㉠ 집중화 경향에서 가장 많이 쓰이는 대푯값으로, 간단하게 '평균'이라고 지칭되기도 함

　　㉡ 양적 자료에만 사용되며 **기술통계학**과 **추론통계학**에서도 **매우 중요한 역할**을 함

산술평균의 계산

N개로 구성된 모집단의 관찰값을 $X_1, X_2, \cdots, X_n$이라 할 때 모집단의 평균 μ(뮤)는 다음과 같이 계산한다.

모집단의 평균

$$\mu = \frac{X_1 + X_2 + \cdots + X_n}{N} = \frac{\sum X_i}{N}$$

❺ 집중화 경향의 대푯값의 위치와 특징

대푯값의 종류	사례
중앙값(Median)	• 극단적인 관찰값의 영향을 거의 받지 않음 • 15, 15, 17, 18, 21, 22, 23, 60(모집인원 사례)
산술평균(Mean)	• 중앙값, 최빈값 : 수학적 연산 불가 • 산술평균 : 수학적 연산이 가능하여 통계에 널리 사용됨
최빈값(Mode)	• 양적 자료와 질적 자료에 활용 가능 • 분포가 정규분포가 아닌 경우에 신뢰할 만한 대푯값이 아님 　**예** 구두 또는 책상 설계 시 : 최빈값의 키, 발의 크기, 몸무게 등을 사용

(2) 분산도(Degree of dispersion)

❶ 분산도란 관찰된 자료가 흩어져 있는 정도를 말하며, 분산도를 나타내는 방법으로는 범위,
평균편차, 표준편차 그리고 분산 등이 있다.

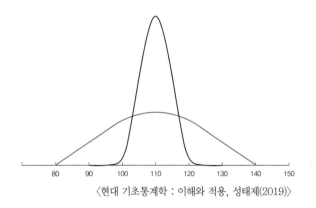

〈현대 기초통계학 : 이해와 적용, 성태제(2019)〉

❷ 범위의 정의

　㉠ 범위(range) : 관찰값 중에서 가장 큰 수치와 가장 작은 수치의 차

　　 예 한 강좌의 최고 매출이 100만 원이고 최하 매출이 80만 원이라면, 범위는 20이 됨

　㉡ 범위의 한계점 : 극단적인 수치들 사이의 차이만 나타낼 뿐, 그 극단적인 수치들 사이에서
의 분포양상은 전혀 설명하지 못함

❸ 평균편차의 정의

　㉠ 범위보다 과학적으로 분산도를 측정하기 위해 평균편차(Average Deviation)를 활용

　㉡ 평균편차는 관찰값과 산술평균과의 차이들의 평균을 의미함

평균편차(AD ; Average deviation)

평균편차는 관찰값과 산술평균과의 차이들의 평균으로, 이를 구하기 위한 식은 다음과 같다.

$$AD = \frac{\sum |X_i - \overline{X}|}{n}$$

　㉢ 평균편차의 단점

　　• 미분이 되지 않음

　　• 절댓값 연산을 위해서는 연산이 복잡해짐

　　• 절대편차의 최솟값은 평균이 아닌 중앙값임

❹ 분산과 표준편차의 정의

　㉠ 분산과 표준편차는 분포의 분산도를 나타내는 개념 중에서 가장 많이 쓰임

ⓛ 모집단의 분산은 σ^2, 표준편차는 σ으로 표시

ⓒ 표본을 대상으로 한 분산은 S^2표준편차는 S로 표시

ⓔ 산술평균과 마찬가지로 기술통계학에서는 그 구분을 엄격히 할 필요는 없음

분산의 계산

- 모집단의 분산 : $\sigma^2 = \dfrac{\sum (X_i - \mu)^2}{N}$

- 모집단의 표준편차 : $\sigma = \sqrt{\sigma^2} = \sqrt{\dfrac{\sum (X_i - \mu)^2}{N}}$

- 표본의 분산 : $S^2 = \dfrac{\sum (X_i - \overline{X})^2}{n-1}$

- 표본의 표준편차 : $S = \sqrt{\dfrac{\sum (X_i - \overline{X})^2}{n-1}}$

(3) 분포의 형태에 대한 측도

❶ 왜도(비대칭도, Skewness) : 분포의 비대칭도는 아래의 공식으로 나타낼 수 있다.

$$m_3 = \left[\left(\frac{X - \mu}{\sigma} \right)^3 \right] = \frac{m_3}{\sigma^3}$$

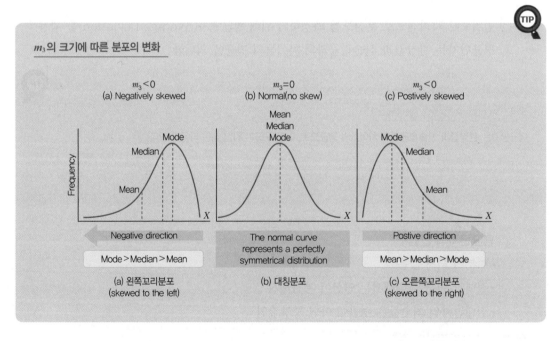

m_3의 크기에 따른 분포의 변화

❷ **첨도(kurtosis)** : 확률분포의 **꼬리가 두꺼운 정도**와 중앙 부분의 **뾰족함에 대한 정보**를 나타내는 척도이다. 극단적인 편차 또는 이상치가 많을수록 큰 값을 나타낸다.

$$m_4 = \left[\left(\frac{X-\mu}{\sigma}\right)^4\right] - 3 = \frac{m_4}{\sigma^4} - 3$$

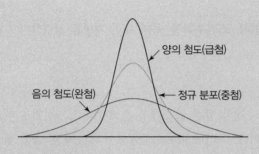

m_4의 크기에 따른 분포의 변화

- $m_4 > 0$(양의 첨도) : 표준정규분포보다 더욱 뾰족하다.
- $m_4 < 0$(음의 첨도) : 표준정규분포보다 덜 뾰족하다.
- $m_4 = 0$(중첨) : 표준정규분포보다 유사하게 뾰족하다.

3. 확률이론

(1) 확률의 정의

❶ **확률** : 어떠한 상황이 발생할 가능성, 또는 어떠한 사건(Event)이 발생할 가능성을 의미한다.

❷ **상대빈도** : 어떤 사건이 나타날 확률은 **실험을 무한히 가깝게 지속적으로 시행**했을 때, 전체 시행 횟수에서 그 사건이 나타나는 빈도 수를 상대적으로 나타낸 것이다.

$$P(A) = \lim_{N \to \infty} \frac{n}{N}$$

- P(A) : 사건 A가 발생할 확률
- N : 총 시행 횟수
- n : 사건 A가 발생한 횟수

❸ 동등발생 : 전체에서 어떤 특정 사건이 차지하는 경우의 구성 비율(Proportion)을 나타낸 것이다.

$$P(A) = \frac{\text{사건 A에 속하는 경우의 수}}{\text{발생할 가능성이 동일한 전체 경우의 수}}$$

(2) 집합이론과 확률이론

확률의 '덧셈법칙, 곱셈법칙, 조건부확률' 등에 대한 개념을 설명한다.

(3) 조건부확률

❶ 비복원추출의 흰 공 2개와 빨간 공 3개가 존재한다고 가정했을 때, 흰 공을 처음 뽑았을 때 나오는 확률은 2/5이다. 그러나 비복원추출로서 다음에 흰 공을 뽑을 확률은 1/4이다.

❷ 앞서 발생한 사건으로 인하여 두 번째 실험의 표본공간이 변화하게 되는데, 이를 '**조건부확률**(Conditional probability)'이라 한다.

확률의 덧셈법칙, 곱셈법칙

• 확률의 덧셈법칙 : $P(A \cup B) = P(A) + P(B) - P(A \cap B)$
• 확률의 덧셈법칙(배타적 사건인 경우) : $P(A \cap B) = P(A) + P(B)$
• 확률의 곱셈법칙 : $P(A \cap B) = P(B) \times P(A|B) = P(A) \times P(B|A)$

(4) 독립사건과 종속사건

❶ **독립사건(Independent event)** : 처음의 사건이 다음에 일어날 사건에 아무런 영향을 주지 않을 때 두 사건은 독립사건이라 할 수 있다.

　예　동전을 던질 때 1번째 시행과 2번째 시행 모두 1/2임

❷ **종속사건(Dependent event)** : 조건부확률처럼 한 사건의 발생이 다음 발생할 사건에 영향을 주는 경우를 종속사건이라 한다.

　예　남녀가 각각 50명씩 존재할 때, 비복원추출로 1번째 시행에 남학생이 뽑혔다면, 2번째 시행에 또 남학생이 뽑힐 확률이 달라지는 경우

❸ 베이즈의 정리(Bayes' theorem)

　㉠ 실험의 결과로 얻은 정보를 토대로 하여 어떤 사건의 알려져 있지 않은 확률을 구하려고 하는 법칙이다.

$$P(A_k \mid B) = \frac{P(A_k \cap B)}{\Sigma P(A_j \cap B)} \rightarrow P(A_k \mid B) = \frac{P(A_k) \times P(B \mid A_k)}{\Sigma P(A_j) \times P(B \mid A_j)}$$

∵ 곱셈법칙에 의해 $P(A_j \cap B) = P(A_j) \times P(B \mid A_j)$임

ⓒ 베이즈의 정리 예

상자가 5개 있다고 가정할 때, 2개는 흰 상자, 3개는 검은 상자이다. 이때 흰 상자에는 빨간 펜 1개, 검은 펜 4개, 검은 상자에는 빨간 펜 2개, 검은 펜 1개가 들어 있다. 어떤 사람이 무작위로 1개의 펜을 뽑았을 때 검은 펜이 나왔다면, 이 사람이 흰 상자를 택했을 확률을 구하시오.

해설

해당 문제를 의사결정 나무(Decision tree)로 도식화하여 풀면 다음과 같다.

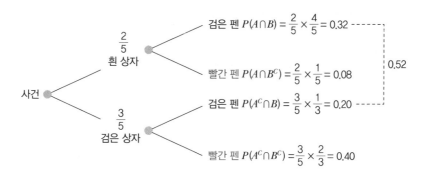

• A : 흰 상자를 선택하는 사건
• $\overline{A}$: 검은 상자를 선택하는 사건
• B : 검은 펜을 선택하는 사건
• $\overline{B}$: 빨간 펜을 선택하는 사건

4. 확률변수와 분포

(1) 확률변수

❶ 확률변수(Random variable) : 일정 확률을 가지고 발생하는 사건에 수치를 부여한 것으로 보통 X라 표시한다.

❷ 확률분포(Probability distribution) : 확률변수가 취하는 값에 대하여 합이 1인 확률이 어떻게 분포되어 있는지를 나타낸 것이다.

❸ 정의역(Domain)이 표본공간, 치역(Range)이 실수값($0 < y < 1$)인 함수이다.

❹ y값의 형태에 따라 이산확률변수(Discrete random variable)와 연속확률변수(Continuous random variable)로 구분이 가능하다.

❺ 확률변수에 따른 확률분포

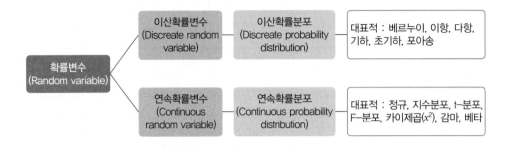

(2) 확률함수(이산형 변수&연속형 변수)

❶ 확률함수(Probability function) : 확률함수는 확률변수가 취할 수 있는 모든 값에 대해 그 값을 가질 확률이 얼마인지를 알려주는 함수를 의미한다.

❷ 확률함수(Probability function) – 이산확률함수

　㉠ 이산확률함수의 표기법 $P(X_i)$

　　• 이산확률함수 $P(\cdot)$에서의 X_i의 확률값 : 확률변수 X가 X_i의 값을 가질 확률을 의미

　　예 동전실험의 경우 : 앞면(H)가 나올 확률 $P(H)$가 1/2, 뒷면(T)이 나올 확률 $P(T)$ 역시 1/2

$$P(X_i) = \frac{1}{2}, \ X_i = \{H, T\}$$

　㉡ 이산확률변수의 확률분포를 나타내는 확률함수의 조건 2가지

　　• 이산확률분포에서 특정한 값 X_i가 발생할 확률은 $0 \leq P(X_i) \leq 1$임

　　• $\Sigma P(X_i) = 1$

❸ 확률함수(Probability function) – 연속확률함수

　㉠ 연속확률변수가 일정한 범위 내에서 취할 수 있는 값은 무한히 많음

　㉡ 이러한 논리로 $P(X_i) = 0$, 어떠한 값에만 국한된 확률을 말할 수 없음

　㉢ 그러나 구간에 대한 확률을 계산이 가능함

　　예 오늘 저녁의 기온이 0~5℃일 확률이 45%라고 한다면 $P(0 \leq (X) \leq 5) = 0.45$로 표현 가능

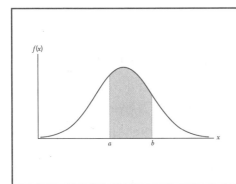

- 정해진 a와 b 사이에는 무수한 변수의 값들이 존재하므로 옆의 확률변수 높이와 확률과는 직접적인 관계가 없음
- 0도가 a이고 5도가 b라면, 그 사이의 확률은 계산이 가능해짐
- if곡선 아래의 범위가 1이라면, 파란색 범위의 넓이는 0.45임
- 확률밀도함수(probability density function)라고 표현되는데 이는 단순히 그래프 모양을 나타내는 식에 불과함

  예 이산확률변수에서의 P(X)는 확률을 나타내고 있으나, 확률밀도함수에서의 P(X)는 모양만 나타냄

(3) 이산확률분포 vs 연속확률분포

❶ 이산확률분포, 연속확률분포의 그래프

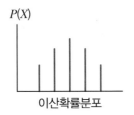

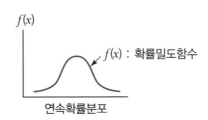

$f(x)$: 확률밀도함수

❷ 이산확률분포, 연속확률분포의 특징

    ㉠ 연속확률분포에서 어느 한 특정값 X_i가 발생할 확률 $P(X_i)=0$

    ㉡ 연속확률분포에서의 확률은 일정구간 사이의 값을 취할 확률로 계산됨

        즉, $P(a\leq(X)\leq b)$는 구간 $[a, b]$ 사이의 확률밀도함수 $f(x)$와 X축 사이의 면적

    ㉢ 확률밀도함수는 언제나 음의 값이 아닌 양의 값(비음의 값)을 가짐

       예 $0\leq f(x)$

    ㉣ 확률밀도함수 아래에 있는 전체 면적은 언제나 1이 됨

(4) 확률분포의 기댓값과 분산

❶ 확률분포의 성격은 '집중화경향(기댓값)'과 '분산도(분산과 표준편차)'로 분석한다.

❷ 기댓값(Probability distribution)은 확률분포의 평균값(Average, weighted average)과 같은 개념이다.

❸ 기댓값은 확률변수가 취할 수 있는 모든 값들의 평균을 의미한다.

❹ 확률분포의 분산도 역시 분산과 표준편차로 표현할 수 있다.

㉠ 기댓값

- 기댓값은 $E(x) = \Sigma X_i \times P(X_i)$로 계산됨
- 기댓값은 간단히 말해 평균값(Average, Weighted average)과 같은 개념
- 기댓값은 미래 발생 확률이 가장 높은 것을 의미하는 것이 아님

  예 어느 주식의 주가가 1,000원이 될 확률은 50%이고, 500원이 될 확률도 50%라면 기댓값은 750원이 된다. 이 의미는 실제 주가가 750원이 되지 않더라도 상황이 계속 진행되다 보면 결국 해당 주가는 750원이 될 것이라는 의미이다.

㉡ 기댓값의 특성은 확률변수 X의 기댓값 $E(X)$를 알고 있으면, 확률변수 X를 1차식으로 변환한 다른 확률변수의 기댓값도 이를 이용하여 쉽게 구할 수 있다.

㉢ 기댓값의 특성

- 확률변수 X에 일정한 상수 a를 곱한 확률변수의 기댓값은 확률변수 X의 기댓값에 a를 곱한 것임

$$E(aX) = a \times E(X)$$

- 확률변수 X에 일정한 상수 b만큼을 가감한 확률변수의 기댓값은 확률변수 X의 기댓값에 b를 가감한 것과 같음

$$E(X \pm b) = E(X) \pm b$$

- 위의 두 가지를 결합하면 아래 식이 성립 가능

$$E(aX \pm b) = a \times E(X) \pm b$$

㉣ 분산과 표준편차

- 분산의 계산

$$Var(X) = \Sigma\,[X_i - E(x)]^2 \times P(X_i)$$
$$= E[\{X - E(x)\}^2]$$
$$= E(X^2) - [E(x)]^2$$

  − 분산은 기댓값 $E(X)$를 중심으로 확률변수들이 얼마나 흩어져 있는가를 나타내는 것
  − 분산의 표시 : $Var(X)$ 또는 σx^2로 표시
  − 표준편차의 표시 : 분산의 제곱근, σ_x로 표시

- 표준편차의 계산

$$\sigma_x = \sqrt{\Sigma\,[X_i - E(x)]^2 \times P(X_i)}$$

- 기댓값, 분산과 표준편차 계산 : 동전을 두 번 던지는 사례

X_i	$P(X_i)$	$X_i \times P(X_i)$	$X_i - E(X)$	$[X_i - E(x)]^2$	$[X_i - E(x)]^2 \times P(X_i)$
0	1/4	0	−1	1	1/4
1	1/2	1/2	0	0	0
2	1/4	2/4	+1	1	1/4
합계		1			1/2

ⓜ 분산과 표준편차의 특성

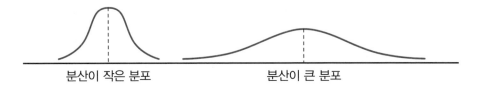

분산이 작은 분포   분산이 큰 분포

- 확률변수 X에 일정한 상수 b를 더한 확률변수의 분산은 본래의 확률변수의 분산과 같으며 확률변수에 상수를 더하는 것은 분포의 분산도에는 아무런 영향을 미치지 못함
  $$Var(x+b) = Var(x)$$
  $$\sigma(x+b) = \sigma(x)$$

- 확률변수 X에 일정한 상수 a를 곱한 확률변수의 분산은 본래의 확률변수의 분사에 a를 곱한 것과 같음
  $$Var(ax) = a^2 Var(x)$$
  $$\sigma(ax) = a\sigma(x)$$

- 위의 두 가지를 결합하면 아래 식이 성립 가능
  $$Var(ax+b) = a^2 Var(x)$$
  $$\sigma(ax+b) = a\sigma(x)$$

5. 이산확률분포

(1) 베르누이 확률분포(Bernoulli distribution)

❶ 결과가 2개만 나오는 경우에 따르는 분포

  예 동전 던지기, 성공/실패, 시험의 합/부

  $$P(X=x) = p^x \times (1-p)^{1-x} \ (x=1, 0)$$

  ㉠ 기댓값 $E(x)=p$

  ㉡ 분산 $var(x)=p \times (1-p)$

❷ 베르누이 시행의 조건

  ㉠ 각 시행의 결과는 상호배타적인 두 사건으로 구분 가능함. 즉, 한 사건은 "성공(S)", 다른 사건은 "실패(F)"로 나타냄

  ㉡ 각 시행에서 성공의 결과가 나타날 확률은 $p=P(S)$로 나타내며, 실패가 나타날 확률은 $q=P(F)=1-p$로 나타냄. 그러므로 각 시행에서 성공이 나타날 확률과 실패가 나타날 확률의 합은 $p+q=1$

ⓒ 각 시행은 서로 독립적이며 한 시행의 결과는 다음 시행의 결과에 아무런 영향을 주지 못함

> **예** 동전 실험 : 앞면 혹은 뒷면
> 주사위 실험 : 원하는 숫자가 나오면 "Success", 그 외 숫자는 "Fail"
> 코트 색 실험 : 원하는 색깔이 나오면 "성공", 그 외 색깔은 "Fail"

- 동전 던지기의 경우 앞면(H)을 목표로 한다면, 성공 확률은 1/2이며, 실패 확률은 1−(1/2)=1/2임
- 또한 현재 시행에서 나온 결과가 다음 시행에는 영향을 주지 않음

(2) 이항분포(Binomial distribution)

❶ 한 번의 베르누이 시행을 통한 성공 확률이나 실패 확률보다 여러 번의 베르누이 시행 시 특정 횟수의 성공이 나타날 확률에 집중한다.

❷ 이항분포란 베르누이 시행을 n번 반복했을 때 x번 성공할 확률을 확인하는 것이다.

ⓐ 이항확률함수

$$P(X=x) = {}_nC_x\, p^x (1-p)^{n-x}$$

x : 성공 횟수

n : 시행 횟수

p : 성공 확률

$1-p=q$: 실패 확률

ⓑ 이항분포의 모양

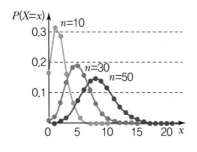

- $p=0.5$일 때, 이항 실험 횟수 n이 작더라도 확률분포는 언제나 대칭
- $p=0.5$가 아닌 경우에도 이항 실험 횟수 n이 커짐에 따라 확률분포는 대칭에 가까워짐

(3) 다항분포(Multi-nomial distribution)

❶ 실제 사례의 경우 이항분포처럼 Binary적인 문제보다 다항적인 Categorical issue가 더욱 많다.

② 다항확률함수

$$P(X=X_1, X_2, \cdots, X_k) = \frac{N!}{n_1!n_2! \cdots n_k!} p^{n1_1} p^{n2_2} \cdots p^{nk_k}$$

③ 위 식에서 **k**=2인 경우에는 $p_2 = 1 - p_1$이고 $n_2 = N - n_1$이 되며, 이항분포 확률식과 같게 된다.

[예제] 한 상자에 색깔이 서로 다른 구슬이 있는데, 구슬들이 아래와 같이 분포되어 있다. 이 상자에서 복원추출 방법으로 10개의 구슬을 추출할 때, 빨강 구슬이 3개, 파랑 구슬 4개, 노랑 구슬 3개, 주황 구슬은 하나도 뽑히지 않을 확률은 얼마인가? (단, 0!=1이고, (0.10)⁰=1로 계산된다)

구슬 색깔	확률
빨강	0.40
파랑	0.30
노랑	0.20
주황	0.10

P(빨강 3개, 파랑 4개, 노랑 3개, 주황 0개)

$$= \frac{10!}{3!4!3!0!} \times (0.40)^3 \times (0.30)^4 \times (0.20)^3 \times (0.10)^0 = 0.017$$

위와 같이 구슬들이 뽑힐 확률은 0.017이다.

---

(4) 기하분포(Geometric distribution)

성공확률이 p인 베르누이 시행에서 첫 번째 성공이 있기까지 x번 실패할 확률을 뜻한다.

(5) 초기하분포(Hyper geometric distribution)

① 매 시행이 독립적일 때는 이항분포와 다항분포를 적용한다.

② 매 시행이 종속적일 때는 초기하분포(Hyper geometric distribution)를 적용한다.

③ 즉, 베르누이 시행의 조건 중 성공확률이 일정하다(즉, 독립적)는 조건이 만족되지 않는다.

④ 초기하분포의 확률함수는 다음과 같다.

$$P(N_1 \, \text{중} \, x_2, \, N_2 \, \text{중} \, x_2) = \frac{{_{N_1}C_{x_1}} \times {_{N_2}C_{x_2}}}{(N_1 + N_2)^C(x_1 + x_2)}$$

예제 1 어느 모임에 다섯 사람이 참석하였는데, 이 중 여성이 2명이었다. 임의 추출로 두 사람을 뽑는다고 할 때, 여자가 한 명만 뽑힐 확률은 얼마인가?

해설

X를 여자의 수, N=5, $N_1 = 2$, $N_2 = 3$인 초기하분포를 따르게 된다.

$$P(X=1) = \frac{_2C_1 \times _3C_1}{_5C_2} = 0.6$$

예제 2 YS 컴퍼니에서 생산하는 제품 20개 중에 5개의 불량품이 있다고 가정하자. 이 중 4개를 선택했을 때 2개가 불량품일 확률을 구하시오.

해설 $P(X=2) = \frac{_5C_2 \times _{15}C_2}{_{20}C_4} \approx 0.217$

(6) 포아송분포(Poisson distribution)

❶ 단위 시간 내에 어떤 사건이 몇 번 발생할 것인지를 표현하는 이산확률분포이다.

❷ λ =정해진 시간 안에 어떤 사건이 일어날 횟수에 대한 기댓값, x =사건이 일어난 수

$$p(x) = \frac{e^{-\lambda}\lambda^x}{x!}$$

6. 연속확률분포

가능한 값이 실수의 어느 특정 구간 전체에 해당하는 확률변수이다.

$$P(a<X<b) = \int_a^b f(x)dx$$

(1) 균일분포(Uniform distribution)

❶ 확률변수 X가 모두 균일한 확률을 가지는 확률분포를 의미한다.

❷ 확률변수가 취하는 모든 구간에서 각 사건의 발생확률이 일정한 것으로, 이산확률분포와 연속확률분포 모두에서 통용되는 말이다.

❸ 균일분포의 확률밀도함수 식은 다음과 같다.

$$f(X) = \frac{1}{b-a}, \ a \leq X \leq b$$

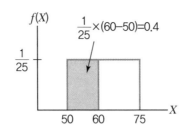

(2) 정규분포(Normal distribution)

❶ 정규분포는 '가우스분포(Gaussian distribution)'라고도 하며 연속확률분포 중 가장 널리 이용되는 중요한 분포이다.

❷ 표본을 통한 통계적 추정 및 가설검정이론의 기본이 된다.

❸ 평균이 μ이고, 표준편차가 σ인 x의 확률밀도함수이다.

❹ 정규분포의 확률밀도함수

$$f(X) = \frac{1}{\sqrt{2\pi\sigma^2}} \times e^{-(x-\mu)^2/2\sigma^2}, \ -\infty \leq X \leq +\infty$$

π : 3.1416(원주율 : 상수)

e : 2.7183(자연대수 : 상수)

μ : 분포의 평균

σ : 분포의 표준편차

※ 정규분포의 모양과 위치는 분포의 표준편차와 평균 두 요인으로 결정

❺ 정규분포의 특징

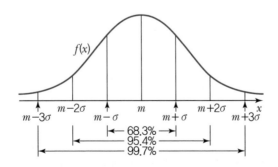

❻ 정규분포의 확률밀도함수

㉠ 정규분포의 모양과 위치는 분포의 평균과 표준편차로 결정된다.

㉡ 정규분포의 확률밀도함수는 평균(μ)을 중심으로 종모양(Bell shape)이다.

ⓒ 정규곡선은 X축에 맞닿지 않으므로 확률변수 X가 취할 수 있는 값의 범위는 $-\infty \leq X \leq +\infty$이다.

ⓔ 분포의 평균(μ)과 표준편차(σ)가 어떤 값을 갖더라도, 정규곡선과 X축 사이의 전체 면적은 1이다.

(3) z분포

❶ 정규분포의 형태인 확률분포를 아래의 공식을 통해 평균이 0이고, 표준편차가 1인 형태로 변환된 분포를 의미한다.

❷ 위와 같이 변환하는 과정을 표준화(Standardization)라 하며, 표준화된 정규분포를 표준정규분포라 한다.

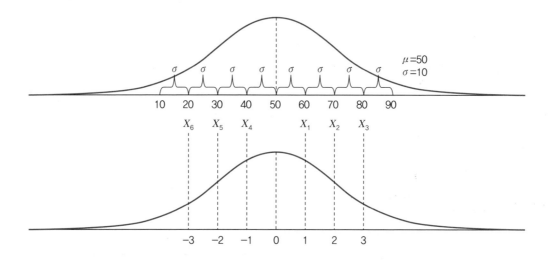

ⓐ 모든 정규분포의 평균이 되고, 표준편차가 됨

ⓑ 어떤 확률변수 X의 관찰값이 그 분포의 평균으로부터 표준편차의 몇 배 정도나 떨어져 있는가를 확률변수 Z로 나타내므로 표준정규분포를 Z-분포라고도 함

$$Z = \frac{X - \mu}{\sigma}$$

(4) t분포

❶ 표준정규분포와 유사하게, 평균 0을 중심으로 좌우대칭이다.

❷ 표준정규분포보다 평평하고 기다란 꼬리를 갖는다(양쪽 꼬리가 두터움). 즉, 표준정규분포(Z-분포)보다 분산이 크므로 보다 평평한 모양이다.

❸ 자유도에 따라 다른 모양을 나타낸다(X^2분포도 유사).

   ㉠ 자유도(표본의 수 : n−1)가 증가할수록 표준정규분포에 가까워짐

   ㉡ 중심극한정리 : 자유도가 30이 넘으면 표준정규분포(Z분포)와 모양이 비슷해짐

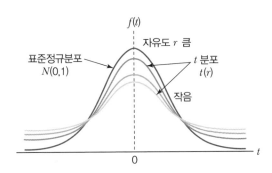

   ㉢ t−통계량 공식 : $t = \dfrac{\overline{X} - \mu_{\overline{X}}}{S_{\overline{X}}}$

❹ t분포를 활용하는 경우

   ㉠ 모집단이 정규분포를 따르며, 모집단의 분산을 알고 있을 때에는 Z−분포를 활용

   ㉡ 모집단이 정규분포를 따르며 모집단의 분산을 모를 때에는 t−분포를 활용

모집단의 분산을 알고 있을 때	표본이 클 때	표본이 작을 때
모집단이 정규분포	Z−분포	Z−분포
모집단이 비정규분포	Z−분포	–

모집단의 분산을 모를 때	표본이 클 때	표본이 작을 때
모집단이 정규분포	Z−분포	t−분포
모집단이 비정규분포	Z−분포	–

(5) X^2 분포

❶ X^2이라 쓰고 카이제곱이라 읽는다.

❷ 모평균과 모분산을 모르는 상황에서 모집단의 모분산에 대한 가설 검정에 활용된다.

❸ 두 집단 간의 동질성 검정에 활용된다(범주형 자료에 대해 얻어진 관측값과 기댓값의 차이를 확인하는 적합도 검정에 활용).

❹ 분산이 σ^2인 정규분포를 이루는 모집단으로부터 표본의 크기가 n이고 선택 가능한 모든 표본을 뽑을 때, 각 표본의 분산을 S^2이라고 하면, X^2분포는 다음과 같다.

$$X_{n-1}^2 = \frac{(n-1) * s^2}{\sigma^2}$$

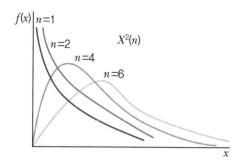

(6) F분포

❶ F분포는 두 개 이상의 평균차를 검정하는 분산분석법이나 두 분산의 차이를 검정하는 경우에 적용되는 등 상당히 폭넓게 활용되는 분포이다.

❷ F분포는 각각의 자유도로 나누어진 두 개의 X^2분포의 비율로 이루어지며, 아래와 같이 표현 가능하다.

$$F(n_1 - 1, n_2 - 1) = \frac{X_1^2/(n_1 - 1)}{X_2^2/(n_2 - 1)} = \frac{S_1^2}{S_2^2}$$

❸ F분포는 언제나 양의 값을 가지며, s_1^2와 s_2^2의 자유도에 따라 그 모양이 달라지며, s_1^2와 s_2^2가 비슷하면 F값은 1에 가까워진다.

❹ 마지막으로 F분포는 두 개의 자유도에 의해 결정되므로 두 집단에서 뽑힌 표본의 크기에 따라 임계치(Critical value)가 달라진다.

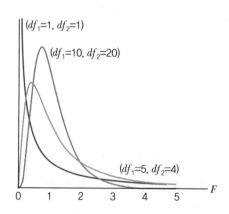

TOPIC 02 기초 통계 분석

1. 표본 및 표집분포

(1) 표본조사의 필요성

❶ 경제성 : 시간과 비용의 절약

❷ 시간의 제약 : Time Limit과 Due Date의 존재

❸ 무한 모집단 : 모집단이 무한히 큰 경우

❹ 조사가 불가능한 모집단 : 사망한 사람 또는 주소가 변경되어 추적이 불가한 사람

❺ 정확성 : 적은 수의 표본을 관찰할 때의 좀 더 조심스럽고 세심한 접근

❻ 그 밖의 이유 : 때때로 대상을 조사하는 행위가 분석 대상의 성격과 형질의 변형을 야기함

(2) 표본조사의 단점

❶ 표본조사에 의한 모집단의 이해는 필연적으로 오차를 수반한다.

❷ 오차 발생 원인

　　㉠ 편의(Bias)에 의한 오차

　　㉡ 우연성(Chance)에 의한 오차

❸ 오차의 종류

　　㉠ 표본추출오차

　　㉡ 비표본추출오차

❹ 오차를 감소시키는 방법

　　㉠ 표본추출 방법을 과학적으로 계획

　　㉡ 표본의 크기를 증가시킴

(3) 표본추출 방법 – 확률표본추출

❶ 개요 : 확률표본추출(Probability sampling)이란 모집단에 속해 있는 각 구성원이 표본으로 선택될 가능성이 일정하게 되도록 하는 표본추출 방법이다.

❷ 유형(암기 : 단층군계)

　　㉠ **단순무작위추출**(Simple random sampling) : 난수표 활용 및 기타 방법 동원

　　㉡ **층화표본추출**(Stratified sampling) : 모집단의 성격에 따라 여러 집단 또는 여러 층으로 분류한 후 추출

ⓒ **군집표폰추출(Cluster sampling)** : 직접 개별적인 구성원이 아닌 자연적 또는 인위적인 집단을 추출

ⓔ **계통적표본추출(Systematic sampling)** : 모집단 배열이 무작위일 때 체계적 수단을 동원하여 추출

(4) 표본추출 방법 – 비확률표본추출

❶ **개요** : 비확률표본추출(Nonprobability sampling)은 확률표본추출(무작위추출)이 불가능하거나 비경제적일 때, **연구자가 모집단과 비슷하다고 생각되는 표본을 임의추출**해 내는 방법이다.

❷ **유형(암기 : 편판할눈)**

ⓐ **편의추출(Convenience sampling)** : 연구자가 가장 손쉽게 구할 수 있는 표본을 선택하여 표본추출

ⓑ **판단추출(Judgement sampling)** : 전문성이 있는 연구자가 임의로 표본추출을 하는 방법

ⓒ **할당추출(Quota sampling)** : 모집단 특성에 따라 하위집단을 구성한 후 각 집단별로 표본의 수를 할당하여 임의로 표본을 추출하는 방법

ⓔ **눈덩이추출(Snowball sampling)** : 이미 참가하고 있는 사람들의 지인을 소개받아 표본을 추출하는 방식

(5) 표본추출오차와 비표본추출오차

❶ 표본추출오차

ⓐ 개요 : 모집단을 대표할 수 있는 전형적인 구성요소를 표본으로 선택하지 못했기 때문에 발생하는 오류

ⓑ 표본추출상 오류의 두 가지 발생 요인(Factor)

• 표본의 크기에 따른 우연적 오류

• 모집단을 대표할 수 없는 비전형적인 구성요소를 표본으로 뽑아 일어나는 오류

❷ 비표본추출오차

ⓐ 개요 : 표본의 특성 값을 측정하는 방법이 부정확하기 때문에 발생하는 오류(Measurement error)

ⓑ 예시 : 한 사람에게 동일한 질문을 서로 다른 두 사람이 했을 때 다른 답변이 나오는 경우, 단순히 표본의 수를 늘려도, 모집단 전체를 연구 대상으로 하여도, 혹은 표본추출계획을 면밀히 수립하여도 이러한 오류는 감소하지 않음

2. 추정과 가설검정

(1) 확률표본(Random sample)

❶ 확률분포는 분포를 결정하는 평균, 분산 등의 모수(Parameter)를 포함하고 있다.

❷ 특정 확률분포로부터 독립적으로 반복해 표본을 추출하는 것이다.

❸ 각 관찰값들은 서로 독립적이며 동일한 분포를 갖는다.

(2) 추정(Estimation)

❶ 개요 : 표본으로부터 미지의 모수를 추정하는 것이다.

점추정(Point estimation)	모집단의 특성을 하나로 추정하는 것
구간추정(Interval estimation)	모집단의 특성을 적절한 구간으로 모수를 추정하는 것

❷ 점 추정(Point estimation)

　㉠ '**모수가 특정한 값**'일 것이라고 추정하는 것

　㉡ 표본의 평균, 중위값, 최빈값 등을 사용함

　㉢ 평균 μ을 알기 위해 표본의 평균 통계량 $\overline{X}$를 이용하게 되는데, 이때 $\overline{X}$는 μ의 추정량이 되며, 표본평균의 구체적인 수치임

　　　예 $\overline{X}$ =300은 모집단의 평균을 추정하는 추정값이 됨

- 불편성(Unbiasedness) : 추정량의 기대값이 추정할 모수의 실제값과 일치 혹은 그 값에 가까워야 한다.
- 효율성(Efficiency) : 한 표본에서 계산된 추정량은 되도록 모수에 접근하여야 한다(즉, 분산이 작아야 한다).
- 일치성(Consistency) : 표본 크기가 무한히 증가하면 그 표본에서 얻은 추정량이 모수에 근접하게 된다.
- 충분성(Sufficiency) : 추정량은 모수에 대한 모든 정보를 제공한다.

※ 모든 조건을 충족시키지 못한다면, 첫째 조건인 불편성에 가장 큰 비중을 두어 적정 추정량을 선택해야 한다.

❸ 구간 추정(Interval estimation)

　㉠ 점추정의 정확성을 보완하기 위해 신뢰구간(즉, 확률로 표현된 믿음의 정도)하에서 구간 추정량이 모수의 평균(μ)을 포함할 확률을 고려하여 선언하는 것

　㉡ 전제조건으로 추정량 분포에 대한 전제, 신뢰수준(90%, 95%, 99% 등)이 주어져야 함

　㉢ 신뢰구간(Confidence interval) : 구간으로 추정된 추정값이 실제 모집단의 모수를 포함하고 있을 가능성으로 추정된 구간

신뢰도에 따른 $Z_{\alpha/2}$ 값

신뢰도$(1-\alpha)$	$Z=0$에서 $Z_{\alpha/2}$까지 면적	$Z_{\alpha/2}$
0.90	0.450	1.64
0.95	0.475	1.96
0.99	0.495	2.57

Z값에 대한 95% 신뢰구간(모분산(σ)이 알려져 있는 경우)

$$\left(\overline{X}-1.96\times\frac{\sigma}{\sqrt{n}},\ \overline{X}+1.96\times\frac{\sigma}{\sqrt{n}}\right) \qquad P(-Z_{\alpha/2}\leq Z\leq Z_{\alpha/2})=1-\alpha$$

t값에 대한 95% 신뢰구간(모분산(σ)을 모르는 경우)

$$\left(\overline{X}-2.26\times\frac{S}{\sqrt{n}},\ \overline{X}+2.26\times\frac{S}{\sqrt{n}}\right) \qquad P(-t_{\alpha/2}\leq t\leq t_{\alpha/2})=1-\alpha$$

(3) 가설검정(Statistical hypothesis test)

❶ 개요

ㄱ 모집단에 대한 가설을 설정한 후 표본 관찰 값을 통해 그 가설의 채택 여부를 분석하는 방법으로 '**통계적 가설검정**'이라 함

ㄴ 가설의 설정은 확신에 근거를 두고 이루어지는 것이 아니며, 단지 후에 **경험적** 또는 **논리적**으로 **검정**될 수 있는 조건, **원리** 또는 **명제**(Proposition)를 제시하는 것에 불과함

❷ 가설 설정 관련 용어 정리

귀무가설 (Null hypothesis, H_0)	직접 검정 대상이 되는 가설
대립가설 (Alternative hypothesis, H_1)	귀무가설이 기각될 때 받아들여지는 가설
검정통계량 (Test–statistic)	관찰값(관찰된 표본에서 구한 통계량)으로 검정 시 가설 채택 여부를 판단하는 기준
유의수준 (Significance level, α)	귀무가설이 옳음에도 이를 기각할 확률로, 귀무가설을 기각할 수 있는 확률의 크기로도 표현 가능함
임계치 (Critical value)	주어진 유의수준에서 귀무가설의 채택과 기각에 관련된 의사결정을 할 때 그 기준이 되는 점

TIP

가설 설정 예시

예1

H_0 : 그 학생은 6학년이다.

H_1 : 그 학생은 5학년이다.

예2

H_0 : 일 평균 전력 소비량이 60kw이다. 즉, $\mu = 60kw$

H_1 : 일 평균 전력 소비량이 60kw가 아니다. 즉, $\mu \neq 60kw$

예1의 경우에는 귀무가설과 대립가설이 바뀌어도 큰 문제가 없지만, **예2**의 경우에는 귀무가설과 대립가설을 바꿔서 설정하기 어렵다. 그 이유는 **대립가설은 검정의 대상이 되지 않고 귀무가설이 거부될 때 자동적으로 받아들여지는 가설**이며, 따라서 검정하기 곤란한 가설을 귀무가설로 설정하는 것은 바람직하지 않기 때문이다.

(4) 양측검정(Two-tailed test)

❶ 귀무가설(H_0)이 $\mu = q$로, 대립가설(H_1)은 $\mu \neq q$로 설정되어 있는 경우에는 '검정통계량'이 q보다 매우 크거나, q보다 현저히 작을 때여야 귀무가설을 채택할 수 없게 된다.

❷ 따라서, 귀무가설을 기각하는 영역은 확률분포의 양측에 위치하게 된다. 이처럼 가설검정에서 기각 영역이 양측에 있는 것을 양측검정(Two-tailed test)이라 한다.

(5) 단측검정(One-tailed test)

❶ 양측검정과 달리 귀무가설(H_0)을 $\mu \geq q$로, 대립가설(H_1)은 $\mu < q$로 설정되어 가설검정을 하는 경우에는 선택된 '검정통계량'이 q보다 매우 작을 때여야 귀무가설을 기각하게 된다.

❷ 따라서, 이 경우 α로 나타내는 기각 영역은 분포의 왼쪽 극단에만 존재하게 된다.

❸ 위의 경우와 반대로 귀무가설(H_0)을 $\mu \leq q$로, 대립가설(H_1)을 $\mu > q$로 설정하고 가설검정을 하는 경우 선택된 '검정통계량'이 q보다 현저히 클 때여야 귀무가설을 기각하게 되며, 이때 기각 영역은 오른쪽에만 있게 된다.

❹ 이와 같이 기각 영역이 어느 한쪽에만 존재하게 되는 경우를 '단측검정(One-tailed test)'이라 한다.

(6) 가설검정의 오류

❶ **α-오류**

㉠ 실제로는 귀무가설이 옳은데도 검정 결과 귀무가설을 기각하는 오류

㉡ 제1종 오류(Type I error)라고도 함

❷ β-오류

  ㉠ 실제로는 귀무가설이 틀렸는데도 검정 결과 귀무가설이 옳은 것으로 받아들이는 오류

  ㉡ 제2종 오류(Type II error)라고도 함

구분	H_0가 맞을 경우	H_0가 틀릴 경우
H_0 채택	$1-\alpha$(옳은 결정)	β-오류
H_1 채택	α-오류	$1-\beta$(옳은 결정)

※ α와 β는 귀무가설과 대립가설의 관계이므로 α-오류와 β-오류를 동시에 줄이는 것은 현실적으로 불가능하며, 두 오류 중에서는 α-오류가 훨씬 중요하게 여겨진다.

TIP

가설설정 문제 살펴보기

〈가설검정의 순서〉

① 귀무가설과 대립가설의 설정
② 유의수준의 결정
③ 유의수준을 충족시키는 임계값의 결정
④ 통계량의 계산과 임계값과의 비교
⑤ 결과의 해석

국내 아이돌 그룹 멤버들의 평균 키를 알기 위해 16명의 아이돌 그룹 멤버의 키를 표본조사하였더니 평균 키가 175cm 였다. 국내 아이돌 그룹 전체의 평균 키에 대한 표준편차가 5cm라고 하면, 국내 아이돌그룹 멤버의 평균 키가 180cm 이상이라고 할 수 있을까? 유의수준(α)을 5%로 하여 검정하시오.

① $H_0 : \mu \geq 180$cm, 대립가설(H_1)은 $\mu < q$

　$H_1 : \mu < 180$cm

② α **= 5%**

③ 채택영역 : $Z \geq -1.64$

　기각영역 : $Z < -1.64$

④ 175cm에 대응하는 Z값 : $Z = \dfrac{X-\mu}{\sigma} = \dfrac{175-180}{5/\sqrt{16}} = -4$

⑤ 결과의 해석

　$Z = -4$는 -1.64보다 더 작은 값이므로 기각 영역(혹은 기각역)에 속하며, 따라서 H_0를 기각한다.

위의 결과 해석을 토대로, 국내 아이돌 그룹 멤버들의 평균 키가 180cm 이상이라고 할 수 없다.

다변량 분석

1. 탐색적 데이터 분석(EDA)

(1) 개요

❶ 탐색적 데이터 분석(EDA ; Exploratory Data Analysis)이란 벨 연구소의 존 튜키가 개발한 데이터 분석 방법론이다.

❷ 자료의 특성을 표, 그래프, 통계량 등을 활용하여 쉽게 파악할 수 있도록 기술통계 분석 방법을 활용한다.

❸ 분석의 목적과 어떠한 변수들이 존재하는지를 확인한 후 데이터의 대략적인 통계 수치들을 계산해봄으로써 데이터의 구조를 파악하고 이해하며, 이를 통해 분석에 대한 인사이트를 얻기 위해 노력한다.

(2) 그래프를 활용한 자료 탐색

❶ 막대그래프 : 범주형(Category, 명목형) 데이터를 표현하며, 범주의 순서는 변화 가능하다.

❷ 히스토그램 : 막대그래프와 달리 연속(Continuous, 등간, 비율)형 데이터를 표현하며, 순서 변경이 불가하다.

❸ 상자수염그림(Box plot)

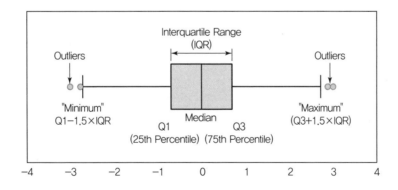

상자수염그림 관련 용어 정리

백분위수	데이터를 백등분한 것
사분위수	데이터를 4등분한 것
중위수	데이터의 정 가운데 순위에 해당하는 값(관측치의 절반은 크거나 같고 나머지 절반은 작거나 같음)
제3사분위수(Q3)	• 중앙값 기준으로 상위 50% 중의 중앙값 • 전체 데이터 중 상위 25%에 해당하는 값
제1사분위수(Q1)	• 중앙값 기준으로 하위 50% 중의 중앙값 • 전체 데이터 중 하위 25%에 해당하는 값
사분위범위수(IQR)	데이터의 중간 50%(Q3–Q1)
안울타리	Q1–1.5×IQR 또는 Q3+1.5×IQ ※ 안울타리를 벗어나는 자료를 보통 이상치라 함
밖울타리	Q1–3×IQR 또는 Q3+3×IQR ※ 밖울타리를 벗어나는 자료를 극단이상치라 하며, ESD와 비슷함

❹ 줄기–잎 그림(Stem–leaf plot) : 통계적 자료를 표 형태와 그래프 형태의 혼합된 방법으로 나타내는 것을 말한다.

예 몸무게가 다음과 같을 경우

43, 65, 71, 76, 82, 83, 84, 95, 96, 98 (단위 : kg)

Stem	Leaf
4	3
5	
6	5
7	1 6
8	2 3 4
9	5 6 8

• Stem "4" Leaf "3" means 43
• Stem "7" Leaf "6" means 76
• Stem "9" Leaf "6" means 96

stem	leaf
0	1, 1, 2, 2, 3, 4, 4, 4, 4, 5, 8
1	0, 0, 0, 1, 1, 3, 7, 9
2	5, 5, 7, 7, 8, 8, 9, 9
3	0, 1, 1, 1, 2, 2, 2, 4, 5
4	0, 4, 8, 9
5	2, 6, 7, 7, 8
6	3, 6

줄기-잎 그림

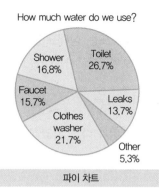

파이 차트

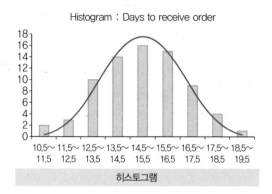

히스토그램

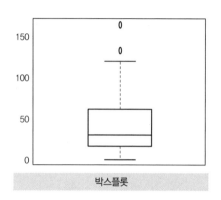

박스플롯

(3) 통계량에 의한 자료 탐색

❶ 집중화 경향 : 앞서 언급했던 집중화 경향(중심화 경향)인 평균, 중앙값, 최빈값을 살펴본다.

❷ 산포도로 이상치 탐지 : 대표적인 산포도 분산, 표준편차, 범위 및 사분위수로 이상치를 탐지할 수 있다.

㉠ 분산 : $S^2 = \dfrac{\Sigma(X_i - \overline{X})^2}{n-1}$

㉡ 표준편차 : $S = \sqrt{\dfrac{\Sigma(X_i - \overline{X})^2}{n-1}}$

❸ 사분위범위수 및 사분위수

㉠ IQR=Q3-Q1

㉡ 제1사분위수(Q1)=25%(25백분위수)

㉢ 제2사분위수(Q2)=50%(50백분위수)

㉣ 제3사분위수(Q3)=75%(75백분위수)

❹ 백분위수(Percentile) : $\dfrac{(n-1)p}{100+1}$ 번째 값을 뜻한다.

❺ 변동계수(Coefficient of variation)

　　㉠ 변동계수 또는 상대표준편차(RSD ; Relative Standard Deviation) : 표준편차를 표본평균
　　　이나 모평균 등 산술평균으로 나눈 것

　　㉡ 식 : $V = \dfrac{S}{\overline{X}}$

　　㉢ 측정 단위가 다른 자료를 비교할 때 사용

2. 상관분석(Correlation Analysis)

(1) 상관분석의 정의

❶ 두 변수 간 선형관계의 강도, 즉 서로 얼마나 밀접한 관련이 있는지를 확인하는 분석법이다.

❷ 두 변수 간 관계를 살펴보기 위해서 산포도를 그려봄으로써 대략적으로 확인할 수 있다.

훈련시간(X_i)	생산성(Y_i)
1	40
2	45
3	50
4	65
5	70
6	70
7	80

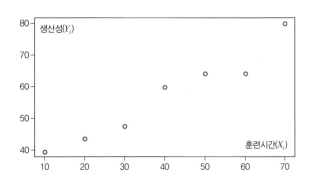

❸ 하지만, 정확한 두 변수 간의 관계 파악을 위해서 관련성의 정도를 상관계수(Correlation coefficient)로 계산하여 알아볼 필요가 있다.

(2) 공분산의 개념

❶ 상관분석을 이해하기 위해서는 공분산(Covariance)에 대한 이해가 필요하다. 왜냐하면 **상관분석이란 두 변수 간의 관계를 보는 것인데, 공분산 또한 두 변수의 변하는 정도를 확인하**기 때문이다.

❷ X와 Y의 공분산

　　㉠ 모집단 : $\sigma_{XY} = \dfrac{\Sigma(X_i - \mu_X)(Y_i - \mu_Y)}{n}$

　　㉡ 표본 : $S_{XY} = \dfrac{\Sigma(X_i - \overline{X})(Y_i - \overline{Y})}{n-1}$

❸ 공분산에서 변수가 증가할 때 변수가 증가하면, 즉 두 변수가 같은 방향으로 변화하면 공분산의 수치는 +가 된다. 만일 두 변수가 변화하는 방향이 서로 다르면 공분산은 − 부호를 갖는다.

❹ 공분산의 단점으로는 두 변수의 측정 단위에 따라 커다란 차이가 난다는 것이다.

❺ 이 단점을 해결하기 위해 상관계수를 활용하는데 S_{xy}를 S_x와 S_y의 곱으로 나누어 표준화한다.

$$r_{XY} = \frac{\sum\limits_{n}^{i=1}(x_i-\bar{x})(y_i-\bar{y})}{\sqrt{\sum\limits_{i=1}^{n}(x_i-\bar{x})^2\sum\limits_{i=1}^{n}(y_i-\bar{y})^2}} \;\rightarrow\; r_{XY} = \frac{\frac{1}{n}\sum\limits_{n}^{i=1}(x_i-\bar{x})(y_i-\bar{y})}{\sqrt{\frac{1}{n}\sum\limits_{i=1}^{n}(x_i-\bar{x})^2\frac{1}{n}\sum\limits_{i=1}^{n}(y_i-\bar{y})^2}} \;\rightarrow\; r_{xy} = \frac{S_{xy}}{S_x S_y}$$

(3) 상관관계의 범위와 종류

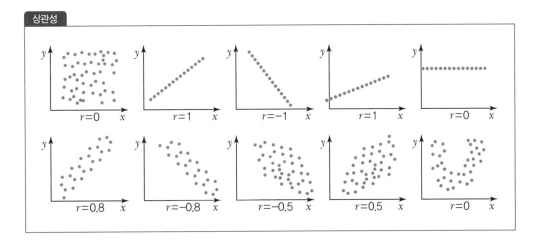

❶ 상관계수의 범위

상관계수 범위	계수에 따른 해석
$0.8 < r \leq 1$	매우 강한 양(+)의 상관관계가 존재한다.
$0.6 < r \leq 0.8$	강한 양(+)의 상관관계가 존재한다.
$0.4 < r \leq 0.6$	약한 양(+)의 상관관계가 존재한다.
$0 < r \leq 0.4$	거의 상관관계가 있다고 하기 어렵다.
$r = 0$	선형 상관관계가 존재하지 않는다.
$-0.4 \leq r < 0$	거의 상관관계가 있다고 하기 어렵다.
$-0.4 \leq r < -0.6$	약한 음(−)의 상관관계가 존재한다.
$-0.6 \leq r < -0.8$	강한 음(−)의 상관관계가 존재한다.
$-0.8 \leq r < -1$	매우 강한 음(−)의 상관관계가 존재한다.

❷ 상관분석의 종류

구분	피어슨 상관계수	스피어만 상관계수
방식	등간척도, 비율척도로 측정된 두 변수들의 상관관계를 측정하는 방식	서열척도인 두 변수들의 상관관계를 측정하는 방식
특징	• 연속형 변수여야 한다. • 정규성 가정을 충족시켜야 한다. • 대부분 많은 곳에서 활용된다.	• 서열변수이다. • 비모수적 방법이 적용된다. • 순위를 기준으로 상관관계를 측정한다.
상관계수	피어슨 γ, 감마(적률상관계수)	순위상관계수(ρ, 로우)

(4) R코드를 통한 상관분석 구현

구분	내용
분산	var(x, y = NULL, na.rm = FALSE, use)
공분산	cov(x, y = NULL, use = "everything", method = c("pearson", "kendall", "spearman"))
상관분석	cor(x, y = NULL, use = "everything", method = c("pearson", "kendall", "spearman"))
	Hmisc::rcorr(x, y, type=c("pearson","spearman")) * Hmics : 패키지명 * x = 숫자형 변수 * y = NULL(default) 또는 변수 * na.rm : 결측값 제거

(5) R코드 예제

❶ R 소스코드

```
install.packages('Hmisc') # Hmisc 패키지 설치
library(Hmisc) # Hmisc 패키지 호출
drat<-mtcars[['drat']]
disp<-mtcars[['disp']]

plot(drat,disp) # 그림의 결과

cor(drat,disp)
cov(drat,disp)
cor.test(drat,disp,method = 'pearson') # 상관분석 테스트 결과 콘솔에 나옴
```

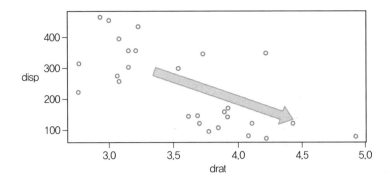

❷ R 콘솔창 결과

```
> drat<-mtcars[['drat']]
> disp<-mtcars[['disp']]
>
> cor(drat,disp)
[1] -0.7102139
> cov(drat,disp)
[1] -47.06402
> cor.test(drat,disp,method = 'pearson')

        Pearson's product-moment correlation

data: drat and disp
t = -5.5257, df = 30, p-value = 5.282e-06
alternative hypothesis: true correlation is not equal to 0
95 percent confidence interval:
-0.8487237 -0.4805193
sample estimates:
        cor
-0.7102139
```

❸ mtcars 데이터셋의 drat 변수와 disp를 drat, disp에 저장하여 drat과 disp의 공분산 및 상관분석을 실시한 결과 상관계수는 -0.7102139, 공분산은 -47.06402로 나타났다. 따라서 drat, disp는 상관계수로 강한 음의 상관관계가 있음을 알 수 있고, 공분산 또한 음의 방향성을 가짐을 알 수 있다.

❹ cor.test 함수를 활용해 drat과 disp의 상관관계 분석을 수행한 결과, p-value가 5.282e-06로 유의수준(α) 0.05보다 낮게 나타났으므로 drat과 disp의 경우에는 상관관계가 있다고 할 수 있다.

3. 회귀분석(Regression Analysis)

(1) 회귀분석의 개념

❶ 앞서 살펴본 상관분석은 단순히 두 변수 간의 선형관련성을 측정하는 데 의의가 있다.

❷ 하지만 제품의 가격에 따른 수요의 변동, 금리 상승 시의 주가 하락 등 '**한 변수가 다른 변수에 미치는 영향을 알아**'보고자 하는 경우에는 회귀분석을 활용한다.

❸ **단순**회귀분석(Simple regression analysis) : **한 독립변수**와 한 종속변수의 관계

❹ **다중**회귀분석(Multiple regression analysis) : **여러 독립변수**와 한 종속변수의 관계

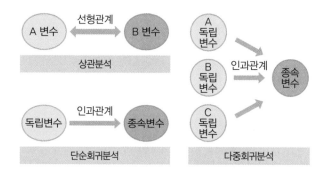

(2) 회귀분석의 변수 용어 정리

영향을 받는 변수(y)	반응변수(Response var), 종속변수(Dependent var), 결과변수(Outcome var), 목표변수(Target var), 레이블(Label)
영향을 주는 변수(x)	설명변수(Explanatory var), 독립변수(Independent var), 예측변수(Predictor var)

(3) 선형회귀분석의 가정(암기 : 선정독등비)

❶ **선형성**
　　㉠ 영향을 주는 변수(x)와 영향을 받는 변수(y)와의 관계가 선형관계임
　　㉡ 선형회귀분석에서 가장 중요한 가정

❷ **정상성(정규성)**
　　㉠ 오차의 분포가 정규분포를 따른다는 가정
　　㉡ Q-Q plot, Kolmogolov–Smirnov 검정, Shapiro–Wilks 검정 등을 활용하여 정규성을 확인
　　㉢ 대표적으로 Q-Q plot이 직선으로 표현되어 잔차가 정규분포를 따른다는 것

❸ **독립성**

    ㉠ 독립변수와 오차는 관련이 없다는 것

    ㉡ 자기상관(독립성)을 알아보기 위해 더빈-왓슨 통계량(Durbin-Watson)을 사용하며, 주로 시계열 데이터에서 많이 활용됨

    ㉢ 검정 수행 결과 더빈-왓슨 통계량이 2에 가까울수록 오차항이 독립적이라 할 수 있음

❹ **등분산성**

    ㉠ 오차의 분산이 독립변수와 무관하게 일정하다는 것

    ㉡ 산점도(Scatter plot)를 활용하여 잔차와 독립변수 간 관련성이 없게 고루 분포되어야 등분산 가정을 만족할 수 있음

❺ **비상관성** : 오차들끼리 상관성이 없어야 한다.

(4) 그래프를 활용한 가정 검토

❶ 선형성 : 다음 그래프와 같이 선형회귀분석을 위해서는 독립변수(x)와 종속변수(y)가 선형적 관계에 있다는 가정이 충족되어야 한다.

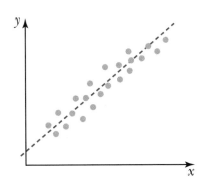

❷ 등분산성

    ㉠ 등분산성을 만족하는 그래프

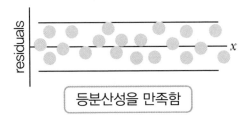

ⓛ 등분산성을 만족하지 못하는 그래프

❸ **정규성** : Q-Q plot을 출력했을 때, 다음과 같이 잔차가 대각선으로 직선의 형태를 띠게 되면 잔차는 정규분포를 따른다고 할 수 있다.

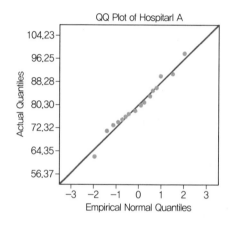

(5) 회귀분석의 장단점

❶ **장점**

ㄱ 가장 기본적인 분석으로, 모형 결과가 선형 1차 방정식으로 매우 단순함

ⓛ 의외로 1차 방정식이 잘 적용됨

ⓒ 독립변수의 회귀 계수를 활용하여 각 변수들 간의 영향력을 쉽게 파악할 수 있음

ⓔ 적은 데이터로도 빅데이터 모델링이 가능

❷ **단점**

ㄱ 선형적이지 않은 데이터에 적용이 힘듦

ⓛ 충족시켜야 하는 가정이 매우 많음

ⓒ 가정을 만족시키기 위한 변환 과정이 어려움

(6) 단순선형회귀분석

❶ 가장 좋은 표본회귀식은 전체적으로 예측오차, 즉 잔차를 가장 작게 해주는 모형이다.

오차(Error)	모집단에서의 실제값과 회귀선을 비교할 때 나타나는 차이
잔차(Residual)	표본에서 나온 관측값과 회귀선을 비교할 때 나타나는 차이

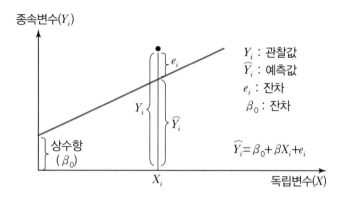

❷ 회귀분석 시 검토해야 할 사항

　㉠ 회귀계수들의 유의미성 확인

　　• 최소제곱법에 의해 가장 좋은 회귀모형을 생성했다면, 해당 계수들의 t-통계량을 확인하여 해당 회귀계수의 적절성을 확인

　　• t-통계량에서 p-값이 0.05보다(일반적으로 95% 신뢰수준) 작으면, 해당 회귀계수가 통계적으로 유의하다고 할 수 있음

　㉡ 회귀모형의 설명력 확인

　　• 회귀모형의 설명력이란 결정계수(R^2)를 확인함으로써 확인 가능

　　• 결정계수의 범위는 0~1이며, 결정계수 값이 높을수록 회귀모형의 설명력이 높다고 할 수 있음

　㉢ 모형과 데이터의 적합성(Fit) 검정 : 잔차(Residuals)를 그래프화한 후 회귀진단을 수행

❸ 최소제곱법에 의한 회귀계수의 추정

$$\min\sum e_i^2 = \min\sum (Y_i - \widehat{Y_i})^2$$

　㉠ 이 방법에 의하면 다른 방법을 통해 구한 회귀식보다 통계학적으로 그 성질이 우수한 α, β의 추정값을 얻을 수 있음

　㉡ 최소제곱법에 의한 회귀식 도출

　　$\widehat{Y_i} = a + bX_i$

　　$\min\sum e_i^2 = \min\sum (Y_i - a - bX_i)^2$

　㉢ 최소제곱법에 의한 위의 식을 최소로 하는 α와 β에 대한 편미분을 하면 다음의 두 식을 구할 수 있음

$$\sum Y_i = na + b\sum X_i$$
$$\sum X_i Y_i = a\sum X_i + b\sum X_i^2$$

표본의 회귀계수

$$b = \frac{n\sum X_i Y_i - \sum X_i - Y_i}{n\sum X_i^2 - (\sum X_i)^2} = \frac{\sum X_i Y_i - n\overline{X}\overline{Y}}{\sum X_i^2 - n\overline{X}^2}$$

$$a = \overline{Y} - b\overline{X}$$

❹ 회귀모형의 검정 및 예제

　㉠ 회귀계수 B_1이 0이면 독립변수 와 종속변수 사이에 아무런 인과관계가 없으며, 회귀계수 B_1이 0이면 적합된 추정회귀모형은 의미가 없게 됨(귀무가설 : $B_1=0$, 대립가설 : $B_1 \neq 0$)

　㉡ R 단순회귀분석 예제

```
> library(ggplot2) # 시각화 패키지 ggplot2를 위한 코드
> data(women)
> ggplot(women, aes(x=height, y=weight)) + geom_point( )
> cor(women)
height weight
height 1.0000000 0.9954948
weight 0.9954948 1.0000000
>
> fit <- lm(weight ~ height, women)
> fit

Call:
lm(formula = weight ~ height, data = women)

Coefficients:
(Intercept)        height
     -87.52          3.45

>
> summary(lm(weight~height, women))

Call:
lm(formula = weight ~ height, data = women)

Residuals:
    Min      1Q  Median      3Q      Max
-1.7333 -1.1333 -0.3833  0.7417  3.1167

Coefficients:
```

```
                Estimate Std. Error t value Pr(>|t|)
(Intercept) −87.51667    5.93694 −14.74 1.71e−09 ***
height          3.45000    0.09114  37.85 1.09e−14 ***
——
Signif. codes:
0 '***' 0.001 '**' 0.01 '*' 0.05 '.' 0.1 ' ' 1

Residual standard error: 1.525 on 13 degrees of freedom
Multiple R−squared: 0.991,     Adjusted R−squared: 0.9903
F−statistic: 1433 on 1 and 13 DF, p−value: 1.091e−14
```

- height의 회귀계수(Coefficient)와 절편(Intercept)의 t-통계량에 대한 p-값이 1.09e-14로 나타났으므로, 유의수준(α)인 0.05보다 매우 작다고 할 수 있으며, 이는 계수 추정치들이 통계적으로 유의하다는 것을 의미함
- 결정계수(Multiple R-squared)는 0.991로 매우 높게 나타났으므로, 이 회귀식은 데이터를 상당히 높게 설명하고 있다고 할 수 있음
- 회귀분석의 결과를 해석하면 "weight=−87.51667+3.45×height"로 회귀식 도출 가능

❺ 회귀모형의 지표

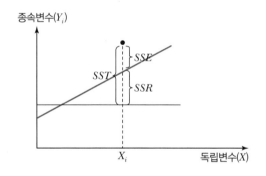

㉠ 전체제곱합(SST ; Total Sum of Squares) : $SST = SSR + SSE = \sum_{i=1}^{n} (y_i - \overline{y_i})^2$

㉡ 회귀제곱합(SSR ; Regression Sum of Squares) : $SSR = \sum_{i=1}^{n} (\hat{y_i} - \overline{y_i})^2$

㉢ 오차제곱합(SSE ; Error Sum of Squares) : $SSE = \sum_{i=1}^{n} (y_i - \hat{y_i})^2$

㉣ 결정계수(R^2)는 SSR/SST로, 전체 제곱합에서 회귀제곱합의 비율을 기준으로 하는 지표이며, 범위는 $0 \leq R^2 \leq 1$로 볼 수 있음. 1-(SSE/SST)로도 얻을 수 있음

❻ 결정계수의 특징

㉠ 결정계수(R^2)는 추정된 회귀식이 얼마나 데이터들을 잘 설명하는지 설명력을 나타냄

㉡ $0 \leq R^2 \leq 1$에서 1에 가까울수록 회귀모형 설명력이 높다고 할 수 있음

ⓒ 단순선형회귀분석에서의 결정계수는 상관계수 r의 제곱과 동일하다고 할 수 있음

ⓓ 독립변수(x)가 종속변수(y)의 몇 %를 설명하는지를 나타내는 지표임

ⓔ 결정계수(R^2)의 단점
  - 다중선형회귀분석 시 독립변수(x)가 회귀모형에 많이 포함됨에 따라 결정계수(R^2)가 높아진다는 점
  - 종속변수(y)를 설명하는 데 유의미한 독립변수(x)가 증가될 때에만 결정계수(R^2)가 증가하도록 식을 수정할 필요가 있음

※ 수정된 결정계수

$$R_a^2 = 1 - \frac{(n-1)(1-R^2)}{n-p-1}$$

$$= 1 - \frac{(n-1)\left(\frac{SSE}{SST}\right)}{n-p-1}$$

$$= 1 - (n-1)\frac{MSE}{SST}$$

  - 수정된 결정계수(R_a^2 : Adjusted R^2)는 유의한 독립변수(x)가 많아질 때만 계수가 증가하므로 일반 결정계수보다 작은 값으로 산출되는 경향이 있음

❼ 벌점화를 통한 모형적합

ⓐ 최적회귀방정식을 만들기 위해 기준이 되는 지표 : R^2, R_a^2, cp통계량, AIC, BIC 등

ⓑ AIC(Akaike Information Criterion), BIC(Bayesian Information Criterion)를 활용하는 방법은 모형의 복잡도(Model complexity)가 지나치게 커지지 않도록 벌점을 주는 방법임

※ AIC와 BIC 공식

$$AIC = n\log\left(\frac{SSE}{n}\right) + 2p$$

$$BIC = n\log\left(\frac{SSE}{n}\right) + p\log(n)$$

ⓒ 다중회귀분석모형 생성 시 모든 후보 모형들을 놓고 AIC 혹은 BIC를 계산하여 계산값에 따라 최소가 되는 모형을 최적의 모형으로 선택

ⓓ 후보 모형들을 생성하는 방법에는 크게 전진선택법(Forward selection), 후진소거(혹은 후진제거법, Backward elimination) 등이 존재함

ⓔ 벌점화 선택기준으로는 RIC(Risk Information Criterion), CIC(Covariance Information Criterion), DIC(Deviation Information Criterion) 등이 존재하지만 AIC를 주로 활용함

ⓗ AIC보다 BIC가 벌점화를 더 강하게 가하므로 좀 더 보수적인 방법이라 볼 수 있음

(7) 다중선형회귀분석

❶ 개요 : 다중선형회귀분석은 여러 독립변수(x)와 하나의 종속변수(y)와의 관계를 분석한 것이다.

❷ 다중회귀식

> ※ 오차항 ε_1, $\varepsilon+2$, $\cdots$, ε_n 가정 : $N(0, \sigma^2)$, 서로 독립
>
> $$Y_i = \beta_0 + \beta_1 X_{1i} + \cdots + \beta_k X_{ki} + \varepsilon_i \qquad i = 1, \cdots, n$$

❸ 회귀모형의 통계적 유의성

　㉠ 회귀분석에서의 가설 설정

> $$H_0 : B_1 = B_2 = \cdots = B_n$$
> $$H_1 : B_1 \neq B_2 \neq \cdots \neq B_n$$

　㉡ 회귀계수의 통계적 유의성은 t분포로 확인하고, 회귀모형의 통계적 유의성은 F분포로 확인

　㉢ 유의수준(α) 5% 이하에서 F통계량의 p-값이 0.05보다 작으면 추정된 회귀식은 통계적으로 유의하다고 볼 수 있음

　㉣ F통계량의 p-값이 0.05보다 작다면 H_1 가설이 채택되어, 회귀계수가 모두 같지 않다는 결론을 낼 수 있음

❹ 회귀계수의 통계적 유의성

　㉠ t통계량 p-값이 0.05보다 작다면 회귀계수는 유의하다 할 수 있음

　㉡ 만약 회귀계수의 유의성이 통계적으로 검증되지 않았다면 해당 변수는 활용할 수 없음

❺ 회귀모형의 설명력 : 결정계수(R^2)와 수정된 결정계수(R_a^2 : Adjusted R^2)를 같이 확인한다.

❻ 모형의 적합성 : 모형의 적합도는 잔차와 종속변수의 산점도(Scatter plot)로 확인 가능하다.

❼ 회귀분석의 가정 확인 : 선형성, 정규성, 독립성, 등분산성, 비상관성 등

❽ 다중공선성(multi-collinearity) 유의

　㉠ 다중회귀분석을 수행할 때 독립변수끼리의 상관성이 매우 높아 선형성이 존재한다면 회귀식을 추정하기에 어려워짐

　㉡ 다중회귀분석을 확인하는 대표적인 방법은 분산팽창요인(VIF)을 확인하는 것이며, 해당 지표가 4보다 크다면 다중공선성이 존재한다고 볼 수 있고, 10보다 크면 심각하다고 해석이 가능함

　㉢ 다중공선성이 존재할 경우 문제가 존재하는 변수를 제거하거나 주성분회귀, 릿지회귀 모형을 적용하여 문제를 해결해야 함

❾ 회귀분석의 종류

종류	내용
단순회귀	독립변수가 1개이며 종속변수도 1개인 관계를 직선으로 표현한 모형
다중회귀	독립변수가 k개이며 종속변수는 1개인 관계를 직선으로 표현한 모형
다항회귀	독립변수와 종속변수와의 관계가 1차 함수 이상인 관계
로지스틱 회귀	종속변수가 범주형인 경우 **'분류분석'**을 수행하는데, **'이진분류(Binary)'**인 경우 단순 로지스틱 회귀, 다중, 다항 로지스틱 회귀로 모형을 확장하여 분석이 가능함

❿ 변수선택법 및 다중회귀분석 사례

　㉠ 독립변수의 선택

- 종속변수(y)에 영향을 미칠 수 있는 독립변수(x)들을 포함하는 것을 원칙으로 함
- 모수절약의 원칙 : 비슷한 정확도를 나타내는 모형이라면 더 적은 독립변수로 구성된 회귀모형을 선택한다는 것으로, 독립변수들의 수가 많아지면 관리하는 데 많은 노력이 요구됨

　㉡ 단계적 변수 선택(Stepwise var selection)

전진선택법 (Forward selection)	절편(Intercept)만 존재하는 회귀모형에서 시작하여 회귀지표를 좋게 향상시킬 수 있는 독립변수부터 차례대로 모형에 포함하는 변수 선택 방법
후진소거법 (후진제거법, Backward elimination)	독립변수 전부를 포함한 모형에서 시작하여 가장 기여도가 적은 변수부터 하나씩 제거하면서 더 이상 제거할 변수가 없을 때의 모형을 선택하는 변수 선택 방법
단계적 선택법 (Stepwise method)	전진선택법에 의해 변수를 추가하면서 새로이 추가된 변수에 의해 AIC 혹은 BIC 지표가 증가하게 되면 해당 변수를 제거하는 등의 형태를 단계적으로 수행하다가 더 이상 AIC 혹은 BIC 지표가 개선되지 않을 때 중단하는, 변수의 조합을 고려하는 변수 선택 방법

　㉢ 활용 데이터 – State.x77

변수명	내용
Population	인구 수(Population estimate as of July 1, 1975)
Income	소득(per capita income, 1974)
illiteracy	문맹률(1970, Percent of population)
Life Exp	기대여명(Life expectancy in years, 1969–71) 살인율
Murder	살인과 비범죄적 과실치사(Murder and non-negligent manslaughter rate per 100,000 population, 1976)
HS Grad	고등학교 졸업 비율(Percent high-school graduates, 1970)
Frost	결빙일(Number of days with minimum temperature below freezing (1931–1960) in capital or large city)
Area	지역(Land area in square miles)

㉣ R 프로그래밍

• 프로그래밍(state.x77_전진선택법)-1

```
> data(state)
> state_df <- as.data.frame(state.x77)
> head(state_df)
           Population  Income  Illiteracy  Life Exp  Murder  HS Grad  Frost    Area
Alabama          3615    3624         2.1     69.05    15.1     41.3     20   50708
Alaska            365    6315         1.5      69.1    11.3     66.7    152  566432
Arizona          2212    4530         1.8     70.55     7.8     58.1     15  113417
Arkansas         2110    3378         1.9     70.66    10.1     39.9     65   51945
California      21198    5114         1.1     71.71    10.3     62.6     20  156361
Colorado         2541    4884         0.7     82.06     6.8     63.9    166  103766
>
> colnames(state_df)[4] <- "Life_Exp"
> colnames(state_df)[6] <- "HS_Grad"
>
> # calculate density
> state_df$density <- state_df$Population * 1000 / state_df$Area
>
> plot(state_df)
```

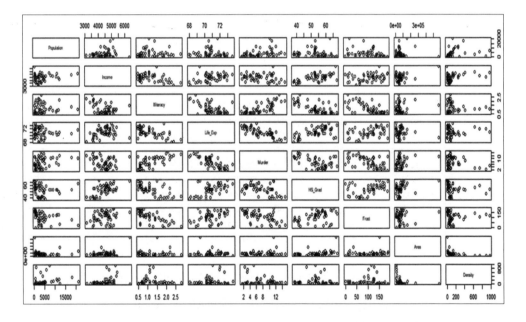

– 각 변수 간의 관계를 보기 위해 산포도를 그리면 위와 같이 나타낼 수 있음

• R 프로그래밍(state.x77_전진선택법)-2

```
> # 전진선택법(forward selection)
> library(MASS)
> fit_full <- lm(Murder ~ ., state_df)
> fit <- lm(Murder ~ 1, state_df)
>
> stepAIC(fit, scope = formula(fit_full))
```

• R 프로그래밍(state.x77_전진선택법)-3

Start: AIC=131.59 Merder ~ 1				
	Df	Sum of Sq	RSS	AIC
+ Life_Exp	1	407.14	260.61	86.550
+ Illiteracy	1	329.98	337.76	99.516
+ Frost	1	193.91	473.84	116.442
+ HS_Grad	1	159.00	508.75	119.996
+ Population	1	78.85	588.89	127.311
+ Income	1	35.35	632.40	130.875
+ Area	1	34.83	632.91	130.916
⟨none⟩			667.75	131.594
+ Density	1	22.86	644.88	131.582

Step: AIC=86.55 Murder ~ Life_Exp				
	Df	Sum of Sq	RSS	AIC
+ Frost	1	80.10	180.50	70.187
+ Illiteracy	1	60.55	200.06	75.329
+ Population	1	56.62	203.99	76.303
+ Area	1	14.12	246.49	85.764
⟨none⟩			260.61	86.550
+ Density	1	8.74	251.87	86.844
+ HS_Grad	1	1.12	259.48	88.334
+ Income	1	0.96	259.65	88.366
− Life_Exp	1	407.14	667.75	131.594

Step: AIC=70.19 Murder ~ Life_Exp + Frost				
	Df	Sum of Sq	RSS	AIC
+ Population	1	23.710	156.79	65.146
+ Area	1	21.084	159.42	65.976
+ Density	1	9.974	170.53	69.611
⟨none⟩			180.50	70.187
+ Illiteracy	1	6.066	174.44	70.477
+ Income	1	5.560	174.94	70.622
+ HS_Grad	1	2.068	178.44 71.610	
− Frost	1	80.104	260.61	86.550
− Life_Exp	1	293.331	473.84	116.442

Step: AIC=65.15 Murder ~ Life_Exp + Frost + Population				
	Df	Sum of Sq	RSS	AIC
+ Density	1	21.056	135.74	59.935
+ Area	1	19.040	137.75	60.672
+ Illiteracy	1	11.826	144.97	63.225
⟨none⟩			156.79	65.146
+ HS_Grad	1	1.821	154.97	66.561
+ Income	1	0.739	156.06	66.909
− Population	1	23.710	180.50	70.187
− Frost	1	47.198	203.99	76.303
− Life_Exp	1	296.694	453.49	116.247

- AIC를 기준으로 전진선택법을 실시한 결과 종속변수인 (Murder) 이후에 독립변수 후보들 중 (Life_Exp)를 선택하였고 그때의 AIC는 86.55임
- 계속해서 독립변수 Frost, Population 등을 포함해 가면서 AIC가 낮아지는 방향으로 진행됨을 확인할 수 있음

• R 프로그래밍(state.x77_전진선택법)-4

```
Step: AIC=59.94
Murder ~ Life_Exp + Frost + Population + Density
              Df      Sum of Sq    RSS       AI
+ Illiteracy  1       17.025       118.71    55.234
+ Area        1       8.453        127.29    58.720
⟨none⟩                             135.74    59.935
+ Income      1       4.664        131.07    60.187
+ HS_Grad     1       0.253        135.49    61.842
− Density     1       21.056       156.76    65.146
− Population  1       34.792       170.53    69.344
− Frost       1       42.922       178.66    71.673
− Life_Exp    1       279.985      415.72    113.900

Step: AIC=55.23
Murder ~ Life_Exxp + Frost + Population + Density + Illiteracy
+ Income      1       12.439       106.27    51.700
+ HS_Grad     1       5.574        113.14    54.830
− Frost       1       3.910        122.62    54.854
+ Area        1       4.839        113.87    55.153
⟨none⟩                             118.71    55.234
− Illiteracy  1       17.025       135.74    59.935
− Density     1       26.255       144.97    63.225
− Population  1       44.312       163.03    69.094
− Life_Exp    1       122.376      241.09    88.657

Step: AIC=51.7
Murder ~ Life_Exp + Frost + Population + Density + Illiteracy + Income
              Df      Sum of Sq    RSS       AI
− Frost       1       3.681        109.95    51.402
⟨none⟩                             106.27    51.700
+ HS_Grad     1       0.092        106.18    53.656
+ Area        1       0.061        106.21    53.671
− Income      1       12.439       118.71    55.234
− Illiteracy  1       24.801       131.07    60.187
− Population  1       34.016       140.29    63.584
− Density     1       35.643       141.92    64.161
− Life_Exp    1       127.817      234.09    89.184

Step: AIC=51.4
Murder ~ Life_Exp + Population + Density + Illiteracy + Income
              Df      Sum of Sq    RSS       AI
⟨none⟩                             109.95    51.402
+ Frost       1       30681        106.27    51.700
+ Area        1       0.674        109.28    53.095
+ HS_Grad     1       0.193        109.76    53.315
− Income      1       12.668       122.62    54.854
− Density     1       39.768       149.72    64.838
− Population  1       49.932       159.89    68.122
− Illiteracy  1       68.463       178.42    73.605
− Life_Exp    1       125.134      235.09    87.397

Call:
lm(formula = Murder ~ Life_Exp + Population + Density + Illiteracy + Indome, data = state_df)

Coefficients:
(Intercept)   Life_Exp      Population   Density      Illiteracy   Income
1.050e+02     −1.489e+00    2.407e−04    −4.465e−03   2.601e+00    1.018e−03
```

– 최종 AIC 값은 51.4이며, 추정회귀식은 Murder = 105.0 − 1.489×Life_Exp + 0.0002407×Population − 0.004465×Density + 2.601×Illiteracy + 0.001018× Income

• R 프로그래밍(state.x77_후진소거법)−5

```
> # 후진소거법(backward elimination)
> stepAIC(fit_full)
Start: AIC=55.6
Murder ~ Population + Income + Illiteracy + Life_Exp + HS_Grad + Frost + Area + Density
              Df        Sum of Sq   RSS        AIC
- Area        1         0.128       106.18     53.656
- HS_Grad     1         0.159       106.21     53.671
- Frost       1         2.756       108.81     54.879
<none>                              106.05     55.596
- Income      1         6.075       112.13     56.381
- Illiteracy  1         18.836      124.89     61.770
- Density     1         21.980      129.03     63.013
- Population  1         33.566      139.62     67.345
- Life_Exp    1         114.458     220.51     90.196

Start: AIC=53.66
Murder ~ Population + Income + Illiteracy + Life_Exp + HS_Grad + Frost + Density
- HS_Grad     1         0.092       106.27     51.700
- Frost       1         3.581       109.76     53.315
<none>                              106.18     53.656
- Income      1         6.958       113.14     54.830
- Illiteracy  1         23.548      129.73     61.671
- Density     1         29.366      135.55     63.865
- Population  1         33.591      139.77     65.400
- Life_Exp    1         115.805     221.99     88.530

Start: AIC=51.7
Murder ~ Population + Income + Illiteracy + Life_Exp + Frost + Density
- Frost       1         3.681       109.95     51.402
<none>                              106.27     51.700
- Income      1         12.439      118.71     55.234
- Illiteracy  1         24.801      131.07     60.187
- Population  1         34.016      140.29     63.584
- Density     1         35.643      141.92     64.161
- Life_Exp    1         127.817     234.09     89.184

Start: AIC=51.4
Murder ~ Population + Income + Illiteracy + Life_Exp + Density
<none>                              109.95     51.402
- Income      1         12.668      122.62     54.854
- Density     1         39.768      149.72     64.838
- Population  1         49.932      159.89     68.122
- Illiteracy  1         68.463      178.42     73.605
- Life_Exp    1         125.134     235.09     87.397

Call:
li(formula = Murder ~ Population + Income + Illiteracy + Life_Exp + Density, data = state_df)

Coefficients:
(Intercept)   Population   Income      Illiteracy   Life_Exp     Density
1.050e+02     2.407e-04    1.018e-03   2.601e+00   -1.489e+00   -4.465e03
```

– 후진소거법으로 수행하여도 전진선택법과 같은 결과를 보이는 것을 알 수 있음

4. 주성분 분석

(1) 주성분 분석(PCA ; Principal Component Analysis)의 개념

❶ 주성분 분석은 상관관계가 있는 고차원 자료의 변동을 최대한 보존하기 위해 저차원 자료로 변환하는 **'차원 축소'** 방법이다.

❷ 주성분 분석은 서로 상관성이 높은 변수들의 선형 결합으로 만들어 기존의 상관성이 높은 변수들을 요약, 축소하는 기법이다.

❸ 주성분 분석은 변동 폭이 가장 큰 축을 첫 번째 주성분으로 선택하고 두 번째 주성분으로 첫 번째 성분과는 상관성이 낮되, 첫 번째 주성분이 설명하지 못하는 나머지 변동을 정보의 손실없이 가장 많이 설명할 수 있도록 선형조합을 만든다.

❹ 차원 축소는 주성분 분석에서 변수의 중요도 기준이 되는 '고윳값'을 정렬하여 높은 고윳값을 가진 **'고유벡터'**만으로 데이터를 복원한다.

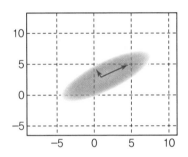

(2) 주성분의 선택법

❶ 주성분 분석의 결과에서 누적기여율(Cumulative proportion)이 85% 이상이면 주성분의 수로 결정이 가능하다.

❷ scree plot을 활용하여 고윳값(Eigenvalue)이 수평을 유지하기 전단계로 주성분의 수를 선택할 수 있다.

(3) 주성분 분석 사례(state.x77 예제)

❶ R 프로그래밍(state.x77_주성분 분석)-1 : 누적 분산비율은 제4성분까지 선택하면 대략 88.12%로 전체 데이터의 88.12%를 설명할 있다.

```
> # 데이터 생성
> state_df <- as.data.frame(state.x77)
>
> # 컬럼명 변경
> colnames(state_df) <- c('pop', 'income', 'illiteracy', 'life_exp', 'murder', 'hs_grad', 'frost', 'area')
> state_df

># 요약 통계량 확인
> summary(state_df)
      pop              income        illiteracy       life_exp          murder          hs_grad           frost             area
 Min.   : 365    Min.   :3098    Min.   :0.500    Min.   :67.96    Min.   : 1.400    Min.   :37.80    Min.   :  0.00    Min.   :1049
 1st Qu.: 1080    1st Qu.:3993    1st Qu.:0.625    1st Qu.:70.12    1st Qu.: 4.350    1st Qu.:48.05    1st Qu.: 66.25    1st Qu.:36985
 Median : 2838    Median :4519    Median :0.950    Median :70.67    Median : 6.850    Median :53.25    Median :114.50    Median :54277
 Mean   : 4246    Mean   :4436    Mean   :1.170    Mean   :70.88    Mean   : 7.378    Mean   :53.11    Mean   :104.46    Mean   :70736
 3rd Qu.: 4968    3rd Qu.:4814    3rd Qu.:1.575    3rd Qu.:71.89    3rd Qu.:10.675    3rd Qu.:59.15    3rd Qu.:139.75    3rd Qu.:81163
 Max.   :21198    Max.   :6315    Max.   :2.800    Max.   :73.60    Max.   :15.100    Max.   :67.30    Max.   :188.00    Max.   :566432
>
># 주성분 분석 수행
> summary(fit_state)
> fit_state <- princomp (state_df, cor=TRUE)
Importance of components:
                          Comp.1       Comp.2       Comp.3       Comp.4       Comp.5       Comp.6       Comp.7       Comp.8
Standard deviation      1.8970755    1.2774659    1.0544862    0.84113269    0.62019488    0.55449226    0.3800642    0.33643379
Proportion of Variance  0.4498619    0.2039899    0.1389926    0.08843803    0.04808021    0.03843271    0.0180561    0.01414846
Cumulative Proportion   0.4498619    0.6538519    0.7928445    0.88128252    0.92936273    0.96779544    0.9858515    1.00000000
```

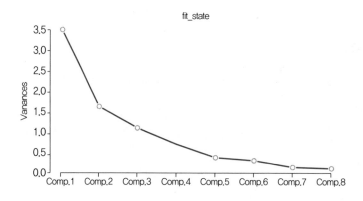

❷ R 프로그래밍(state.x77_주성분 분석)-2

```
> loadings(fit_state)
Loadings:
```

	Comp.1	Comp.2	Comp.3	Comp.4	Comp.5	Comp.6	Comp.7	Comp.8
pop	0.126	0.411	0.656	0.409	0.406			0.219
income	−0.299	0.519	0.100		−0.638	−0.462		
illiteracy	0.468			−0.353		−0.387	0.620	0.339
life_exp	−0.412		0.360	−0.443	0.327	−0.219	0.256	−0.527
murder	0.444	0.307	−0.108	0.166	−0.128	0.325	0.295	−0.678
hs_grad	−0.425	0.299		−0.232		0.645	0.393	0.307
frost	−0.357	−0.154	−0.387	0.619	0.217	−0.213	0.472	
area		0.588	−0.510	−0.201	0.499	−0.148	−0.286	

	Comp.1	Comp.2	Comp.3	Comp.4	Comp.5	Comp.6	Comp.7	Comp.8
SS loadings	1.000	1.000	1.000	1.000	1.000	1.000	1.000	1.000
Proportion Var	0.125	0.125	0.125	0.125	0.125	0.125	0.125	0.125
Cumulative Var	0.125	0.250	0.375	0.500	0.625	0.750	0.875	1.000

㉠ 각 변수들이 주성분 Comp.1~Comp.8까지 기여하는 가중치가 제시됨

㉡ 제 1주성분에는 pop와 illiteracy, murder를 제외하고는 음(−)의 부호를 갖는 것을 확인할 수 있음. area변수는 기여도에서 제외됨

㉢ comp.1부터 comp.4까지의 성분을 식으로 나타내면 다음과 같이 표현 가능

$$Y_1 = 0.126 \times pop - 0.299 \times income + 0.468 \times illiteracy - 0.412 \times life\_exp + 0.444 \times murder$$
$$- 0.425 \times hs\_grad - 0.357 \times frost$$
$$Y_2 = 0.411 \times pop - 0.519 \times income + 0.307 \times murder + 0.299 \times hs\_grad - 0.154 \times frost$$
$$+ 0.588 \times area$$
$$Y_3 = 0.656 \times pop - 0.100 \times income + 0.360 \times life\_exp - 0.108 \times murder - 0.387 \times frost - 0.510 \times area$$
$$Y_4 = 0.409 \times pop - 0.353 \times illiteracy - 0.443 \times life\_exp + 0.166 \times murder - 0.232 \times hs\_grad$$
$$- 0.154 \times frost + 0.588 \times area$$

❸ R 프로그래밍(state.x77_주성분 분석)-3 : 각 주성분의 선형식을 통해 얻은 결과를 계산하면 다음과 같다.

```
> #Scores
> #각 주성분의 선형식을 통해 얻은 결과를 계산한다.
> fit_state$scores
```

	Comp.1	Comp.2	Comp.3	Comp.4	Comp.5	Comp.6	Comp.7	Comp.8
Alabama	3.82836428	−0.23716257	−0.23164558	−0.387160137	−0.250063651	0.438510756	−0.057832639	−0.54034718
Alaska	−1.06382751	5.51156918	−4.28364318	−0.581518252	0.110240336	−1.011465126	−0.305242933	0.11968754
Arizona	0.87623537	0.75262575	−0.07805313	−1.736293836	−0.565437712	0.308075835	−0.132051563	0.52987749
Arkansas	2.40595872	−1.30142362	−0.22505473	−0.629534491	0.654049735	−0.261356010	−0.034254246	−0.49267468
California	0.24383210	3.54515336	2.83493329	0.071090007	0.978401574	0.657899938	−0.045779611	0.25999505
Colorado	−2.08311775	0.51079765	−0.51657601	0.111038575	0.002332019	0.268929207	0.650659162	−0.37882397
Connecticut	−1.91871993	−0.24547359	0.66939807	−0.171453869	−0.797109166	−1.088880611	0.543902053	0.07421759

Delaware	−0.42909658	−0.51307618	−0.22094439	0.194608671	−1.319954683	0.158414297	−0.294488936	0.24194068
Florida	1.18402345	1.14626187	1.29485401	−0.493455278	−0.683343494	0.344606251	−0.415239336	−0.25989906
Georgia	3.32761584	0.11107318	−0.39099842	0.460212968	−0.481429968	−0.106024641	−0.036699798	−0.20243028
Hawaii	−0.49198599	0.12653389	1.39131861	−2.980183281	−1.078452827	−0.176986556	0.815924011	−0.26615349
Idaho	−1.43788059	−0.61734785	−0.43889922	−0.409728335	0.411942220	0.655164399	−0.134359179	−0.23478826
Illinois	0.12017203	1.29540733	0.81201670	1.599063843	−0.337541671	−0.045421036	0.136455638	−0.15203541
Indiana	−0.47598579	−0.24769029	0.30454473	0.663154499	−0.045714994	0.234086474	−0.222221601	−0.17429728

이하 중략

❹ R 프로그래밍(state.x77_주성분 분석)−4

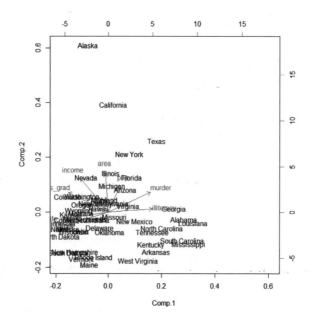

ⓐ 조지아, 알라바마 등은 문맹률이 높은 지역
ⓑ 콜로라도, 네바다 주는 고교 졸업률과 소득이 높은 지역

5. 다차원척도법

(1) 다차원척도법(Multidimensional Scaling)

❶ 객체 간 근접성(Proximity)을 시각화하는 통계기법이다.

❷ 개체들을 2차원 또는 3차원 공간상에 점으로 표현하여 개체 간 집단화를 시각적으로 표현하는 방법이다.

❸ 객체 간 유사성·비유사성을 측정하여 2차원 공간상에 개체들을 점으로 표현한다는 점에서 군집분석과 유사하다.

(2) 다차원척도법의 특징

❶ 데이터 간의 잠재되어 있는 패턴(Pattern)을 찾아낼 수 있다.

❷ 차원 축소(Dimensionality reduction)의 목적으로도 다차원척도법을 활용할 수 있다.

❸ 다차원척도법에 의해 얻은 결과에 현상 및 고유 구조로 의미부여 또한 가능하다.

(3) 다차원척도법 분석 방법

❶ 개체 간 거리를 계산하는 다양한 방법 중, '유클리디안 거리 계산법'을 활용한다.

$$d_{ii} = \sqrt{(x_{i1} - x_{i1})^2 + \cdots + (x_{iR} - x_{iR})^2}$$

❷ 각 개체들을 공간상에 표현하기 위한 방법으로는 부적합도를 기준으로 STRESS나 S-STRESS를 활용한다. 최적 모형의 적합은 부적합도를 반복알고리즘을 활용하여 최소로 하는 알고리즘을 적합모형으로 제시한다.

$$S = \sqrt{\frac{\displaystyle\sum_{i=1, j=1}^{n} (d_{ij} - \widehat{d_{ij}})^2}{\displaystyle\sum_{i=1, j=1}^{n} (d_{ij})^2}}$$

• d_{ij} = 관측대상 i부터 j까지 실제거리

• $\widehat{d_{ij}}$ = 프로그램에 의해 추정된 거리

❸ STRESS값에 따른 적합도 수준

STRESS	적합도 수준
0	완벽(Perfect)
0.05 미만	매우 좋음(Excellent)
0.05~0.10	만족(Statisfactory)
0.10~0.15	보통(Acceptable, but doubt)
0.15 이상	나쁨(Poor)

(4) 다차원척도법 종류

❶ 계량적 다차원척도법(MDS)

ㄱ 측정된 데이터가 등간척도 혹은 비율척도인 경우 활용함

ⓛ N개의 케이스에 대해 p개의 변수(columns)들이 존재하는 경우, 각 개체들 간의 유클리디언 거리행렬을 계산한 후 개체들 간의 비유사성(S)을 공간상에 표현함

ⓒ R 프로그래밍(eurodist_다차원척도법)-1

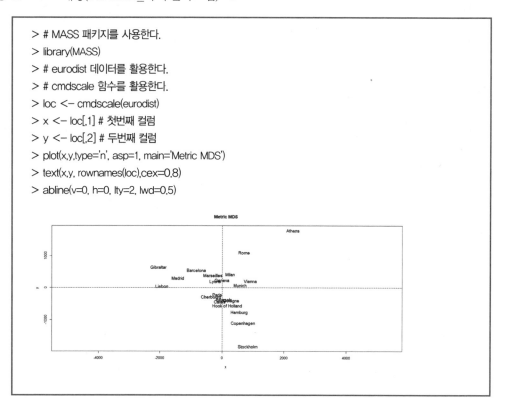

❷ 비계량적 다차원척도법(MDS)

ⓐ 데이터가 순서척도인 경우 **'비계량적 다차원척도법'**을 활용함

ⓛ 서열척도인 경우에는 서열척도의 속성과 같도록 변환하여 거리를 생성 후 활용함

ⓒ R 프로그래밍(swiss_다차원척도법)-2

```
> # MASS 패키지를 사용한다.
> library(MASS)
> # swiss 데이터를 활용한다.
> # matrix로 변경
> swiss_mat <- as.matrix(swiss[,-1])
> swiss_dist <- dist(swiss_mat)
> swiss_mds <- isoMDS(swiss_dist)
initial value 2.979731
iter 5 value 2.431486
iter 10 value 2.343353
final value 2.338839
```

```
converged

>
> plot(swiss_mds$points, type='n')
> text(swiss_mds$points, labels=as.character(1:nrow(swiss_mat)))
> abline(v=0, h=0, lty=2, lwd=0.5)
```

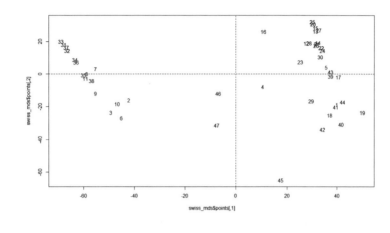

6. 시계열 분석

(1) 개요

❶ **시계열 분석**은 연도별, 분기별, 월별 등 시간순으로 관측되는 자료를 분석하여 미래를 예측하기 위한 분석기법이다.

❷ **시계열 분석**은 미래를 예측할 뿐만 아니라 경향, 주기, 계절성 등을 파악하여 활용한다.

(2) 시계열 자료 분석 순서

분석 순서	내용
시간 그래프 작성	관측값을 관측 시간에 따라 인접한 관측값을 직선으로 연결하여 그래프 작성한다.
추세와 계절성 제거	시간 그래프(Time Plot)를 활용하여 나타나는 추세 및 계절성 차분(Difference)을 활용해 제거함으로써 비정상 시계열을 정상 시계열로 변환한다.
잔차 예측	잔차(Residual)가 서로 비상관성이며, 잔차의 평균이 0인 특성인지를 확인한다.
잔차에 대한 모델 적합	잔차에 근거하여 모델을 추정한다.
미래 예측	앞 단계에서 제거했던 추세와 계절성을 다시금 더하여 미래를 예측한다.

(3) 시계열 자료의 종류

❶ x축에는 시간, y축에는 관측값으로 표현되므로 추세를 빠르게 분석할 수 있다.

❷ 시계열 데이터는 시간의 흐름에 따른 자료이므로 대체적으로 독립적이지 않다.

❸ 정상(Stationary) 시계열 자료 : 비정상 시계열을 변환하여 다루기 쉬운 시계열 자료로 변환한 자료이다.

❹ 비정상(Non-stationary) 시계열 자료 : 시계열 분석을 수행하기 어려운 자료로 대부분의 시계열 자료가 비정상적인 자료이다.

7. 정상성

(1) 정상성의 개념

❶ 정상성은 시점에 상관없이 시계열의 특성을 일정하게 지닌다는 뜻이다.

❷ 시계열 분석을 정확히 수행하려면 정상성 조건을 충족시켜야 한다.

(2) 정상성 조건

❶ 모든 시점에 대해 **평균이 일정**하다.

❷ **분산** 또한 **시점에 의존적이지 않고 일정**해야 한다.

❸ **공분산은 단지 시차에만 의존적**이며, **실제 특정 시점, t, s에는 의존**하지 않는다.

(3) 정상성 조건을 충족시키지 않을 때

❶ 평균이 일정하지 않은 시계열은 **차분(Difference)**을 통해 정상화가 가능하다.

❷ 분산이 일정하지 않은 시계열은 **변환(Transformation)**을 통해 정상화가 가능하다.

(4) 정상 시계열 그래프

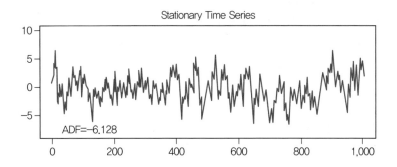

(5) 정상 시계열이 가지는 특징

❶ 정상 시계열은 항상 그 평균값으로 회귀하려는 특징을 지니며, 그 평균값 주변에서의 변동은 대체로 일정한 폭을 갖는다.

❷ 정상 시계열은 평균, 분산뿐만 아니라 특정 시차의 길이를 갖는 자기공분산도 동일한 값을 갖는 특징을 지닌다.

❸ 정상 시계열이 아니라면 특정 기간의 시계열 자료의 정보를 다른 시기로 일반화할 수 없으며, 차분과 변환을 통해 정상성을 확보하려 노력해야 한다.

(6) 차분

❶ 차분이란 현시점(t)에서 전 시점(t−1)의 시점을 빼는 것이다.

❷ 차분에는 일반차분(Regular difference)과 계절차분(Seasonal difference)이 있다.

    ㉠ **일반차분** : 바로 전 시점의 자료를 빼는 차분

    ㉡ **계절차분** : 여러 시점 전의 자료를 빼는 방법, 주로 계절성을 갖는 의류 등 자료들의 경우 이 같은 방법을 활용

8. 시계열 자료를 분석하는 방법

(1) 분석 방법

회귀분석방법, Box-Jenkins 방법, 지수평활법, 시계열 분해법 등이 존재한다.

유형	내용
수학적 이론에 집중한 유형	계량경제학에서 활용되는 회귀분석방법, ARMA(Box-Jenkins)방법
직관성을 강조한 유형	지수평활법, 시계열 분해법
단기 예측을 위한 유형	Box-Jenkins 방법, 지수평활법, 시계열 분해법 활용
장기 예측을 위한 유형	회귀분석방법 활용

(2) 자료 형태에 따른 분석 방법

❶ 일변량 시계열 분석
   ㉠ 시간(t)를 독립변수로 하고 주식가격, 소매물가지수 등을 종속변수로 하는 경우의 시계열
      분석임
   ㉡ ARMA(Box-Jenkins), 지수 평활법, 시계열 분해법 등 활용 가능

❷ 다중 시계열 분석
   ㉠ 여러 개의 시간(t)에 따른 변수들을 활용하는 시계열 분석을 의미
   ㉡ 계량경제 모형, 전이함수 모형, 개입분석, 상태공간 분석, 다변량 ARIMA 등 활용

(3) 이동평균법

❶ 이동평균법의 개념
   ㉠ 과거에서 현재까지의 시계열 자료를 일정기간으로 분리하여 이동평균을 계산하고, 이들의
      추세를 파악하여 다음 기간을 예측하는 것
   ㉡ 추세와 계절성을 불규칙변동을 제거하여 추세변동과 순환변동만 가진 시계열로 변환하기
      도 함

$$F_{n+1} = \frac{1}{m}(Z_n + Z_{n-1} + \cdots + Z_{n-m+1}) = \frac{1}{m}\sum_t^n Z_t \, t = n = m+1$$

   ㉢ m은 이동평균한 특정 기간을 의미하며, Z_n은 가장 최근의 데이터를 의미
   ㉣ n개 시계열 데이터를 m기간으로 이동평균하는 경우, $n-m+1$개의 이동평균 데이터가 생
      성됨

❷ 이동평균법의 특징
   ㉠ 간단하고 쉽게 값예측이 가능하며, 자료 수가 많고 안정된 패턴인 경우 예측품질이 높음
   ㉡ 일반적으로 **시계열 자료의 추세가 뚜렷**하거나, **불규칙변동이 심하지 않은 경우에는** m개의
      수를 작게(짧은 기간)하여 평균을 사용하고 반대로 **불규칙변동이 심할 경우에는** m개의
      개수를 많게(긴 기간)의 평균으로 사용함

(4) 지수평활법

❶ **지수평활법** : 일반 이동평균법과 달리 최근 시계열에 더 많은 가중치를 부여하여 미래를 예측하는 방법

$$
\begin{aligned}
F_{n+1} &= \alpha Z_n + (1-\alpha) F_n \\
&= \alpha Z_n + (1-\alpha)[\alpha Z_{n-1} + (1-\alpha) F_{n-1}] \\
&= \alpha Z_n + \alpha(1-\alpha) Z_{n-1} + (1-\alpha)^2 F_{n-1} \\
&= \alpha Z_n + \alpha(1-\alpha) Z_{n-1} + (1-\alpha)^2 [a Z_{n-2} + (1-\alpha) F_{n-2}]
\end{aligned}
$$

- F_{n+1} : n시점 다음의 예측값을 의미
- Z_n : n시점의 관측값
- α : 지수평활계수, 지수평활계수가 과거로 갈수록 지수형태로 감소하는 형태

❷ 지수평활법의 특징

  ㉠ 단시간의 불규칙변동을 평활화하는 방법

  ㉡ 지수평활계수는 과거로 갈수록 지속적으로 감소

  ㉢ 자료 수가 많고 패턴이 안정될수록 예측 정확도(Quality)가 높음

  ㉣ 지수평활법에서 가중치(Weight)는 지수평활계수(α)이며, 불규칙변동이 큰 경우에는 지수평활계수(α)를 작게 설정하고, 불규칙변동이 작은 경우 지수평활계수(α)를 크게 설정함

  ㉤ 지수평활계수는 예측오차를 비교하여 예측오차가 가장 작은 값을 선택하는 것이 옳다고 할 수 있음(예측오차=실제값-예측값)

  ㉥ 지수평활법은 불규칙변동의 영향을 제거하는 효과가 있으며, 중기예측 이상에 주로 사용되지만 단순지수 평활법의 경우 장기추세나 계절변동이 포함된 시계열 예측에는 부적합함

9. 시계열 모형

(1) 개요

  시계열 모형에는 자기회귀모형(AR), 이동평균모형(MA), 지수평활법, 자기회귀누적이동평균모형(ARIMA)이 존재한다.

(2) 자기회귀모형(AR 모형, Auto-Regressive Model)

❶ 자기회귀모형은 현시점의 자료가 p시점 전의 유한개의 과거 자료로 설명될 수 있는 모형이다.

$$Z_t = \Phi_1 Z_{t-1} + \Phi_2 Z_{t-2} + \cdots + \Phi_p Z_{t-p} + \alpha_t$$

- Z_t : 현재 시점의 시계열 자료
- Z_{t-1}, Z_{t-2}, $\cdots$, Z_p : 이전, 그 이전 시점 p의 시계열 자료
- Φ_p : p시점이 현재에 어느 정도 영향을 주는지를 나타내주는 모수
- α_t : 백색잡음과정(White noise process), 시계열 분석에서의 오차항을 의미
- 평균이 0, 분산이 , 자기공분산이 0인 경우를 의미하며, 시계열 간 확률적 독립일 경우, 강(Strictly) 백색잡음 과정이라 함
- 백색잡음 과정이 정규분포일 경우 이는 가우시안(Gaussian) 백색잡음 과정이라 함

❷ AR(1) 모형은 $Z_t = \Phi_1 \times Z_{t-1} + \alpha_t$, 직전 시점 데이터로만 분석한다.

❸ AR(2) 모형은 $Z_t = \Phi_1 \times Z_{t-1} + \Phi_2 \times Z_{t-2} + \alpha_t$, 연속된 3시점 정도의 데이터로 분석한다.

(3) 이동평균 모형(MA 모형, Moving Average Model)

❶ 백색잡음의 결합이 유한한 개수로 이루어지므로 언제나 정상성을 만족한다.

❷ MA1 모형인 1차 이동평균모형은 시계열이 같은 시점의 백색잡음과 바로 전 시점의 백색잡음의 결합으로 이뤄진 모형이다.

$$Z_t = \alpha_t - \theta_1 \times \alpha_{t-1} - \theta_2 \times \alpha_{t-2} - \cdots - \theta_p \times \alpha_{t-p}$$

❸ MA2 모형인 2차 이동평균모형은 바로 전 시점의 백색잡음 및 시차가 2인 백색잡음의 결합으로 이루어져 있다.

$$Z_t = \alpha_t - \theta_1 \times \alpha_{t-1}$$

(4) 자기회귀누적 이동평균 모형(ARIMA ; AutoRegressive Integrated Moving Average model)

❶ ARIMA모형은 비정상 시계열 모형이다.

❷ ARIMA모형을 차분이나 변환을 활용하여 AR모형이나 MA모형, 혹은 이 둘을 결합한 ARMA모형으로 정상화시킬 수 있다.

❸ p는 AR모형, q는 MA모형과 관련이 있는 차수이다.

❹ 시계열 $\{Z_t\}$을 d번 차분한 시계열이 ARMA(p,q)모형이라면, 시계열 $\{Z_t\}$는 차수가 p,d,q인 ARIMA 모형, 즉 ARIMA(p,d,q)모형을 갖는다고 본다.

❺ d=0인 경우 ARMA(p,q)모형이라 부르고, 이 모형은 정상성을 만족한다[ARMA(0,0)일 경우 정상화를 시킬 필요가 없다].

❻ p=0일 경우 IMA(d,q)모형이라 부르고, d번의 차분을 통해 MA(q)모형을 따르게 한다.

❼ q=0일 경우 ARI(p,d)모형이라 부르고, d번의 차분을 통해 AR(p)모형을 따르게 한다.

❽ ARIMA 모형 참고

- ARIMA(0,1,1) : 1차분 후에 MA(1)모형을 활용한다.
- ARIMA(1,1,0) : 1차분 후에 AR(1)모형을 활용한다.
- ARIMA(1,1,2) : 1차분 후에 AR(1), MA(2), ARMA(1,2)모형을 선택하여 활용한다.

※ 선택 시의 기준은 가장 심플한 모형 혹은, AIC나 BIC를 적용하여 가장 지표가 낮은 모형을 선택

(5) 분해 시계열

❶ 분해 시계열이란 시계열에 영향을 주는 일반적인 요인을 시계열에서 분리해 분석하는 방법을 의미하며, 회귀분석적인 방법을 주로 활용한다.

❷ 시계열 구성요소

구성 요소	내용
추세 요인	선형적 추세 혹은 이차식 형태, 지수 형태 등의 특정 형태를 취할 때 추세 요인(Trend factor)이 있다고 한다.
계절 요인	요일마다 반복되거나 일 년 중 각 월의 변화 등과 같이 고정된 주기에 따라 자료가 변화할 경우 계절 요인(Seasonal factor)이 있다고 한다.
순환 요인	명백한 이유 없이 알려지지 않은 주기를 통해서 자료가 변화할 때 순환 요인(Cyclical factor)이 존재한다고 할 수 있다.
불규칙 요인	위의 세 가지 요인으로 설명할 수 없는 회귀분석에서 오차에 해당하는 요인을 불규칙 요인(Irregular factor)이라 한다.

$Z_t = f(T_t, S_t, C_t, I_t)$

- Z_t : 시계열 자료 값
- f : 미지의 함수
- T_t : 경향(추세) 요인
- S_t : 계절 요인
- C_t : p시점이 현재에 어느 정도 영향을 주는지를 나타내주는 모수
- I_t : 불규칙 요인

❸ R 프로그래밍(시계열분석)-1

```
> #[예제1] 다음은 1871년도부터 1970년도까지 아스완 댐에서 측정한
> # 나일강의 연간 유입량에 대한 내장 시계열 데이터이다.
> Nile
Time Series:
Start=1871
End=1970
Frequency=1

[1]    1120  1160   963  1210  1160  1160   813  1230  1370  1140   995   935  1110   994  1020
[16]    960  1180   799   958  1140  1100  1210  1150  1250  1260  1220  1030  1100   774   840
[31]    874   694   940   833   701   916   692  1020  1050   969   831   726   456   824   702
[46]   1120  1100   832   764   821   768   845   864   862   698   845   744   796  1040   759
[61]    781   865   845   944   984   897   822  1010   771   676   649   846   812   742   801
[76]   1040   860   874   848   890   744   749   838  1050   918   986   797   923   975   815
[91]   1020   906   901  1170   912   746   919   718   714   740
```

❹ R 프로그래밍(시계열분석)-2

```
> # 1) EDA(탐색적 데이터 분석)
> plot(Nile)

> # 나일강 연간 유입량 시계열 그림
```

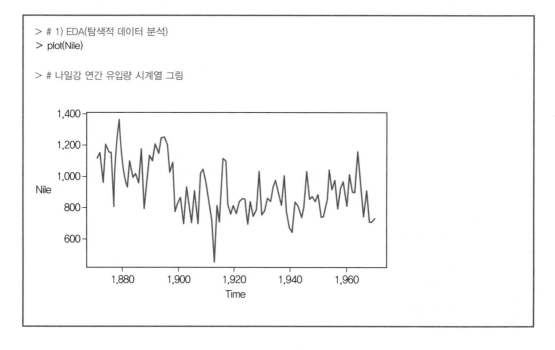

❺ R 프로그래밍(시계열분석)-3

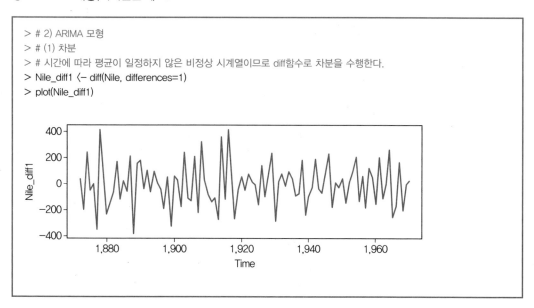

```
> # 2) ARIMA 모형
> # (1) 차분
> # 시간에 따라 평균이 일정하지 않은 비정상 시계열이므로 diff함수로 차분을 수행한다.
> Nile_diff1 <- diff(Nile, differences=1)
> plot(Nile_diff1)
```

❻ R 프로그래밍(시계열분석)-4

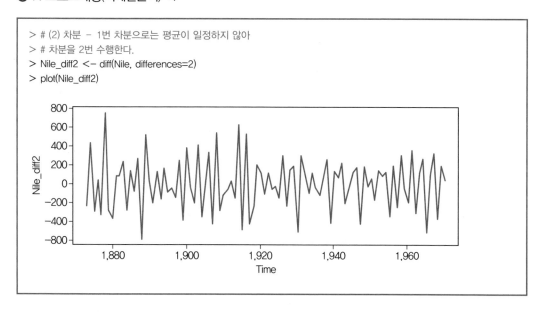

```
> # (2) 차분 – 1번 차분으로는 평균이 일정하지 않아
> # 차분을 2번 수행한다.
> Nile_diff2 <- diff(Nile, differences=2)
> plot(Nile_diff2)
```

❼ 자기상관함수(acf)와 부분자기상관함수(pacf)를 활용하여 ARIMA 모형을 적합한 후에 최종 모형 결정이 가능하다.

❽ 자기상관함수를 살펴보기 위해 acf 함수를 사용하여 2차 차분을 한 나일강 연간 유입량 시계열 자료의 자기상관함수 그래프를 그려보면 다음과 같다.

❾ R 프로그래밍(시계열분석)-5

```
> # (3) ARIMA 모델 적합 및 결정-자기상관회귀
> # 자기상관함수를 살펴보기 위해 2차 차분 후의 나일강 데이터를 통해 시계열 데이터를 그려본다.
> acf(Nile_diff2, lag.max=20)
> acf(Nile_diff2, lag.max=20, plot=FALSE)

Autocorrelations of series 'Nile_diff2', by lag
```

0	1	2	3	4	5	6	7	8	9
1.000	−0.626	0.100	0.067	−0.072	0.017	0.074	−0.192	0.245	−0.079

10	11	12	13	14	15	16	17	18	19
−0.153	0.183	−0.106	0.062	0.010	−0.096	0.134	−0.134	0.091	−0.030

20
0.003

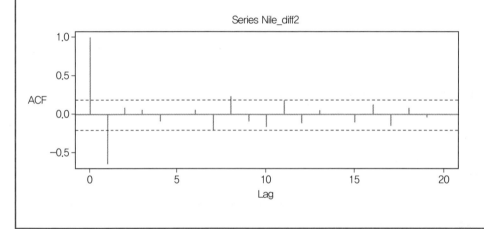

Series Nile_diff2

❿ R 프로그래밍(시계열분석)-6

```
> # (3) ARIMA 모델 적합 및 결정 − 부분자기상관회귀
> # 부분자기상관함수를 살펴보기 위해 2차 차분 후의 나일강 데이터를 통해 시계열 데이터를 그려본다.
> pacf(Nile_diff2, lag.max=20)
> pacf(Nile_diff2, lag.max=20, plot=FALSE)

Partial autocorrelations of series 'Nile_diff2', by lag
```

1	2	3	4	5	6	7	8	9
−0.626	−0.481	−0.302	−0.265	−0.273	−0.112	−0.353	−0.213	0.038

10	11	12	13	14	15	16	17	18
−0.120	−0.117	−0.197	−0.132	−0.055	−0.109	0.022	−0.184	−0.067

19	20
−0.037	−0.024

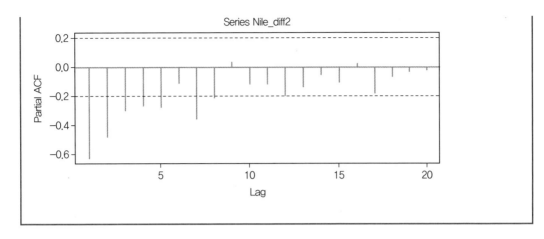

Series Nile_diff2

⓫ acf함수의 lag개수는 20개로 설정하였다. 자기상관함수가 lag=1, 8일 때를 제외하고 모두 신뢰구간 안에 있는 것이 확인 가능하다.

⓬ pacf함수에서 lag=1~8에서 신뢰구간을 넘어 음의 값을 갖고, lag=9에서 절단된 것을 확인 가능하다. 따라서 acf와 pacf를 종합해서 확인해보면 다음과 같은 모형이 존재함을 알 수 있다.

　㉠ ARMA(8,0) : 부분자기상관함수(pacf) lag=9에서 절단

　㉡ ARMA(0,1) : 자기상관함수(acf) lag=2에서 절단

　㉢ ARMA(p,q) : AR 모형과 MA 모형을 혼합하여 모형을 식별하고 결정해야 함

⓭ R 프로그래밍(시계열분석)-7

```
> # (4) 적절 ARIMA 모형을 결정
> # forecast패키지 하의 auto.arima함수를 활용하여 적절한 ARIMA 모형을 결정한다.
> forecast:auto.arima(Nile)
Series: Nile
ARIMA(1,1,1)

Coefficients:
ar1 ma1
0.2544 −0.8741
s.e. 0.1194 0.0605

sigma^2=20177: log likelihood=−630.63
AIC=1267.25 AICc=1267.51 BIC=1275.04
```

```
> # (5) 결정된 ARIMA 모형을 기반으로 한 예측
> # ARIMA(1,1,1)로 결정됨
> Nile_arima <- arima(Nile, order=c(1,1,1))
> Nile_arima

Call:
arima(x=Nile, order=c(1, 1, 1))

Coefficients:
         ar1      ma1
      0.2544  -0.8741
s.e.  0.1194   0.0605

sigma^2 estimated as 19769: log likelihood=-630.63, aic=1267.25
>
> Nile_forecast <- forecast:forecast(Nile_arima, h=10)
> Nile_forecast
        Point Forecast    Lo 80       Hi 80       Lo 95      Hi 95
1971        816.1813    635.9909    996.3717    540.6039   1091.759
1972        835.5596    642.7830   1028.3363    540.7332   1130.386
1973        840.4889    643.5842   1037.3936    539.3492   1141.629
1974        841.7428    642.1115   1041.3741    536.4331   1147.053
1975        842.0617    640.0311   1044.0923    533.0826   1151.041
1976        842.1429    637.8116   1046.4741    529.6452   1154.641
1977        842.1635    635.5748   1048.7522    526.2134   1158.114
1978        842.1687    633.3514   1050.9861    522.8102   1161.527
1979        842.1701    631.1488   1053.1914    519.4408   1164.899
1980        842.1704    628.9682   1055.3727    516.1057   1168.235
```

Forecasts from ARIMA(1,1,1)

PART 03 연습문제

25회차 기출유형

01 자료의 측정수준에 따른 척도에 대한 설명으로 옳지 않은 것은?

① 명목 척도는 단순히 측정 대상의 특성을 분류하거나 확인하기 위한 목적으로 숫자를 부여하며, 예로는 운동선수의 등번호, 성별, 종교, 출생지 등이 있다.

② 순서 척도는 대소 또는 높고 낮음 등의 순위만 제공할 뿐 양적인 비교는 할 수 없다. 대표적으로 선호도, 반 등수 등의 사례가 있다.

③ 등간 척도는 순위를 부여하되 순위 간의 간격이 같으므로 양적인 비교가 가능하다. 예로는 아날로그 온도계, 아날로그 시계 등이 있다.

④ 비율 척도는 측정값 간의 비율 계산이 가능하고, 사칙연산이 가능한 척도이며, 절대 영점이 존재하지 않는다. 사례로는 주급, 연봉 등이 존재한다.

28회차 기출유형

02 설문지 조사법에 의해 서비스에 대한 만족도 조사를 수행하려고 한다. 해당 문항을 제출할 때 올바른 척도는?

① 명목 척도   ② 서열 척도

③ 등간 척도   ④ 비율 척도

29회차 기출유형

03 다음 중 비율척도에 대한 예시로 가장 적절한 것은?

① 무게, 나이   ② 선호도

③ 성별, 출생지   ④ 온도, 시계

28회차 기출유형

04 피어슨의 비대칭도가 양수(+)일 때 분포의 최빈값, 중위값, 평균값의 크기 순서는?

① 중위값<최빈값<평균값

② 최빈값<평균값<중위값

③ 최빈값<중위값<평균값

④ 평균값<최빈값<중위값

05 다음 산포의 척도에 대한 설명 중 가장 옳지 않은 것은?

① 평균 절대편차는 관측값에서 평균을 뺀 값에 대한 절댓값을 모두 더한 값이다.

② IQR은 Q3(3사분위수)-Q1(1사분위수)이다.

③ 사분위 수는 데이터 표본을 4개의 동일한 부분으로 나눈 값이다.

④ 변동계수(CV)는 분포의 퍼짐 정도를 비교하게 해 준다.

06 다음 중에서 자료들의 중간 50%에 흩어진 정도를 나타내는 통계량은?

① 중위수

② 사분위수 범위(IQR)

③ 평균

④ 분산

07 100개의 실수를 관측하여 평균과 표준편차를 구한 결과 15와 2가 나왔다. 모든 관측값들에 4를 더한 후 평균과 표준편차를 다시 구하면 값의 변화는?

① 평균은 11, 표준편차는 -2가 된다.

② 평균은 19, 표준편차는 6이 된다.

③ 평균은 19, 표준편차는 2가 된다.

④ 평균은 19, 표준편차는 4가 된다.

08 다음 중 집중화 경향값과 산포도에 대한 특징으로 가장 적절하지 못한 것은?

① 중위수는 대표적인 집중화 경향을 나타내는 값으로 이상값에 의한 영향이 민감하다는 단점이 존재한다.

② 사분위수는 모든 데이터 값을 순서대로 배열하였을 때 4등분한 지점에 있는 값이다.

③ 표본평균은 데이터의 합을 총 개수로 나눈 값을 의미한다.

④ 최빈값은 관측된 데이터들 중에서 가장 빈번하게 나타난 값을 의미한다.

09 다음 중 연속형 확률분포가 아닌 것은?

① 정규분포(Normal distribution)

② 이항분포(Binomial distribution)

③ 카이제곱 분포(Chi-Squared distribution)

④ t-분포(t-distribution)

12회차 기출유형

10 다음에서 설명하는 척도는?

> 측정 대상이 갖고 있는 속성의 양을 측정하는 것으로 측정 결과가 수사로 표현되나 해당 속성이 전혀 없는
> 상태인 절대적인 원점(혹은 영점)이 없다. 따라서 두 관측값 사이의 비율은 별 의미가 없게 되는 척도로서 대
> 표적으로 온도, 지수 등이 그 예이다.

① 명목척도   ② 순서척도

③ 구간척도   ④ 비율척도

26회차 기출유형

11 다음에서 설명하는 척도는?

> 번호를 부여한 샘플을 나열하여 k개씩 n개의 구간으로 나누고, 첫 구간(1, 2, 3, …, k)에서 하나를 임의로 선
> 택한 후에 k개씩 띄어서 n개의 표본을 선택한다. 즉, 임의 위치에서 매 k번째 항목을 추출하는 방법이다.

① 계통추출법   ② 집락추출법

③ 층화추출법   ④ 단순 무작위 추출법

12회차 기출유형

12 다음 중 모집단에서 표본을 추출하는 방법이 다른 하나는?

① 계통추출법   ② 집락추출법

③ 깁스추출법   ④ 단순 무작위 추출법

5회차 기출유형

13 두 집단 A와 B가 독립일 때 항상 성립하지 않는 것은?

① $P(A|B) = P(A)$

② $P(B|A) = P(B)$

③ $P(A \cap B) = P(A) + P(B) - P(A) \times P(B)$

④ $P(A \cap B) = 0$

15회, 30회차 기출유형

14 다음 중 확률 및 확률분포에 대한 설명으로 가장 적합하지 않은 것은?

① 모든 사건의 확률값은 0과 1사이에 있다.

② 확률변수 X가 구간 또는 구간들의 모임인 숫자 값을 갖는 확률분포함수를 이산형확률밀도함수라 한다.

③ 두 사건 A, B가 독립일 때 사건 B의 확률은 A가 일어난다는 가정하에서의 B의 조건부 확률과 같다.

④ 서로 배반인 사건들의 합집합의 확률은 각 사건들의 확률의 합이다.

31회차 기출유형

15 이질적인 원소들로 구성된 모집단에서 각 계층을 고루 대표할 수 있도록 표본을 추출하는 표본추출방법은?

① 층화추출법   ② 집락추출법

③ 계통추출법   ④ 단순 랜덤추출법

14회차 기출유형

16 조건부 확률에서 사건 A가 일어났다는 가정하의 사건 B의 확률을 조건부 확률이라고 하고 다음의 식으로 표현할 수 있다. 다음의 빈칸에 들어갈 내용은?

$$P(B|A) = \frac{(\quad)}{P(A)}$$

① $P(A \cap B)$ ② $P(A)$

③ $P(B)$ ④ $P(A \cup B)$

10회, 30회차 기출유형

17 다음 중 제1종 오류에 대한 설명은?

① H_0가 사실일 때, H_0가 사실이라고 판정

② H_0가 사실일 때, H_0가 사실이 아니라고 판정

③ H_0가 사실이 아닐 때, H_0가 사실이라고 판정

④ H_0가 사실이 아닐 때, H_0가 사실이 아니라고 판정

15회, 27회차 기출유형

18 다음 중 이산형 확률변수인 경우 그 기댓값으로 옳은 식은?

① $E(x) = E(x^2) - \mu^2$

② $E(x) = E[(x - \mu)^2]$

③ $E(x) = \sum x f(x)$

④ $E(x) = \int x f(x)$

27회차 기출유형

19 확률변수 X, Y의 공분산에 대한 설명 중 옳지 않은 것은?

① 공분산이 0이면 두 변수 간에는 아무런 선형관계가 없으며 두 변수는 서로 독립적이다.

② 공분산이 양수이면 X가 증가할 때 Y도 증가한다.

③ 공분산이 음수이면 X가 증가할 때 Y는 감소한다.

④ 공분산의 범위는 0~1이다.

13회차 기출유형

20 자료의 정보를 이용해 집단에 관한 추리, 결론을 이끌어내는 과정인 통계적 추론에 대한 설명으로 가장 옳지 않은 것은?

① 통계적 추론은 제한된 표본을 바탕으로 모집단에 대한 일반적인 결론을 유도하려는 시도이므로 본질적으로 불확실성을 수반한다.

② 구간추정은 모수의 참값이 포함되어 있다고 추정되는 구간을 결정하는 것이며, 실제 모집단의 모수는 신뢰구간에 포함되어야 한다.

③ 전수조사가 불가능하면 모집단에서 표본을 추출하고 표본을 근거로 확률론에 기반하여 모집단의 모수들에 대해 추리/추론하는 것을 추정이라 한다.

④ 점 추정은 표본의 정보로부터 모집단의 모수를 하나의 값으로 추정하는 것이다.

25회차 기출유형

21 두 집단의 분산이 같은지 검정할 때 사용하는 검정통계량은?

① t-분포

② Z-분포

③ F-분포

④ 카이제곱 분포

22 귀무가설이 참이라는 전제하에 실제 표본에서 구한 표본 통계량의 값보다 더 극단적인 값이 나올 확률을 지칭하는 용어는?

① p-값(p-value) ② 유의수준

③ 검정통계량 ④ 기각역

23 다음 중 다음의 표가 나타내는 확률질량함수를 가진 확률변수의 기댓값으로 가장 적절한 것은? (소수점 둘째 자리에서 반올림한다.)

x	1	2	3	4
$f(x)$	0.2	0.3	0.075	0.2

① 1 ② 1.7

③ 1.8 ④ 2.5

24 다음 중 다음의 표가 나타내는 확률질량함수를 가진 확률변수의 기댓값으로 가장 적절한 것은?

x	1	2	3
$f(x)$	3/6	2/6	1/6

① 5/6 ② 4/6

③ 7/6 ④ 10/6

25 다음 중 모분산의 추론에 대한 설명으로 가장 옳지 않은 것은?

① 모집단의 변동성 또는 퍼짐의 정도에 관심이 있는 경우, 모분산이 추론의 대상이 된다.

② 모집단이 정규분포를 따르지 않더라도 중심극한정리를 통해 정규모집단으로부터의 모분산에 대한 검정을 유사하게 시행할 수 있다.

③ 이 표본에 의한 분산비 검정은 두 표본의 분산이 동일한지 비교하는 검정으로 검정통계량은 F분포를 따른다.

④ 정규모집단으로부터 n개를 단순임의 추출한 표본의 분산은 자유도가 n-1인 t분포를 따른다.

29회차 기출유형

26 다음 중 공분산과 상관계수에 대한 설명 중 가장 옳지 않은 것은?

① 공분산은 측정 단위에 영향을 받지 않는다.

② 공분산이 0이라면 두 변수 간에는 아무런 선형 관계가 없고 서로 독립적인 관계에 있다.

③ 상관계수를 통하여 상관관계의 표준화된 크기를 측정할 수 있다.

④ 상관분석은 두 변수의 인과관계 성립 여부를 확인할 수 없다.

13회, 29회차 기출유형

27 다음 중 가설검정과 관련된 용어에 대한 설명으로 가장 옳지 않은 것은?

① 귀무가설을 기각시키는 검정통계량들의 범위를 기각역이라 한다.

② 대립가설이 맞는데도 귀무가설이 맞다고 결론내리는 오류의 확률을 검정력이라 한다.

③ 현재까지 주장되는 사실이나 평균이 0이거나 차이가 없다는 등의 가설을 귀무가설이라 한다.

④ 귀무가설이 맞다고 할 때, 표본 통계량보다 더욱 극단적인 결과가 실제로 관측될 확률을 유의확률(p-value)라고 한다.

32회차 기출유형

28 다음 중 비모수 검정 방법에 속하지 않는 것은?

① 부호 검정(Sign Test)

② 런검정(Runs Test)

③ 윌콕슨의 부호 순위 합 검정(Wilcoxon Signed Rank Test)

④ 카이제곱 검정(X^2 분포)

15회차 기출유형

29 다음 중 표본을 도표화함으로써 모집단의 분포의 개형을 파악하는 탐색적 데이터 분석에 대한 설명으로 가장 옳지 않은 것은?

① 히스토그램은 도수분포표를 이용하여 표본자료의 분포를 나타낸 그래프이다. 수평축 위에 계급구간을 표시하고 그 위로 각 계급의 상대도수에 비례하는 넓이의 직사각형을 그린 것이다.

② 산점도(Scatter plot)은 두 특성의 값이 연속형일 때 표본자료를 그래프로 나타내는 방법으로써 각 이차원 자료에 대한 좌표가 (특성 1, 특성 2)인 점을 좌표평면 위에 나타낸 것이다.

③ 줄기-잎 그림(Stem-and-leaf plot)은 각 데이터의 점들을 구간단위로 요약하면서 많은 계산을 필요로 한다.

④ 파레토그림(Pareto diagram)은 명목형 자료에서 "중요한 소수"를 찾는 데 유용한 방법이다.

30 다음 결과에 대한 설명으로 옳지 않은 것은?

```
> library(data.table)
> summary(chickwts)
      weight                feed
Min.      :108.0   casein    :12
1st Qu.   :204.5   horsebean :10
Median    :258.0   linseed   :12
Mean      :261.3   meatmeal  :11
3rd Qu.   :323.5   soybean   :14
Max.      :423.0   sunflower :12
> wts<-data.table(chickwts)
> setkey (wts, feed)
> wts['casein',]
```

① 데이터 테이블 타입의 객체이다.

② wts['casein']과 동일한 결과이다.

③ 행의 수는 12이다.

④ 열의 수는 1이다.

31 다음은 chickwts 데이터 셋에 대한 요약통계량과 상자수염그림(Box-plot)이다. 이에 대한 설명 중 가장 옳지 않은 것은?

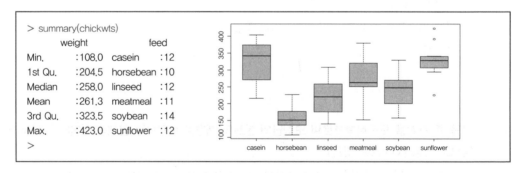

① weight의 중앙값은 horsebean 그룹이 가장 작다.

② meatmeal 그룹과 linseed 그룹의 weight의 평균이 유의한(significant)한 차이가 있는지는 알 수 없다.

③ horsebean 그룹에서 weight가 150보다 작은 개체가 약 50%가 된다.

④ 이상치는 존재하지 않는다.

32 다음은 chickwts 데이터 셋에 대해 t-test를 수행한 결과이다. 이에 대한 설명 중 가장 옳지 않은 것은?

```
> t.test(chickwts$weight, mu=250)
        One Sample t-test
data: chickwts$weight
t = 1.2206, df = 70, p-value = 0.2263
alternative hypothesis:   true mean is not equal to 250
95 percent confidence interval:
  242.8301 279.7896
sample estimates:
mean of x
  261.3099
```

① 해당 t검정은 양측검정을 나타내고 있다.

② '무게가 250과 같다'는 가설은 기각된다.

③ 평균 무게에 대한 점 추정량은 261.3이다.

④ 무게에 대한 95% 신뢰구간은 (242.83, 279.79)이다.

33 다음은 상관분석에 대한 설명으로 가장 옳지 않은 것은?

① 상관계수를 통해 두 변수의 선형관계를 알 수 있다.

② 상관계수는 두 변수 간의 상관 정도를 나타내는 것이지 인과관계를 설명해주는 것은 아니다.

③ 상관계수의 값이 0에 가까운 것은 두 변수 사이에 아무 관계가 없음을 의미한다.

④ 상관계수의 값은 항상 −1과 1 사이에 있으며 −1에 가까울수록 더욱 좋은 지표임을 반증한다.

34 다음은 상관분석에 대한 설명으로 가장 옳지 않은 것은?

① 스피어만 상관 계수는 두 변수 간의 비선형적인 관계도 측정이 가능하다.

② 피어슨 상관 계수는 두 변수 간의 비선형적인 관계도 측정이 가능하다.

③ 피어슨 상관 계수는 두 변수 X, Y를 순위로 변환한 후 다시금 스피어만 상관계수로 정의한 상관계수이다.

④ 두 상관계수 모두 항상 −1과 1 사이에 존재한다.

35 스피어만 상관계수를 계산할 때 대상이 되는 자료의 종류는?

① 서열척도   ② 명목척도

③ 비율척도   ④ 등간척도

36 attitude에 대해 다음의 상관행렬을 얻었다. 다음 설명 중 가장 옳지 않은 것은?

> cor(attitude)

	rating	complaints	privileges	learning	raises	critical	advance
rating	1	0.825418	0.426117	0.623678	0.590139	0.156439	0.155086
complaints	0.825418	1	0.558288	0.596736	0.669198	0.187714	0.22458
privileges	0.426117	0.558288	1	0.493331	0.445478	0.147233	0.343293
learning	0.623678	0.596736	0.493331	1	0.640314	0.115965	0.53162
raises	0.590139	0.669198	0.445478	0.640314	1	0.376883	0.574186
critical	0.156439	0.187714	0.147233	0.115965	0.376883	1	0.283343

① 모든 변수들 사이에 양(+)의 상관관계가 존재한다.

② critical과 learning 사이의 상관계수가 가장 작다.

③ rating과 complaints 사이의 상관계수가 가장 크다.

④ 모든 변수의 분산이 1이다.

37 데이터셋 swiss에 대한 상관행렬을 얻었다. 다음 설명 중 가장 옳지 않은 것은?

> round(cor(swiss), 2)

	Fertility	Agriculture	Examination	Education	Catholic	Infant.Mortality
Fertility	1	0.35	−0.65	−0.66	0.46	0.42
Agriculture	0.35	1	−0.69	−0.64	0.4	−0.06
Examination	−0.65	−0.69	1	0.7	−0.57	−0.11
Education	−0.66	−0.64	0.7	1	−0.15	−0.1
Catholic	0.46	0.4	−0.57	−0.15	1	0.18
Infant.Mortality	0.42	−0.06	−0.11	−0.1	0.18	1

① Agriculture와 Examination은 음의 상관관계를 갖고 있다.

② 서로 다른 두 개의 변수 간의 가장 큰 상관계수 값은 1이다.

③ 서로 다른 두 개의 변수 간의 양의 상관관계가 가장 강한 변수들은 Education과 Examination 이다.

④ Fertility와 가장 높은 상관관계를 갖는 변수는 Education이다.

38 회귀 분석 결정계수(r^2)에 대한 설명으로 가장 옳지 않은 것은?

① 회귀 모형에서 입력 변수가 증가하면 결정계수도 증가한다.

② 다중 회귀 분석에서는 결정계수 값보다는 수정된 결정계수 값을 사용하는 것이 적절하다.

③ 결정계수는 총 변동 중에서 회귀 모형에 의하여 설명되지 않은 오차에 의한 변동이 차지하는 비율이다.

④ 수정된 결정계수는 유의하지 않은 독립변수들이 회귀식에 포함되었을 때 그 값이 감소한다.

39 다음 중 다중회귀모형의 통계적 유의성을 확인하는 적절한 방법은?

① F-통계량을 확인한다.

② 회귀 계수의 t-값을 확인한다.

③ 결정계수를 확인한다.

④ AIC를 확인한다.

40 다음 중 선형회귀모형의 가정으로 가장 옳지 않은 것은?

① 이분산성   ② 선형성

③ 정규성   ④ 비상관성

41 다음 중 가장 적합한 회귀 모형을 찾기 위한 설명으로 옳지 않은 것은?

① 회귀 분석의 가설 검정에서 p-값이 0.05보다 작은 값이 나오면 통계적으로 유의하다고 할 수 있다.

② 잔차의 독립성, 등분산성, 정규성을 만족하는지 확인해야 한다.

③ 회귀식 검정 시 독립변수의 기울기가 0이 아니라는 가정을 귀무가설, 기울기가 0인 것을 대립가설로 놓는다.

④ 독립변수의 수가 많아지면 결정계수의 값이 증가하므로 수정된 결정계수를 사용하는 등의 조정이 필요하다.

42 다음 중 최적회귀방정식 선택을 위한 방법에 대한 설명으로 가장 옳지 않은 것은?

① 가능한 범위 내에서 적은 수의 설명변수를 포함시킨다.

② 전진선택법이나 후진선택법과 동일한 최적 모형을 선택하는 것이 단계적 방법이다.

③ 후진소거법은 전체 변수를 포함한 회귀모형에서 시작해 유의미하지 않는 변수들을 제거해 나가는 방법이다.

④ AIC나 BIC의 값이 가장 작은 모형을 선택하는 방법으로 모든 가능한 조합의 회귀분석을 실시한다.

43 회귀분석가정 중 다음 그림이 충족시키지 못하는 것은?

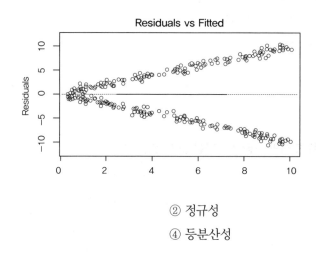

① 선형성   ② 정규성

③ 독립성   ④ 등분산성

44 다음 중 주성분 분석에 대한 설명으로 옳지 않은 것은?

① 주성분 분석은 수학적으로 직교 선형 변환으로 정의한다.

② 상관관계가 있는 고차원의 변동을 최대한 제거하여 선형 결합하는 방식이다.

③ 주성분은 선형결합으로 이루어져 있다.

④ 주성분 분석의 목적 중 하나는 데이터를 이해하기 위한 차원 축소이다.

18회, 26회, 30회, 31회차 기출유형

45 다음 중 주성분 분석에 대한 설명으로 옳지 않은 것은?

① 주성분은 주성분을 구성하는 변수들의 계수 구조를 파악하여 적절하게 해석한다.

② 스크리 도표(Scree Plot)는 고윳값의 크기순으로 산점도를 그린 그래프에서 기울기가 완만해지는 지점에서 1을 뺀 개수를 주성분의 개수로 선택하는 방법이다.

③ 평균 고유값(Average Eigenvalue) 방법은 고유값들의 평균을 구한 후 고유값이 평균값 이상이 되는 주성분을 제거하는 방법이다.

④ 전체 변이 공헌도(Percentage of Total Variance) 방법은 주성분들이 설명하는 총 분산의 비율이 70~90% 사이가 되는 주성분의 개수를 선택하는 방법이다.

31회차 기출유형

46 다음은 Wage 데이터셋을 회귀분석한 결과이다. 이에 대한 설명 중 옳지 않은 것은?

```
> library(ISLR)
> wage_df <-Wage [c('education', 'wage')]
> summary(1m (wage~education, data=wage_df))

Call:
1m (formula = wage ~ education, data = wage_df)

Residuals:
          Min      1Q      Median    3Q      Max
-112.31        -19.94   -3.09     15.33    222.56

Coefficients:
                              Estimate Std.   Error  t value  Pr(>|t|)
(Intercept)                   84.104        2.231  37.695   < 2e-16 ***
education2. HS Grad           11.679        2.520  4.634    3.74e-06 ***
education3. Some College      23.651        2.652  8.920    < 2e-16 ***
education4. College Grad      40.323        2.632  15.322   < 2e-16 ***
education5. Advanced Degree   66.813        2.848  23.462   < 2e-16 ***
———
Signif.   codes:   0 '***'   0.001  '**'  0.01  '*'  0.05  '.'  0.1 ' ' 1

Residual standard error: 36.53 on 2995 degrees of freedom
Multiple R-squared: 0.2348,    Adjusted R-squared: 0.2338
F-statistic: 229.8 on 4 and 2995 DF,  p-value: < 2.2e-16
```

① education2. HS Grad의 회귀 계수는 4.634이다.

② 회귀식은 통계적으로 유의미하다.

③ 모든 회귀계수는 통계적으로 유의미하다.

④ 결정계수는 0.2348이다.

47 다음 중 시계열분석에서 정상성의 특징이 아닌 것은?

① 평균이 일정하므로 모든 시점에 대해 일정한 평균을 가진다.

② 자기회귀식에는 백색잡음이 없다.

③ 공분산은 단지 시차에만 의존하고 실제 어느 시점 t,s에는 의존하지 않는다.

④ 분산도 시점에 의존하지 않는다.

48 변수들의 전체 변동의 80% 이상을 설명하는 데 필요한 최소 주성분은 몇 개인가?

```
> iris_features <- iris[,1:4]
> str(iris_features)
'data.frame':     150 obs. of 4 variables:
$ Sepal.Length  : num  5.1 4.9 4.7 4.6 5 5.4 4.6 5 4.4 4.9 ...
$ Sepal.width   : num  3.5 3 3.2 3.1 3.6 3.9 3.4 3.4 2.9 3.1 ...
$ Petal.Length  : num  1.4 1.4 1.3 1.5 1.4 1.7 1.4 1.5 1.4 1.5 ...
$ Petal.Width   : num 0.2 0.2 0.2 0.2 0.2 0.4 0.3 0.2 0.2 0.1 ...
>out <- princomp(iris_features)
>
> print(summary (out), loadings = TRUE)
Importance of components:
                        Comp.1         Comp.2        Comp. 3        Comp.4
Standard deviation      2.0494032     0.49097143    0.27872586    0.153870700
Proportion of Variance  0.9246187     0.05306648    0.01710261    0.005212184
Cumulative Proportion   0.9246187     0.97768521    0.99478782    1.000000000


Loadings:
              Comp.1  Comp.2  Comp.3  Comp.4
Sepal.Length   0.361   0.657   0.582   0.315
Sepal.width            0.730  -0.598  -0.320
Petal.Length   0.857  -0.173  -0.480
Petal.width    0.358          -0.546   0.754
```

① 1개   ② 2개

③ 3개   ④ 4개

49 다음 중 시계열분석에 관한 설명으로 가장 옳지 않은 것은?

① 짧은 기간 동안의 주기적인 패턴을 계절변동이라 한다.

② 시계열 데이터의 모델링은 다른 분석모형과 같이 탐색 목적과 예측목적으로 구분이 가능하다.

③ 시계열 분석의 주목적은 외부요인과 관련하여 계절성, 추세 등을 설명할 수 있는 모델을 결정하는 것이다.

④ 잡음(noise)은 무작위적인 변동으로 일반적 원인은 규명되어 있다.

50 데이터프레임 USArrests에 주성분분석을 적용하여 얻은 결과는 다음과 같다. 변수들 전체 변동의 80% 이상 설명력을 위해서 최소 주성분은 몇 개나 필요한가?

```
> #USArrests dataset
> print(summary (prcomp (USArrests, scale=TRUE)))
Importance of components:
                         PC1     PC2     PC3     PC4
Standard deviation     1.5749  0.9949  0.59713  0.41645
Proportion of Variance 0.6201  0.2474  0.08914  0.04336
Cumulative Proportion  0.6201  0.8675  0.95664  1.00000
```

① 1개   ② 2개

③ 3개   ④ 4개

51 연도별, 분기별, 월별 등 시간의 순서로 관측되는 자료들을 분석하여 미래를 예측하기 위해 분석하는 방법은?

① 주성분 분석   ② 상관분석

③ 시계열 분석   ④ 회귀 분석

52 분해 시계열에 대한 설명 중 가장 옳지 않은 것은?

① 불규칙 요인 : 추세, 계절, 순환 요인으로 설명할 수 없는 요인에 의해서 발생한 요인

② 추세 요인 : 자료의 형태가 오르거나 내리는 등의 자료가 어떠한 특정 형태를 취하는 특징을 지닌 요인

③ 계절 요인 : 고정된 주기에 따라 자료가 변하는 특징을 지닌 요인

④ 순환 요인 : 물가상승률, 급격한 인구 증가 등의 이유로 인해 주기를 가지고 변화하는 특징을 지닌 요인

53 시계열 분석 기법 중 최근 시계열 데이터에 더 많은 가중치를 부여하는 분석법은?

① 시계열 요소 분해법   ② 지수평활법

③ 이동평균법   ④ 회귀분석법

54 다음 중 시계열 데이터를 분석하기 위한 절차로 적합한 것은?

① 잔차 예측하기 → 시간 그래프 그리기 → 잔차에 대한 모델 적합하기 → 예측된 잔차에 추세, 계절성을 더해 미래 예측하기 → 추세와 계절성 제거하기

② 시간 그래프 그리기 → 추세와 계절성 제거하기 → 잔차 예측하기 → 잔차에 대한 모델 적합하기 → 예측된 잔차에 추세, 계절성을 더해 미래 예측하기

③ 추세와 계절성 제거하기 → 시간 그래프 그리기 → 잔차 예측하기 → 잔차에 대한 모델 적합하기 → 예측된 잔차에 추세, 계절성을 더해 미래 예측하기

④ 시간 그래프 그리기 → 잔차 예측하기 → 추세와 계절성 제거하기 → 잔차에 대한 모델 적합하기 → 예측된 잔차에 추세, 계절성을 더해 미래 예측하기

55 주성분분석의 결과에 대한 설명 중 가장 옳지 않은 것은?

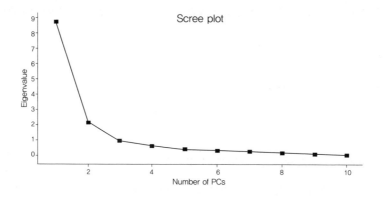

① 요인분석과 주성분 분석에서 많이 활용되는 스크리 도표(Scree plot)이다.

② 몇 개의 주성분을 사용하여 차원 축소를 진행할지 결정하기 위해 사용된다.

③ 주성분의 개수를 선택하기 위해 총 분산의 비율이 70~90% 사이가 되는 지점을 찾는데 사용되는 그래프이다.

④ 주성분의 분산의 감소가 급격히 줄어 주성분 개수를 늘릴 때 얻게 되는 정보의 양이 상대적으로 미미한 지점에서 주성분의 개수를 선택한다.

22회차 기출유형

56 다음의 식은 자기 회귀 누적 이동평균모형(ARIMA 모형)을 나타낸 것이다. ARIMA에서 ARMA로 정상화할 때 몇 번이나 차분하였는가?

ARIMA(1, 2, 3)

① 1번   ② 2번

③ 3번   ④ 4번

19회, 23회차 기출유형

57 다음 중 분해 시계열의 요인에 해당되지 않는 것은?

① 정상 요인   ② 추세 요인

③ 계절 요인   ④ 불규칙 요인

58 산점도(scatter plot)를 만들고 확인해 볼 점으로 옳지 않은 것은?

① 두 변수 사이에 선형관계가 성립 여부

② 집단의 개수

③ 인과관계 유무

④ 이상값 존재 유무

59 ARIMA 모형에서 차분이나 변환을 통해 나올 수 없는 모형은?

① AR 모형   ② RIM

③ MA 모형   ④ ARMA 모형

30회차 기출유형

60 다음 중 주성분 분석에서 변수의 중요도 기준이 되는 값은?

① 고윳값(Eigenvalue)   ② 특이값(Singular Value)

③ 표준오차(Standard Error)   ④ 스칼라(Scalar)

61 최적방정식을 선택하기 위한 방법 중 모든 독립변수 후보를 포함한 모형에서 시작하여 가장 적은 영향을 주는 변수를 하나씩 제거하면서 기준으로 삼은 지표가 더 이상 개선되지 않을 때까지 설명 변수를 제거하는 방법을 무엇이라 하는가?

① 전진선택법   ② 후진소거법

③ 단계적선택법   ④ 라쏘회귀((LASSO)

62 모집단의 성격에 따라 몇 개의 집단 또는 층으로 나누고, 각 집단 내에 원하는 크기의 표본을 무작 위로 추출하는 표본추출 방법을 무엇이라 하는가?

① 단순무작위추출법   ② 층화추출법

③ 군집단위추출법   ④ 계통적추출법

63 베르누이시행에서 성공의 확률변수는 1이고, 실패의 확률변수가 0의 값을 갖는다 하자. 성공일 확 률이 0.4로 주어진다면 기댓값은 얼마가 되겠는가?

① 0.1   ② 0.2

③ 0.3   ④ 0.4

64 이산형 확률분포 중 단위 시간 또는 영역에서 어떤 사건의 발생 횟수를 나타내는 확률분포는 무엇 인가?

① 이항분포   ② 다항분포

③ 초기하분포   ④ 포아송분포

65 아래는 College 데이터셋의 Grad.Rate 변수의 요약통계량의 결과이다. Grad.Rate 변수의 몇 %가 78보다 큰 값을 지니는가?

```
> library(ISLR)
> summary(College$Grad. Rate)
    Min.   1st Qu.  Median   Mean   3rd Qu.   Max.
   10.00    53.00   65.00   65.46    78.00  118.00
```

① 25%   ② 50%

③ 75%   ④ 100%

66 아래 주성분분석 결과에서 세 개 주성분을 활용 시 설명 가능한 전체 분산의 비율은?

```
> model <- princomp(car)
> summary(model)
Importance of components:
```

	Comp.1	Comp.2	Comp.3	Comp.4	Comp.5
Standard deviation	1.583	1.075	0.840	0.752	0.555
Proportion of Variance	0.453	0.231	0.141	0.113	0.061
Cumulative Proportion	0.453	0.684	0.825	0.938	1.000

① 0.453　　　　　　　　　　② 0.684

③ 0.825　　　　　　　　　　④ 0.141

67 회귀 방정식에서 자료를 가장 잘 설명해주는 추정값을 찾기 위해 잔차의 제곱합을 최소로 하는 방법을 무엇이라 하는가?

① 최소자승법(최소제곱법)　　　　② 경사하강법(Gradient Descent)

③ 베이지안추정　　　　　　　　　④ 최대우도추정법

68 회귀분석의 가정 중 정상성은 (　　　)이/가 정규분포를 이뤄야 함을 가정한다. 빈칸에 들어갈 용어로 가장 적합한 것은 무엇인가?

① 잔차　　　　　　　　　　　② 독립변수

③ 종속변수　　　　　　　　　④ 결정계수

69 다음은 회귀분석의 분산분석표이다. 결정계수의 값은?

```
> anova(df1)
Analysis of Variance Table
```

	df	Sum Sq	Mean Sq	F value	Pr(>F)
X1	1	280	287.95	702.2	< 2.2e−16 ×××
Residuals	1923	720	0.41		

① 25%　　　　　　　　　　② 26%

③ 27%　　　　　　　　　　④ 28%

70 두 번째 분산은 전체 분산의 몇 퍼센트를 설명하고 있는가? (소수점 둘째 자리에서 반올림한다.)

```
> iris_features <- iris [,1:4]
> str(iris_features)
'data.frame':    150 obs. of    4 variables:
$ Sepal.Length : num   5.1 4.9 4.7 4.6 5 5.4 4.6 5 4.4 4.9 ...
$ Sepal.width  : num   3.5 3 3.2 3.1 3.6 3.9 3.4 3.4 2.9 3.1 ...
$ Petal.Length : num   1.4 1.4 1.3 1.5 1.4 1.7 1.4 1.5 1.4 1.5 ...
$ Petal.Width  : num   0.2 0.2 0.2 0.2 0.2 0.4 0.3 0.2 0.2 0.1 ...
> out <- princomp(iris_features)
>
> print(summary (out),  loadings  =  TRUE)
Importance of components:
                           Comp.1        Comp.2       Comp.3       Comp.4
Standard deviation       2.0494032    0.49097143   0.27872586   0.153870700
Proportion of Variance   0.9246187    0.05306648   0.01710261   0.005212184
Cumulative Proportion    0.9246187    0.97768521   0.99478782   1.000000000

Loadings:
              Comp.1  Comp.2  Comp.3  Comp.4
Sepal.Length  0.361   0.657   0.582   0.315
Sepal.width           0.730  -0.598  -0.320
Petal.Length  0.857  -0.173          -0.480
Petal.width   0.358          -0.546   0.754
```

① 92.4%　　　　　　　　　　　② 5.31%

③ 1.71%　　　　　　　　　　　④ 0.52%

71 아래 빈칸에 들어갈 단어로 적절한 것은?

> 통계적 추론에서 (　　)검정은 자료와 추출된 모집단의 분포에 대해 아무 제약을 가하지 않고 검정을 실시하는 검정방법으로, 관측된 자료가 특정분포를 가정할 수 없는 경우에 적용된다.

① 기술　　　　　　　　　　　② 추론

③ 모수　　　　　　　　　　　④ 비모수

72 아래의 설명은 어떤 오류에 대한 설명인가?

> 귀무가설(H_0)이 옳은데도 귀무가설(H_0)을 받아들이지 않고 기각하게 되는 오류

① 제1종 오류　　　　　　　　② 제2종 오류

③ 표본추출 오류　　　　　　　④ 비표본추출 오류

73 시계열자료를 분석하는 목적 중 하나는 과거의 패턴을 유지한다는 가정 하에 현재까지 수집된 자료를 분석하여 미래에 대한 예측을 하는 것이다. 이를 위해 전체 자료를 이용하는 대신 최근 m개의 관측값들만의 평균을 구하여 지엽적인 변동을 제거하여 장기적인 추세를 쉽게 파악할 수 있는 방법은 무엇인가?

① AR 모형   ② RIM 모형

③ MA 모형   ④ ARMA 모형

74 자료의 위치를 나타내는 척도의 하나로 관측치를 크기순으로 배열하였을 때 전체의 중앙에 위치한 수치이다. 평균에 비해 이상치에 의한 영향이 적기 때문에 자료의 분포가 심하게 비대칭인 경우 중심을 파악할 때 합리적인 방법은 무엇인가?

① 평균값   ② 최빈값

③ 중앙값   ④ 4분위수

CHAPTER 01 통계 분석

01	02	03	04	05	06	07	08	09	10
④	②	①	③	①	②	③	①	②	③
11	12	13	14	15	16	17	18	19	20
①	③	④	②	①	①	②	③	④	②
21	22	23	24	25	26	27	28	29	30
③	①	③	④	④	①	②	④	③	④
31	32	33	34	35	36	37	38	39	40
④	②	④	③	①	④	②	③	①	①
41	42	43	44	45	46	47	48	49	50
③	②	④	②	③	①	②	①	④	②
51	52	53	54	55	56	57	58	59	60
③	④	②	②	④	②	①	③	②	①
61	62	63	64	65	66	67	68	69	70
②	②	④	④	①	③	①	①	④	②
71	72	73	74						
④	①	①	③						

01 정답 ④

해설 비율 척도는 절대영점('0')이 존재한다. 절대영점이라는 개념은 비어있다는 개념인데, 즉 무(無)의 개념으로 값이 비어있다는 것이다. 절대영점으로 인해 덧셈법칙, 곱셈법칙 등이 성립할 수 있게 된다.

02 정답 ②

해설 서비스 만족도의 경우 측정 대상의 대소 관계 및 우선순위를 나타내기 위한 목적이 있기에 순서 척도에 해당하며, 해당 척도를 활용한 설문지를 만들면 된다.

03 정답 ①

해설 비율척도는 사칙연산이 가능하며, 절대영점의 개념을 포함한다. 또한 무게와 나이의 경우 이산적 자료처럼 딱 떨어지는 변수로 보기 어렵다.

04 정답 ③

해설 피어슨의 비대칭도가 양수라는 것은 왜도가 양수(+)임을 의미하고, 이는 우측으로 긴 꼬리를 가졌음을 의미한다. 따라서 최빈값<중위값<평균값의 순서가 옳다.

05 정답 ①

해설 평균 절대편차는 관측값에서 평균을 뺀 값의 절댓값에 평균을 취해야 한다. 하지만 ①은 뺀 값에 절댓값까지만 취한 것으로 되어 있다.

06 정답 ②

해설 자료들의 중간 50%에 흩어진 정도를 보기 위해서는 산포도의 측정이라는 것을 기억해야 한다. 따라서 자료들의 중간 50%의 흩어진 정도를 나타내는 통계량인 IQR(사분위수 범위)를 체크해야 한다. 중위수는 산포도가 아닌 단일 값(스칼라)이다.

07 정답 ③

해설 기댓값 $E(X+b)$의 특성과 표준편차($\sigma+b$)의 특징에 대한 설명이다. 평균은 b큼 증가하지만, 표준편차 혹은 분산에는 변화를 미치지 않는다. 따라서, 평균은 19가 되고, 표준편차는 그대로 20이다.

08 정답 ①

해설 가장 이상치에 민감한 값은 평균이다. 오히려 중위수는 오름차순 혹은 내림차순으로 정렬했을 때 가장 가운데에 위치한 값이므로 이상치에 덜 민감해서 평균의 함정에 걸리지 않기 위해 자주 활용된다.

09 정답 ②

해설 이산확률분포는 베르누이, 이항분포, 다항분포, 기하분포, 초기하분포, 포아송 분포가 있으며, 연속확률분포는 정규분포, Z분포, t분포, F분포, 카이제곱 분포 등 곡선형태의 그래프이다.

10 정답 ③

해설 구간척도(등간척도)는 측정 대상이 갖고 있는 속성의 양을 측정하는 것으로 구간이나 구간 사이의 간격에는 의미가 있으나 절대영점이 없고, 사칙연산 중에서 덧셈과 뺄셈만 가능한 척도이다.

11 정답 ①

해설 계통추출법(체계적 추출 방법)은 초기번호를 선정할 때 단순 무작위의 방법으로 설정한 후 설정된 번호를 기준으로 k개씩 N개의 구간으로 나누고 첫 구간(1~k)에서 초기번호를 설정한 후 k개씩 구간을 주어 N개의 표본을 선택하는 방법이다.

12 정답 ③

해설 모집단에서 표본을 확률적으로(통계적으로 유의하게) 추출하는 방법은 단순 무작위 표본추출, 층화표본추출, 군집(집락)표본추출, 계통적 표본추출이 대표적이다.

13 정답 ④

해설 $P(A \cap B) = P(A) \times P(B)$가 성립하여야 한다. $P(A \cap B) = 0$인 식은 배반사건이며, 배반사건과 독립사건의 차이를 나타내는 것과 같다.

14 정답 ②

해설 확률변수 X가 구간 또는 구간들의 모임인 숫자 값을 갖는 확률분포함수는 연속확률밀도 함수이다.

15 정답 ①

해설 층화추출방법은 이질적인 원소들로 구성된 모집단에서 과학적인 방법으로 계층을 나누고 각 계층들을 골고루 대표할 수 있도록 표본을 추출하는 방법이다.

16 정답 ①

해설 조건부 확률은 어떤 사건 A가 일어난 조건하에서 다른 사건 B가 일어날 확률을 의미한다. 이를 수식으로 나타내면, $\dfrac{P(A \cap B)}{P(A)}$과 같이 나타낼 수 있다.

17 정답 ②

해설 제1종 오류는 귀무가설(H_0)이 옳은데도 귀무가설(H_0)을 기각할 때 생기는 오류이다.

18 정답 ③

해설 이산형 확률변수 x의 기댓값은 수식으로 $E(x) = \sum x f(x)$로 나타낼 수 있다.

19 정답 ④

해설 공분산의 범위는 −inf(음의 무한대)~+inf(양의 무한대)까지이다.

20 정답 ②

해설 구간추정은 모수의 참값이 포함되어 있다고 추정되는 구간을 결정하는 것이라는 의미는 맞지만 실제 모집단의 모수가 반드시 포함되어야 하는 것은 아니다.

21 정답 ③

해설 F−분포의 활용은 두 가지 이상의 표본집단의 분산을 비교하거나 모집단의 분산을 추정할 때 활용된다.
① t−분포는 모집단의 표준편차를 모르는 상황에서 표본의 표준편차를 활용할 때 활용한다.
② Z−분포는 표본통계량이 표본평균일 때, 평균이 0이고 분산이 1인 형태의 분포로 표준화시킨 분포이다.
④ 카이제곱 분포는 표본통계량이 표본 분산일 때의 표본분포를 뜻한다.

22 정답 ①

해설 p-값(p-value)은 귀무가설(Null Hypothesis)이 참이라는 전제하에서 실제 표본에서 구한 표본 통계량의 값보다 더 극단적인 값이 나올 확률이다.

23 정답 ③

해설 기댓값은 $E(x) = \sum xf(x)$의 식으로 구할 수 있다.
(1×0.2)+(2×0.3)+(3×0.075)+(4×0.2)=1.825(소수점 둘째 자리에서 반올림)

24 정답 ④

해설 기댓값은 $E(x) = \sum xf(x)$으로 23번과 비슷한 유형이다. 같은 방식으로 구하면 10/60임을 구할 수 있다.
(1×3/6)+(2×2/6)+(3×1/6)=10/6

25 정답 ④

해설 정규모집단에서 단순임의추출한 표본의 분산은 자유도가 n-1인 t분포가 아닌 카이제곱 분포를 따른다.

26 정답 ①

해설 공분산은 척도의 크기에 따라 영향을 받는다. 그러므로 이를 표준화하기 위해 X와 Y의 표본의 표준편차의 곱으로 나누어 준 것이 상관계수이다.

27 정답 ②

해설 귀무가설이 참이 아닌 상황에서 귀무가설을 채택하는 오류를 제2종 오류라고 한다.

28 정답 ④

해설 모수 통계학에는 이산확률분포, 연속확률분포가 존재하며 연속확률분포에는 카이제곱 분포가 포함된다.

29 정답 ③

해설 줄기-잎 그림을 그리는 방법에는 크게 많은 양의 계산이 필요하지 않다.

Number of Birds at a Watering Hole Each Hour	
Stem	Leaf
1	3 4 6 7 8 2
2	7 8 3 5 8
3	2 5 9
4	4 6
5	9
6	7

30 정답 ④

해설 열의 수는 1개가 아니라, 2개이다.

31 정답 ④

해설 sunflower 변수에 이상치들이 존재함을 상자수염그림 그래프를 통해 확인할 수 있다.

32 정답 ②

해설 '무게가 250과 같다'는 가설은 귀무가설이며, 이때의 검정통계량을 통해 구해진 p-value값은 0.05보다 작지 않은 0.22630이다. 이에 따라 귀무가설이 지지되고, 대립가설이 기각된다.

33 정답 ④

해설 상관계수가 -1이 더 좋은 지표인 것은 아니다. 단지 음의 상관계수가 강할 뿐이다.

34 정답 ③

해설 피어슨 상관계수는 연속형 데이터에 적용이 가능하며 정규성을 가정하고, 스피어만 상관계수는 서열형 데이터에 적용하며 비모수적 방법이다. 굳이 피어슨 상관계수를 서열척도로 변환 후 상관계수를 구하진 않는다.

35 정답 ①

해설 스피어만 상관계수는 서열척도를 자료형으로 대상으로 한다.

36 정답 ④

해설 상관분석을 통해 분산을 알 수 없고, 변수 자기 자신과의 상관계수가 1인 것만 확인이 가능하다.

37 정답 ②

해설 해당 상관행렬에서 나타난 1은 같은 변수(즉, 자기자신)끼리의 상관계수이다.

38 정답 ③

해설 결정계수는 총 변동(SST) 중에서 회귀 모형에 의해 설명되는 변동(SSR)의 비율이다.

39 정답 ①

해설 회귀 모형에 대한 검정력을 확인하기 위해서는 산출되는 F-통계량의 p-value가 0.05보다 작을 때 유의하다고 할 수 있다. ※ 회귀 계수에 대한 검정력은 t-검정을 수행한다.

40 정답 ①

> **해설** 선형회귀분석의 가정은 선형성, 정규성, 독립성, 등분산성, 비상관성이 있다.

41 정답 ③

> **해설** 회귀식 검정 시 독립변수의 기울기가 0이라는 가정을 귀무가설, 기울기가 0이 아니라는 것을 대립가설로 놓아야 한다.

42 정답 ②

> **해설** 단계적 선택법은 전진선택법과 후진소거법을 함께 고려하는 방법이다. 다만, 이 방법을 통해서 늘 동일한 최적의 모형이 도출되는 것은 아니다.

43 정답 ④

> **해설** 잔차의 분산이 독립변수와 무관하게 일정한 것을 우리는 등분산성을 만족한다고 한다. 문제의 그림은 독립변수에 따라 변화되는 것으로 보인다.

44 정답 ②

> **해설** 주성분 분석은 상관관계가 있는 고차원 자료를 최대한 보존하면서 가장 분산이 큰 변수를 제1성분으로 하며 차원을 축소한다.

45 정답 ③

> **해설** 평균 고유값 방법은 고유값들의 평균을 도출한 후 평균 값 이하를 택하는 것이 아닌 평균 값 이상인 주성분들을 선택하는 방법이다.

46 정답 ①

> **해설** education2.HS Grad의 회귀 계수는 11.6790이다.

47 정답 ②

> **해설** 시계열 분석에서 정상성의 특징이란 '평균이 일정하여 모든 시점에 대해 일정하다는 것', '공분산은 단지 시차에만 의존하고 실제 어느 시점에 영향을 받지 않는다는 점', '분산도 시점에 의존하지 않는다는 점' 등이다. ② 백색잡음의 유무는 이에 해당하지 않는다.

48 정답 ①

> **해설** 전체 변동의 80% 이상을 설명하기 위해서는 누적기여율(Cumulative Proportion)을 살펴보면 된다. 제1주성분의 누적기여율이 92.46%이므로 1개의 주성분만으로도 80% 이상의 변동을 설명 가능하다.

49 정답 ④

해설 잡음은 무작위적인 변동임이 맞지만 일반적으로 그 원인은 알려져 있지 않다.

50 정답 ②

해설 전체 변동의 80% 이상을 설명하기 위해서는 누적기여율(Cumulative Proportion)을 살펴보면 된다. 제1주성분과 제2성분의 누적기여율을 합치면 86.75%이므로 최소 주성분의 개수는 2개가 필요하다.

51 정답 ③

해설 시간순서로 되어 있는 데이터들을 시계열 데이터(time series)라 하며, 이러한 시계열 데이터들을 분석하여 미래를 예측하는 분석기법을 '시계열 분석'이라 한다.

52 정답 ④

해설 순환요인은 주기를 가지고 변화하는 요인인 것은 맞으나, 뚜렷한 원인을 규명하기엔 어렵다.

53 정답 ②

해설 지수평활법은 모든 시계열 자료에 대한 평균을 구한 후 최근 시계열에 더 많은 가중치를 부여하며 미래를 예측하는 방법이다.

54 정답 ②

해설 시계열 데이터 분석 절차 : 시간 그래프 작성 → 추세와 계절성 제거 → 잔차 예측 → 잔차에 대한 모델 적합 → 미래 예측

55 정답 ④

해설 스크리 도표(scree plot)는 총 분산비율이 아닌 고유값(eigenvalue)이 수평을 유지하기 전단계로 주성분의 수를 선택한다. 총 분산의 비율은 주성분분석표(결과)에서 확인이 가능하다. 따라서 정보의 양이 상대적으로 미미한 지점이 아닌, 그 전 단계에서 주성분의 개수를 선택해야 한다.

56 정답 ②

해설 ARIMA(p, d, q) 모형에서 p는 AR모형과 관련이 있는 차수이며, d는 ARIMA를 ARMA로 정상화할 때의 차분 횟수, q는 MA모형과 관련이 있는 차수를 뜻한다. 그러므로 주어진 식에서 d에 위치한 2에 따라 2번 정상화할 필요가 있다.

57 정답 ①

해설 분해 시계열의 요인으로는 추세 요인, 순환 요인, 계절 요인, 불규칙 요인이 있다.

58 정답 ③

> **해설** 영향을 주는 변수의 유무를 알 수 없으므로 인과관계는 파악할 수 없다.

59 정답 ②

> **해설** ARIMA 모형은 기본적으로 비정상 시계열 모형이기에 차분이나 변환을 통해 데이터를 정상화하려 해야 한다. 이때 나올 수 있는 모형은 AR 모형, MA 모형, ARMA 모형으로 정상화할 수 있다.

60 정답 ①

> **해설** 주성분 분석의 차원축소는 아이젠밸류 즉 고윳값이 높은 순으로 정렬하여, 높은 고윳값을 가진 고유벡터만으로 데이터를 복원한다.

61 정답 ②

> **해설** 변수를 선택하는 방법은 전진선택법, 후진소거법, 단계적 선택법이 있다. 모든 독립변수 후보를 포함한 모형에서 시작하여 가장 적은 영향을 주는 변수를 제거하면서 지표가 더 이상 개선되지 않을 때까지 독립변수를 제거하는 방법은 후진소거법이다.

62 정답 ②

> **해설** 모집단의 성격에 따라 몇 개의 집단 또는 층으로 나누고, 나눈 각 집단 내에 원하는 크기의 표본을 무작위로 추출하는 표본추출 방법은 층화추출방법이다.
> ※ 암기하자! 단층군계

63 정답 ④

> **해설** 1×0.4+0×0.6=0.4이다.

64 정답 ④

> **해설** 확률이 정해진 상황에서 어떤 사건의 발생 횟수를 나타내는 확률분포는 포아송분포이다.

65 정답 ①

> **해설** Grad.Rate 변수에서 3사분위수를 나타내고 있으므로 25%가 78보다 큰 값을 지닌다.

66 정답 ③

> **해설** 누적기여율을 살펴보면 세 개의 주성분을 선택할 때 82.5%임을 알 수 있다.

67 정답 ①

> **해설** 잔차의 제곱합을 최소로하는 방법을 최소제곱법 또는 최소자승법이라 한다.

68 정답 ①

해설 회귀분석에서의 선정독등비에서 정상성은 잔차가 정규분포를 이루어야 함을 의미한다.

69 정답 ④

해설 SSR/SST=280/1,000=0.28 → 28%

70 정답 ②

해설 소수점 둘째 자리에서 반올림하면 5.306648%는 5.31%로 나타낼 수 있다.

71 정답 ④

해설 비모수통계학은 1) 모집단의 분포에 대한 가정이 필요 없고, 2) 질적자료, 수량적 자료, 빈도수 등 비연속적 자료가 사용될 수 있다.

72 정답 ①

해설 귀무가설(H_0)이 옳은데도 귀무가설(H_0)을 받아들이지 않고 기각하게 되는 오류는 '제1종 오류'이다.

73 정답 ①

해설 전체 자료를 이용하는 대신 최근 m개의 관측값들 만의 평균을 구하여 지엽적인 변동을 제거하여 장기적인 추세를 쉽게 파악할 수 있는 방법을 '자기회귀모형(Auto-Regresssive)'이라 한다. '자기회귀모형(AR 모형)'은 현 시점의 자료가 p시점 전의 유한개의 과거 자료로 설명될 수 있는 모형이다.

74 정답 ③

해설 중앙값은 평균이 지니는 한계점을 보완해 주는 대푯값이다. 오름차순으로 자료를 나열한 뒤 중앙에 위치한 값을 구하면 중앙값을 구할 수 있다.

CHAPTER

02 데이터 분석 및 마트

- 데이터 처리 프로세스를 이해한다.
- 데이터 분석 기법 중 시각화를 이해한다.
- 데이터 마트를 구성하는 요약변수와 파생변수를 구분할 수 있다.

학습구성

TOPIC 01 데이터 분석 기법의 이해
TOPIC 02 데이터 변경 및 요약
TOPIC 03 기초 분석 및 데이터 관리

TOPIC 01 　데이터 분석 기법의 이해

1. 데이터 처리

(1) 데이터 처리 개요

데이터 분석은 전통적인 통계에 뿌리를 두고 있으나, 상대적으로 통계지식과 복잡한 가정이 불필요한 실용적 분야이다.

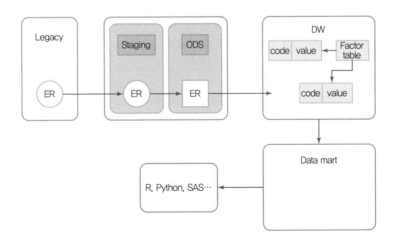

(2) 데이터 분석 활용

❶ 빅데이터를 활용하는 큰 기업들의 경우에는 데이터 웨어하우스(DW)와 데이터 마트(DM)를 통해 분석 데이터를 가져와서 사용한다.

❷ DW에 포함되지 못한 신규 데이터의 경우 **기존 운영시스템(Legacy)**이나 **스테이징 영역(Staging area)**과 ODS(Operation Data Store)에서 데이터를 로딩하여 DW에서 가져온 내용과 결합하여 활용이 가능하다.

❸ 스테이징 영역의 데이터는 운영시스템에서 임시로 저장된 데이터이므로, 가급적이면 ODS에서 데이터의 전처리를 수행한 뒤 DW나 DM과 결합하여 활용하는 것이 가장 이상적이다.

(3) 최종 데이터 구조로 가공

❶ 데이터 마이닝 분류 : 분류값과 독립변수들을 연관시켜 요약변수, 파생변수 등을 산출한다.

❷ 정형화 처리 : 비정형 데이터(텍스트, 소셜 데이터 등)는 정형화된 패턴으로 처리해야 한다.

    ㉠ 비정형 데이터 : DBMS에 저장되었다가 텍스트 마이닝을 통해 데이터 마트와 통합함

    ㉡ 관계형 데이터 : DBMS에 저장되었다가 사회신경망분석(SNA)을 거쳐 분석결과를 데이터 마트와 통합함

2. 시각화

❶ 시각화는 가장 간단한 분석이지만 복잡한 분석보다 훨씬 직관적이다.

❷ 빅데이터 분석에서 데이터의 특성 확인을 위해 시각화는 필수이다.

❸ 효과적인 시각화는 EDA(탐색적 데이터 분석)에서 주요 역할을 한다.

3. 탐색적 데이터 분석(EDA)

❶ 탐색적 데이터 분석의 정의 : 프린스턴대의 튜키 교수가 소개한 EDA는 '**주어진 자료만 가지고도 충분한 정보를 찾을 수 있도록 의미있는 사실을 도출하고 분석의 최종 목적을 달성**'해 나가는 방법론이다.

❷ EDA의 4가지 주제 : 저항성의 강조, 잔차 계산, 자료변수의 재표현, 그래프를 통한 현시성

❸ EDA의 사례 : EDA는 데이터의 이해 단계(변수의 분포 및 이상치, 특성 파악)와 변수 생성 단계(주요한 요약 및 파생변수 생성), 그리고 변수 선택 단계에서 활용되고 있다.

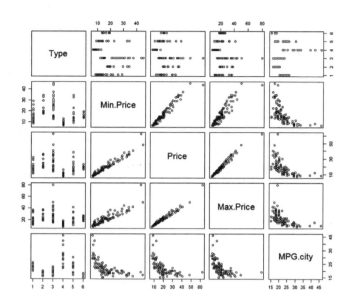

4. 통계분석

❶ 통계 : 불확실한 상황하에서 현명한 의사결정을 하기 위한 과학적 이론과 방법의 체계를 뜻한다.

❷ 기술통계(Descriptive statistics) : 연구자가 관심이 있는 집단이나 추출된 일부 표본의 정보를 쉽게 파악하도록 데이터를 요약하여 하나의 특징적 숫자 또는 그래프로 나타내는 통계기법이다.

❸ 추리통계(Inferential statistics) : 표본의 표본 통계량으로부터 모집단의 특성인 모수를 통계적으로 추정하는 통계기법이다.

5. 데이터 마이닝

❶ 데이터 마이닝의 정의 : 고급 데이터 분석의 대표적인 방법으로서 '**대용량 자료**'로부터 정보를 '**요약**하거나 정보의 **관계, 패턴, 규칙**' 등을 탐색하고 이전에 알려지지 않은 '**인사이트를 추출**'하는 분석 방법이다.

❷ 데이터 마이닝 방법론

　㉠ **데이터베이스**에서의 지식 탐색 : DW에서 DM을 생성하면서 각 데이터들의 속성을 사전분석을 통해 지식을 얻는 방법

ⓒ **기계학습(Machine learning)** : 인공지능(A.I.)의 한 분야로서 컴퓨터가 학습이 가능하도록 알고리즘을 개발하는 분야이며 '**의사결정나무, 랜덤포레스트, 인공신경망, 부스팅**' 등이 있음

ⓒ **패턴인식(Pattern recognition)** : 원자료(Raw data)를 이용해 사전지식과 패턴에서 추출된 통계 정보를 토대로 자료를 분류하는 방법으로서 장바구니 분석, 연관규칙 분석 등이 있음

TOPIC 02 · 데이터 변경 및 요약

1. 데이터 마트의 개념

(1) 데이터 마트 정의

❶ 데이터 마트는 데이터의 한 부분으로서 특정 유저의 관심이 있는 데이터들을 모아 놓은 비교적 작은 규모의 데이터 웨어하우스라 할 수 있다.

❷ 데이터 마트는 데이터 웨어하우스와 사용자 사이의 중간층에 위치해 있다.

❸ 데이터 마트의 데이터들은 데이터 웨어하우스에서 대체로 복제되지만, 자체적으로 수집도 가능하며, RDBMS나 다차원 DB를 활용하여 구축이 가능하다.

(2) 데이터 저장소의 종류

데이터 저장소의 종류에는 데이터 마트(DM), 데이터 웨어하우스(DW), 데이터 레이크, 데이터 댐이 존재한다.

저장소 종류	설명
데이터 마트 (Data Mart)	전사적으로 구축된 데이터에서 특정 주제, 부서 중심으로 구축된 소규모의 데이터 웨어하우스
데이터 웨어하우스 (Data Warehouse)	사용자 의사결정에 도움을 주기 위하여 축적 데이터를 공통 형식으로 변환하여 관리하는 데이터베이스
데이터 레이크 (Data Lake)	정형, 반정형, 비정형 데이터를 비롯해 가공되지 않은 다양한 종류의 원데이터(Raw data)를 저장할 수 있는 시스템 또는 중앙 집중식 데이터 저장소
데이터 댐 (Data Dam)	모든 산업의 데이터를 댐에 쌓는다는 의미로, 어떤 값을 포함하고 있으며 가공되지 않은 1차 자료를 모아놓은 저장소

(3) 요약변수

❶ 수집된 데이터를 **분석 목적에 맞게** 종합한 변수이다.

❷ 통계학에서 요약 통계량의 개념과 유사하다.

> [예] 총 구매 금액, 횟수 등 데이터 분석을 위해 생성

❸ 많은 모델에서 공통적으로 활용이 가능하므로 재활용성이 높다.

❹ 요약변수의 단점은 기준값을 설정하거나 해석할 때 명확한 기준을 제시하기 어렵다는 것이다. 이러한 경우에는 연속형 변수를 등간척도로 만들어 활용하는 방법을 고려할 수 있다.

(4) 파생변수

❶ 사용자가 **논리 타당성**을 갖추어 **주관적으로 생성한 변수**를 의미한다.

❷ 파생변수는 요약변수와 달리 **재활용성이 높지 않다.**

❸ 따라서 파생변수는 특정 상황에만 유의미하지 않도록 **대표성**을 나타나게 할 필요가 있다.

TOPIC 03 기초 분석 및 데이터 관리

1. 결측값의 정의

❶ 결측값은 입력이 누락된 값으로 NA, 9999999, Unknown, Not Answer 등으로 표현된다.

❷ 결측값 처리를 위해 너무 많은 시간을 할애하는 것은 비효율적이다.

❸ 결측값에 대한 처리가 전체 작업 속도에 영향을 준다.

❹ 결측값 자체가 의미있는 경우도 있는데, 신용사기, 이상치 탐지, 연봉 정보 등의 경우이다.

2. 결측값의 처리(Imputation)

(1) 단순대치법(Single imputation)

❶ Completes analysis : 결측값이 존재하는 레코드(행)를 삭제한다.

❷ 평균대치법(Mean imputation)
   ㉠ 관측 또는 실험을 통해 얻은 **데이터의 평균**으로 대치함

ⓒ 비조건부 평균 대치법 : **관측데이터의 평균**으로 대치하는 법

ⓒ 조건부 평균 대치법(Regression imputation) : 회귀분석을 활용한 대치법

❸ **단순확률 대치법**(Mean imputation)

ⓐ 평균 대치법에서 관측된 자료를 토대로 추정된 통계량으로 결측치를 대치할 때 어떤 적절한 확률값을 부여한 후 대치하는 방법

ⓑ 평균 대치법의 추정량 표준오차에 대한 과소추정 문제를 보완하고자 고안된 방법이지만 간단한 경우를 제외한 대부분의 경우 추정량의 표준오차 계산 자체가 어려움

ⓒ Hot−Deck 방법, nearest neighbor 방법 등이 존재

(2) 다중 대치법(Multiple imputation)

❶ 다중 대치법은 단순 대치법을 한 번만 적용하는 것이 아니라 m번의 대치를 통해 가상의 완전한 자료 m개를 만들어서 분석하는 방법이다.

❷ 다중 대치법은 단순 대치법의 추정량 표준오차에 대한 과소추정 문제를 보완하고자 고안되었다.

❸ 대치 순서는 대치 단계 → 분석 단계 → 결합 단계로 이뤄진다.

대치 순서	설명
대치 단계 (Imputation step)	다양한 대치 방법을 활용하여 가상의 완전한 자료를 m개 생성
분석 단계 (Analysis step)	대치 단계에서 생성한 m개 자료 각각에 대해 통계분석을 통한 추정량을 계산
결합 단계 (Combination step)	분석 단계에서 생성된 m개의 추정량과 분산의 결합을 통해 통계적 추론을 수행

3. 이상값의 인식과 처리

(1) 이상값의 정의

❶ 이상값은 관측된 데이터의 정상 범위를 많이 벗어난 극단치들을 의미한다.

❷ 이상값은 꼭 제거해야 하는 것은 아니며, 분석 목적이나 종류에 따라 적절한 현업의 판단이 필요하다. 예를 들어 '**이상치 탐지**' 등과 같은 상황에서 이상치는 제거 대상이 아니다.

❸ 이상값이 생기는 경우

ⓐ 의도되지 않게 잘못 입력한 경우(Bad data)

ⓑ 의도된 이상값(Fraud 불량)인 경우

(2) 이상값의 검출

❶ 이상값은 통계적 기법의 ESD, 기하평균, 사분위수 등의 방법으로 검출할 수 있다.

❷ 평균과 표준편차를 활용한 ESD와 사분위수 방법이 가장 많이 활용된다.

❸ ESD(Extreme Studentized Deviation)

　㉠ 평균으로부터 표준편차(σ)의 k배보다 떨어진 값을 이상값으로 판별하는 방법

　㉡ 일반적으로 k는 3으로 함(3-sigma 방법)

　㉢ ESD도 평균을 활용하므로 이상값에 민감하다는 단점 존재

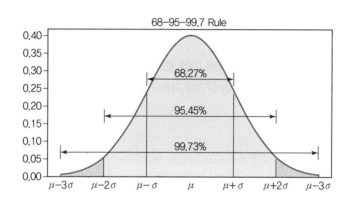

❹ 기하평균을 활용하는 방법 : **기하평균**으로부터 표준편차의 2.5배보다 떨어져 있는 값을 이상값으로 판별한다.

> 기하평균$-2.5\times\sigma<$data$<$기하평균$+2.5\times\sigma$

❺ 사분위수를 활용하는 방법

　㉠ Q1과 Q3를 기준으로 사분위 범위(IQR : Q3-Q1)의 1.5배보다 떨어져 있는 값을 이상치로 판별함

> Q1$-1.5\times$(Q3-Q1)$<$data$<$Q3$+1.5\times$(Q3-Q1)

　㉡ 사분위수를 효과적으로 활용하기 위해서는 박스 플롯을 이용할 수 있고, 이는 중위수를 이용하므로 ESD와 달리 이상치에 민감하지 않음

6회차 기출유형

01 데이터 웨어하우스와 사용자의 중간층에 위치한 것으로, 하나의 주제 또는 하나의 부서 중심의 데이터 웨어하우스라고 할 수 있는 데이터베이스는 무엇인가?

① 데이터 마트   ② 모델링

③ 관계형 데이터베이스   ④ 빅데이터

10회차 기출유형

02 많은 기업에서 평균 거래 주기를 3~4배 이상 초과하거나 다음 달에 거래가 없을 것으로 예상되는 고객을 (가)로 정의하고 있다. 다음 중 (가)에 가장 적절한 단어는?

① 신규고객   ② 우량고객

③ 가망고객   ④ 휴면고객

5회차 기출유형

03 이상치(Outlier)에 대한 설명으로 옳지 않은 것은?

① 통상 평균으로부터 표준편차의 3배가 되는 점을 기준으로 이상치를 정의한다.

② 데이터의 측정 과정이나 입력 과정에서 잘못 포함된 이상치는 삭제한 후 분석한다.

③ 군집분석을 이용하여 다른 데이터들과 거리상 멀리 떨어진 데이터를 이상치로 판정한다.

④ 설명변수의 관측치에 비해 종속변수의 값이 상이한 값을 이상치라 한다.

11회, 27회차 기출유형

04 다음 중 이상값 검색을 활용한 응용시스템으로 가장 적절한 것은?

① 데이터 마트   ② 장바구니 분석 시스템

③ 교차판매 시스템   ④ 부정 사용 방지 시스템

23회, 30회차 기출유형

05 박스플롯(Boxplot)을 이용한 이상값 탐지에 대한 설명으로 옳지 않은 것은?

① 평균에서 표준편차의 3배보다 떨어진 값을 이상값으로 판단한다.

② 이상값은 반드시 제거해야 하는 것은 아니며 이상값 처리는 분석 목적에 따른 적절한 판단에 기반해야 한다.

③ 중위수를 활용하기에 이상치에 민감하지는 않다.

④ Q1-1.5×(Q3-Q1)<data<Q3+1.5×(Q3-Q1)의 범위를 벗어나는 data를 이상치라고 판단한다.

16회, 25회차 기출유형

06 결측값(Missing value) 처리에 대한 내용 중 옳지 않은 것은?

① 단순 확률 대치법은 추정량의 과소추정이나 계산의 난해성 문제를 보완하는 방식이다.

② 다중 대치법은 단순 대치법을 한 번만 하지 않고 m번의 대치를 통해 가상의 완전한 자료 m개를 만들어 분석하는 방법이다.

③ 평균 대치법은 관측 또는 실험되어 얻어진 자료의 평균값으로 결측값을 대치하는 방법이다.

④ 완전 분석법은 불완전 자료는 모두 무시하고 완전하게 관측된 자료만 사용하여 분석하는 방법이다.

10회차 기출유형

07 파생변수는 사용자가 특정 조건을 만족하거나 특정 함수에 의해 값을 만들어 의미를 부여한 변수이다. 다음 중 파생변수의 설명으로 적절한 것은?

① 파생변수는 재활용성이 높다.

② 파생변수는 많은 모델에서 공통적으로 많이 사용될 수 있다.

③ 파생변수는 다양한 모델을 개발해야 하는 경우 효율적으로 사용할 수 있다.

④ 파생변수는 매우 주관적인 변수일 수 있으므로 논리적 타당성을 갖춰야 한다.

CHAPTER 02 데이터 분석 및 마트

01	02	03	04	05	06	07			
①	④	③	④	①	①	④			

01 정답 ①

해설 오라클에 따르면, 데이터 마트는 영업, 재무, 마케팅 등 단일 주제 또는 LOB(Line of Business)에 중점을 둔 단순한 형태의 데이터 웨어하우스라 정의할 수 있다. 데이터 마트는 데이터 웨어하우스보다 적은 소스로부터 데이터를 수집한다.

02 정답 ④

해설 휴면고객은 평균 거래 주기를 초과하여 거래를 하지 않는 고객들로 정의된다. 일반적으로는 서비스를 1년 이상 활용하지 않는 '장기 미이용 고객'과 비슷한 의미로 쓰이지만, 문제에서는 그보다 더 큰 기간을 산정하였으므로 가장 적절한 답은 휴면고객이다.

03 정답 ③

해설 군집분석은 이상치 판정에 이용되는 것이 아니라, 성질이 다른 군집으로 나눌 때 이용된다.

04 정답 ④

해설 정상적이지 않게 찍히거나 기록된 데이터는 부정 사용 방지 시스템에서 활용될 수 있다.

05 정답 ①

해설 평균에서 표준편차의 3배보다 떨어진 값을 이상값으로 판단하는 방법은 ESD(Extreme Studentized Deviation)이다.

06 정답 ①

해설 단순 대치법의 추정량 표준 오차의 과소추정 또는 계산의 난해성의 문제를 보완하는 방법으로 다중 대치법을 활용한다.

07 정답 ④

해설 파생변수는 매우 주관적일 수 있으며, 논리적 타당성을 지녀야 파생변수로서 활용할 수 있다.

① 파생변수는 주관적 변수이므로 재활용이 어렵다.

② 파생변수는 공통적이 아닌 데이터에 따라 사용하게 된다.

③ 파생변수는 다양한 모델의 개발을 목적으로 하기보다 변수에 대한 새로운 정의 등을 목적으로 하는 경우가 많다.

CHAPTER 03 데이터 마이닝

TOPIC 01 데이터 마이닝 개요

1. 데이터 마이닝

(1) 정의

❶ 데이터 마이닝은 대용량 데이터에서 의미있는 패턴을 파악한다는 점에서 빅데이터 분석의 머신러닝과 유사하다.

❷ 머신러닝(기계학습)은 데이터 마이닝이나 기타 학습 알고리즘을 사용하여 지식을 추출하고, 이를 기반으로 삼아 비슷한 상황의 미래 사건의 결과를 예측하는 컴퓨터 프로그램이다.

❸ 데이터의 패턴을 발견하는 핵심 알고리즘은 기계학습과 데이터 마이닝이 동일하다.

❹ 차이점은 머신러닝의 경우 기계가 데이터 모델의 매개 변수를 자동으로 학습한다는 것이다.

(2) 데이터 마이닝의 기능

기능	설명
분류 (Classification)	• 새롭게 발생한 현상을 검토한 후 기본의 분류 및 정의된 집합에 분류 • 주요 기법 : 의사결정나무
추정 (Estimation)	• 주어진 데이터를 통해 알려지지 않은 결과의 값을 추정 • 주요 기법 : 신경망 모형(Neural network)

기능	설명
예측 (Prediction)	•미래의 양상 예측 또는 미래의 값을 추정한다는 것을 제외하면 분류나 추정과 동일한 의미 •주요 기법 : 장바구니 분석, 의사결정나무, 신경망 모형 등
연관규칙 분석 (Associate analysis)	•교차판매와 같이 아이템 간의 연관성 파악 •소매점에서의 물건 배열 계획, 카탈로그 배열 등 마케팅 계획 수립에 적용 •흔히 장바구니 분석(MBA)이라고 함
군집 (Clustering)	•이질적인 모집단을 동질성을 지닌 그룹별로 세분화 •미리 정의되어 있는 기준에 의존하지 않고(비지도학습), 다른 레코드와의 유사성에 의해 그룹화, 이질성에 의해 세분화함 •데이터 마이닝이나 모델링의 준비 단계로 주로 활용됨
기술 (Description)	사람 및 상품에 대한 이해를 증가시키기 위해 데이터가 가지고 있는 의미를 설명하고, 설명에 대한 답을 제공

(3) 머신러닝의 종류

지도학습(Supervised learning)

분류
· Decision tree(의사결정나무)
· Logistic regression(로지스틱회귀)
· Naive bayes(나이브베이지안)
· KNN(K-Nearest Neighbor)
· Random forest(Tree based)
· Support vector machine
· XGBoost(Tree based)

회귀
· Linear regression(Stepwise)
· Regularized linear regression
· Regression tree
· KNN(K-최근접 이웃)
· Random forest(Tree based)
· Support vector machine
· XGBoost
· LightGBM(Tree based)

비지도학습(Unsupervised learning)

차원축소
· PCA(주성분분석)
· Factor Analysis(요인분석)
· MDS(다차원척도법)

군집화
· Hierarchical clustering
· K-means clustering
· K-medoids clustering
· SOM(자기조직화지도)

연관규칙
· MBA(장바구니분석)
· Sequence MBA(순차장바구니분석)
· Collaborative filtering
(협업필터링 추천시스템)

2. 데이터 마이닝 추진 단계(적절한 환경 구축 후 수행)

단계	설명
목적 정의	•데이터 마이닝 도입의 명확한 목적 설정 단계 •전문가의 참여로 목적에 따른 활용 모델과 필요 데이터 정의
데이터 준비	•데이터 마이닝에 필요한 데이터 준비 •데이터 준비 단계에서 기업 내·외부 데이터도 데이터 마이닝에 활용이 가능 •데이터 준비 시 데이터 정제를 통한 데이터 정합성 제고 필요 •필요시 보강 작업을 통해 데이터 마이닝 기법 적용에 문제가 없도록 충분한 데이터 양을 확보

단계	설명
데이터 가공	• 모델링 목적(분류 또는 회귀)에 따른 목표변수(Target) 정의 • 필요 데이터를 데이터 모델링에 가능한 형식으로 가공(준비)하는 단계
데이터 마이닝 기법 적용	• 목적에 맞는 데이터 마이닝 모델을 선택 • 목표변수 분석 전문가의 전문성이 필요
검증	• 모델링으로 인한 결과 데이터를 검증 • 테스트 및 과거 데이터를 활용하여 최적의 모델을 선정 • 검증 단계 완료 후 IT부서외의 협의를 통해 보고서를 작성하여 추가수익과 투자 대비 성과(ROI) 등의 기대효과를 공유

3. 데이터 마이닝 사전 데이터 분할

(1) 정의

　모델 생성 시 훈련용 데이터(Training data)로 모델을 생성하고, 생성된 모델의 설명력을 평가하기 위한 평가용 데이터(Test data)로 분할하여 모델 적합성을 판단한다.

(2) 데이터 분할

❶ 전체 데이터는 아래의 3가지 종류로 분할이 가능하다.

　㉠ 훈련용 데이터(Training data, 50%) : 데이터마이닝이나 머신러닝 모형 구축에 활용

　㉡ 검정용 데이터(Validation data, 20~30%) : 생성된 모델의 과대적합 혹은 과소적합을 알아보고 조정하기 위해 활용

　㉢ 평가용 데이터(Test data, 30~20%) : 테스트 및 과거 데이터를 활용하여 모델의 성능을 검증하는 데 활용

❷ 전체 데이터를 분할하는 가장 큰 이유는 과대적합(Overfitting)을 방지하기 위함이다.

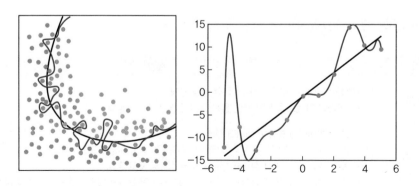

(3) 데이터 양이 불충분한 경우

❶ 데이터 양이 불충분한 경우에는 더욱 쉽게 과대적합(Overfitting)에 빠질 수 있다.

❷ 따라서 아래 2가지 방법을 통해 일반화(Generalized)와 모델적합(Fit) 사이에 균형을 이루려 노력해야 한다.

　㉠ 홀드아웃(Hold-Out) 방법 : 주어진 데이터를 랜덤하게 2개의 데이터로 분할하여 사용하는 방법으로서 주로 훈련용(Train data)와 평가용(Test data)로 분할하는 것

　㉡ 교차확인(Cross-validation) 방법
　　• 주어진 데이터를 K개의 하부 집단으로 구분하여 K-1개의 집단을 학습용으로, 나머지 하나의 집단을 검증용으로 설정하는 것
　　• 대표적으로 K-Fold 교차검증(Cross-validation)이 존재하며, 주로 10-fold가 널리 활용

4. 목적에 따른 평가지표

(1) 회귀모형의 평가지표 개념

❶ 목표변수(y변수)가 연속형 자료인 경우에 활용되는 회귀모형은 실제값과 추정값의 차이인 오차를 계산하여 모델을 평가할 수 있다.

> 오차(Error)=실제값(Actual value)-추정값(Predicted value)

❷ 모형 전체의 오차 크기를 계산할 때 개별 오차를 단순 합계하게 되면 결국 0이 된다. 따라서 이러한 점을 보완하기 위해 일반적으로 제곱이나 절댓값을 취하게 되는 지표로 구성된다.

❸ 회귀모델의 성능평가지표의 종류는 여러 개가 존재하나, 대체로 비슷한 결과를 얻게 되므로 한가지 지표를 정해서 사용하면 된다.

　㉠ MSE(Mean Sqaured Error) : 오차 제곱합을 전체 건수로 나눈 평균

$$\text{MSE} = \frac{1}{n}\sum_{i=1}^{n}(y_i - \hat{y_i})^2$$

　㉡ RMSE(Root Mean Sqaured Error) : MSE의 양의 제곱근으로, 오차와 척도를 맞춘 것

$$\text{RMSE} = \sqrt{\frac{1}{n}\sum_{i=1}^{n}(y_i - \hat{y_i})^2}$$

　㉢ MAE(Mean Absolute Error) : 오차의 절댓값을 더한 후 건수로 나눈 평균

$$\text{MAE} = \frac{1}{n}\sum_{i=1}^{n}\left| y_i - \hat{y_i} \right|$$

ⓔ MAPE(Mean Absolute Percentage Error) : 오차의 절댓값을 실제값으로 나눈 비율의 평균

$$MAPE = \frac{1}{n}\sum_{i=1}^{n}\frac{|y_i - \hat{y_i}|}{y_i}$$

(2) 분류모형의 평가지표

❶ 혼동행렬(Confusion matrix)

		Prediction		
		Negative	Positive	
Actual	Negative	True Negative (TN)=895	False Positive (FP)=90	Specificity =TN/(FP+FN) =895/(90+895) =90.9%
	Positive	False Negative (FN)=5	True Positive (TP)=10	Sensitivity =TP/(TP+FN) =10/(10+5) = 67%
		Negative predictive value =TN/(FN+TN) =895/(5+895) =99.4%	Positive predictive value =TP/(TP+FP) =10/(10+90) =10%	

㉠ 정확도(Accuracy) : True 상태인 (Actual value=Predicted value)를 전체 값으로 나눔

Accuracy=(TP+TN)/(TP+TN+FP+FN)

㉡ 정밀도(Precision) : 분류모델이 Positive로 분류한 것 중 실제값(Actual)과 예측값(Predicted)이 동일한 비율

Precision=TP/(TP+FP)

㉢ 재현율(Recall) : 민감도(Sensitivity) 또는 참긍정비율(TPR ; True Positive Rate)이라고도 함

Recall=TP/(TP+FN)

ⓔ **특이도(Specificity)** : 실제값이 부정인 것(N) 중 모형이 예측한 비율

$$Specificity=TN/(TN+FP)$$

ⓜ **1-특이도(Specificity)** : 실제값이 부정인 것(N) 중 모형이 오분류한 것(FPR)

$$False\ Positive\ Rate(FPR)=FP/TN+FP$$

ⓗ **F1_Score** : Precision과 Recall의 조화평균

$$F1\_Score=2×Precision×Recall/(Precision+Recall)$$

❷ **ROC(Receiver Operation Characteristic) 커브**

    ㉠ ROC_Curve란 가로축을 FPR(False Positive Rate=1-특이도) 값으로 두고, 세로축을 TPR(True Positive Rate, 민감도) 값으로 두어 시각화한 그래프이다.

    ㉡ 전체적인 그래프가 좌상향(왼쪽 상단으로 가깝게 그려질)할수록 올바르게 예측한 비율이 높다고 평가할 수 있다.

    ㉢ ROC_Curve 하위의 면적을 AUC(Area Under Curve)라 하는데, 값이 클수록(즉, 1에 가까울수록) 모델의 성능이 좋다고 할 수 있다.

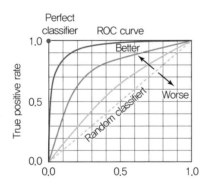

점수	등급
0.9~1.0	Excellent(S)
0.8~0.9	Good
0.7~0.8	Fair
0.6~0.7	Poor
0.5~0.6	Fail

❸ **이익도표(Lift chart)**

    ㉠ 이익도표는 분류모형의 성능을 평가하기 위한 또 다른 척도로서, 임의로 나눈 각 등급별로 반응검출률, 반응률, 리프트 등의 정보를 산출하여 예측 정확도를 나타내는 도표이다.

    ㉡ 먼저 데이터셋의 관측치에 대한 예측확률을 내림차순으로 정렬한 후 데이터를 10개의 등간으로 나누어 각 구간별 반응률(% Response)을 산출한다. 또한 기본 향상도(Baseline lift)에 비해 반응률이 몇 배나 높은지를 계산하여 향상도(Lift)를 구할 수 있다.

    ㉢ 이익도표의 각 등급은 예측확률에 따라 매겨진 순서척도이므로, 상위 등급에서 더 높은 반응률을 보일수록 좋은 모형이라 할 수 있다.

TOPIC 02 분류분석

1. 분류와 회귀

(1) 분류분석의 정의

❶ 분류분석은 해당 관측치(데이터)가 어느 클래스에 속하는지 예측할 때 활용하는 기법이다.

❷ 이는 군집분석과 비슷하지만 군집분석은 목표변수가 없고, 분류분석은 목표변수가 있다는 것이 차이점이다.

❸ 머신러닝에서의 지도학습(Supervised learning)에 해당하는 대표적인 분석 방법이다.

(2) 회귀분석의 정의

❶ 머신러닝의 지도학습에는 분류문제(Categorical issue)와 회귀문제(Regression isuue)가 존재한다.

❷ 회귀문제의 경우에는 클래스에 속하는 것이 아닌 정량적인 것을 예측한다.

(3) 분류분석 vs 회귀분석

❶ **공통점** : 관측 데이터의 값을 예측한다는 것과 미리 목표변수가 주어진다는 점이다.

❷ **차이점**
　㉠ 분류 : 목표변수가 범주형(Category)일 때 활용하는 알고리즘
　㉡ 회귀 : 목표변수가 연속형(Contiguous)일 때 활용하는 알고리즘

2. 의사결정나무

(1) 의사결정나무의 정의

❶ **의사결정 규칙**(Decision rule)을 나무 구조로 도표화하여 관심 대상이 되는 집단을 몇 개의 소집단으로 **분류**(Classification)하거나 **예측**(Prediction)을 수행하는 분석 방법이다.

❷ 계산결과가 직관적이기에 시각화에 용이하다.

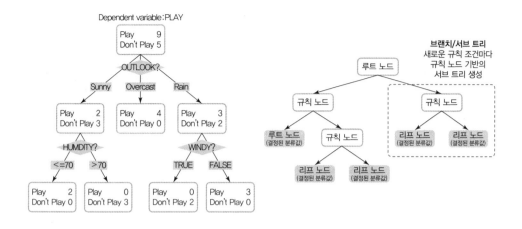

(2) 의사결정나무의 구성 요소

구성 요소	설명
뿌리 마디(Root node)	시작되는 마디로 전체 자료를 포함하는 시작점
부모 마디(Parent node)	주어진 마디의 상위에 있는 마디
자식 마디(Child node)	하나의 마디로부터 분리되어 나간 2개 이상의 마디들
끝 마디(Terminal node)	자식 마디가 없는 마디, leaf 노드라고도 불림
중간 마디(Internal node)	부모 마디와 자식 마디가 모두 있는 마디
깊이(Depth)	뿌리 마디부터 끝 마디까지의 중간 마디들 수

(3) 의사결정나무의 분석 과정

분석단계	수행내용
나무의 성장(Growing)	• 마디에서 적절한 최적의 분리 규칙을 찾아서 나무를 성장시킴 • 정지 규칙을 만족하면 중단
가지치기(Pruning)	오분류율을 크게 할 위험이 높거나 부적절한 추론 규칙을 가지고 있는 가지를 제거. 또한, 불필요한 가지를 제거
타당성 평가(Data lake)	이익도표(Gain chart)나 위험도표(Risk chart) 또는 테스트 자료(Test sample)를 사용하여 의사결정나무를 평가
해석 및 예측	구축된 나무모형을 해석하고 예측모형을 설정

(4) 의사결정나무 분리 기준(Splitting criterion)

❶ 의사결정나무는 목표변수가 **범주형(혹은 이산형)**인 경우에는 **분류나무**(Classification tree), 연속형인 경우에는 **회귀나무**(Regressor tree)로 구분되며, 이에 따라 분리 기준을 다르게 적용한다.

❷ 분류나무(이산형 목표변수)에서의 기준

분석 기준	수행내용
카이제곱 통계량의 p-값	p-값이 가장 작은 예측 변수와 그 당시의 최적 분리를 통해서 자식 마디 형성
지니 계수 (Gini index)	불순도를 측정하는 하나의 지수로서, 지니 지수를 가장 작게 해주는 예측 변수와 그 당시의 최적 분리를 활용한 나무를 선택
엔트로피 지수 (Entropy index)	엔트로피 지수가 가장 작은 예측 변수와 그 당시 최적분리를 통해서 자식 마디를 형성

❸ 회귀나무(연속형 목표변수)에서의 기준

분석 기준	수행내용
분산 분석에서 F-통계량	p-값이 가장 작은 예측 변수와 그 당시의 최적 분리를 통해서 자식 마디 형성
분산의 감소량	예측 오차를 최소화하는 것과 같은 기준으로 분산의 감소량을 최대화하는 기준의 최적 분리를 통해서 자식 마디 형성

(5) 의사결정나무의 장단점

❶ 장점

　㉠ 직관적이며 누구에게나 설명하기 쉽다.

　㉡ 모형을 만드는 기준이 간단하며 빅데이터에서도 빠른 모델 생성이 가능하다.

　㉢ 수치형 변수와 범주형 변수 모두에 알고리즘 적용이 가능하다.

　㉣ 룰이 매우 명확하여 전처리 작업이 어렵지 않다.

❷ 단점

　㉠ 탐욕스러운(Greedy) 모델로 과대적합이 발생할 가능성이 높다.

　㉡ 독립변수 간의 중요도를 판단하기 쉽지 않다.

　㉢ 분류 경계선 부근의 자료값에 대해 오차가 크다.

(6) 불순도의 여러 가지 측도

❶ 카이제곱 통계량

　㉠ 카이제곱 통계량은 각 셀에 대한 [(기대도수-실제도수)의 제곱/기대도수]의 합으로 구할 수 있다.

ⓛ 기대도수=열의 합계×합의 합계/전체합계

$$X^2 = \sum_{i=1}^{k}(O_i - B_i)^2 \ (k : 범주의 \ 수, \ O_i : 기대도수, \ B_i : 실제도수)$$

❷ 지니지수

㉠ 노드의 불순도를 나타내는 값이다.

㉡ 지니지수의 값이 작을수록 클래스의 분류가 잘 이뤄졌다고 해석한다.

$$Gini(T) = 1 - \sum_{i=1}^{k} p_i^2$$

㉢ 예제

아래 그림을 보고 지니지수를 계산하시오.

계산 결과 $Gini = 1 - \left(\dfrac{3}{8}\right)^2 - \left(\dfrac{3}{8}\right)^2 - \left(\dfrac{1}{8}\right)^2 - \left(\dfrac{1}{8}\right)^2 = 0.69$

계산 결과 $Gini = 1 - \left(\dfrac{6}{7}\right)^2 - \left(\dfrac{1}{7}\right)^2 = 0.24$

❸ 엔트로피 지수

㉠ 열역학에서 쓰는 개념으로 무질서 정도에 대한 척도 값이다.

㉡ 엔트로피 지수가 가장 작은 예측 변수와 이때의 최적 분리 규칙에 의해 나무를 생성한다.

① 엔트로피

㉠ 낮을수록 좋은 결과, 0~0.5 사이의 값
㉡ 검정색과 빨간색을 잘 분류하였나?(총 16개 중 빨간색 10개, 검정색 6개)

분할 전 엔트로피

$$Entrophy(A) = -\sum_{K=1}^{m} p_k \log_2(p_k)$$

$$Entrophy(A) = -\frac{10}{16}\log_2\left(\frac{10}{16}\right) - \frac{6}{16}\log_2\frac{6}{16} \approx 0.95$$

감소 정보획득 : 0.2

분할 후 엔트로피

$$Entrophy(A) = -\sum_{j=1}^{d} R_j\left[-\sum_{k=1}^{m} p_k \log_2(p_k)\right]$$

$$Entrophy(A) = 0.5 \times \left[-\frac{7}{8}log_2\left(\frac{7}{8}\right) - \frac{1}{8}log_2\left(\frac{1}{8}\right)\right] + 0.5\left[-\frac{3}{8}log_2\left(\frac{3}{8}\right) - \frac{5}{8}log_2\left(\frac{5}{8}\right)\right] \approx 0.75$$

(7) 의사결정나무 알고리즘

❶ CART(Classification And Regression Tree)

  ㉠ 불순도의 측도로 목적변수가 **범주형**일 경우 **지니지수**를 이용, **연속형인 경우 분산을 이용한 이진분리**를 활용한다.

  ㉡ 개별 독립변수뿐 아니라 독립변수들의 선형결합들 중에서 최적 분리를 찾을 수 있다.

❷ C4.5와 C5.0

  ㉠ 가지치기를 사용할 때 학습자료를 사용하는 알고리즘이다.

  ㉡ CART와는 달리 각 마디에서 다지분리(Multiple split)를 할 수 있으며, 범주형 독립변수에 대해서 범주의 수만큼 분리가 일어난다.

❸ CHAID(CHi-squared Automatic Interaction Detection)

  ㉠ 가지치기를 하지 않고 적당한 크기에서 성장을 중지하며, 독립변수가 반드시 범주형이어야 한다.

  ㉡ 불순도 측도로 명칭에서 나타나듯 카이제곱 통계량을 활용한다.

3. 앙상블 모형

(1) 정의

❶ 앙상블 학습(Ensemble learning)을 통한 분류는 여러 개의 분류기(Classifier)를 생성하고 그 예측을 결합함으로써 보다 정확한 최종 예측을 도출하는 기법을 의미한다.

❷ 앙상블 기법에는 보팅(Voting), 배깅(Bagging), 부스팅(Boosting)이 존재한다.

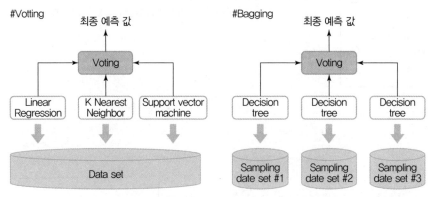

출처 : 파이썬 머신러닝 완벽가이드

(2) 보팅(Voting)

❶ 보팅에는 하드보팅과 소프트보팅이 존재한다.

❷ 일반적으로 하드보팅보다는 소프트보팅의 예측력이 더 좋기 때문에 많이 활용된다.

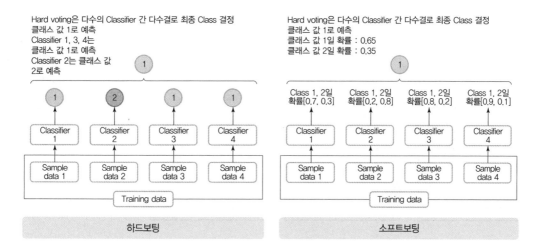

(3) 배깅(Bagging)

❶ 배깅은 Bootstrap+Aggregation의 합성어로 Breiman(1994)에 의해 제안되었다.

❷ 복원 추출 방법으로 데이터를 추출하는 부트스트랩(Bootstrap)을 여러 개 생성하고 각 붓스트랩 자료에 예측 모형을 만든 후 결합하여 최종 예측 모형을 만드는 방법이다.

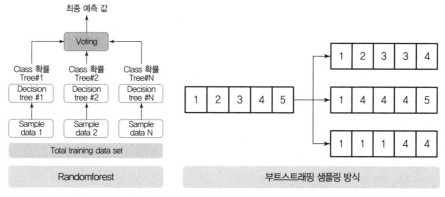

〈출처 : 파이썬 머신러닝 완벽가이드〉

❸ 배깅에서는 가지치기를 하지 않고 최대로 성장한 의사결정나무들을 활용한다.

❹ 학습용 데이터의 모집단 분포를 모르기 때문에 실제 문제에서는 평균 예측 모형을 구할 수 없다.

❺ 배깅은 이러한 문제를 해결하기 위해 훈련자료를 모집단으로 생각하고 평균 예측 모형을 구하여 분산을 줄이고 예측력을 향상시킬 수 있다.

(4) 부스팅(Boosting)

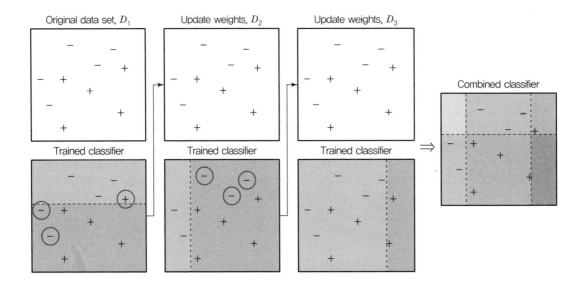

❶ 예측력이 약한 모형(Weak Learner)들을 결합하여 강한 예측 모형을 만드는 방법이다.

❷ 훈련오차를 빠르고 쉽게 줄일 수 있으며, 배깅에 비해 많은 경우 예측오차가 향상되어 Adaboost의 성능이 배깅보다 뛰어난 경우가 많다.

(5) 랜덤포레스트(Random forest)

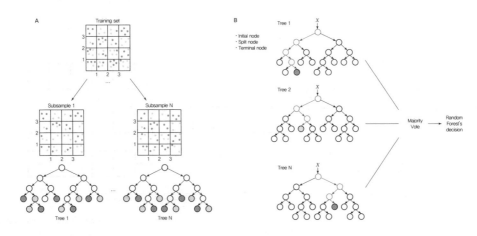

❶ 분산이 크다는 의사결정나무의 특징을 고려하여 배깅과 부스팅보다 더 많은 무작위성을 주어 약한 학습기들을 생성한 후, 이를 선형결합하여 최종 학습기를 만드는 방법이다(Leo Breiman, 2001).

❷ 수천 개의 변수를 통해 변수 제거 없이 실행되므로 높은 정밀도와 정확도를 보인다.

❸ 단점은 너무 많은 하이퍼파라미터가 존재한다는 점과 연산 시간이 오래 걸린다는 점이다.

4. 로지스틱 회귀분석

(1) 로지스틱 회귀(Logistic Regression) 정의

❶ 로지스틱 회귀분석은 독립변수가 연속형인 양적 데이터이고 **종속변수가 범주형 자료**일 경우 적용하는 회귀분석이다.

❷ 새로운 관측치가 주어질 때 종속변수의 어느 범주에 속할 확률이 얼마인지를 추정하여 추정확률을 기준치에 따라 분류하는 목적으로 사용된다.

❸ 모형의 적합을 통해 추정된 확률을 **사후 확률**로도 부른다.

❹ 로지스틱 회귀식

$$E(Y \mid X) = p(X) = \frac{\exp(a+\beta X)}{1+\exp(a+\beta X)} = \frac{1}{1+\exp[-(a+\beta X)]}$$

$$\rightarrow \frac{p}{1-p} = \frac{\dfrac{1}{1+\exp[-(a+\beta X)]}}{\dfrac{\exp[-(a+\beta X)]}{1+\exp[-(a+\beta X)]}} = \frac{1}{\exp[-(a+\beta X)]} = \exp(a+\beta X)$$

$$\rightarrow \log_e\left(\frac{p}{1-p}\right) = a + \beta x$$

(2) 로지스틱 회귀분석의 필요성

❶ 단순 선형 회귀로 분석하면 범위 (0, 1)을 벗어나는 결과가 나오기 때문에 예측의 정확도가 떨어진다.

❷ 로지스틱 회귀분석은 대상이 되는 데이터의 종속변수(y)의 결과가 0과 1 두 개의 경우만 존재하는 이진분류 문제이다.

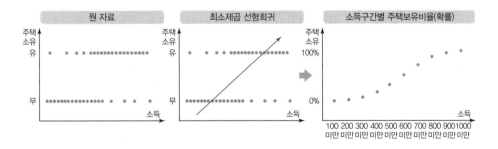

(3) 로지스틱 회귀분석의 원리

❶ 로지스틱 모형 식은 독립변수가 (−∞, +∞)의 어느 숫자든 상관없이 종속변수 또는 결과가 항상 [0, 1] 사이에 있도록 만들어야 한다. 이는 로짓(Logit) 변환을 수행함으로써 얻는다.

❷ 분석 대상이 되는 이항 변수인 0과 1은 로짓을 이용해서 연속변수인 것처럼 바꿔줌으로써

활용이 가능하다. 그러나 로짓으로 바로 변환하지는 못하고 먼저 오즈, 오즈비를 거쳐 로짓으로 변환이 가능하다.

㉠ 오즈(Odds)

- 일반적 비율은 어떤 사건이 발생할 확률을 의미하며 오즈(승산)는 어떤 사건이 발생하지 않을 확률 대비 발생할 확률을 의미함

- 일반적 비율(확률) = $\dfrac{p}{1}$ = $\dfrac{\text{발생할 확률}}{\text{전체}}$

- 오즈{odds(p)} 혹은 승산 = $\dfrac{p}{1-p}$ = $\dfrac{\text{발생할 확률}}{\text{발생하지 않을 확률}}$

㉡ 로짓(Logit) 변환

- 로짓 변환은 오즈에 로그를 취한 함수로써 입력값의 범위가 [0,1]일 때 출력값의 범위를 $(-\infty, +\infty)$로 조정

$$Logit(p) = \ln\left(\frac{p}{1-p}\right) = a + \beta X = logodds(p)\ln\left(\frac{p}{1-p}\right)$$

- 오즈의 범위를 $(-\infty, +\infty)$로 변환함으로써 아래의 그래프 모양을 가짐

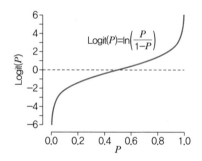

㉢ 시그모이드 함수

- 로짓 변환도 [0, 1]에 대한 확률값으로 $(-\infty, +\infty)$의 값을 갖는다는 한계점이 있어 이러한 한계를 극복하기 위해 로짓 함수를 조작하여 최종적으로 시그모이드 함수를 적용
- 시그모이드 함수는 S자형 곡선(시그모이드 곡선)을 갖는 함수
- 로짓 함수는 x의 값이 [0, 1]일 때, y는 $(-\infty, +\infty)$인 함수
- 로짓 함수에 역함수를 취하여 시그모이드 함수를 도출

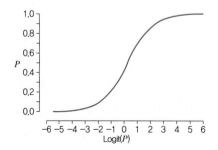

$$P = \frac{e^{\log \ddot{y}(P)}}{1 + e^{\log \ddot{y}(P)}}$$

5. 인공신경망

(1) 인공신경망 분석(ANN)

❶ 퍼셉트론 : 퍼셉트론(Perceptron)은 인간의 신경망에 있는 뉴런의 모델을 모방하여 입력층, 출력층으로 구성한 인공신경망 모델이다.

❷ 인공신경망 구성 요소 : 퍼셉트론의 구조는 입력값, 가중치, 활성화 함수, 출력값으로 되어 있다.

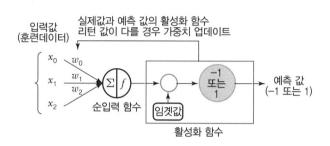

❸ 퍼셉트론의 학습 과정

 ㉠ 입력값(x_0, x_1, …, x_n)과 가중치(ω_0, ω_1, …, ω_n)를 순입력함수에서 각각 곱하고 더한다.

 ㉡ 순입력함수 값을 활성화 함수의 임곗값과 비교하여 예측값 1 또는 −1을 출력한다.

 ㉢ 활성화 함수의 예측값이 실제 결과와 다를 경우 가중치를 업데이트하여 실제 결괏값과의 차이를 줄이려 노력한다.

(2) 다층 퍼셉트론(Multi-layer perceptrons)

❶ 다층 퍼셉트론의 개념 : 다층 퍼셉트론은 입력층과 출력층 사이에 하나 이상의 은닉층(Hidden layer)을 두어 비선형적인 데이터 문제에 대한 학습이 가능한 신경망이다.

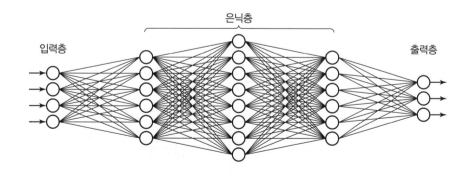

❷ 다층 퍼셉트론이 직면하는 문제

문제점	내용
과대적합 (Overfitting)	• 학습 데이터에는 높은 정확도를 보이나, 테스트 데이터나 신규 데이터에는 정확도가 급격하게 떨어지는 현상을 의미 • 과대적합을 피하기 위해서는 다양한 데이터 확보, 데이터 분할에 무작위성 증가 등의 방법을 활용하여야 함
기울기 소실 (Gradient vanishing)	• 역전파 알고리즘은 학습을 진행하는 과정에서 편미분을 진행하는데, 시그모이드 계열의 활성화 함수는 편미분을 진행할수록 0에 근사함 • 이는 기울기 소실의 문제가 됨 • 따라서 시그모이드에서 발전된 활성화 함수들이 다수 개발됨(ReLU, Leaky ReLU 등)

❸ 활성화 함수의 종류

ㄱ 활성화 함수는 순 입력함수로부터 전달받은 값을 출력값으로 변환해 주는 함수이다.

ㄴ 다양한 활성화 함수가 존재하지만, 여기서는 소프트맥스, 시그모이드, 하이퍼볼릭탄젠트, 계단함수, 가우시안함수, ReLU함수를 소개할 것이다.

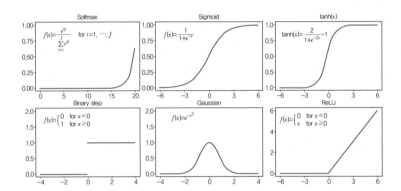

❹ 인공신경망의 학습

ㄱ 순전파는 입력층(Input layer)에서 출력층(Output layer)까지 정보를 전달한다.

ㄴ 순환신경망(Recurrent neural network)은 은닉층의 출력값을 출력층으로 보냄과 동시에 은닉층의 출력값이 다시 은닉층의 입력으로 사용된다.

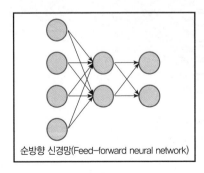

순방향 신경망(Feed-forward neural network)

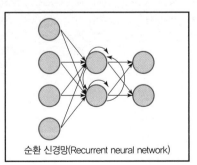

순환 신경망(Recurrent neural network)

❺ 손실함수

ⓐ 손실함수는 실제값과 예측값의 오차를 비교하는 지표들을 총칭한다.

ⓑ 오차를 비교하므로 손실함수는 값이 낮을수록 실제값과의 일치율이 높다고 할 수 있다.

ⓒ 신경망 학습에서의 최적 매개변수(가중치 및 편향)는 손실함수를 최소화하는 값이다.

❻ 경사하강법(Gradient descent method)

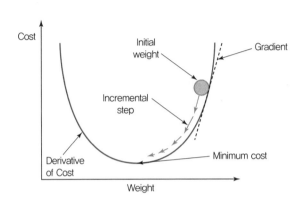

ⓐ 경사하강법은 손실함수(=비용함수)를 최소화시키는 기울기 방향으로 계속 이동시켜서 최적의 매개변수(Parameter)를 찾는 기법이다.

ⓑ 경사하강법을 통해 손실함수를 최소화시키기 위해서는 편미분이 적용되는데 편미분 값이 0이 되면 기울기가 0이고 이로 인한 기울기 값이 최소가 된다는 의미이다.

❼ 오차 역전파(Back propagation)

ⓐ 순전파 신경망 학습법이 입력층에서 출력층으로 향한다면 역전파는 반대로 출력층에서 입력층 방향으로 계산하면서 가중치를 업데이트해 나가는 신경망 학습법이다.

ⓑ 오차 역전파는 계산 결과와 정답의 오차를 구하고, 오차와 관련된 값들의 가중치를 수정하여 오차가 작아지는 방향으로 일정 횟수를 반복하여 수정해 나간다.

ⓒ 가중치 매개변수의 기울기를 구할 수 있는 수치 미분과 오차 역전파의 가중치 갱신 결과를 비교하여 기울기의 차이를 확인하는 작업을 기울기 확인(Gradient check)이라 한다.

1. 군집분석(Cluster analysis)

(1) 군집분석의 정의

❶ 각 관측치 간의 거리를 계산함으로써 유사성을 측정하여 유사성이 높은 대상 집단을 분류하고, 군집에 속한 객체들의 유사성과 서로 다른 군집에 속한 객체 간의 상이성을 규명하는 분석방법이다.

❷ 군집분석의 목적은 레이블이 없는 데이터셋의 요약 정보를 추출하고, 요약 정보를 통해 전체 데이터셋이 가지고 있는 특징을 발견하는 것이다.

(2) 군집분석의 가정

❶ 군집 내에 속한 관측치들의 특성은 동질적이고, 서로 다른 군집에 속한 관측치 간의 특성은 이질적이다.

❷ 군집분석은 이질적인 모집단을 세분화시키는 방법이다.

❸ 군집 내의 응집도(Cohesion)와 군집 간 분리도(Separation)를 최대화한다.

❹ 군집의 개수나 구조와는 무관하게 관측치 간의 거리를 기준으로 분류한다.

❺ 개별 군집의 특성은 군집에 속한 개체들의 평균값으로 나타낸다.

그래프 기반 응집도와 분리도
(Graph-based view of Cohension and separation)

$$\text{cohesion}(C_i) = \sum_{\substack{x \in C_i \\ y \in C_i}} \text{proximity}(x,y)$$

$$\text{separation}(C_i, C_j) = \sum_{\substack{x \in C_i \\ y \in C_i}} \text{proximity}(x,y)$$

응집도(Cohension)

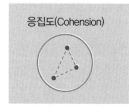

분리도(Separation)

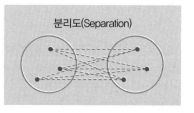

(3) 군집분석의 특징

❶ 군집분석은 데이터의 분류 기준이 없는 비지도학습을 사용하므로 지도학습처럼 교차 검증을 통해 군집 결과에 대한 안정성을 검토하지는 않는다.

❷ 군집분석은 신뢰성과 타당성을 점검하기 어렵다.

❸ 군집 결과의 유용성을 따지는 군집타당성 지표(Clustering validity index)는 대표적으로 Dunn index와 실루엣(Silhouette) 지수(계수)가 있다.

❹ 군집타당성 지표

군집타당성 지표	설명
Dunn index	• (군집과 군집 사이의 최솟값)/(군집 내 데이터들 거리 중 최댓값)으로 하는 지표 • Dunn index는 분자가 클수록 군집 간 거리가 멀고, 분모 값이 작을수록 군집 내 데이터가 모여 있으므로 좋은 군집화라 할 수 있고, 이 경우에 Dunn index가 커지게 된다.
실루엣 계수	$$s(i) = \frac{b(i) - a(i)}{\max a(i),\, b(i)}$$ • 군집 내의 거리와 군집 간의 거리를 기준으로 하여 군집 안의 데이터들이 다른 군집과 비교하여 얼마나 비슷한가를 나타냄으로써 군집 분할 정도를 평가한다. • 실루엣 계수가 가질 수 있는 범위는 -1~1이며, 1에 가까울수록 군집화가 잘되었음을 의미한다. • 데이터 하나에 대한 실루엣 계수만 좋다고 군집화가 잘 이루어졌다고 일반화를 할 수 없다. • 각 군집별 데이터 수가 고르게 분포되어야 하며, 각 군집별 실루엣 계수 평균값이 전체 실루엣 계수 평균값에서 크게 벗어나지 않는 것이 중요하다.

(4) 군집분석과의 비교

❶ 판별분석과의 차이 : 판별분석은 사전에 집단이 나누어져 있는 자료로, 새로운 데이터를 기존 집단에 할당한다.

❷ 요인분석과의 차이 : 요인분석은 유사한 변수끼리 그룹핑해주는 역할을 한다.

(5) 군집분석의 유형

❶ 군집분석은 계층 기반 유형과 비계층 기반 유형의 군집분석으로 나눌 수 있다.

❷ 계층 기반 군집분석에는 군집 간 연결법(최단 연결법, 최장 연결법, 평균 연결법, 중심 연결법, 와드 연결법)이 있고, 비계층 기반 군집분석에는 분할 기반, 분포 기반, 밀도 기반, 그래프 기반 등의 분석 기법이 존재한다.

❸ 비계층 기반 군집분석의 상세 기법에는 k-평균 군집, 혼합분포 군집(가우시안 혼합모델, EM알고리즘), DBSCAN, SOM 등이 있다.

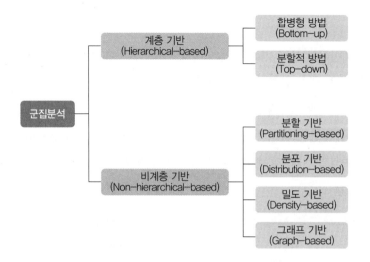

❹ 계층적 군집분석과 비계층적 군집분석의 특징

계층적 군집분석 특징	비계층적 군집분석 특징
• 계층적 군집은 군집의 개수를 미리 정하지 않고 유사한 개체를 그룹핑하는 과정을 반복하여 원하는 개수의 군집을 형성하는 방법 • 이상치에 민감함 • 한번 군집이 형성되면 다른 군집으로 이동하기 어려움 • 덴드로그램으로 표현이 가능	• 비계층적 군집은 미리 군집의 수를 정해놓아야 함 • 사용자가 사전 지식 없이 그룹의 수를 정해주는 일이 많아서 결과가 잘 나오지 않을 수 있음

2. 군집 간 거리계산법

(1) 연속형 변수의 경우

❶ 유클리드언 거리(Euclidian distance)

⊙ 데이터 간의 유사성을 측정할 때 가장 많이 활용하는 거리이다.

ⓒ 통계적 개념은 내포되어 있지 않으며 변수들의 산포도가 감안되어 있지 않다.

$$d(x, y) = \sqrt{(x_1 - y_1)^2 + \cdots + (x_p - y_p)^2} = \sqrt{(x - y)^{'}(x - y)}$$

❷ 맨하탄 거리(Manhattan distance) : 유클리디언 거리와 함께 가장 널리 활용되는 거리법으로서, 맨하탄에서 건물에서 건물을 가기 위한 최단 거리를 구하기 위해 고안되었다.

$$d(x, y) = \sum_{i=1}^{p} | x_i - y_i |$$

❸ **민코프스키 거리(Minkowski distance)** : 맨하탄 거리와 유클리디언 거리를 한 번에 표현한 공식으로 L1(맨하탄 거리) L2(유클리디언 거리)라 불리고 있다.

$$d(x,y) = \left[\sum_{i=1}^{p} |x_i - y_i|^m \right]^{1/m} \qquad m=1,\ m=2$$

❹ **표준화 거리(statistical distance)** : 해당 변수의 표준편차로 척도 변환 후 유클리디언 거리를 계산한다. 표준화를 통해 척도의 차이, 분산의 차이로 인한 오류를 경감시킬 수 있다.

$$d(x,y) = \sqrt{(x-y)' D^{-1} (x-y)} , D = diag\{s_{11}, \cdots, s_{pp}\}$$

❺ **마할라노비스 거리(Mahalanobis distance)**

　㉠ 통계적 개념이 포함된 거리이며 변수들의 산포를 고려하여 이를 표준화(Standardization)한 거리이다.

　㉡ 두 벡터 사이의 거리를 표본공분산으로 나누어 주며, 집단에 대한 사전 지식 없이는 표본공분산을 계산할 수 없으므로 사용하기 어렵다.

$$d(x,y) = \sqrt{(x-y)' S^{-1} (x-y)} , S = \{S_{ij}\}$$

❻ **체비셰프 거리(Chebychev distance)**

$$d(x,y) = \max_i |x_i - y_i|$$

(2) 범주형 변수의 경우

❶ **코사인 거리**

　㉠ 내적 공간의 두 벡터 간 각도의 코사인 값을 이용하여 측정된 벡터 간의 유사한 정도를 의미한다.

　㉡ 즉 개체 간의 거리는 고려하지 않고 각도로 유사도를 측정한다는 것이다.

$$\text{similarity} = \cos(\theta) = \frac{A \cdot B}{\| A \| \ \| B \|} = \frac{\sum_{i=1}^{n} A_i \times B_i}{\sqrt{\sum_{i=1}^{n} (A_i)^2} \times \sqrt{\sum_{i=1}^{n} (B_i)^2}}$$

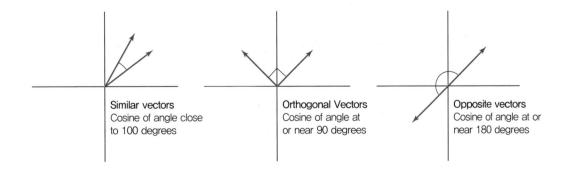

Similar vectors
Cosine of angle close
to 100 degrees

Orthogonal Vectors
Cosine of angle at
or near 90 degrees

Opposite vectors
Cosine of angle at or
near 180 degrees

❷ 단순일치계수(Simple Matching Coeffiecient) : 전체 속성 중에서 일치하는 속성의 비율을 의미한다.

$$단순일치계수 = \frac{(매칭된\ 속성의\ 개수)}{(전체\ 속성의\ 개수)}$$

❸ 자카드 거리(Jaccard)

　㉠ 두 집합 사이의 유사도를 측정한다.

　㉡ 범위는 0과 1 사이의 값을 가지며, 두 집합이 같으면 1이고 공통 원소가 하나도 없으면 0의 값을 갖는다.

$$1 - J(A, B) = \frac{|A \cup B| - |A \cap B|}{|A \cup B|}$$

3. 계층적 군집

(1) 계층적 군집 분석의 정의

계층적 군집은 유사한 개체를 군집화하는 과정을 반복하여 군집을 형성하는 방법이다.

(2) 계층적 군집의 생성법

생성 방법	계층적 군집 생성에 대한 설명
병합적 방법 (Agglomerative)	• 작은 군집(개체)으로부터 시작하여 군집을 병합하는 방법(Bottom-up)이다. • 거리가 가까우면 유사성이 높다.
분할적 방법 (Divisive)	큰 군집으로부터 시작하여 군집을 분리해 나가는 방법이다.

(3) 군집 간의 연결법

생성 방법	계층적 군집 생성에 대한 설명
최단연결법 (단일연결법, Single linkage, nearest neighbor)	• n×n 거리 행렬에서 거리가 가장 가까운 데이터를 묶어서 군집을 형성한다. • 군집과 군집 또는 데이터와의 거리를 최단거리(min)로 계산하여 거리 행렬 수정을 진행한다. • 수정된 거리 행렬에서 거리가 가까운 데이터 또는 군집을 새로운 군집으로 형성한다.
최장연결법 (완전 연결법, Complete linkage method)	• 군집과 군집 또는 데이터와의 거리를 최장거리(max)로 하여 거리 행렬을 수정하는 방법이다. • 내부 응집성에 중점을 둔 방법으로 둥근 형태의 군집이 형성된다.
평균연결법 (Average linkage method)	• 군집과 군집 또는 데이터와의 거리를 평균(mean)으로 하여 거리 행렬을 수정하는 방법이다. • 최단연결법, 최장연결법에 비해 이상치에 덜 민감하지만 계산량이 불필요하게 많아질 수 있다.

생성 방법	계층적 군집 생성에 대한 설명
중심연결법 (Centroid linkage method)	• 두 군집 간의 중심 거리를 측정하여 가장 유사성이 큰 군집으로 병합하는 방법이다. • 평균 연결법보다 계산량이 적고, 모든 개체 사이의 거리를 측정할 필요가 없다. • 중심 사이의 거리를 한 번만 계산하면 된다.
와드연결법 (Ward linkage)	• 군집 간 거리에 기반하는 다른 연결법과는 달리 군집 내의 오차제곱합에 기반하여 군집화한다. • 군집 내 편차제곱 합을 고려한 방법이다. • 군집 간 정보의 손실을 최소화하는 방향으로 군집을 형성한다. • 크기가 비슷한 군집끼리 병합하는 경향성이 있다.

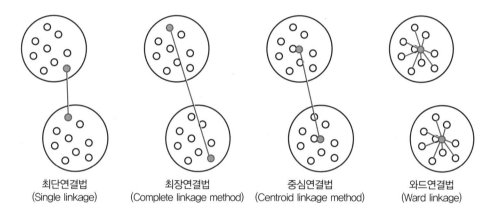

최단연결법　　　　최장연결법　　　　중심연결법　　　　와드연결법
(Single linkage)　(Complete linkage method)　(Centroid linkage method)　(Ward linkage)

❶ 위와 같이 관측치 간의 유사성(또는 거리)에 대한 다양한 정의가 가능하다.

❷ 군집 간의 연결법에 따라 군집의 결과가 달라질 수 있다.

4. 비계층적 군집분석

(1) 개념

n개의 개체를 g개의 군집으로 나누는 모든 가능한 방법을 점검해 최적화된 군집을 형성하는 것이다.

(2) K-평균 군집분석(K-means clustering)

주어진 데이터를 K개의 클러스터로 그룹핑하는 알고리즘으로, 각 군집과 거리 차이의 분산을 최소화하는 방식으로 군집을 형성한다.

(3) K-평균 군집분석의 절차

단계	설명
1단계	원하는 군집의 개수(K개)와 초기 값(Seed)들을 정해 Seed 중심으로 군집을 형성한다.
2단계	각 데이터를 거리가 가장 가까운 Seed가 있는 군집으로 분류한다.
3단계	각 군집의 Seed 값을 다시 계산한다.
4단계	모든 개체가 군집으로 할당될 때까지 위의 과정들을 반복한다.

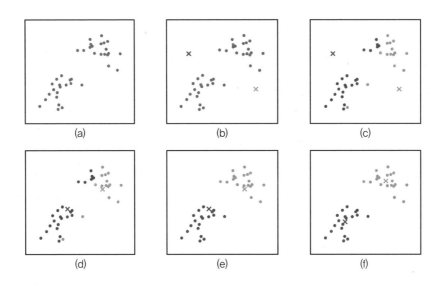

(4) K-평균 군집분석의 특징

❶ 거리 계산을 통한 군집화가 이루어지므로 연속형 변수여야 활용이 가능하다.

❷ 군집의 수를 결정하는 K의 경우 임의로 설정이 가능한 하이퍼파라미터(Hyper parameter)이며, K개의 초기 중심값은 가급적이면 중심에서 멀리 떨어진 값들로 설정하는 것이 좋다.

❸ 초기 중심값을 일렬(좌우, 상하)로 선택하게 되면 군집 혼합이 되지 않고 층으로 분류될 수 있으므로 유의한다. 초기 중심값 선정이 군집 결과에 영향을 미칠 수 있다.

❹ 초기 중심값에서 오차 제곱합을 최소화하는 방향으로 군집이 형성되어 안정성은 보장이 되지만, 해당 군집이 최적의 군집이라는 기준을 설정하기는 어렵다.

장점	단점
• 알고리즘이 단순하며 빠르게 수행된다. • 계층적 군집분석에 비해 많은 데이터를 다룰 수 있다. • 데이터에 대한 사전정보가 미비해도 분석이 가능하다.	• k군집의 수, 가중치 및 거리 계산의 정의 등이 어렵다. • 사전정보가 미비하다면 결과 해석에 한계가 있다. • 노이즈나 이상치의 영향을 많이 받는다. • 모든 변수가 연속형이어야 한다. • 단점을 보완하는 방법으로는 k-중앙값 군집을 사용하거나 이상값을 미리 제거하여 분석을 수행한다.

5. 혼합 분포 군집(Mixture distribution clustering)

(1) 혼합 분포 군집분석의 정의

❶ 모형-기반(Model-based)의 군집 방법은 말 그대로 모형(분포)을 기반으로 데이터를 군집하는 것이다. 즉, 각 데이터가 혼합 분포 중 어느 모형으로부터 나왔을 확률이 높은지에 따라 군집의 분류가 이루어진다. 따라서, k개의 각 모형은 곧 군집을 의미한다.

❷ 혼합 모형에서 모수와 가중치의 추정(최대가능도 추정)은 EM 알고리즘이 사용된다.

(2) 혼합 분포 군집분석이 효과적인 데이터

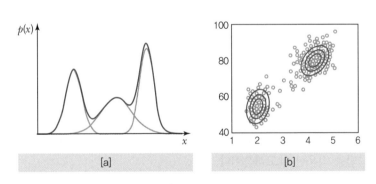

[a] [b]

❶ [a]는 자료의 분포 형태가 단일봉이 아닌 다봉형의 형태를 띠므로 약 3개 정도의 정규분포의 결합을 통해 설명할 수 있으리라 추정할 수 있다.

❷ [b]의 경우 또한 여러 개의 이변량 정규분포의 결합으로 설명이 가능할 것이며, 이러한 경우에는 반드시 정규분포로 분석의 범위를 제한할 필요는 없다.

(3) EM 알고리즘의 개념

관측되지 않은 잠재 변수에 의존하는 확률모델에서 최대 가능도나 최대 사후확률을 갖는 모수의 추정값을 찾는 반복적인 알고리즘이다.

(4) EM 알고리즘 진행 과정

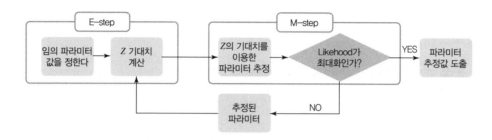

❶ EM 알고리즘은 E-단계(E-step), M-단계(M-step)으로 진행된다.

❷ E-단계는 잠재변수 Z의 기대치를 계산하고, M-단계는 잠재변수 Z의 기대치를 이용하여 바라미터(매개변수)를 추정한다.

❸ 반복을 수행하며 파라미터 추정값을 도출하며 이를 최대가능도(Maximum likelihood) 추정치로 사용한다.

6. SOM(Self-Organization Map)

(1) SOM의 정의

❶ SOM(자기조직화지도)은 코호넨(Kohonen)에 의해 제시, 개발되었으며 인공신경망에 따른 군집분석 방법을 적용한 알고리즘이다.

❷ 고차원의 데이터를 이해하기 쉽도록 저차원의 뉴런으로 정렬하여 지도의 형태로 형상화한 비지도(Unsupervised learning) 신경망이다.

❸ 이러한 형상화는 입력변수의 위치관계를 그대로 보존한다는 특징을 지니며, 실제 공간의 입력변수의 거리와 SOM의 지도 내의 거리의 원근이 동일하다는 것이다.

(2) SOM의 구성 요소

❶ SOM은 입력층과 경쟁층으로 구성되어 있다.

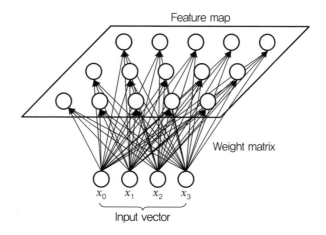

❷ 입력층과 경쟁층

입력층(Input layer)	경쟁층(Competitive layer)
• 입력 벡터를 받는 층으로 **입력변수의 개수와 뉴런의 개수가 동일**하다. • 입력층의 자료는 학습을 통하여 경쟁층에 정렬되는데 이를 **지도(map)**라 하며 입력변수의 위치를 보존한다. • 입력층 각각의 뉴런과 경쟁층 각각의 뉴런은 연결되어 있으며, 이때 **완전연결(fully connected)**되어 있다.	• **2차원 격자(Grid)무늬**로 구성된 층으로 입력 벡터의 특성에 따라 벡터의 한 점으로 클러스터링되는 층이다. • SOM은 경쟁 학습으로 **각각의 뉴런이 입력 벡터와 얼마나 가까운가를 계산**하며, **연결 강도**를 반복적으로 재조정한다. • **입력벡터와의 거리를 계산**하며 가장 가까운 **경쟁층 뉴런**을 선택하게 된다. • 경쟁층이란 말처럼 선택된 뉴런을 승자 뉴런이라 하며, 경쟁층에는 승자 뉴런만이 표현되고, 승자와 유사한 연결 강도를 갖는 입력 패턴은 동일 경쟁 뉴런으로 배열한다.

(3) SOM의 특징

❶ 입력변수의 위치 관계를 그대로 보존하기 때문에 패턴 발견, 이미지 분석 등에서 뛰어난 성능을 보인다.

❷ 단 하나의 순전파(전방패스, Feed forward flow)를 사용함으로써 속도가 매우 빠르며, 이에 따라 실시간 학습처리를 할 수 있는 모형이다.

❸ 고차원의 데이터를 **저차원의 지도 형태로 형상화**하기 때문에 시각적으로 이해가 쉽다.

1. 연관규칙분석(Association analysis)

(1) 연관규칙분석의 정의

❶ 연관성 분석은 흔히 장바구니 분석(MBA ; Market Basket Analysis) 또는 서열분석(Sequence Analysis)이라 부른다.

❷ 기업의 데이터베이스에서 상품의 구매, 서비스 등 일련의 거래 또는 사건들 간의 규칙을 발견하기 위해 적용한다.

❸ 장바구니 분석은 장바구니에 무엇을 같이 넣어두었는지 분석하고 서열분석은 A item 이후 B item을 산다는 것을 의미한다.

(2) 연관규칙의 형태

if-then 조건과 반응의 형태로 이루어져 있다.

> 예 치킨을 사고 난 후 맥주를 구매할 확률
> 아메리카노를 마신 후 20%의 고객이 파니니를 먹음

(3) 연관규칙의 지표

❶ 산업 특성별로 지지도, 신뢰도, 향상도 등의 값을 잘 확인해서 규칙을 선택해야 한다.

❷ 지지도(Support) : 전체 거래 중 항목 A와 항목 B를 동시에 포함하는 거래의 비율

$$\text{지지도} = P(A \cap B) = \frac{A와 B가 동시에 포함된 거래 수}{전체 거래 수} = \frac{A \cap B}{전체}$$

❸ 신뢰도(Confidence) : 항목 A를 포함한 거래 중에서 항목 A와 항목 B가 같이 포함될 확률이다. 연관성의 정도를 파악할 수 있다.

$$\text{신뢰도} = \frac{P(A \cap B)}{P(A)} = \frac{A와 B가 동시에 포함된 거래 수}{A를 포함하는 거래 수} = \frac{지지도}{P(A)}$$

❹ 향상도(Lift) : A가 구매되지 않을 때 B의 구매확률과 A가 구매되었을 때 B의 구매확률의 증가비이다. 즉, 치킨을 구매하지 않았을 때 맥주의 구매확률 대 치킨 구매 후 맥주의 구매확률이다.

$$\text{향상도} = \frac{P(A|B)}{P(B)} = \frac{P(A \cap B)}{P(A) \times P(B)} = \frac{A와 B가 동시에 포함된 거래수}{A를 포함하는 거래 수 \times B를 포함하는 거래 수} = \frac{신뢰도}{P(B)}$$

항목	거래 수	상대도수	확률
옥수수차	100	100+500+300+100=1,000	69%
둥굴레차	100	100+500+200+100=900	62%
율무차	50	50+300+200+100=650	45%
{옥수수차, 둥굴레차}	500	500+100=600	41%
{옥수수차, 율무차}	300	300+100=400	28%
{둥굴레차, 율무차}	200	200+100=300	21%
{옥수수차, 둥굴레차, 율무차}	100	100	7%
전체 거래수	1,450		

항목	$P(A \cap B)$	$P(A)$	$P(B)$	신뢰도(Confidence) $P(A \cap B)/P(A)$	향상도(Lift) $P(A \cap B)/P(A) \times P(B)$
옥수수차 → 둥굴레차	41.0%	69.0%	62.0%	59.42%	95.84%
둥굴레차 → 옥수수차	41.0%	62.0%	69.0%	66.13%	95.84%
율무차 → 둥굴레차	21.0%	45.0%	62.0%	46.67%	75.27%
둥굴레차 → 율무차	21.0%	62.0%	45.0%	33.87%	75.27%
옥수수차 → 율무차	23.0%	69.0%	45.0%	40.58%	90.18%
율무차 → 옥수수차	23.0%	45.0%	69.0%	62.22%	90.18%
{둥굴레차, 율무차} → 옥수수차	7.0%	21.0%	69.0%	33.33%	48.31%
{옥수수차, 율무차} → 둥굴레차	7.0%	28.0%	62.0%	25.00%	40.32%
{옥수수차, 둥굴레차} → 율무차	7.0%	41.0%	45.0%	17.07%	37.94%

(4) 연관규칙의 절차

❶ 최소 지지도보다 큰 집합만을 대상으로 높은 지지도를 갖는 품목 집합을 찾는 것이다.

❷ 처음에는 5%로 잡고 규칙이 충분히 도출되는지를 보고 다양하게 조절하여 시도한다.

❸ 처음부터 너무 낮은 최소 지지도의 선정은 많은 리소스가 소모되므로 적절하지 않다.

> 최소 지지도 결정 → 품목 중 최소 지지도를 넘는 품목 분류 → 2가지 품목 집합 생성 → 반복적으로 수행해 빈발 품목 집합 탐색

(5) 연관규칙의 장점과 단점

장점	단점
• 탐색적인 기법으로 조건 반응으로 표현되는 연관성 분석의 결과를 직관적으로 이해가 가능하다. • 강력한 비목적성 분석 기법으로 분석 방향이나 목적이 명확하지 않은 경우 비지도 학습으로 유용하다. • 사용이 편리한 분석데이터의 형태로 데이터 전처리 및 변환을 최소로 활용 가능하다. • 분석을 위한 계산 과정이 간단하다.	• 품목 수가 증가하게 되면 필요 계산량이 기하급수적으로 증가한다 　→ 유사 품목의 범주화로 개선 　→ 연관규칙의 신뢰도 하한을 정의하여 빈도수가 낮은 연관규칙을 제외하고 분석 • 너무 세분화된 품목으로 구성된다면 분석 의미가 모호 　→ 적절히 구분되는 큰 범주로 범주화 후 결과 중 세부적인 연관규칙을 찾는 작업을 수행 • 거래량이 적은 품목은 당연히 포함된 거래 수가 적을 것이고, 규칙 발견 시 제외할 경향이 있다. 　→ 주요 품목의 경우 유사 품목들의 범주에 구성

(6) 순차패턴(Sequence analysis)

❶ 동시구매 가능성이 큰 상품군을 찾아내는 연관성 분석에 시간의 개념을 고려하여 순차적으로 구매가능성이 큰 상품군을 찾아내는 것이다.

❷ 연관성분석 시 데이터 형태에서 각각의 고객으로부터 발생한 구매 시점 정보 또한 포함된다.

2. 최근 연관분석의 동향

(1) 1~3세대

1세대 알고리즘인 Apriori나 2세대의 FP-Growth에서 발전하여 3세대의 FPV를 활용해 메모리의 효율적 운용이 가능해지면서 SKU 레벨의 연관성분석을 성공적으로 적용했다.

(2) 거래 수에 포함된 모든 품목

❶ 거래 수에 포함된 모든 품목의 개수가 n일 때, 품목들의 전체 집합(전체 item)에서 추출 가능한 품목의 부분집합의 수는 $2^n - 1$(공집합을 제외하므로)개이다. 그리고 가능한 모든 연관규칙의 계수는 $3^n - 2^{n+1} + 1$개이다.

❷ 이때 모든 가능한 품목 부분집합의 개수를 줄이는 방식으로 작동하는 것이 Apriori 알고리즘이며, 거래 내역 안에 포함된 품목의 개수를 줄여 비교하는 횟수를 줄이는 방식으로 작동하는 것이 FP-Growth 알고리즘이다.

㉠ Apriori 알고리즘

- 최소 지지도보다 큰 지지도의 값을 갖는 품목의 집합을 빈발 항목(Frequent item set) 이라 한다.
- Apriori 알고리즘은 모든 품목집합에 대한 지지도를 전부 계산하는 것이 아닌 **최소지지 도 이상의 빈발항목집합**을 찾은 후 그것들에 대해서만 연관규칙을 연산하는 것이다.
  - 장점 : 직관적이며 이해하기 쉽고 구현이 쉽다.
  - 단점 : 지지도가 낮은 후보의 아이템의 개수가 증가하면 계산 복잡도도 증가한다.

㉡ FP-Growth 알고리즘

- FP-Growth 알고리즘은 **후보 빈발항목집합을 생성하지 않고, FP-Tree(Frequent Pattern Tree)를 만든 후** 분할정복 방식을 통해 Apriori 알고리즘보다 더 빠르게 빈발 항목집합을 추출하는 방법이다.
- **Apriori 알고리즘의 약점을 보완**하기 위해 고안된 것으로 데이터베이스를 스캔하는 횟수가 적고, 빠른 속도로 분석이 가능하다.

11회차 기출유형

01 다음 중 분류 알고리즘으로 적절한 것은?

① 연관규칙 분석   ② SVM(Support Vector Machine)

③ Density-based clustering   ④ K-means clustering

13회, 16회차 기출유형

02 다음 중 대용량 데이터 속에서 숨겨진 지식 또는 새로운 규칙을 추출해 내는 과정을 일컫는 것은?

① 지식경영   ② 데이터웨어하우징

③ 데이터 마이닝   ④ 의사결정지원시스템

18회, 20회, 28회, 31회차 기출유형

03 다음 중 카탈로그 배열 및 교차 판매, 공격적 판촉 행사 등의 적용에 가장 적합한 데이터 마이닝 기법은?

① 군집분석   ② 연관분석

③ 분류분석   ④ 추정

29회차 기출유형

04 다음 중 비율척도에 대한 예시로 가장 적절한 것은?

① 온도, 시계   ② 선호도

③ 성별, 출생지   ④ 무게, 나이

28회차 기출유형

05 데이터 마이닝의 대표적인 기능 중 하나로 사람 및 상품에 대한 이해를 증가시키기 위해 데이터가 가지고 있는 의미를 설명하고, 그에 대한 답을 제공할 수 있는 데이터 마이닝의 기능으로 가장 적절한 것은?

① 분류(Classification)   ② 예측(Prediction)

③ 연관(Association)   ④ 기술(Decription)

18회차 기출유형

06 데이터 마이닝의 단계 중 모델링 목적에 따른 목적변수를 정의하고, 필요 데이터를 데이터 마이닝 소프트웨어에 적용 가능한 적합한 형식으로 준비하는 단계로 가장 알맞은 것은?

① 목적 정의

② 데이터 준비

③ 데이터 가공

④ 데이터 마이닝 기법 적용

5회차 기출유형

07 고객의 속성들(성별, 나이, 직업 등)을 활용하여 고객관계관리에 적용하는 분석법은?

① 군집분석

② 분류분석

③ 연관분석

④ 상관분석

29회차 기출유형

08 다음 중 의사결정나무의 분류 기준에 대한 설명으로 적절하지 않은 것은?

① 지니 계수의 값이 작을수록 이질적이며 순수도가 낮다고 할 수 있다.

② 지니 계수는 이진 분류로 나눌 때 활용한다.

③ 엔트로피 계수의 값이 클수록 순수도가 낮다고 볼 수 있다.

④ 카이제곱 통계량의 p-값이 작을수록 자식 노드 간의 이질성이 크다.

28회차 기출유형

09 다음 중 인공신경망에 대한 설명으로 가장 부적합한 것은?

① 데이터를 정규화하지 않으면 전역 최솟값(Global minimum)이 아니라 지역 최솟값(Local minimum)에 빠져 비용함수 최소화에 취약해질 위험이 있다.

② 인공신경망의 학습률(Learning rate)은 신경망 모형에서 자동으로 설정된다.

③ 모형이 복잡하면 훈련 과정에 시간이 많이 소요될 수 있다.

④ 모형은 결과에 대한 해석이 쉽지 않다.

14회차 기출유형

10 다음 중 과대적합(Overfitting)에 대한 설명으로 가장 부적절한 것은?

① 생성된 모델이 훈련 데이터에 너무 최적화된 학습 모형으로 테스트 데이터의 작은 변화에도 민감하게 반응하는 경우는 발생하지 않는다.

② 학습데이터가 모집단의 특성을 충분히 설명하지 못할 때 자주 발생한다.

③ 변수가 너무 많아 모형이 복잡할 때 생긴다.

④ 과대적합이 예상되면 학습을 종료하고 업데이트하는 과정을 반복해 과대적합을 방지할 수 있다.

11 다음 설명 중 비지도학습 기법을 사용하여 분석을 수행한 경우는?

> 가. 고객의 거래 구매 패턴을 분석하여 고객이 구매하지 않은 상품을 추천
> 나. 우편물에 인쇄된 우편번호를 판별 분석을 통해 우편물을 자동으로 분류
> 다. 동일 차종의 수리 보고서 데이터를 분석하여 차량 수리 소요 시간을 예측
> 라. 상품 구매 시 그와 유사한 상품을 구매한 고객들에게 추천 시스템을 제시

① 나, 다   ② 가, 라

③ 가, 다   ④ 나, 라

12 다음 중 목적 변수가 범주형인 경우 예측모형의 주목적으로 가장 적절한 것은?

① 최적화   ② 연관분석

③ 분류   ④ 시뮬레이션

13 다음 중 로지스틱 회귀 모형의 유의성 검정 방법은 무엇인가?

① T-검정   ② F-검정

③ 윌콕슨 순위 합 검정   ④ 카이제곱 검정

14 모형의 평가를 위한 부트스트랩(Boot strap) 기법에서 일반적으로 훈련용 자료의 선정을 d번 반복할 때 하나의 관측치가 선정되지 않을 확률은 $(1-1/d)e$이다. d가 충분히 크다면, 학습용 데이터로 선정되지 않고 검증용 자료로 활용되는 관측값의 비율은 어떻게 되는가?

① 20.5%   ② 28.8%

③ 34.2%   ④ 36.8%

15 다음 중 데이터마이닝에서 구축용(Training), 검정용(Validation), 평가용(Test) 데이터로 분리하는 이유가 아닌 것은?

① 과대 또는 과소적합에 대한 미세조정 절차를 수행하기 위해 데이터를 준비한다.

② 모형이 잘못된 가설을 가정하여 발생되는 2종 오류의 발생을 사전 방지한다.

③ 모형 구축 및 평가 소요시간을 단축한다.

④ 주어진 데이터에서만 높은 성과를 보이고 새로운 데이터에는 성과가 낮은 현상을 방지한다.

16 다음 중에서 부트 스트랩 표본을 구성하는 재표본 과정에서 분류가 잘못된 데이터에 더 큰 가중치를 주어 표본을 추출하는 앙상블 모형은 무엇인가?

① 랜덤 포레스트(Random forest)　　　　② 배깅(Bagging)

③ 홀드아웃(Holdout)　　　　　　　　　④ 부스팅(Boosting)

17 에어컨 회사에서 고객군을 지역별 온도, 습도에 따라 세분화하여 마케팅 전략을 수립하려고 할 때 적합한 분석 방법은?

① 군집분석　　　　　　　　　　　　　② 주성분분석

③ 분류분석　　　　　　　　　　　　　④ 연관분석

18 다음 중 의사결정나무의 특성이 아닌 것은?

① 의사결정나무 모형의 결과는 누구나 이해하기 쉽고 설명하기에 용이하다.

② 의사결정나무는 탐욕적인 알고리즘이므로 과대적합 함정에 빠지기 쉽다.

③ 의사결정나무는 대용량 데이터에서도 빠르게 만들 수 있고, 데이터의 분류 작업도 신속히 진행할 수 있다.

④ 의사결정나무는 비정상적인 잡음 데이터나 불필요 변수에 영향을 받지 않는다.

19 다음 중 의사결정나무가 과대적합되었을 때 취할 수 있는 가장 적절한 방법은?

① 스테밍(Stemming)　　　　　　　　　② 가지치기(Pruning)

③ 정지규칙(Stopping rule)　　　　　　④ 랜덤포레스트(Random forest)

20 학습된 모델이 과대적합 또는 과소적합되었을 때 미세조정 절차를 위해 사용되는 데이터는 무엇인가?

① 검정용 데이터　　　　　　　　　　　② 구축용 데이터

③ 시험용 데이터　　　　　　　　　　　④ 추정용 데이터

21 다음을 보고 (나)의 지니계수를 계산하시오.

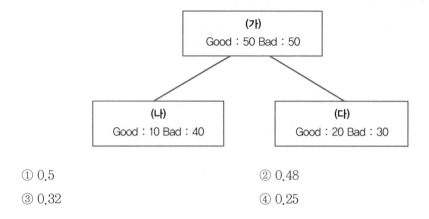

① 0.5

② 0.48

③ 0.32

④ 0.25

22 다음 중 ROC-Curve에 대한 설명으로 가장 올바르지 않은 것은?

① 가장 이상적인 분류 상태의 모형은 x축이 0, y축이 1일 때이다.

② 면적이 0.5 이하이면 랜덤보다도 못한 성능이라고 할 수 있다.

③ 밑부분 면적이 높을수록 좋은 모형으로 평가한다.

④ x축은 특이도, y축은 민감도로 나타낸다.

23 다음 중 인공신경망에서 은닉층의 노드 수가 너무 적을 경우에 나타나는 문제에 대한 설명으로 가장 적절한 것은?

① 훈련에 많은 시간이 소요된다.

② 네트워크의 일반화가 어렵다.

③ 네트워크가 복잡한 의사결정 경계를 만들 수 없다.

④ 기울기 소실 문제가 발생한다.

14회차 기출유형

24 다음 중 배깅(Bagging)에 대한 설명으로 가장 적절한 것은?

① 배깅은 트랜잭션 사이에 빈번하게 발생하는 규칙을 찾아낸다.

② 배깅은 데이터 간의 거리를 측정하여 군집화한다.

③ 배깅은 고차원의 데이터를 이해하기 쉬운 저차원의 뉴런으로 정렬하여 지도의 형태로 형상화 한다.

④ 배깅은 반복추출(복원) 방법을 사용하기 때문에 같은 데이터가 한 표본에 여러 번 추출될 수 있고, 어떤 데이터는 추출되지 않을 수도 있다.

13회차 기출유형

25 다음 중 혼동행렬 중 실제 값이 True인 관측치 중에 예측치가 맞는 정도를 나타내어 모형의 완전 성(Completeness)을 평가하는 지표를 무엇이라 하는가?

① 재현율   ② 오분류율

③ 특이도   ④ 정확도

15회차 기출유형

26 다음 중 로지스틱 회귀모형에서 독립변수가 한 개일 때 해당 회귀계수의 부호가 0보다 작은 상황 에서 표현되는 그래프의 형태로 적절한 것은?

① S자 그래프   ② 양의 선형 그래프

③ 역 S자 그래프   ④ 음의 선형 그래프

12회차 기출유형

27 단층신경망인 퍼셉트론(Perceptron)에서 최종 목표값(Target value)은 활성화 함수에 의해 결정 된다. 다양한 활성화 함수들 중 출력값이 여러 개로 주어지고, 목표가 다범주인 경우 각 범주에 속 할 예측확률을 제공하는 함수는 무엇인가?

① Tanh 함수   ② Gauss 함수

③ Sigmoid 함수   ④ Softmax 함수

28 다음 혼동행렬에서 오차 비율(Error rate)을 구하시오.

실제값 \ 예측치	참	거짓
참	60	25
거짓	5	10

① 0.2

② 0.3

③ 0.4

④ 0.5

29 모형의 성능 평가가 다음과 같을 때, 가장 부적절한 것은?

구분	실제 T	실제 F
예측 T	TT	FT
예측 F	TF	FF

① 정확도(Accuracy) = (TT+FF)/(TT+TF+FT+FF)

② 민감도(Sensitivity) = TT/(TT+TF)

③ 특이도(Specificity) = FT/(FT+FF)

④ 모형의 성능을 평가할 때 정확도, 민감도, 특이도가 모두 높은 모형이 상대적으로 좋은 모형이라 할 수 있다.

30 긍정으로 예측한 비율 중에서 실제로 긍정인 비율을 뜻하는 지표는?

① 정확도(Accuracy)

② 민감도(Sensitivity)

③ 정밀도(Precision)

④ 특이도(Specificity)

31 모형 평가에서 K-fold 교차검증에 대한 설명 중 옳지 않은 것은?

① 데이터 집합을 무작위로 동일 크기를 갖는 K개의 부분 집합으로 나눈다.

② K값이 증가하면 수행 시간과 계산량도 많아진다.

③ K번 반복 수행하며 결과를 K에 다수결 또는 평균으로 분석한다.

④ K=2일 경우 LOOCV 교차 검증 기법과 같다.

13회차 기출유형

32 다음의 혼동행렬을 활용하여 F1 값을 구한다면?

구분		예측값		합계
		True	False	
실제값	True	40	60	100
	False	60	40	100
합계		100	100	200

① 0.55

② 0.4

③ 0.3

④ 0.15

32회차 기출유형

33 다음 혼동행렬에서 특이도(Specificity)를 계산한 식으로 적절한 것은?

예측치 / 실제값	참	거짓	합계
참	TP	FN	N1
거짓	FP	TN	N2
합계	S1	S2	N3

① TN/N2

② TP/N1

③ TP/S1

④ TN/S2

5회차 기출유형

34 데이터마이닝 분석 방법론 중 특성에 따라 고객을 여러 개의 배타적인 집단으로 나누고자 할 때 사용하는 비지도학습(Unsupervised learning) 방법론은 무엇인가?

① Clustering

② Classification

③ Association

④ Prediction

35 다음 혼동행렬에서 민감도(Sensitivity)를 계산한 식으로 적절한 것은?

예측치 실제값	참	거짓	합계
참	TP	FN	P
거짓	FP	TN	N
합계	P	N	P+N

① $(TP+TN) \div (P+N)$
② $(TN) \div (N)$
③ $(TP) \div (TP+FP)$
④ $(TP) \div (P)$

36 ROC-Curve는 민감도와 1-특이도로 그려지는 커브이다. 아래 혼동행렬에서 민감도와 특이도를 적절하게 계산한 것은?

교차표		확진결과	
		질병 유	질병 무
검사	양성	30	20
	음성	40	10

① 민감도 = 3/7, 특이도 = 1/3
② 민감도 = 2/5, 특이도 = 4/5
③ 민감도 = 3/5, 특이도 = 1/3
④ 민감도 = 4/7, 특이도 = 2/3

37 Iris 데이터는 150개의 식물 개체를 4개의 변수(꽃받침 길이, 꽃받침 폭, 꽃잎 길이, 꽃잎 폭)로 측정된 데이터이다. 해당 데이터를 활용하여 3개의 그룹으로 집단화하려 할 때 가장 적절한 분석방법은 무엇인가?

① 회귀분석(Regression)
② 군집분석(Cluster analysis)
③ 연관분석(Association analysis)
④ 시계열분석(Time series analysis)

38 계층적 군집 방법은 n개의 군집으로 시작해 점차 군집의 개수를 줄여 나가는 방법이다. 다음 중 계층적 군집분석 결과를 나타내는 도표로 가장 적절한 것은?

① 향상도 곡선
② ROC Curve 그래프
③ 산점도
④ 덴드로그램

39 로지스틱 회귀모형은 독립변수(x)와 종속변수(y) 사이의 관계를 설명하는 모형으로 종속변수가 범주형(y=0 또는 y=1) 값을 갖는 경우에 적용하는 모형이다. 다음 중 로지스틱 회귀모형에 대한 설명으로 가장 부적절한 것은?

① 로지스틱 회귀모형은 클래스가 알려진 데이터에서 설명변수들의 관점에서 각 클래스 내의 관측치들에 대한 유사성을 찾는 데 사용할 수 있다.

② 이와 같은 데이터에 대해 선형회귀모형을 적용하는 것이 가능하지만, 선형회귀의 문제점은 0 이하의 값이나 1 이상의 값을 예측값으로 둘 수 있다는 것이며, 이로 인해 확률 값을 직접적으로 해석할 수 없다는 단점이 있다.

③ 오즈(Odds)란 클래스 0에 속할 확률(1-p)과 클래스 1에 속할 확률 p의 비로 나타낸다.

④ 종속변수 y 대신 로짓(Logit)이라 불리는 상수를 사용하여 로짓을 설명변수들의 선형함수로 모형화하기에 로지스틱 회귀모형이라 한다.

40 계층적 군집방법은 두 개체(또는 군집) 간의 거리(또는 비유사성)에 기반하여 군집을 형성하여 나가므로 거리에 대한 정의가 필요하다. 다음 중 변수의 표준화와 변수 간의 상관성을 동시에 고려한 통계적 거리로 적절한 것은?

① 표준화 거리(Standardized distance)
② 민코우스키 거리(Minkowski distance)
③ 자카드 계수(Jaccard coefficient)
④ 마할라노비스 거리(Mahalanobis distance)

41 분석 방법들 중 나머지와 다른 하나는 무엇인가?

① PCA
② DBSCAN
③ Single Linkage Method
④ K-means Clustering

42 다음 중 군집분석(Cluster analysis)에 관한 설명 중 옳지 않은 것은?

① 군집분석은 신뢰성과 타당성을 점검하기 어렵다.

② 비계층적 군집분석은 사전 지식 없이 그룹의 수를 정해주는 일이 많아 결과가 잘 나오지 않을 수 있다.

③ 군집 결과에 대한 안정성을 검토하는 방법에서 지도학습과 같은 교차 타당성을 활용한다.

④ 계층적 군집분석은 이상치에 민감하다.

43 계층적 군집 방법을 수행하면 두 군집 간 거리 측정 방법에 따라 병합 방법이 달라지는데, 다음 중 거리 측정 시 군집 내 편차들의 제곱 합을 고려한 방법에 해당하는 것은?

① 최단연결법   ② 최장연결법

③ 중심연결법   ④ 와드연결법

44 다음 중 군집분석에 대한 설명으로 가장 올바르지 않은 것은?

① 군집분석은 데이터에 분류의 기준이 없는 비지도 학습 방법을 사용한다.

② 계층적 군집은 한 번 군집이 형성되면 다른 군집으로 이동할 수 없다.

③ 군집분석에서는 군집을 두 개로 나누어 교차 타당성 검증을 사용한다.

④ 계층적 군집분석은 덴드로그램으로 표현이 가능하다.

45 다음 데이터셋을 통해 A, B의 맨하탄 거리를 구하면?

구분	A	B
키	180	175
몸무게	65	70

① 0   ② 10

③ 50   ④ 100

18회, 54회차 기출유형

46 다음 중 비지도학습 기법은 무엇인가?

① SOM

② 인공신경망

③ SVM

④ 랜덤 포레스트

13회, 26회차 기출유형

47 다음 데이터셋을 통해 A, B의 유클리드 거리를 구하면?

구분	A	B
키	175	180
몸무게	45	50

① 0

② $\sqrt{5}$

③ $\sqrt{25}$

④ $\sqrt{50}$

18회차 기출유형

48 다음 데이터셋을 통해서 A, B의 맨하탄 거리를 구하면?

구분	A	B
키	160	180
몸무게	85	50

① 25

② 35

③ 45

④ 55

5회차 기출유형

49 군집분석에서 관측 데이터 간 유사성이나 근접성을 측정해 어느 군집으로 묶을 수 있는지 판단해야 할 때 데이터 간의 거리(Distance)를 활용한다. 다음 거리 중 연속형 변수 사이의 거리를 측정하는 방법이 아닌 것은?

① 유클리드 거리(Euclidean distance)

② 표준화 거리(Statistical distance)

③ 자카드 거리(Jaccard distance)

④ 맨하탄 거리(Manhattan distance)

11회, 28회차 기출유형

50 고차원의 데이터를 이해하기 쉬운 저차원의 뉴런으로 정렬화하여 지도의 형태로 형성화하는 군집화 방법은?

① 의사결정나무(Decision tree)

② 랜덤포레스트(Random forest)

③ 자기조직화지도(Self-organizing map)

④ 연관규칙(Association rule)

13회, 31회차 기출유형

51 비계층적 군집 방법인 K-평균 군집(K-means clustering)은 이상치 자료에 민감하다는 단점이 있다. 다음 중 이러한 단점을 극복하기 위해 등장한 비계층적 군집 방법은?

① EM clustering

② 혼합 분포 군집(Mixture distribution clustering)

③ K-Medoids clustering

④ Density based clustering

31회차 기출유형

52 다음 중 비계층적 군집 방법(Non-hierarchical clustering)의 장점이 아닌 것은?

① 초기 군집수를 결정하는 것이 용이하다.

② 주어진 데이터 내부구조에 대한 사전정보가 부족하더라도 의미있는 자료구조 검색이 가능하다.

③ 다양한 형태의 데이터에 적용 가능하다.

④ 분석 방법의 적용이 용이하다.

18회차 기출유형

53 다음 중 SOM(자기조직화 지도)에 대한 설명으로 가장 부적절한 것은?

① SOM을 이용한 군집분석법은 역전파 알고리즘을 활용하기에 성능이 우수하며, 수행 속도도 빠르다.

② SOM은 경쟁 학습으로 각각의 뉴런이 입력 벡터와 얼마나 가까운지를 계산하여 연결 강도를 반복적으로 재조정하는 학습 과정을 거치면서 연결 강도가 입력 패턴과 가장 유사한 경쟁층 뉴런이 승자가 된다.

③ SOM은 입력변수 위치 관계를 그대로 보존하여 입력변수의 정보와 그들의 관계가 지도상에 그대로 나타난다.

④ SOM은 고차원의 데이터를 저차원의 지도 형태로 형상화하기 때문에 시각적으로 이해하기 쉬울 뿐 아니라 변수의 위치 관계를 그대로 보존하기 때문에 실제 데이터가 유사하면 지도상 가깝게 표현된다.

30회차 기출유형

54 다음 중 Self-organizing maps에서 입력 벡터의 특성에 따라 벡터의 한 점으로 클러스터링되는 층은?

① 입력층(Input layer) ② 은닉층(Hidden layer)

③ 경쟁층(Competitive layer) ④ 출력층(Output layer)

21회차 기출유형

55 다음 중 SOM(자기조직화 지도)에 대한 설명으로 가장 부적절한 것은?

① 군집 분할을 위하여 역전파 알고리즘을 이용한다.

② 경쟁 학습으로 연결 강도가 입력 패턴과 가장 유사한 경쟁층 뉴런이 승자가 된다.

③ 고차원의 데이터를 이해하기 쉬운 저차원의 뉴런으로 정렬하여 지도의 형태로 형상화한 비지도 신경망이다.

④ 지도의 형태로 형상화를 하여 입력변수의 위치 관계를 보존한다.

21회, 29회차 기출유형

56 다음 중 빅데이터의 분석기법 중 "커피를 구매하는 사람이 탄산음료를 더 많이 구매하는가?"를 분석하는 데 적합한 알고리즘은 무엇인가?

① 회귀분석 ② 분류분석

③ 연관규칙분석 ④ 군집분석

19회차 기출유형

57 A. 제품 구매 → B. 제품 구매의 연관규칙 측정지표 중 지지도(Support)에 대한 설명으로 올바른 것은?

① A와 B가 동시에 포함된 거래 수/전체 거래 수

② A와 B가 동시에 포함된 거래 수/A가 포함된 거래 수

③ A와 B가 동시에 포함된 거래 수/B가 포함된 거래 수

④ A가 포함된 거래 수/전체 거래 수

23회, 30회, 31회차 기출유형

58 연관성 분석에서 전체 거래 중에서 품목 A와 품목 B가 동시에 포함된 거래의 비율을 나타내는 지표는 무엇인가?

① 향상도(Lift) ② 신뢰도(Confidence)

③ 지지도(Support) ④ 적합도(Fitness)

19회차 기출유형

59 다음 중 연관 분석의 특징으로 옳지 않은 것은?

① 세분화 분석 품목 없이 연관규칙을 찾을 수 있다.

② 조건반응–(if then)으로 표현되는 연관분석의 결과를 이해하기 쉽다.

③ 비목적성 분석기법이다.

④ 분석 계산이 간편하다.

22회차 기출유형

60 다음 중 구매순서가 고려되어 상품 간 연관성이 측정되고, 연관규칙을 찾는 기법은?

① 회귀 분석   ② 분류 분석

③ 차원 축소   ④ 순차 패턴

22회차 기출유형

61 다음 중 연관 분석(Association analysis)에 대한 설명으로 올바르지 않은 것은?

① 품목 수가 증가하면 분석에 필요한 계산은 기하급수적으로 늘어난다.

② 시차 연관 분석은 인과관계 분석이 가능하다.

③ 너무 세분화된 품목을 가지고 연관규칙을 찾으려고 하면 의미 없는 분석 결과가 나올 수도 있다.

④ 향상도(Lift)가 1이면 두 품목 간에 연관성이 없는 서로 독립적인 관계이고, 1보다 작으면 서로 음의 관계로 품목 간에 연관성이 없다.

17회차 기출유형

62 다음 연관 분석(Association analysis) 중 대표 알고리즘인 아프리오리(Apriori) 알고리즘의 단점을 보완하기 위해 트리와 노드 링크라는 특별한 자료구조를 사용하는 알고리즘은 무엇인가?

① FP–Growth   ② Kohonen

③ Spade   ④ Arules

6회차 기출유형

63 데이터마이닝 분석 중 연관성 분석에서 사용되는 측도가 아닌 것은 무엇인가?

① 지지도(Support)   ② 신뢰도(Confidence)

③ 향상도(Lift)   ④ 정확도(Accurate rate)

64 아래 덴드로그램은 평균연결법을 활용한 계층적 군집화 예제이다. 데이터 분석 목적상 Height 값 1.5를 기준으로 하위 군집을 생성할 경우 다음 중 하위 군집을 가장 잘 나타낸 것은?

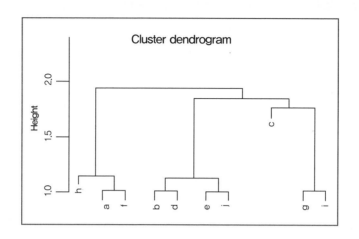

① {h,a,f}, {b,d}, {e,j}, {c}, {g,i}

② {h,a,f}, {b,d}, {e,j}, {c,g,i}

③ {h,a,f}, {b,d,e,j}, {c,g,i}

④ {h,a,f}, {b,d,e,j}, {c}, {g,i}

65 모형기반(Model_based)의 군집화 기법 중 하나로 데이터가 k개의 모수적 모형의 가중합으로 표현되는 모집단 모형으로부터 나왔다면, 모수와 함께 가중치를 자료로부터 추정하는 방법으로 사용하는 군집방법은?

① K−평균군집(K−Means clustering)

② 계층적 군집(Hierarchical clustering)

③ 혼합 분포 군집(Mixture distribution clustering)

④ 분리 군집(Partitioning clustering)

66 다음에서 연관성 규칙 A → B일 때의 향상도는?

품목	거래건수
{a}	10
{b}	5
{c}	25
{a,b,c}	5
{b,c}	20
{a,b}	20
{a,c}	15

① 25%   ② 50%

③ 75%   ④ 100%

67 연관분석을 수행하기 위해 빈발 아이템 집합과 연관규칙이라고 하는 두 가지 형태로 표현하고, 연관성 분석을 수행하는 대표적인 알고리즘을 무엇이라 하는가?

① C5.0   ② CHAID

③ CART   ④ Apriori

68 다음 거래에서 연관 규칙 "빵 → 우유"의 향상도를 구한 것은?

품목	거래건수
빵	10
우유	10
맥주	100
우유, 맥주	20
빵, 우유	25
빵, 맥주	20
빵, 우유, 맥주	5

① 30%   ② 57%

③ 83%   ④ 97%

69 다음 거래에서 연관 규칙 "빵 → 우유"의 신뢰도를 구한 것은?

장바구니 번호	거래 품목
1	{빵, 맥주}
2	{빵, 우유, 계란}
3	{맥주, 우유}
4	{빵, 맥주, 계란}
5	{빵, 맥주, 우유, 계란}

① 50% ② 55%

③ 67% ④ 73%

70 다음 중 연관규칙 분석의 활용 분야로 가장 적절한 것은?

① 상품배치 ② 차원축소 및 변수선택

③ 세분화 전략 수립 ④ 분류 및 예측

71 의사결정나무에서 더 이상 트리가 분할하지 않도록 하는 규칙을 무엇이라 하는가?

① 분기규칙 ② 가지치기

③ 나무의 성장 ④ 정지 규칙

72 학습모형의 과대적합(Overfitting) 또는 과소적합(Underfitting) 등에 대한 미세 조정 절차를 위해 사용하는 데이터는 무엇인가?

① 학습 데이터 ② 검증 데이터

③ 특징변수 ④ 목표변수

73 앙상블 모형은 여러 개의 분류모형에 의한 결과를 종합하여 분류 정확도를 개선시키는 방법이다. 원 데이터 집합으로부터 크기가 같은 표본을 여러 번 단순 임의 복원 추출하여 각 표본에 대한 분류기를 생성한 후 그 결과를 앙상블하는 기법은 무엇인가?

① 소프트보팅 ② 배깅

③ 부스팅 ④ 하드보팅

74 여러 개의 분류 모형에 의한 결과를 종합하여 분류의 정확도를 개선시키는 방법은?

① 앙상블(Ensemble)　　　　　　② 로지스틱회귀(Logistic)

③ 라쏘회귀(Lasso)　　　　　　　④ 릿지회귀(Ridge)

75 혼동 행렬(Confusion Matrix)에서 실제/예측 True의 합과 실제/예측 False의 합이 100으로 동일하다고 한다. 재현율(Recall)이 0.8이라 한다면, 정밀도(Precision)은 얼마인가?

① 0.5　　　　　　　　　　　　② 0.6

③ 0.7　　　　　　　　　　　　④ 0.8

76 신경망 모형에서의 활성화함수 중 아래와 같은 식으로 표현되는 함수는 무엇인가?

$$y = \frac{1}{1 + \exp(-x)}$$

① 시그모이드 함수　　　　　　② 하이퍼볼릭탄젠트 함수

③ 렐루함수　　　　　　　　　　④ 리키렐루 함수

77 계층적 군집을 수행하기 위한 거리 측정방법 중 아래 지문에서 활용한 방법은?

두 군집 사이의 거리를 각 군집에서 하나씩 관측값을 추출했을 때 나타날 수 있는 거리의 최솟값으로 측정하여 가장 유사성이 큰 군집으로 병합해나가는 방법이다.

① 최단 연결법　　　　　　　　② 최장 연결법

③ 평균 연결법　　　　　　　　④ 중심 연결법

16회, 23회차 기출유형

78 군집분석의 품질을 정량적으로 평가하는 대표적인 지표로 군집 내의 데이터 응집도(Cohesion)와 군집 간 분리도(Separation)를 계산하여 군집 내의 데이터의 거리가 짧을수록, 군집 간 거리가 멀수록 값이 커지며 완벽한 분리일 경우 1의 값을 가지는 지표는?

① 던 지수(Dunn Index)

② 실루엣 계수

③ 데이비스-볼딘 지수(Davies-Bouldin Index)

④ CH 지수

21회차 기출유형

79 연관규칙의 측정지표로서 두 품목의 상관관계를 기준으로 도출된 규칙의 예측력을 평가하는 지표는 무엇인가?

① 협응도   ② 지지도

③ 신뢰도   ④ 향상도

12회, 25회차 기출유형

80 어떤 항목집합의 빈도수가 빈번하다면, 그 항목집합의 모든 부분집합도 빈번할 것이라는 원리를 적용하는 연관규칙 알고리즘이며, 가장 먼저 또 널리 활용되고 있는 알고리즘은?

① FP-Growth 알고리즘   ② ECLAT

③ GRAMI   ④ 아프리오리(Apriori)

CHAPTER 03 데이터 마이닝

01	02	03	04	05	06	07	08	09	10
②	③	②	④	④	③	①	①	②	①
11	12	13	14	15	16	17	18	19	20
②	③	④	④	②	④	③	④	②	①
21	22	23	24	25	26	27	28	29	30
③	④	③	④	①	③	④	②	③	①
31	32	33	34	35	36	37	38	39	40
④	②	①	①	④	①	②	④	④	④
41	42	43	44	45	46	47	48	49	50
①	③	④	③	②	①	④	④	③	③
51	52	53	54	55	56	57	58	59	60
③	①	①	③	①	③	①	③	①	④
61	62	63	64	65	66	67	68	69	70
②	①	②	④	④	④	④	③	①	①
71	72	73	74	75	76	77	78	79	80
④	②	②	①	④	①	①	②	④	④

01 정답 ②

해설 분류분석의 종류에는 의사결정나무, 랜덤포레스트, SVM(Support Vector Machine), Lightgbm, XGboost 등이 존재한다.

02 정답 ③

해설 데이터 마이닝은 대용량 데이터에서 의미있는 패턴을 파악하거나 예측하여 의사결정에 활용하는 방법이다.

03 정답 ②

해설 연관 분석은 소매점에서 상품 진열 계획, 카탈로그 배열 및 교차판매 등의 마케팅 계획 수립에 적용 가능한 데이터 마이닝 분석법이다.

04 정답 ④

해설 비율척도는 사칙연산이 가능하며 절대적인 기준인 절대영(0)점이 존재하는 특징을 갖고 있다. 이러한 특징에 해당하는 자료의 예시로서 무게, 나이 등이 포함된다.

05 정답 ④

해설 사람 및 상품에 대한 이해를 증가시키기 위해 데이터 자체를 설명하는 것을 기술(Description)이라 한다. 이 기술은 데이터가 가지고 있는 의미를 설명하고, 설명에 대한 답을 제공하는 것이다.

06 정답 ③

해설 필요 데이터와 필요 변수의 정의는 데이터 가공/데이터 전처리 단계에서 이뤄진다.

07 정답 ①

해설 군집분석에서는 VIP 혹은 백화점에서 등급 구분, 소득에 따른 군집화 등이 이루어진다.

08 정답 ①

해설 지니계수의 값이 작을수록 동질적이며 순수도(Impurity)가 높다고 할 수 있다.

09 정답 ②

해설 인공신경망의 학습률은 하이퍼파라미터(Hyper parameter)이므로 사람이 직접 설정해 주어야 한다.

10 정답 ①

해설 생성된 모델이 훈련 데이터에 너무 최적화된 학습을 과대적합(Overfitting)이라 한다. 과적합이 이루어질 경우 테스트 데이터의 작은 변화에 매우 민감하게 반응한다는 단점이 존재한다.

11 정답 ②

해설 비지도학습에는 차원축소, 연관규칙분석, 군집분석이 있다. (가)와 (라)는 연관규칙분석의 대표 사례이다.

12 정답 ③

해설 목적 변수가 범주형인 경우에는 분류분석 알고리즘을 활용하는 것이 적합하다.

13 정답 ④

해설 카이제곱 검정은 로지스틱 회귀분석에서의 유의성 검정으로 활용된다. T검정은 회귀계수의 유의성 검정에, F검정은 회귀모형의 적합성 검정에 활용된다.

14 정답 ④

해설 d가 충분히 크다고 가정하면 해당 식에서 1/d는 0에 수렴하게 되어 관측치 비율의 식은 $1/e = 0.367879...$ 이 된다. 이에 따라 약 36.8%가 답이 된다.

15 정답 ②

해설 가설에 관한 내용은 통계적 가설검정에서 확인해야 하며, 데이터 마이닝에서 데이터 분할은 가설 검정과 연관성이 높지 않다.

16 정답 ④

해설 부스팅은 부트스트랩 표본을 구성하는 재표본 과정에서 약한 분류기가 분류를 잘못했을 경우, 더 큰 가중치를 부여하면서 표본을 추출하고 그 결과를 선형 결합하는 앙상블 모형이다.

17 정답 ③

해설 에어컨 회사에서의 고객 세분화(Segmentation) 전략을 활용할 경우, 레이블(Label)에 따른 분류분석이 적합하다.

18 정답 ④

해설 의사결정나무 모형의 적용 데이터 이상치가 존재할 때 끝까지 분할을 시도할 경우 과대적합에 빠질 수 있는 영향에 노출될 수 있다.

19 정답 ②

해설 의사결정나무 중 가지치기 단계는 오차를 크게 할 위험이 높거나 불필요한 가지를 제거할 경우 활용하는 단계이다.

20 정답 ①

해설 검정용 데이터(Validation data)는 학습 모델의 과대추정 혹은 과소추정을 미세 조정하는 데 활용한다.

21 정답 ③

해설 (나)의 지니계수를 계산하는 방법은 $1 - \left(\frac{10}{50}\right)^2 - \left(\frac{40}{50}\right)^2 = 0.320$이다.

22 정답 ④

해설 ROC-Curve의 x축은 1-특이도 즉, FPR이 되어야 한다.

23 정답 ③

해설 은닉층의 수가 너무 적은 것은 과대적합(Overfitting)보다는 과소적합(Underfitting)인 경우를 뜻한다. 그러므로 복잡한 문제를 해결하기가 어렵게 된다.

24 정답 ④

> **해설** 배깅은 Bootstrap aggregation의 준말로서 각 부트스트랩 자료에 예측모형을 생성한 후 결합하여 최종 예측 모형을 만드는 방법이다. 배깅은 복원추출을 사용하므로 어떠한 자료는 계속 추출되고, 어떠한 자료는 추출이 되지 않을 수도 있다.
> ① 배깅은 거래에서 빈번하게 발생하는 규칙을 찾아내지 않는다.
> ② 데이터 간의 거리를 측정하여 군집화하는 것은 군집분석이다.
> ③ 고차원의 데이터를 이해하기 쉬운 저차원의 뉴런으로 정렬하는 지도의 형태는 SOM(자기조직화지도)이다.

25 정답 ①

> **해설** 재현율 혹은 민감도는 실제값이 True인 관측치 중에서 예측치가 맞는 정도를 나타내는 지표이다.

26 정답 ③

> **해설** 독립변수의 회귀계수가 음수라는 의미이므로 원래 결과값인 S자 그래프에서 역 방향의 S자 그래프를 출력하게 된다.

27 정답 ④

> **해설** 인공신경망에는 다양한 종류의 활성화 함수가 존재하는데, 출력값의 범주가 다범주인 경우에는 Softmax 함수를 적용하는 것이 바람직하다.

28 정답 ②

> **해설** 오차비율(Error rate)은 전체에서의 오차율을 의미하며 (FP+FN)/(FP+FN+TP+TN)의 식으로 구한다. 따라서, (5+25)/(5+25+60+10)=0.30이 된다.

29 정답 ③

> **해설** 특이도는 True negative를 나눈 것이므로 FF를 나누어야 한다. 따라서 FF/(FF+FT)가 적절하다.

30 정답 ③

> **해설** 정밀도는 Positive로 예측한 데이터 중에서 실제로 Positive인 데이터의 비율을 뜻한다.

31 정답 ④

> **해설** LOOCV는 K-fold와 같은 방법이지만, K는 전체 데이터의 개수와 같다.

32 정답 ②

> **해설** f1_score는 $\dfrac{2}{1/Recall+1/Precision}$ 이다. 해당 식에 Recall과 Precision을 대입하면 $\dfrac{2}{1/0.4+1/0.4} = \dfrac{40}{100}$ 이 나오므로 0.40이다.

33 정답 ①

해설 특이도는 실제로 '부정'인 범주(N2) 중에서 '부정'으로 올바르게 예측(TN)한 비율을 의미한다.

34 정답 ①

해설 비지도학습(Unsupervised learning)의 방법으로 데이터를 배타적인 집단으로 나누고자 할 때는 군집분석(Clustering)이 적합한 방법론이다.

35 정답 ④

해설 민감도(Sensitivity)는 재현율이므로, TP/(TP + FN)이다. 여기서 (TP + FN)은 P이므로 정답은 TP/P가 된다.

36 정답 ①

해설 민감도 = (30)/(30+40) = 3/7, 특이도 = (10)/(10+20) = 1/3이 된다.

37 정답 ②

해설 군집분석은 각 객체의 유사성을 측정하여 유사성이 높은 대상들을 집단화하여 분류하는 분석 방법론이다.

38 정답 ④

해설 덴드로그램은 '무슨 군집과 무슨 군집이 서로 묶였는지', '군집 간 거리는 얼마나 되는지' 등을 알 수 있는 그래프이다.

39 정답 ④

해설 종속변수 y 대신 로짓(Logit)이라는 상수를 활용하는 것이 아닌, y값의 범위를 이진화하기 위해 [0과 1]의 범위로 조정하기 위해 로짓변환을 활용하는 것이 정확한 절차이다.

40 정답 ④

해설 마할라노비스 거리 방법은 변수의 표준화와 변수 간의 상관성을 동시에 고려한 통계적 거리 측도법이다.

41 정답 ①

해설 PCA(주성분분석)은 비지도학습 중에서 차원축소에 속한다. 나머지 기법은 군집분석에 속하는 기법이다.

42 정답 ③

해설 군집분석은 비지도학습 방법이므로 지도학습처럼 레이블(Label)이 존재하지 않는다면, 교차 검증을 통한 모형 평가지표가 존재하지 않는다.

43 정답 ④

해설 와드연결법은 군집의 병합으로 인한 오차제곱합의 증가량이 최소가 되는 방향으로 군집을 형성한다.

44 정답 ③

해설 군집분석은 비지도학습 방법이므로 지도학습처럼 레이블(Label)이 존재하지 않는다면, 교차 검증을 통한 모형 평가지표가 존재하지 않는다.

45 정답 ②

해설 맨하탄 거리이므로 |180-175|+|65-70|=10이다.

46 정답 ①

해설 인공신경망, SVM, 랜덤포레스트는 지도학습이며, SOM은 비지도학습이다.

47 정답 ④

해설 유클리디언 거리는 $\sqrt{(175-180)^2+(45-50)^2}=\sqrt{50}$ 이다.

48 정답 ④

해설 맨하탄 거리이므로 |160-180|+|85-50|=55이다.

49 정답 ③

해설 자카드 거리를 제외한 나머지 거리 계산법들은 연속형 변수 사이의 거리를 측정하는 방법이다. 자카드 거리는 범주형 자료에 적용한다.

50 정답 ③

해설 자기조직화지도(SOM)는 고차원의 데이터를 이해하기 쉬운 저차원의 뉴런으로 정렬화하여 지도의 형태로 형상화한다.

51 정답 ③

해설 K-means 군집 방법에서 평균을 활용할 경우 이상치 자료에 민감하다는 단점이 있으므로, 이때 평균 외에 중앙값을 활용한 K-medoid 방법을 활용하면 단점을 극복할 수 있다.

52 정답 ①

해설 비계층적 군집 방법 중 대표적인 방법인 K-means 군집 방법에서는 적절한 K값을 찾는 것이 매우 어렵다. 따라서 비계층적 군집방법 또한 초기 군집수를 설정하는 것이 매우 어렵다는 단점을 지닌다.

53 정답 ①

해설 SOM을 이용한 군집분석 방법은 역전파 알고리즘이 아닌 순전파(Feed forward) 알고리즘을 활용한다.

54 정답 ③

해설 2차원 격차(Grid)로 구성된 층으로 입력 벡터의 특성에 따라 벡터의 한 점으로 클러스터링되는 층을 경쟁층이라고 한다.

55 정답 ①

해설 SOM을 이용한 군집분석 방법은 역전파 알고리즘이 아닌 순전파(Feed forward) 알고리즘을 활용한다.

56 정답 ③

해설 '커피를 구매하는 사람이 탄산음료를 더 많이 구매하는가?'에 대한 패턴, 규칙을 발견하기 위해서는 연관분석을 활용한다.

57 정답 ①

해설 지지도는 전체 거래 중 항목 A와 B를 동시에 포함하는 거래의 비율이다. 지지도는 전체 거래 중 품목 A와 품목 B를 동시에 포함하는 거래가 어느 정도인지를 나타내주며, 전체 구매 경향을 파악할 수 있는 지표이다.

58 정답 ③

해설 지지도는 전체 거래 중 항목 A와 B를 동시에 포함하는 거래의 비율이다. 지지도는 전체 거래 중 품목 A와 품목 B를 동시에 포함하는 거래가 어느 정도인지를 나타내주며, 전체 구매 경향을 파악할 수 있는 지표이다.

59 정답 ①

해설 적절한 세분화로 인한 품목 결정이 장점이지만 너무 세분화된 품목은 의미 없는 결과를 도출한다.

60 정답 ④

해설 구매순서가 고려되는 연관규칙 분석은 순차패턴이다.

61 정답 ②

해설 시차 연관분석은 순서와 관련된 연관분석이며, 순서가 정해졌을 뿐 인과관계가 있다고 할 수는 없다.

62 정답 ①

해설 FP-Growth 알고리즘은 아프리오리 알고리즘을 개선한 것으로, FP-Tree라는 구조를 통해 최소 지지도를 만족하는 빈발 아이템 집합을 추출하는 알고리즘이다.

63 정답 ④

> **해설** 연관성 분석에 활용되는 측도는 지지도, 신뢰도, 향상도이다.

64 정답 ④

> **해설** Height의 기준을 1.5로 하는 경우 {h,a,f}, {b,d,e,j}, {c}, {g,i}로 군집화가 가능하다.

65 정답 ③

> **해설** 혼합 분포 군집은 모형 기반(Model-based)의 군집방법으로 데이터가 k개의 모수적 모형의 가중합으로 표현되는 모집단 모형으로부터 나왔다는 가정하에 모수와 함께 가중치를 자료에서 추정하는 방법이다.

66 정답 ④

> **해설** 향상도는 $\dfrac{25/100}{50/100 \times 50/100} \times 100 = 100\% = 1$이다.

67 정답 ④

> **해설** 아프리오리 알고리즘은 분석 대상이 되는 후보 항목군을 최소화하여 연관성 도출을 효율화한 연관분석 알고리즘으로, 최소 지지도보다 큰 지지도를 갖는 빈발 항목 집합에 대해서만 연관규칙을 계산하는 알고리즘이다.

68 정답 ③

> **해설** 빵 → 우유의 향상도는 $\dfrac{30/100}{60/100 \times 60/100} = \dfrac{10}{12} \times 100 = 83\%$이다.

69 정답 ①

> **해설** 신뢰도는 $\dfrac{P(A \cap B)}{P(A)} = \dfrac{A와\ B가\ 동시에\ 포함된\ 거래수}{A를\ 포함하는\ 거래수} = \dfrac{2/5}{4/5} = \dfrac{1}{2} = 0.5 \times 100 = 50\%$로 계산할 수 있다.

70 정답 ①

> **해설** 연관규칙 분석은 상품배치 전략, 교차판매, 카탈로그 배열 등에 활용되는 알고리즘이다.

71 정답 ④

> **해설** 의사결정나무에서 더 이상 트리가 분할하지 않도록 하는 규칙방법을 '정지 규칙'이라 한다.

72 정답 ②

> **해설** 학습모형이 과대적합(Overfitting)하지 않게 하기 위해서 평가데이터(Test Data)를 적용시키기 전에 또 다른 데이터를 활용하여 미세조정절차를 거치게 되는데 이를 검증 데이터(Validation Data)라고 한다.

73 정답 ②

해설 배깅(Bagging)은 Bootstrap Aggregation의 합성어이다. 원 데이터 집합으로부터 크기가 같은 표본을 여러 번 단순 임의 복원 추출하여 부트 스트랩과 각 표본에 대한 분류기를 생성한 후 그 결과를 결합하는(Aggregation) 하는 기법이다.

74 정답 ①

해설 앙상블(Ensemble)은 여러 개의 분류 모형에 의한 결과를 종합하여 분류의 정확도를 개선시키는 방법으로 대표적으로는 랜덤포레스트, 부스팅 등이 있다.

75 정답 ④

해설 정밀도는 TP/(TP+FP)이며, 따라서 80/(80+20)=0.80이다.

예측치 실제값	거짓(Negative)	참(Positive)	합계
거짓(Negative)	TN :: 80	FP :: 20	N :: 100
참(Positive)	FN :: 20	TP :: 80	P :: 100
합계	N' :: 100	P' :: 100	P :: 100

76 정답 ①

해설 신경망 모형에서 S자로 출력될 활성화 함수는 '시그모이드(Sigmoid)'함수이다.

$$y = \frac{1}{1 + \exp(-x)}$$

77 정답 ①

해설 거리의 최솟값으로 측정하여 가장 유사성이 큰 군집으로 병합해나가는 방법은 최단연결법이라 한다.

생성 방법	설명
최단연결법 (단일연결법, Single linkage, Nearest neighbor)	• n×n 거리행렬에서 거리가 가장 가까운 데이터를 묶어서 군집을 형성한다. • 군집과 군집 또는 데이터와의 거리를 최단거리(min)로 계산하여 거리행렬 수정을 진행한다. • 수정된 거리행렬에서 거리가 가까운 데이터 또는 군집을 새로운 군집으로 형성한다.

78 정답 ②

해설 실루엣 계수는 군집 내의 거리와 군집 간의 거리를 기준으로 한 군집 안의 데이터들이 다른 군집과 비교하여 얼마나 비슷한가를 나타내어 군집 분할 정도를 평가하는 지표이다.

군집 타당성 지표	군집 타당성에 대한 설명
Dunn index	• (군집과 군집 사이의 최솟값)/(군집 내 데이터들 거리 중 최댓값)으로 하는 지표 • Dunn index는 분자가 클수록 군집 간 거리가 멀고, 분모 값이 작을수록 군집 내 데이터가 모여 있으므로 좋은 군집화라 할 수 있고, 이 경우에 Dunn index가 커지게 된다.
실루엣 계수	$$s(i) = \frac{b(i) - a(i)}{\text{MAX}\,[a(i), b(i)]}$$ • 군집 내의 거리와 군집 간의 거리를 기준으로 한 군집 안의 데이터들이 다른 군집과 비교하여 얼마나 비슷한가를 나타내어 군집 분할 정도를 평가한다. • 실루엣 계수가 가질 수 있는 범위는 −1~1이며 1에 가까울수록 군집화가 잘되었음을 의미한다. • 데이터 하나에 대한 실루엣 계수만 좋다고 군집화가 잘 이루어졌다고 일반화를 할 수 없다. 각 군집별 데이터 수가 고르게 분포되어야 하며, 각 군집별 실루엣 계수 평균값이 전체 실루엣 계수 평균값에 크게 벗어나지 않는 것이 중요하다.

79 정답 ④

해설 향상도는 A가 구매되지 않을 때 B의 구매확률과 A가 구매되었을 때 B의 구매확률의 증가비이며, 두 품목의 상관관계를 기준으로 도출된 지표라고도 할 수 있다.

80 정답 ④

해설 최소 지지도보다 큰 지지도의 값을 갖는 품목의 집합을 빈발항목(frequent item set)이라 한다. 아프리오리(Apriori) 알고리즘은 모든 품목집합에 대한 지지도를 전부 계산하는 것이 아닌 최소지지도 이상의 빈발항목집합을 찾은 후 그것들에 대해서만 연관규칙을 연산하는 것이다.

PART

04

기출복원문제

본 기출복원문제는 데이터분석준전문가(ADsP) 시험 출제기준에 따라 객관식 문항으로 재구성되었습니다.
2024년 제40회 시험부터는 객관식 문제만 출제되므로 학습에 참고하시기 바랍니다.

제40회 ADsP 기출복원문제

01 다음 중 빅데이터가 만들어 낸 변화가 아닌 것은 무엇인가?

① 신속한 의사결정이 필요한 비즈니스에서는 인과관계보다 상관관계 분석으로 충분한 경우가 많다.

② 사전처리에서 사후처리 시대로 변화하였다.

③ 데이터의 질보다 양을 강조한다.

④ 서비스 산업이 축소되고 제조업의 생산성은 감소되었다.

02 다음 중 데이터베이스의 특징으로 가장 옳지 않은 것은 무엇인가?

① 프로그래밍 생산성 향상   ② 응용프로그램 종속성

③ 데이터의 무결성 유지   ④ 데이터 중복성 최소화

03 다음 중 데이터에 대한 설명으로 가장 옳지 않은 것은 무엇인가?

① 자체로는 의미가 중요하지 않은 객관적 사실이다.

② 다른 데이터와의 상관관계가 없는 가공하기 전의 순수한 것이다.

③ Byte가 가장 작은 단위이다.

④ 순수한 수치나 기호이다.

04 다음 중 기업 내부 데이터베이스 솔루션이 아닌 것은 무엇인가?

① SCM   ② ITS

③ CRM   ④ KMS

05 자유 형식의 텍스트 문서, 이미지, 음성은 어떤 유형의 데이터인가?

① 정형 데이터   ② 반정형 데이터

③ 비정형 데이터   ④ 메타 데이터

06 다음 중 빅데이터가 만들어낸 변화로 적합한 것은 무엇인가?

> (가) 표본조사에서 전수조사로 변화하였다.
> (나) 데이터의 질보다 양을 강조한다.
> (다) 상관관계보다 인과관계 분석을 선호한다.
> (라) 사후처리에서 사전처리 시대로 변화하였다.

① (가), (나)   ② (나), (다)

③ (가), (다)   ④ (나), (라)

07 빅데이터 활용 확산으로 나타나는 현상이 아닌 것은 무엇인가?

① 개인은 빅데이터 서비스로 적시에 필요한 정보를 획득할 수 있다.

② 정부는 날씨, 교통 등 통계데이터로 사회 변화를 추정할 수 있다.

③ 기업은 경쟁력을 강화하거나 생산성을 향상시킬 수 있다.

④ 기존 서비스의 성과를 유지할 수 있다.

08 다음 중 빅데이터 활용 기술에 관한 설명으로 적절하지 않은 것은?

① 이 문서는 어떤 주제를 가진 문서그룹에 속하는가? – 군집 분석

② 고객들 간 관계망은 어떻게 구성되어 있는가? – 소셜 네트워크 분석

③ 고객의 나이가 구매 차량의 유형에 어떤 영향을 미치는가? – 회귀 분석

④ 새로운 환불 정책에 대한 고객의 평가는 어떤가? – 감성 분석

09 다음 중 가트너(Gartner)가 제시한 데이터 사이언티스트가 갖추어야 할 역량으로 가장 올바르지 않은 것은 무엇인가?

① 소프트 스킬   ② 분석 모델링

③ 데이터 관리   ④ 조직 관리

10 다음 중에서 데이터 사이언티스트의 하드 스킬은 무엇인가?

① 스토리텔링   ② 커뮤니케이션

③ 이론적 지식   ④ 비주얼라이제이션

2과목 ▶ 데이터 분석 기획

11 기업에서 장기적인 관점에서 데이터 분석 문화가 자리 잡기 위해 필요한 행동들에 대한 설명으로 올바르지 않은 것은?

① 데이터를 기반으로 의사결정을 실시한다.

② 경영진을 대상으로 한시적으로만 속성으로 교육을 진행한다.

③ 조직 내 분석 관리체계를 수립한다.

④ 데이터 분석 수준 진단을 통해 분석의 유형 및 방향성을 결정한다.

12 다음 중 빅데이터 분석 방법론의 분석 기획 절차로 옳은 것은?

① 데이터 분석 프로젝트 정의 → 프로젝트 범위 설정 → 프로젝트 수행 계획 수립 → 데이터 분석 위험 식별

② 데이터 분석 프로젝트 정의 → 프로젝트 범위 설정 → 데이터 분석 위험 식별 → 프로젝트 수행 계획 수립

③ 프로젝트 범위 설정 → 데이터 분석 프로젝트 정의 → 프로젝트 수행 계획 수립 → 데이터 분석 위험 식별

④ 프로젝트 범위 설정 → 데이터 분석 프로젝트 정의 → 데이터 분석 위험 식별 → 프로젝트 수행 계획 수립

13 다음 중 하향식 접근 방식을 통한 분석 과제 발굴 절차에 해당하지 않는 것은 무엇인가?

① 문제 정의   ② 프로토타이핑

③ 문제 탐색   ④ 타당성 검토

14 상향식 접근 방식에 대한 설명으로 옳지 않은 것은?

① 프로세스 흐름 분석 단계에서는 프로세스 맵을 통해 프로세스별로 업무 흐름을 상세히 표현한다.

② 객관적인 데이터 그 자체를 관찰하고 실제로 행동에 옮겨 대상을 이해하는 방식을 적용한다.

③ 디자인 사고(Design Thinking)는 상향식 접근 방식이다.

④ 분석 과제가 정해져 있어 문제가 명확할 때 사용하는 방식이다.

15 대상별 분석 기획 유형에 대한 설명으로 옳지 않은 것은?

① 분석 주제 및 기법의 특성상 4가지 영역을 넘나들 수 있다.

② 솔루션은 분석의 대상이 무엇인지를 인지하고 있으나 분석 방법을 모르는 경우에 사용하는 유형이다.

③ 최적화는 분석의 대상이 무엇인지를 인지하고 있는 분석 방법도 인지하고 있는 경우에 사용하는 유형이다.

④ 분석의 대상과 방법에 따라 최적화, 솔루션, 관찰, 발견의 4가지 유형으로 분류된다.

16 다음이 설명하는 분석 조직 구조는 무엇인가?

> • 전사 분석 업무를 별도의 분석 전담 조직에서 담당한다.
> • 현업 업무부서의 분석 업무와 중복 및 이원화 가능성이 크다.

① 집중 구조   ② 기능 구조

③ 분산 구조   ④ 복합 구조

17 목표 시점별 분석 기획 중 단기에 해당하는 방식이 아닌 것은?

① Quick-Win

② Accuracy&Deploy

③ Problem Solving

④ Speed&Test

18 데이터 분석 성숙도 진단은 비즈니스 부문, 조직·역량 부문, IT 부문의 3개 영역에서 분석 성숙도를 평가함으로써 수행된다. 다음에 해당하는 분석 성숙도 단계로 가장 올바른 것은?

• 빅데이터 관리 환경   • 시뮬레이션·최적화 • 비주얼 분석

① 도입 단계

② 활용 단계

③ 확산 단계

④ 최적화 단계

19 빅데이터 분석 방법론의 분석 절차 중 산출물이 프로젝트 범위 정의서(SOW)를 작성하는 절차는 다음 중 무엇인가?

① 비즈니스 이해와 범위 설정

② 데이터 스토어 설계

③ 필요 데이터 정의

④ 프로젝트 정의 및 계획 수립

20 다음 중 CRISP-DM 방법론의 모델링 단계에서 수행하는 태스크가 아닌 것은?

① 데이터 통합

② 모델 작성

③ 모델 테스트 계획 설계

④ 모델 평가

3과목 ▶ 데이터 분석

21 다음 중 계층적 군집을 수행할 때 사용하는 거리측정 방법과 관련이 없는 것은 무엇인가?

① 최단 연결법

② 최장 연결법

③ 평균 연결법

④ K-평균 군집

22 F1 지표(F1-Score)는 정밀도(Precison)와 재현율(Recall)을 하나로 합한 성능평가 지표이다. 이 지표의 공식은 무엇인가?

① Precision × Recall

② $\dfrac{\text{Precision} \times \text{Recall}}{\text{Precision} + \text{Recall}}$

③ $2 \times \dfrac{\text{Precision} \times \text{Recall}}{\text{Precision} + \text{Recall}}$

④ $3 \times \dfrac{\text{Precision} + \text{Recall}}{\text{Precision} \times \text{Recall}}$

23 다음 중 앙상블 기법으로 적절한 것은 무엇인가?

① 배깅, 부스팅
② 정지규칙, 가지치기
③ SOM, DESCAN
④ PCA, 홀드아웃

24 다음 중 엔트로피 지수의 공식은 무엇인가?

① $-\left(\sum_{i=1}^{k} P_i \log_2 P_i\right)$

② $1 - \left(\sum_{i=1}^{k} P^2_i\right)$

③ $\sum_{i=1}^{k} \dfrac{(O_i - E_i)^2}{E_i}$

④ $\dfrac{1}{N}\sum_{i=1}^{n} X_i$

25 다음 수학적 거리의 공식은 무엇인가?

$$d(i,j) = \left[\sum_{f=1}^{p}(x_{if} - x_{jf})^m\right]^{1/m}$$

① 표준화 거리
② 맨하탄 거리
③ 유클리드 거리
④ 민코프스키 거리

26 다음 혼동 행렬에서 재현율은 얼마인가?

실제값 \ 예측치	False	True	합계
False	300	200	500
True	200	300	500
합계	500	500	1,000

① 0.4   ② 0.5

③ 0.6   ④ 1.5

27 다음 중 확률 및 확률분포에 대한 설명으로 가장 적합하지 않은 것은?

① 모든 사건의 확률값은 0과 1 사이의 숫자이다.

② 어떤 사건들이 서로 배반일 때 합집합의 확률은 각 사건들 확률의 합이다.

③ 확률변수 X가 실수와 같이 연속적인 값을 갖는 확률분포함수를 이산형 확률 밀도 함수라 한다.

④ 두 사건 A, B 독립일 때 사건 B의 확률은 A가 일어난다는 가정하에서의 B의 조건부 확률과 같다.

28 다음 중 의사결정나무에서 사용하는 지수와 관련이 없는 것은 무엇인가?

① 카이제곱 통계량   ② 퍼셉트론

③ 엔트로피 지수   ④ 지니 지수

29 다음과 같이 확률밀도함수가 있을 때, 기댓값은 무엇인가?

$$f(x) = \begin{cases} 1, (0 < x < 1) \\ 0, (x \leq 0, x \geq 1) \end{cases}$$

① 0   ② 0.5

③ 1   ④ 2

30 다음 회귀분석의 가정에 대한 설명 중 가장 적합한 것은 무엇인가?

① 선형성은 잔차와 독립변수의 값이 서로 독립적이어야 한다는 특성이다.

② 정규성은 관측값과 잔차는 서로 상관이 없어야 한다는 특성이다.

③ 독립성은 독립변수와 종속변수가 선형적이어야 한다는 특성이다.

④ 등분산성은 잔차의 분산이 독립변수와 무관하게 일정해야 한다는 특성이다.

31 두 집단의 분산이 같은지 검정할 때 사용하는 검정 통계량은 어떤 분포를 활용하는가?

① Z−분포

② F−분포

③ x^2 분포

④ 포아송 분포

32 다음 중 주성분 분석에서 주성분을 선택하는 방법에 대한 설명으로 가장 옳지 않은 것은 무엇인가?

① 전체 변이 공헌도(Percentage of Total Variance) 방법은 항상 더 나은 결과를 도출하는 방법이다.

② 주성분은 주성분을 구성하는 변수들의 계수 구조를 파악하여 적절하게 해석한다.

③ 평균 고윳값 방법은 고윳값들의 평균을 구한 후 고윳값이 평균값 이상인 주성분을 선택하는 방법이다.

④ 스크리 산점도(Scree Plot)는 고윳값의 크기순으로 산점도를 그린 그래프에서 기울기가 완만해지는 지점에서 1을 뺀 개수를 주성분의 개수로 선택하는 방법이다.

33 다음 중 정규성 검증 방법으로 옳지 않은 것은 무엇인가?

① Q−Q plot

② 샤피로−윌크 검정

③ 결정계수

④ K−S 검정(콜모고로프−스미르노프 검정)

34 다음 중 귀무가설이 거짓인데 잘못하여 이를 채택하게 되는 오류는 무엇인가?

① 1종 오류

② 2종 오류

③ 검정통계량

④ 유의 확률

35 분해 시계열의 요인에 해당하지 않는 것은?

① 불규칙 요인   ② 계절 요인

③ 추세 요인   ④ 정상 요인

36 다음 표본추출 방법 중 모집단을 어떠한 기준으로 서로 상이한 여러 개의 소집단으로 나누고 소집단 내에서 무작위로 표본을 추출하는 방법은?

① 계통 추출법   ② 층화 추출법

③ 군집 추출법   ④ 단순 무작위 추출법

37 다음 중 통계 용어에 대한 설명으로 올바르지 않은 것은?

① 종속변수는 설명변수라고도 한다.

② 이산확률분포의 종류에는 포아송 분포, 베르누이 분포, 이항 분포 등이 있다.

③ 각 데이터를 그래프에 점으로 표시해서 관계를 표시하는 그래프를 산점도라고 한다.

④ 기초 통계량은 표본 편차, 표본 분산, 표본 평균 등이 있다.

38 다음 중 시계열 데이터에서 정상성에 대한 설명으로 올바른 것은?

① 공분산은 시점에 의존한다.

② 시간이 지남에 따라 평균이 일정하게 증가한다.

③ 정상 시계열 데이터는 이상값이 없어야 한다.

④ 시계열 데이터의 분산이 시점에 의존하지 않는다.

39 다음 중 K-Means Clustering에 대한 설명으로 옳은 것은?

① 잡음과 이상값에 민감하지 않다.

② 한번 군집이 형성되면 군집에 속한 개체들은 다른 군집으로 이동할 수 없다.

③ 분석가가 미리 군집 수(k)를 정의해야 한다.

④ 데이터의 모양이 볼록할 경우 잘 동작하지 않으므로 다른 모형을 선택해야 한다.

40 다음은 임금(wage)과 학력(education)을 분석한 R 실행 결과이다. 이에 대한 해석으로 옳지 않은 것은?

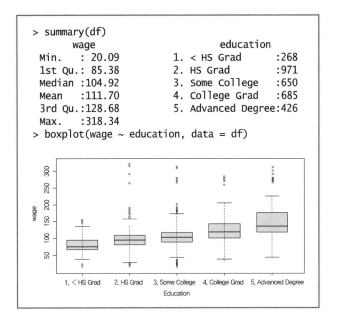

```
> summary(df)
      wage                      education
 Min.   : 20.09     1. < HS Grad        :268
 1st Qu.: 85.38     2. HS Grad          :971
 Median :104.92     3. Some College     :650
 Mean   :111.70     4. College Grad     :685
 3rd Qu.:128.68     5. Advanced Degree:426
 Max.   :318.34
> boxplot(wage ~ education, data = df)
```

① wage는 오른쪽으로 긴 꼬리 분포이다.

② education의 최솟값은 20.09이다.

③ wage가 128.68 이상인 사람 수가 25%이다.

④ 고등학교 졸업생의 수(HS Grad)는 971명이다.

41 군집 분석에서 사용하는 변수 간의 측정 단위가 다를 경우 사용하는 방법은?

① Scaling

② Sampling

③ Elimination

④ Averaging

42 인공신경망의 은닉층의 은닉 노드가 너무 많으면 오차 역전파 과정에서 가중치 갱신을 위해 전달하는 오차가 0으로 수렴하여 학습이 진행되지 않는 문제는 무엇인가?

① 과소 적합

② 과대 적합

③ 기울기 폭발

④ 기울기 소실

43 시계열 분석에서 ARIMA(p, d, q) 모형에 대한 설명으로 올바른 것은?

① q번 차분할 경우 정상성을 만족한다.

② ARIMA 모형을 사용할 경우 정상성은 확인할 필요가 없다.

③ p=0일 때 IMA(d, q) 모형이라고 부른다.

④ q=0일 때 AR 모형을 나타낸다.

44 다음 중 정보의 양이 가장 많은 유형의 척도는 무엇인가?

① 순서척도
② 등간척도
③ 비율척도
④ 명목척도

45 다음 중 변수 X, Y에 대한 공분산에 대한 설명으로 옳지 않은 것은?

① $Cov(X, Y) = E(XY) - E(X)E(Y)$

② 공분산은 −1에서 1 사이의 값을 가진다.

③ X, Y가 독립일 때, $Cov(X, Y) = 0$이다.

④ 공분산이 음수이면 X가 증가할 때 Y는 감소한다.

46 다음 중 상관계수에 대한 설명으로 올바른 것은?

① 등간척도, 비율척도에는 스피어만 상관계수를 사용한다.

② 상관계수는 항상 0과 1 사이의 값을 가진다.

③ 피어슨 상관계수가 0이면 선형관계가 없다.

④ 상관계수를 통하여 통계적 유의성을 알 수 있다.

47 회귀모형을 해석할 때의 고려사항으로 올바르지 않은 것은?

① 상관계수가 통계적으로 유의한가?

② 모형이 선형성, 정상성, 독립성 등의 가정을 만족하는가?

③ 모형이 데이터를 잘 적합하는가?

④ 모형이 통계적으로 유의한가?

48 다음 weight와 Time에 대한 회귀 분석 결과에 대한 설명으로 올바른 것은?

```
> summary(lm(weight ~ time))

call:
lm(formula = weight ~ Time)

Residuals
        Min        1Q      Median        3Q        Max
   -138.331   -14.536     0.926    13.533    160.669

Coefficients:
               Estimate Std. Error t value Pr(>|t|)
(Intercept)     27.4674     3.0365    9.046   <2e-16***
Time             8.8030     0.2397   36.725   <2e-16***
---
Signif. codes:  0 '***' 0.001 '**' 0.01 '*' 0.05 '.' 0.1 ' ' 1

Residual standard error: 38.91 on 576 degrees of freedom
Multiple R-squared:  0.770,      Adjusted R-squared:  0.7022
F-statistic:  1349 on 1 and 576 DF,  p-value: < 2.2e-16
```

① 유의수준 5%에서 Time은 유의하지 않다.

② 회귀모형의 독립변수는 weight이고, 종속변수는 Time이다.

③ 결정계수의 값이 0.05보다 크므로 회귀모형은 유의하지 않다.

④ 독립변수가 1 증가할 때 종속변수는 8.8030 증가한다.

49 카이제곱 검정에서 예측값과 실제값의 차이에 대한 설명으로 옳은 것은?

① 두 값의 차이가 작을수록 검정 통계량의 값이 작아지므로, p-값은 작아진다.

② 두 값의 차이가 작을수록 검정 통계량의 값이 커지므로, p-값은 작아진다.

③ 두 값의 차이가 클수록 검정 통계량의 값이 작아지므로, p-값은 작아진다.

④ 두 값의 차이가 클수록 검정 통계량의 값이 커지므로, p-값은 작아진다.

50 다음 중 인공신경망에서 활성화 함수에 대한 설명으로 옳지 않은 것은?

① 하이퍼볼릭 탄젠트 함수는 0에서 1 사이의 값을 가진다.

② 소프트맥스 함수는 다범주일 때 사후 확률을 구하는 함수이다.

③ 계단 함수는 임곗값을 기준으로 활성화 또는 비활성화된다.

④ 활성화 함수의 종류에는 계단 함수, 부호 함수, 시그모이드 함수, 하이퍼볼릭 탄젠트 함수 등이 있다.

제39회 ADsP 기출복원문제

01 가치 패러다임의 변화의 순서로 옳은 것은?

① Digitalize → Connection → Agency

② Connection → Agency → Digitalize

③ Agency → Connection → Digitalize

④ Digitalize → Agency → Connection

02 다음 중 빅데이터 출현 배경에 관한 설명으로 가장 올바르지 않은 것은?

① 데이터 생산량이 인터넷, 모바일 발전, SNS, IoT의 확산으로 증가하였다.

② 기업이 데이터 축적 및 활용에 대한 필요성을 인지하였다.

③ 데이터 구조는 분석 및 수집 관리가 가능한 형태로 정형화되었다.

④ 데이터 저장기술은 발전하였고 가격은 하락하였다.

03 다음 중 빅데이터 위기 요인과 해결 방안을 연결한 것 중 잘못된 것을 고르시오.

> ㉠ 책임 원칙의 훼손 → 알고리즘 허용
> ㉡ 사생활 침해 → 동의제를 책임제로 전환
> ㉢ 데이터의 오용 → 결과 기반 책임 원칙

① ㉠, ㉡

② ㉠, ㉢

③ ㉡, ㉢

④ ㉠, ㉡, ㉢

04 다음 중 일반적인 데이터베이스의 특징으로 가장 적절하지 않은 것은 무엇인가?

① 데이터베이스는 통합된 데이터이므로 동일 내용의 데이터가 중복되어 저장된다.

② 데이터베이스는 변화하는 데이터로 새로운 데이터의 삽입, 기존 데이터의 삭제, 갱신에도 항상 현재의 정확한 데이터를 유지해야 한다.

③ 데이터베이스는 공용 데이터로 여러 사용자가 서로 다른 목적으로 데이터베이스의 데이터를 공동으로 이용한다.

④ 데이터베이스는 저장된 데이터로 자기 디스크나 자기 테이프 등과 같이 컴퓨터가 접근할 수 있는 저장매체에 저장된다.

05 데이터 사이언티스트의 요구 역량으로 옳은 것은?

① 소프트 스킬 – 빅데이터 관련 이론적 지식

② 소프트 스킬 – 통찰력 있는 분석

③ 하드 스킬 – 설득력 있는 전달

④ 하드 스킬 – 다분야 간 협력

06 암묵지와 형식지 상호 작용 단계에 대한 설명에 대해 알맞게 짝지은 것은?

ⓐ 표출화(Externalization) ⓑ 연결화(Combination)
ⓒ 공통화(Socialization) ⓓ 내면화(Internalization)

㉠ 다른 사람과의 대화 등 상호 작용을 통해 개인이 암묵지를 습득하는 단계
㉡ 개인에게 내재된 경험을 객관적인 데이터인 문서나 매체로 저장하거나 가공, 분석하는 단계
㉢ 형식지가 상호결합하면서 새로운 형식지를 창출하는 단계
㉣ 행동과 실천 교육 등을 통해 형식지가 개인의 암묵지로 체화되는 단계

---

① ㉠–ⓐ ② ㉡–ⓑ

③ ㉢–ⓒ ④ ㉣–ⓓ

07 다음 중 데이터 사이언스와 데이터 사이언티스트에 대한 설명으로 가장 올바르지 않은 것은 무엇인가?

① 강력한 호기심은 데이터 사이언티스트의 중요한 특징이다.

② 뛰어난 데이터 사이언티스트는 정량적 분석이라는 과학과 인문학적 통찰에 근거하여 합리적 추론을 한다.

③ 더 높은 가치 창출과 진정한 차별화를 가져오는 것은 전략적 통찰과 관련된 소프트 스킬이다.

④ 통계학과 데이터 사이언스는 '데이터를 다룬다'는 점에서 비슷하지만, 통계학은 정형, 반정형, 비정형 등 다양한 유형의 데이터를 다룬다.

08 데이터는 개별 데이터 자체로는 의미가 중요하지 않은 객관적 사실이다. 데이터를 가공 및 처리하여 얻을 수 있는 것이 아닌 것은 다음 중 무엇인가?

① 지혜   ② 신호

③ 지식   ④ 정보

2과목 데이터 분석 기획

09 다음 중 분석 과제 관리 프로세스 수립에 대한 설명으로 가장 올바르지 않은 것은?

① 분석관리 프로세스를 수행하여 조직 내 분석문화를 내재화하고 경쟁력을 확보할 수 있다.

② 과제 수행 단계에서는 분석을 수행할 팀을 구성하고 분석 과제를 실행한다.

③ 개발 조직이나 개인이 도출한 분석 아이디어에서 확정된 것은 모두 분석 과제 풀(Pool)로 관리 한다.

④ 분석 과제 관리 프로세스는 과제 발굴과 과제수행 및 모니터링으로 나눈다.

10 다음 중 분석 프로젝트의 10개의 관리영역에서 해당하지 않는 것은 무엇인가?

① 프로세스 관리   ② 원가

③ 품질   ④ 범위

11 프로젝트 위험 대응 계획을 수립할 때 예상되는 위험에 대한 대응방법으로 가장 부적절한 것은 무엇인가?

① 완화(Mitigate)
② 수용(Accept)
③ 실행(Execution)
④ 회피(Avoid)

12 빅데이터의 4V를 ROI 관점에서 볼 때 비즈니스 효과(Return)에 해당하는 것은 무엇인가?

① Value
② Volume
③ Velocity
④ Variety

13 다음 중 데이터 거버넌스의 구성요소가 아닌 것은 무엇인가?

① 원칙(Principle)
② 조직(Organization)
③ 프로세스(Process)
④ 방법론(Methodology)

14 다음 중 데이터 분석 과제 우선순위를 평가할 때 고려해야 할 요소가 아닌 것은?

① 업무 내재화 적용 수준
② 실행 용이성
③ ROI(Return On Investment, 투자자본 수익률)
④ 전략적 중요도

15 빅데이터 분석 기획의 유형 중에서 분석의 대상은 인지(Known)하고 있으나 방법을 모르는 (Un-Known) 경우에 사용하는 유형으로 가장 적절한 것은?

① 최적화(Optimization)
② 솔루션(Solution)
③ 통찰(Insight)
④ 발견(Discovery)

16 다음 중 분석 조직 구조 유형에 해당하지 않은 것은?

① 집중 구조
② 분산 구조
③ 사업 구조
④ 기능 구조

17 기술 통계량에 대한 설명으로 옳지 않은 것은?

① 최빈수는 데이터값 중에서 빈도수가 가장 높은 데이터값이다.

② p 백분위수는 순서대로 나열했을 때 p번째 값이다.

③ 평균은 자료를 모두 더한 후 자료 개수로 나눈 값이다.

④ 중위수는 모든 데이터 값을 오름차순으로 순서대로 배열하였을 때 중앙에 위치한 데이터 값이다.

18 다음 중 이산형 확률변수 x의 기댓값은?

① $E(x) = \sum x f(x)$

② $E(x) = \int x f(x)$

③ $E(x) = \sum x^2 f(x)$

④ $E(x) = \int x^2 f(x)$

19 다음 summary 함수의 결과값에 대한 해석으로 옳지 않은 것은?

```
> summary(Hitters)
      AtBat             Hits            HmRun            NewLeague
 Min.   : 16.0    Min.   : 1      Min.   : 0.00      A: 176
 1stQu. : 255.2   1stQu. : 64     1stQu. : 4.00      N: 146
 Median : 379.5   Median : 96     Median : 8.00
 Mean   : 380.9   Mean   : 101    Mean   : 10.77
 3rdQu. : 512.0   3rdQu. : 137    3rdQu. : 16.00
 Max.   : 687.0   Max.   : 238    Max.   : 40.00
```

① AtBat 변수 분포는 왼쪽 꼬리가 긴 분포를 가진다.

② HmRun 변수의 최댓값은 40이다.

③ NewLeague 변수는 범주형 자료이다.

④ Hits 자료에는 결측값이 없음을 알 수 있다.

20 변수들의 전체 변동의 80% 이상을 설명하는 데 필요한 최소 주성분의 숫자는 몇 개인가?

```
Importance of components:
                           PC1        PC2        PC3        PC4
Standard deviation         1.7084     0.9560     0.38309    0.14393
Proportion of Variance     0.7296     0.2285     0.03669    0.00518
Cumulative Proportion      0.7296     0.9581     0.99482    1.00000
```

① 1개   ② 2개

③ 3개   ④ 4개

21 배깅(Bagging)에 대한 설명으로 옳은 것은?

① 분석의 대상을 분류함수를 활용하여 의사결정 규칙으로 이루어진 나무 모양으로 그리는 기법이다.

② 훈련 데이터에서 다수의 부트스트랩(Bootstrap) 자료를 생성하고, 각 자료를 모델링한 후 결합하여 최종 예측 모형을 만드는 알고리즘이다.

③ 사람 두뇌의 신경세포인 뉴런이 전기신호를 전달하는 모습을 모방하는 기계학습 모델이다.

④ 주어진 데이터를 k개의 군집으로 묶는 알고리즘으로 k개만큼 군집 수를 초깃값으로 지정하고, 각 개체를 가까운 초깃값에 할당하여 군집을 형성하고 각 군집의 평균을 재계산하여 초깃값을 갱신하는 과정을 반복하여 k개의 최종군집을 형성하는 방법이다.

22 다음 중 목표변수가 연속형인 회귀나무(Regression Tree)의 경우에 사용하는 분류 기준은 무엇인가?

① 카이제곱 통계량, 분산 감소량   ② 지니 지수, 엔트로피 지수

③ 분산 감소량, F−통계량의 p−값   ④ 카이제곱 통계량, 지니 지수

23 회귀 분석 가정 중 잔차의 정규성에 대한 설명으로 옳지 않은 것은?

① 더빈−왓슨 검정(Durbin−Watson Test)은 등분산성에 대한 검정 기법이다.

② 정규성은 정규분포의 형태를 이뤄야 한다는 특성이다.

③ Q−Q Plot은 정규성 정도를 확인하는 데 참고할 수 있다.

④ Anderson−Darling, Kolmogorov−Smirnov를 통해 정규성 분포를 알 수 있다.

24 분해 시계열의 요인에 해당하지 않는 것은?

① 정상 요인   ② 계절 요인

③ 불규칙 요인   ④ 추세 요인

25 다음 chickwts 데이터셋에서 무게(weight)의 검정 결과에 대한 설명으로 적절하지 않은 것은 무엇인가?

```
> t. test(chickwts$weight, mu=250)
            One Sample t-test
data: chickwts$weight
t = 1.2206, df = 70, p-value = 0.2263
alternative hypothesis: true mean is not
equal to 250
95 percent confidence interval:
  242.8301 279.7896
sample estimates:
mean of x
  261.3099
```

① 무게에 대한 95% 신뢰구간은 (242.83, 279.79)이다.

② chickwts 데이터셋의 개수는 70개이다.

③ 유의수준이 5%일 때 '무게가 250과 같다'라는 가설은 채택된다.

④ 평균 무게에 대한 점 추정량은 261.3이다.

26 다음이 설명하는 분석기법은 무엇인가?

- 조건반응(if-then)으로 표현되는 연관 분석의 결과를 이해하기 쉽다.
- 사용하는 데이터의 형태는 장바구니(Market Basket) 데이터라고 하고, 장바구니 하나에 해당하는 정보를 트랜잭션(Transaction)이라 한다.

① 시계열분석   ② 연관분석

③ 부트스트랩   ④ 군집분석

27 다음 데이터 세트에서 A, B 간의 유클리드 거리를 계산하면?

구분	A	B
키	175	180
몸무게	45	50

① 0

② $\sqrt{5}$

③ $\sqrt{25}$

④ $\sqrt{50}$

28 다음 혼동행렬에서 특이도(Specificity)를 계산한 식은 무엇인가?

실제값 \ 예측치	True	False	합계
True	TP	FN	N1
False	FP	TN	N2
합계	S1	S2	N3

① $\dfrac{TN}{N2}$

② $\dfrac{TP}{N1}$

③ $\dfrac{TP}{S1}$

④ $\dfrac{TN}{S2}$

29 다음 오차의 유형에 관한 설명 중 가장 부적절한 것은 무엇인가?

① 표본(Sampling Error)은 모집단의 일부인 표본에서 얻은 자료를 통해 모집단 전체의 특성을 추론함으로써 생기는 오차이다.

② 비표본 오차(Non-Sampling Bias)는 조사 대상이 증가하면 오차가 커진다.

③ 표본 편의(Sampling Bias)는 표본추출방법에서 기인하는 오차를 의미하고, 표본 추출방법으로 최소화하거나 없앨 수 있다.

④ 표본 오차는 표본의 크기를 증가시켜서 줄일 수 있다.

30 다음 중 군집 분석에 대한 설명으로 가장 올바르지 않은 것은?

① 군집 분석은 데이터에 분류의 기준이 없는 비지도 학습 방법을 사용한다.

② 계층적 군집 분석은 덴드로그램으로 표현할 수 있다.

③ 군집 분석에서는 군집을 두 개로 나누어 교차 타당성 검증을 사용한다.

④ 계층적 군집은 한번 군집이 형성되면 다른 군집으로 이동할 수 없다.

31 다음 중 SOM(Self-Organizing Map) 방법에 대한 설명으로 가장 올바르지 않은 것은?

① SOM은 경쟁 학습으로 각각의 뉴런이 입력 벡터와 얼마나 가까운가를 계산하여 연결 강도를 반복적으로 재조정하는 학습 과정을 거치면서 연결 강도는 입력 패턴과 가장 유사한 경쟁층 뉴런이 승자가 된다.

② SOM은 고차원의 데이터를 저차원의 지도 형태로 형상화하기 때문에 시각적으로 이해하기 쉬울 뿐 아니라 변수의 위치 관계를 그대로 보존하기 때문에 실제 데이터가 유사하면 지도상 가깝게 표현된다.

③ SOM은 입력변수의 위치 관계를 그대로 보존하여 입력변수의 정보와 그들의 관계가 지도상에 그대로 나타난다.

④ SOM을 이용한 군집 분석은 역전파 알고리즘을 사용함으로써 군집의 성능이 우수하고 수행 속도가 빠르다.

32 다음 중 중심극한정리에 대한 설명 중 가장 부적절한 것은?

① 표본 크기가 증가할수록 표본의 평균과 표준편차가 모집단의 평균과 표준편차에 가까워짐을 의미하게 된다.

② 중심극한정리가 성립하기 위해서는 표본의 크기가 최소 30 이상이어야 한다.

③ 모집단이 정규분포가 아닐 때 서로 다른 표본의 크기에 대한 표본평균의 분포들이 표본의 크기가 커짐에 따라 정규분포에 가까워지게 된다.

④ 모집단의 분포가 정규분포에 가까워져야 표본평균의 분포가 정규분포에 근사하게 된다.

33 다음 수식과 관련된 분석기법으로 가장 옳은 것은?

$$Y = \frac{e^{\beta_0 + \beta_1 X_1 + \cdots + \beta_k X_k}}{1 + e^{\beta_0 + \beta_1 X_1 + \cdots + \beta_k X_k}}$$

① 로지스틱 회귀분석   ② 선형 회귀분석

③ 의사결정트리 분석   ④ 요인 분석

34 모형 평가에서 K-Fold Cross Validation의 설명으로 가장 올바르지 않은 것은?

① 데이터 집합을 무작위로 동일 크기를 갖는 k개의 부분 집합으로 나눈다.

② k값이 증가하면 수행 시간과 계산량도 많아진다.

③ k번 반복 수행하며 결과를 K에 다수결 또는 평균으로 분석한다.

④ k=2일 경우 LOOCV 교차 검증기법과 같다.

35 다음은 자기 회귀 누적 이동평균모형(ARIMA 모형)을 나타낸 것이다. 다음 모형은 ARIMA에서 ARIMA로 정상화할 때 몇 번 차분을 하였는가?

ARIMA(1, 2, 3)

① 1번   ② 2번

③ 3번   ④ 4번

36 다음 중 주성분 분석에서 변수의 중요도 기준이 되는 값은 무엇인가?

① 고웃값(Eigenvalue)   ② 특이값(Singular Value)

③ 표준오차(Standard Error)   ④ 스칼라(Scalar)

37 다음 중에서 시계열 분석에 대한 설명으로 가장 올바르지 않은 것은?

① 시계열 분해는 시계열에 영향을 주는 일반적인 요인을 시계열에서 분리해 분석하는 방법이다.

② 시계열 분석을 위해서는 정상성을 만족해야 한다.

③ 연도별, 분기별, 월별 등 시계열로 관측되는 자료를 분석한다.

④ 잡음에 대한 원인을 알 수 있다.

38 다음은 최적 회귀 방정식을 도출하기 위해 관련된 변수들을 사용하여 얻은 결과이다. 다음 결과물에 관한 설명으로 가장 부적절한 것은?

```
>step(lm(Y~X1+X2+X3+X4+X5,data), direction="both")
Start:AIC=190.69
Y~X1+X2+X3+X4+X5

          Df    Sum of Sq       RSS       AIC
-X2        1       53.03      2158.1    189.86
<none>                        2105.0    190.69
-X1        1      307.72      2412.8    195.10
-X5        1      408.75      2513.8    197.03
-X4        1      447.71      2552.8    197.75
-X3        1     1162.56      3267.6    209.36

Step:AIC=189.86
Y~X1+X3+X4+X5

          Df    Sum of Sq       RSS       AIC
<none>            2158.1      189.86
-X2        1       53.03      2105.0    190.69
-X1        1      264.18      2422.2    193.29
-X5        1      409.81      2567.9    196.03
-X4        1      956.57      3114.6    205.10
-X3        1     2249.97      4408.0    221.43
Call:
lm(formula=Y~X1+X3+X4+X5,data=data

Coefficients:
(Intercept)      X1        X3        X4        X5
062.1013     -0.1546   -0.9803    0.1247    1.0784
```

① 독립변수 중 X2가 가장 먼저 제거된다.

② 최종 결과의 독립변수는 4개이다.

③ 후진 제거법을 사용한 결과이다.

④ 하나의 변수가 제거되었을 경우의 AIC 값이 낮아지면 해당 변수를 제거한다.

39 다음 중 다중 공선성에 대한 설명으로 올바르지 않은 것은?

① 다중 공선성 문제로 불확실성이 감소할 수 있다.

② 다중 공선성 문제가 발생하면 문제가 있는 변수를 제거하고 분석할 수 있다.

③ 독립변수 간에 상관관계가 높아서 데이터를 분석할 때 부정적 영향을 미치는 경우 발생한다.

④ VIF가 4보다 크면 다중 공선성이 존재하는 것으로 해석한다.

40 동전을 3번 던졌을 때 앞면이 1번 나올 확률이 얼마인가?

① 1/2　　　　　　　　　　② 1/3

③ 1/8　　　　　　　　　　④ 3/8

1과목 데이터 이해

01 다음 중 사용 DB가 아닌 것은?

① Oracle
② DB2
③ SQL Server
④ Tableau

02 데이터에 관한 구조화된 데이터로 다른 데이터를 설명해 주는 데이터를 무엇이라 하는가?

① 데이터 마트
② 메타 데이터
③ 데이터 웨어하우스
④ 인덱스

03 다음 중에서 일반적인 데이터베이스의 특징으로 가장 적절하지 않은 것은?

① 데이터베이스는 통합된 데이터이므로 동일 내용의 데이터가 중복되어 저장되지는 않는다.

② 데이터베이스는 항상 정확한 현재의 데이터를 유지해야 하므로 고정된 데이터이다.

③ 데이터베이스는 저장된 데이터로 자기 디스크나 자기 테이프 등과 같이 컴퓨터가 접근할 수 있는 저장매체에 저장된다.

④ 데이터베이스는 공용 데이터로 여러 사용자가 서로 다른 목적으로 데이터베이스의 데이터를 공동으로 이용한다.

04 다음 중 데이터의 양을 측정하는 단위의 크기를 순서대로 배열한 것은?

① EB(엑사)＜ZB(제타)＜YB(요타)＜PB(페타)

② PB(페타)＜EB(엑사)＜ZB(제타)＜YB(요타)

③ ZB(제타)＜YB(요타)＜PB(페타)＜EB(엑사)

④ PB(페타)＜EB(엑사)＜YB(요타)＜ZB(제타)

05 다음 중 빅데이터 활용에 필요한 기본적인 3요소가 아닌 것은?

① 프로세스　　　　　　　　　　② 인력

③ 기술　　　　　　　　　　　　④ 데이터

06 다음은 빅데이터가 만든 본질적인 변화에 대한 설명이다. 적절하지 않은 것을 고르시오.

> 가. 사전처리에서 사후처리 시대로의 변화
> 나. 전수조사에서 표본조사로의 변화
> 다. 질보다는 양을 강조하는 변화
> 라. 상관관계에서 인과관계로의 변화

① 가, 다　　　　　　　　　　　② 가, 라

③ 나, 라　　　　　　　　　　　④ 다, 라

07 다음 중 빅데이터 시대의 위기 요인으로 가장 올바르지 않은 것은?

① 익명화　　　　　　　　　　　② 사생활 침해

③ 책임원칙의 훼손　　　　　　　④ 데이터 오용

08 다음 중 데이터 사이언티스트가 가져야 할 역량 중 소프트 스킬이 아닌 것은?

① 통찰력 있는 분석　　　　　　② 설득력 있는 전달

③ 다분야 간 협력　　　　　　　④ 빅데이터에 대한 이론적 지식

09 다음 중 분석 과제 기획 시 고려 요소가 아닌 것은?

① 분석 과제가 조직의 역량으로 내재화하기 위해서 충분하고 계속된 교육이 필요하다.

② 데이터 분석을 위해서는 데이터 정형화가 필수적이다.

③ 기존에 잘 구현되어 활용되고 있는 유사 분석 시나리오 및 솔루션을 최대한 활용한다.

④ 분석을 수행할 때 발생하는 장애 요소들에 대한 사전 계획 수립이 필요하다.

10 기업의 현재 분석 수준을 객관적으로 파악할 수 있는 사분면 분석의 유형 중에서 데이터 분석을 위한 준비도와 성숙도가 둘 다 낮은 유형은 무엇인가?

① 준비형 ② 정착형

③ 확산형 ④ 도입형

11 다음 중 데이터 분석을 위한 조직구조에 대한 설명으로 올바르지 않은 것은?

① 집중형 조직구조는 현업 업무부서의 분석업무와 중복 및 이원화 가능성이 크다.

② 집중형 조직구조는 전사 분석업무를 별도의 분석 전담 조직에서 담당한다.

③ 분산된 조직구조는 조직의 인력이 협업부서에 배치되며 신속한 업무에는 적합하지 않다.

④ 기능 중심의 조직구조는 일반적인 형태로 별도 분석 조직이 없고 해당 부서에서 분석 수행한다.

12 다음 중 분석 성숙도 모델에 대한 설명으로 옳지 않은 것은?

① 기업의 분석 수준은 다른 기업 및 경쟁업체와 비교에 따라 달라진다.

② 성숙도는 비즈니스 부문, 조직·역량 부문, IT 부문을 대상으로 성숙도 수준을 평가한다.

③ CMMI 모델을 기반으로 분석 능력 및 분석 결과 활용에 대한 조직의 성숙도 수준을 평가해서 현재 상태를 점검한다.

④ 조직평가를 위한 성숙도 단계는 4단계로 도입 단계, 활용 단계, 확산 단계, 최적화 단계로 되어 있다.

13 다음 중 분석 마스터플랜을 수립할 때 적용 범위 및 방식에 대한 고려 요소로 가장 부적절한 것은?

① 분석 데이터 적용 수준　　　　　② 업무 내재화 적용 수준

③ 투입 비용 수준　　　　　　　　④ 기술 적용 수준

14 ROI 요소를 고려한 빅데이터 분석 우선순위 평가 기준에 대한 설명으로 가장 부적절한 것은?

① 시급성과 난이도가 높은 분석 과제는 경영진 또는 실무 담당자의 의사결정에 따라 우선순위를 조정할 수 있다.

② 가장 우선적인 분석 과제는 시급성과 난이도가 높은 과제이다.

③ 시급성은 전략적 중요도와 목표 가치를 평가하고 난이도는 데이터 획득 비용과 기업의 분석 수준을 평가한다.

④ 데이터 분석 과제를 추진할 때 우선으로 고려해야 하는 요소는 전략적 중요도에 따른 시급성 이다.

15 다음 중 데이터 분석 기획 시 고려 사항에 대한 설명 중 가장 올바른 것은?

① 장애 요소들은 예측하기가 어려우므로 프로젝트 진행 중에 별도로 계획을 수립한다.

② 적절한 유스케이스 탐색보다 새로운 탐색을 하는 것이 필요하다.

③ 분석가가 정교하고 복잡한 모델을 만들 수 있도록 해야 한다.

④ 분석을 위한 데이터의 확보가 필수적이다.

16 다음 중 비즈니스 모델 캔버스 기반으로 문제를 탐색할 때 고려해야 할 요소가 아닌 것은?

① 고객　　　　　　　　　　　　② 업무

③ 혁신　　　　　　　　　　　　④ 제품

17 수면유도제 1과 수면유도제 2를 사용하였을 때 수면 시간 변화에 대한 t-test 결과이다. 다음 중 t-test의 결과해석이 적절하지 않은 것은?

```
> t.test(extra~group, data = sleep, var.equal = TRUE)

                                        Two Sample t-test

data: extra by group
t = -1.8608, df = 18, p-value = 0.07919
alternative hypothesis: true difference in means between group 1 and group 2 is
not equal to 0
95 percent confidence interval:
 -3.363874   0.203874
sample estimates:
mean in group 1 mean in group 2
         0.75            2.33
```

① 수면유도제 2가 수면유도제 1보다 효과가 좋다.

② 수면유도제 2의 평균은 2.33이다.

③ 유의수준 0.05하에서 두 모평균은 차이가 있다고 말할 수 없다.

④ 독립표본 t-검정은 분석 전에 등분산 검정을 실시한다.

18 다음은 6개의 사료(feed)를 닭에게 먹인 후 측정한 몸무게(weight)를 측정한 데이터에 대한 boxplot그래프이다. 이에 대한 설명으로 가장 올바르지 않은 것은?

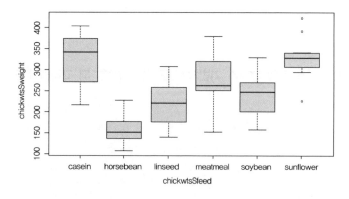

① horsebean의 중앙값이 가장 작다.

② horsebean에 비해 casein을 먹은 닭들의 몸무게 분산이 더 클 것이다.

③ 이상값이 존재하지 않는다.

④ horsebean이 닭의 성장에 가장 비효율적일 것이다.

19 1986년~1987년 메이저리그 야구선수에 대한 Hitters 데이터 세트로 다중선형회귀분석을
시행하였다. 아래 결과에 대한 설명으로 가장 옳지 않은 것은?

```
> summary(hitters)
     AtBat              Hits             Salary           NewLeague
Min.   : 19.0     Min.   : 1.0      Min.   : 67.5       A:141
1st Qu. :282.5    1st Qu.:71.5      1st Qu. :190.0      N:122
Median :413.0     Median :103.0     Median :425.0
Mean   :403.6     Mean   :107.8     Mean   :535.9
3st Qu. :526.0    3st Qu.:141.5     3st Qu. :750.0
Max.   :687.0     Max.   :238.0     Max.    :2460.0
…생략…

> summary(lm(Salary ~ ., data = hitters))

Call:
lm(formula = Salary ~ ., data = hitters)

Residuals:
   Min       1Q    Median      3Q       Max
-907.62   -178.35   31.11    139.09   1877.04

Coefficients:
                Estimate   Std. Error   t value   Pr(>|t|)
(Intercept)    163.10359    90.77854     1.797    0.073622
AtBat           -1.97987     0.63398    -3.123    0.002008 **
Hits             7.350077    2.37753     3.155    0.001808 **
…생략…
NewLeagueN     -24.76233    79.00263    -0.313    0.754218
---
Signif. codes:  0 '***'  0.001 '**'  0.01 '*'   0.05 '.'  0.1 ' '1

Residual standard error: 315.6 on 243 degrees of freedom
Multiple R-squared: 0.5481,       Adjusted R-squared: 0.5106
F-statistic: 15.39 on 19 and 243 DF, p-value: < 2.2e-16
```

① Salary는 왼쪽으로 긴 꼬리를 가진 그래프 모양을 보인다.

② 각 설명변수와 Salary의 관계가 선형인지 알 수 없다.

③ 전체 관측 데이터의 수는 263개이다.

④ 다른 설명변수가 일정할 때 Hits가 클수록 Salary가 높다.

20 다음은 광고 매체별 광고비 지출액에 대한 매출액(Sales)에 대한 상관분석결과이다. 가장 옳지 않은 설명은 무엇인가?

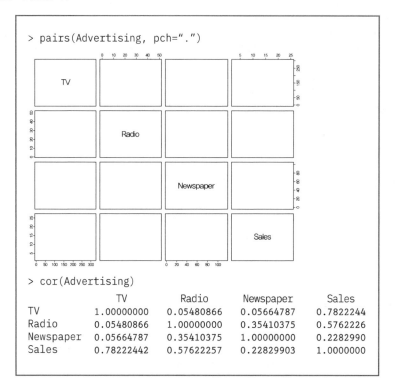

```
> pairs(Advertising, pch=".")
```

```
> cor(Advertising)
                  TV          Radio        Newspaper       Sales
TV         1.00000000    0.05480866      0.05664787     0.7822244
Radio      0.05480866    1.00000000      0.35410375     0.5762226
Newspaper  0.05664787    0.35410375      1.00000000     0.2282990
Sales      0.78222442    0.57622257      0.22829903     1.0000000
```

① 모든 변수들은 Sales와 양의 상관관계를 가진다.

② Radio의 광고비가 증가할 때 Newspaper의 광고비도 증가하는 경향이 있다.

③ Sales와 상관관계가 가장 높은 변수는 TV이다.

④ TV 광고비가 증가하여도 Sales의 분산은 동일하다.

21 모집단의 크기가 비교적 작을 때 주로 사용하는 표본 추출 방법으로 한 번 추출된 표본이 다시 추출될 수 있는 표본 추출 방법은 다음 중 무엇인가?

① 집락 추출법   ② 계통 추출법

③ 복원 추출법   ④ 층화 추출법

22 다음 중 모형 평가에 대한 설명으로 가장 옳지 않은 것은?

① 전체 데이터의 양이 많지 않은 경우의 모형 평가에서 부트스트랩이 가장 적합하다.

② 검증용 데이터는 모델의 성능을 평가할 때 사용한다.

③ 교차 검증의 대표적인 기법으로 k-fold 교차 검증이 있다.

④ 적은 입력변수를 필요로 할수록 효율성이 높다고 할 수 있다.

23 다음 중 백색잡음과정에 대한 설명으로 가장 적절한 것은?

① 백색잡음과정의 합은 0으로 수렴한다.

② 백색잡음과정은 대표적인 비정상 시계열이다.

③ 백색잡음과정의 평균은 1이다.

④ 백색잡음과정은 나중에 생기는 오차이므로 확률 변수가 아니다.

24 자료의 척도에 대한 설명으로 적절하지 않은 것은?

① 명목 척도는 단순히 측정 대상의 특성을 분류하거나 확인하기 위한 목적으로 숫자를 부여한다.

② 순서 척도는 대소 또는 높고 낮음 등의 순위만 제공할 뿐 양적인 비교는 할 수 없다.

③ 등간 척도는 모든 사칙연산이 가능하다.

④ 비율 척도는 측정값 사이의 비율 계산이 가능하며, 절대 영점이 존재한다.

25 다음 중 고차원의 데이터를 이해하기 쉬운 저차원의 뉴런으로 정렬하여 지도의 형태로 형상화한 분석기법은 무엇인가?

① 다차원 척도법   ② SOM(자기 조직화 지도)

③ 주성분 분석   ④ 다중 회귀 분석

26 다음 중 연관 분석(Association Analysis)에 대한 설명으로 올바르지 않은 것은?

① 품목 수가 증가하면 분석에 필요한 계산은 늘어나지 않는다.

② 교차 판매, 묶음 판매, 카탈로그 배열, 상품 진열, 거래 후 쿠폰 제공, 온라인 쇼핑의 상품 추천 등에 활용된다.

③ 향상도(Lift)가 1이면 두 품목 간에 연관성이 없고 서로 독립적인 관계이고, 1보다 작으면 서로 음의 관계로 품목 간에 연관성이 없다.

④ 너무 세분화된 품목을 가지고 연관규칙을 찾으려고 하면 의미 없는 분석 결과가 나올 수도 있다.

27 데이터 집합에서 크기가 같은 표본 여러 개를 단순 임의복원 추출하여 분류기를 생성하고 결과를 앙상블(Ensemble)하는 방법은?

① 부트스트랩(Bootstrap)   ② 랜덤포레스트(RandomForest)

③ 배깅(Bagging)   ④ ReLU

28 다음 중 확률 및 확률 분포에 대한 설명으로 가장 옳지 않은 것은?

① 모든 확률값은 0과 1 사이의 값을 가진다.

② 두 사건 A, B가 독립일 때 $P(B|A) \neq P(B)$이다.

③ 확률 변수의 기댓값은 확률 변수의 값에 해당하는 확률을 곱하여 모두 더한 값이다.

④ 이산확률분포로는 포아송 분포, 베르누이 분포, 이항분포, 기하 분포 등이 있다.

29 다음 중 분석 방법이 나머지와 다른 것은?

① K-평균   ② DBSCAN

③ 주성분 분석(PCA)   ④ SOM

30 다음 중 아래 의사결정나무에서 Y의 지니 지수를 계산한 결과로 가장 올바른 것은?

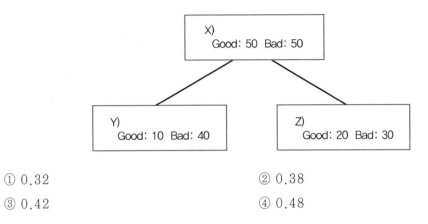

① 0.32

② 0.38

③ 0.42

④ 0.48

31 다음 중 어떤 슈퍼마켓에서 고객 5명의 장바구니별 구매 품목이 다음과 같다고 할 때 연관규칙 빵 → 우유에 대한 신뢰도는 몇 퍼센트인가?

장바구니	이산형 변수
1	{빵, 맥주}
2	{빵, 우유, 맥주}
3	{맥주, 계란}
4	{빵, 맥주, 계란}
5	{빵, 맥주, 우유, 계란}

① 50%

② 55%

③ 60%

④ 65%

32 다음 설명하는 분석기법은 무엇인가?

- 상관관계가 있는 고차원 자료를 자료의 변동을 최대한 보존하는 저차원 자료로 변환
- 서로 상관성이 높은 변수들의 선형 결합으로 만들어 기존의 상관성이 높은 변수들을 요약, 축소하는 기법

① 다중 회귀 분석

② 판별 분석

③ 주성분 분석

④ 요인 분석

33 다음은 어떤 편의점의 품목별 거래 건수이다. 연관 규칙 커피 → 김밥에 대한 향상도는 무엇인가?

품목	거래 건수
커피	100
김밥	100
생수	100
커피, 김밥, 생수	50
김밥, 생수	200
커피, 김밥	250
커피, 생수	200

① 30.5%

② 50.0%

③ 83.3%

④ 93.3%

34 다음 중 상관분석에 대한 설명으로 옳지 않은 것은?

① 독립변수와 종속변수 간에 선형적인 관계를 도출해서 하나 이상의 독립변수들이 종속변수에 미치는 영향을 분석하고, 독립변수를 통해 종속변수를 예측하는 기법이다.

② 상관계수는 선형성, 등분산성이라는 가정을 만족시켜야 한다.

③ 스피어만 상관계수로 두 변수 간의 비선형 관계를 확인할 수 있다.

④ 두 변수의 상관관계를 연구할 때 상관계수만으로 해석하면 문제가 된다.

35 다음 중 군집 분석(Cluster Analysis)에 관한 설명 중 올바르지 않은 것은?

① 계층적 군집 분석은 이상값에 민감하다.

② 비계층적 군집 분석이 경우 사용자가 사전 지식 없이 그룹의 수를 정해주는 일이 많아서 결과가 잘 나오지 않을 수 있다.

③ 군집 분석은 집단 간 이질성과 동질성을 모두 최소화하는 방법이다.

④ 군집 분석은 신뢰성과 타당성을 점검하기 어렵다.

36 아래는 단순선형 회구 분석의 결과이다. 다음 설명 중 올바른 것은 무엇인가?

```
summary( lm(weight~Time, data=ChickWeight))
Call:
lm(formula = weight ~ Time, data = ChickWeight)

Residuals:
     Min        1Q     Median        3Q       Max
-138.331   -14.536      0.926    13.533   160.669

Coefficients:
                Estimate   Std. Error   t value   Pr(>|t|)
(Intercept)      27.4674       3.0365     9.046     <2e-16   ***
Time              8.8030       0.2397    36.725     <2e-16   ***
---
Signif. codes:   0 '***'    0.001 '**'   0.01 '*'    0.05 '.'   0.1 ' '1

Residual standard error: 38.91 on 576 degrees of freedom
Multiple R-squared: 0.7007,  Adjusted R-squared: 0.7002
F-statistic: 15.39 on 19 and 243 DF, p-value: < 2.2e-16
```

① p-값이 2.2e-16보다 작으므로 추정된 회귀 모형은 통계적으로 유의하지 않다.

② 독립변수 Time은 종속변수 weight에 유의하지 않다.

③ 결정계수는 1349이다.

④ Time이 1 증가할 때 weight가 8.8030만큼 증가한다.

37 다음 중 통계적 추정에 관한 설명으로 적합하지 않은 것은?

① 표본크기가 커질수록 신뢰구간이 좁아진다.

② 표본의 정보로부터 모집단의 모수를 하나의 값으로 추정하는 기법은 점 추정이다.

③ 신뢰수준이 95%이면 추정값이 신뢰구간에 존재할 확률이 95%라는 의미로 해석한다.

④ 추정은 통계량으로 모집단의 모수를 추측하는 과정이다.

38 다음 중 잘못 예측한 데이터에 가중치를 부여하여 오류를 개선하는 알고리즘은 무엇인가?

① 배깅(Bagging)　　　　　　　　　② 미니배치(Mini Batch)

③ 랜덤 포레스트(Random Forest)　　④ 에이다부스트(AdaBoost)

39 다음 중 표본을 통해 확실한 근거를 가지고 입증하고자 하는 가설은 무엇인가?

① 대립가설　　　　　　　　　② 영가설

③ 귀무가설　　　　　　　　　④ 기각가설

40 다음 중 분류 모형을 평가하기 위한 기법으로 적합하지 않은 것은?

① 이익도표　　　　　　　　　② 덴드로그램

③ 향상도 곡선　　　　　　　④ ROC 커브

제37회 ADsP 기출복원문제

1과목 데이터 이해

01 다음의 설명은 기업 내부 데이터베이스 솔루션 중에서 무엇에 대한 설명인가?

> 이것은 회사의 모든 정보뿐만 아니라, 공급망 관리, 고객의 주문 정보까지 포함하여 통합적으로 관리하는 시스템이다.

① EAI
② ERP
③ CRM
④ SCM

02 데이터에 대한 설명으로 적합하지 않은 것은?

① 비정형 데이터는 일반적인 파일 형태로 저장되어 있다.

② 데이터 재사용은 빈번하게 일어나고 있다.

③ 창의적인 데이터 매시업(Mashup)을 통해 어려운 문제를 해결할 수 있다.

④ 재사용이나 재조합 등이 일반화되면서 특정 데이터를 언제, 어디서, 누가 활용할지 알 수 없다.

03 다음 DIKW 피라미드에 대한 설명 중에서 가장 적합한 것은?

> ㉠ A 쇼핑몰 커피는 5천 원, B 쇼핑몰 커피는 4천 원이다.
> ㉡ A 쇼핑몰 커피가 B 쇼핑몰보다 싸다.
> ㉢ 커피는 A 쇼핑몰 것을 사야겠다.
> ㉣ 대체로 A 쇼핑몰이 B 쇼핑몰보다 싸다.

① ㉠ 지식, ㉡ 데이터, ㉢ 정보, ㉣ 지식

② ㉠ 데이터, ㉡ 지혜, ㉢ 지식, ㉣ 정보

③ ㉠ 데이터, ㉡ 정보, ㉢ 지식, ㉣ 지혜

④ ㉠ 정보, ㉡ 데이터, ㉢ 지혜, ㉣ 지식

04 데이터 모델링에 대한 설명으로 옳지 않은 것은?

① 기업의 원천성 데이터베이스는 데이터 마트이다.

② 비정형 데이터 분석 결과를 통합적으로 활용하여 프로젝트 목적에 맞는 통합 모델링 수행하기도 한다.

③ 기계학습을 이용한 데이터의 분류, 예측, 군집 등의 기능을 수행하는 모델을 만드는 과정이다.

④ 분석용 데이터를 이용한 가설 설정을 통하여 통계 모델을 만드는 과정이다.

05 데이터 사이언티스트에 대한 설명으로 옳지 않은 것은?

① 사내 데이터를 이용해서 고객 행동 패턴 모델링을 진행하거나 이상치를 탐지한다.

② 알고리즘에 의해 부당하게 피해를 본 사람을 구제한다.

③ 머신 러닝 모델을 사용해 정형, 비정형 데이터에서 인사이트를 창출한다.

④ 예측 모델링, 추천 시스템 등을 개발하여 비즈니스 의사결정에 필요한 인사이트를 제공한다.

06 전략적 인사이트를 주는 가치 기반 분석을 위해 고려해야 하는 사항으로 적합하지 않은 것은 무엇인가?

① 기업 성과 ② 고객 니즈의 변화
③ 인구통계학적 변화 ④ 경제사회 트렌드

07 빅데이터가 기업, 정부, 소비자에게 미치는 영향으로 적절하지 않은 것은?

① 기업은 혁신과 경쟁력 제고, 생산성 향상에 빅데이터를 활용할 수 있다.

② 정부는 환경 탐색, 상황 분석, 미래 대응에 빅데이터를 활용할 수 있다.

③ 다양한 시장 주체들이 빅데이터를 활용하면서 사람들의 생활 전반이 스마트하게 변화했다.

④ 개인은 아직 데이터를 활용할 수 없다.

08 다음 중 일반적인 데이터베이스의 특징으로 가장 적절하지 않은 것은?

① 데이터베이스는 공용 데이터이기 때문에 여러 사용자가 서로 다른 목적을 가지고 데이터베이스의 데이터를 공동으로 이용한다.

② 데이터베이스는 변화하는 데이터로 새로운 데이터의 삽입, 기존 데이터의 삭제, 갱신에도 항상 현재의 정확한 데이터를 유지해야 한다.

③ 데이터베이스는 통합된 데이터로, 동일 내용의 데이터가 중복되어 저장된다.

④ 데이터베이스는 저장된 데이터로 자기 디스크나 자기 테이프 등과 같이 컴퓨터가 접근할 수 있는 저장매체에 저장된다.

2과목 ▶ 데이터 분석 기획

09 다음 중 빅데이터 분석 방법론의 분석 기획 단계에서 수행하는 주요 과업으로 가장 부적절한 것은?

① 필요 데이터의 정의 ② 프로젝트 정의 및 계획 수립

③ 프로젝트 위험 계획 수립 ④ 비즈니스 이해 및 범위 설정

10 데이터 마이닝의 단계 중 모델링 목적에 따라 목적 변수를 정의하고 필요한 데이터를 데이터 마이닝 소프트웨어에 적용 가능한 적합한 형식으로 준비하는 단계로 가장 알맞은 것은?

① 목적 정의 ② 데이터 준비

③ 데이터 마이닝 기법 적용 ④ 데이터 가공

11 다음 중 분석 과제 접근 방식이 옳지 않은 것은?

① 문제의 정의 자체가 어려운 경우 상향식 접근 방식을 사용한다.

② 디자인 씽킹(Design Thinking)의 경우 상향식과 하향식을 반복적으로 사용하기 쉽다.

③ 문제가 확실할 때 상향식 접근법을 사용한다.

④ 문제의 해법을 찾기 위해서 하향식 접근 방식을 사용한다.

12 분석 과제의 주요 5가지 특징 중에서 정확도(Accuracy)와 정밀도(Precision)에 대한 설명으로 가장 부적합한 것은?

① 정밀도는 모델을 지속해서 반복했을 때 편차의 수준을 의미한다.

② 정확도와 정밀도는 모델의 해석 및 적용 시 사전에 고려가 필요하다.

③ 모델의 안정성 측면에서는 정확도가 중요하고 분석의 활용 측면에서는 정밀도가 중요하다.

④ 정확도와 정밀도는 상충관계인 경우가 많다.

13 다음은 데이터 거버넌스 체계 중 무엇에 관한 설명인가?

데이터 표준 용어 설정, 명명 규칙, 메타데이터 구축, 데이터 사전 구축 등의 업무로 구성

① 표준화 활동　　　　　　　　② 데이터 표준화
③ 데이터 저장 관리　　　　　　④ 데이터 관리 체계

14 과제 도출 방식에 대한 설명으로 빈칸에 들어갈 단어로 가장 적절한 것은?

상향식 접근 방법 : (㉠) → (㉡)
상향식 접근 방법은 디자인 사고(Design Thinking)의 (㉢) 단계에 해당한다.

① ㉠ 솔루션, ㉡ 최적화, ㉢ 발산
② ㉠ 솔루션, ㉡ 최적화, ㉢ 수렴
③ ㉠ 발견, ㉡ 통찰, ㉢ 수렴
④ ㉠ 발견, ㉡ 통찰, ㉢ 발산

15 다음 중 데이터 분석 과제의 우선순위를 결정할 때 고려하는 요소가 아닌 것은?

① 기술 적용 수준　　　　　　　② 실행 용이성
③ 비즈니스 성과 및 ROI　　　　④ 전략적 중요도

16 다음 중 기업의 분석 성숙도 평가 대상이 아닌 것은?

① IT 부문
② 비즈니스 부문
③ 조직 및 역량 부문
④ 서비스 부문

3과목 데이터 분석

17 다음 중 통계적 가설검정에 대해 틀린 것은?

① p-value가 작을수록 귀무가설 채택에 가까워진다.
② 귀무가설 채택을 기각시키는 검정 통계량의 범위를 기각역이라고 한다.
③ 일반적으로 1종의 오류가 작아질수록 2종의 오류는 커진다.
④ 대립가설은 표본을 통해 확실한 근거를 가지고 입증하고자 하는 가설이다.

18 다음 중 구축된 모형의 과대 적합에 대한 미세 조정 절차를 위해 사용하는 데이터는 무엇인가?

① 학습용 데이터(Train Data)
② 평가용 데이터(Test Data)
③ 검증용 데이터(Validation Data)
④ 추정용 데이터(Estimation Data)

19 다음 중 다차원 척도법에 대한 설명으로 옳지 않은 것은?

① 개체들 사이의 유사성, 비유사성을 측정하여 2차원 또는 3차원 공간상에 점으로 표현하여 개체들 사이의 집단화를 시각적으로 표현하는 분석 방법이다.
② 개체들의 거리는 유클리드 거리행렬을 이용한다.
③ 개체들 사이의 근접성(Proximity)을 시각화하는 통계기법이다.
④ 변수를 축소하거나 불필요한 변수 제거, 변수 특성 파악, 측정항목 타당성 평가, 새로운 변수(Constructor) 생성 등의 목적이 있다.

20 다음 중 탐색적 데이터 분석 단계에 대한 설명으로 옳지 않은 것은?

① 변수별 결측치 존재를 확인하고 결측치가 있는 변수는 삭제한다.

② 개별 속성 관찰에서 찾아내지 못했던 속성들의 조합, 패턴을 발견하고 그래프를 통해 시각화하여 속성 간의 관계를 분석하는 단계이다.

③ 개별 데이터의 관찰을 통해 전체적인 추세와 특이사항을 파악하며, 시각화를 통해 데이터의 개별 속성에 어떤 통계 지표가 적절한지 결정하는 단계이다.

④ 분석의 목적과 목적에 맞는 변수가 무엇인지, 데이터의 오류나 누락이 없는지에 관해 전체적인 데이터 분석을 수행하는 단계이다.

21 chickwts 데이터 세트에 대한 설명으로 옳지 않은 것은?

```
> t.test(chickwts$weight, mu=250)
          One Sample t-test
data: chickwts$weight
t = 1.2206, df = 70, p-value = 0.2263
alternative hypothesis: true mean is not
equal to 250
95 percent confidence interval:
  242.8301 279.7896
sample estimates:
mean of x
  261.3099
```

① feed는 평균을 계산할 수 없다.

② casein은 12개이다.

③ 총 데이터는 71개이다.

④ weight의 중위수는 261.3이다.

22 다음 중 회귀분석에 대한 설명으로 가장 올바른 것은?

① 두 변수 사이에 어떤 선형적 또는 비선형적 관계가 있는지를 분석하는 방법이다.

② 상관관계가 있는 고차원 자료를 자료의 변동을 최대한 보존하여 저차원 자료로 변환하는 차원 축소 방법이다.

③ 관측된 여러 개의 변숫값으로부터 유사성에만 기초하여 n개의 군집으로 집단화한 후 집단의 특성을 분석하는 방법이다.

④ 관측된 연속형 변수들에 대해 두 변수 사이의 모형을 구한 뒤 적합도를 측정하는 분석 방법이다.

23 부트스트랩에서 d개의 데이터가 있을 때 1개의 데이터가 뽑힐 확률은 $\frac{1}{d}$이다. 이 행위를 d번 반복했을 때 한 번도 데이터가 뽑히지 않을 확률은?

① $(1-d)^d$

② $\left(1-\dfrac{1}{d}\right)^d$

③ $(1-d)^{\frac{1}{d}}$

④ $\left(1-\dfrac{1}{d}\right)^{\frac{1}{d}}$

24 다음은 wage 데이터 세트에 대한 t-test이다. 이에 관해 옳지 않은 것은 무엇인가?

```
> t.test(Wage$wage, mu = 100)

    One Sample t-test

data: Wage$wage
t = 15.362, df = 2999, p-value < 2.2e-16
alternative hypothesis: true mean is not equal to 100
95 percent confidence interval:
 110.2098 113.1974
sample estimates:
mean of x
 111.7036
```

① wage 변수의 평균이 100인지 검정하는 코드이다.

② wage 변수의 평균 추정값은 111.7이다.

③ wage의 데이터 개수는 3,000개이다.

④ 유의수준이 5%일 때 귀무가설을 채택한다.

25 다음 중 연관 분석(Association Analysis)에 대한 설명으로 올바르지 않은 것은?

① 시차 연관 분석을 통해서 인과관계를 분석할 수 있다.

② 향상도(Lift)가 1이면 두 품목 간에 연관성이 없는 서로 독립적인 관계이고, 1보다 작으면 서로 음의 관계로 품목 간에 연관성이 없다.

③ 너무 세분된 품목을 가지고 연관규칙을 찾으려고 하면 의미 없는 분석 결과가 나올 수도 있다.

④ 품목 수가 증가하면 분석에 필요한 계산은 기하급수적으로 늘어난다.

26 다음 중 인공신경망 모형에 대한 설명으로 옳지 않은 것은?

① 인공신경망은 입력값을 받고 그에 대한 출력값을 만들기 위해 활성화 함수를 사용한다.

② 인공신경망 모형에서 은닉층의 뉴런 수와 개수는 자동으로 매개변수라고 설정된다.

③ 활성화 함수는 순 입력함수로부터 전달받은 값을 출력값으로 변환해 주는 함수이다.

④ 인공신경망은 사람 두뇌의 신경세포인 뉴런이 전기신호를 전달하는 모습을 모방한 기계학습모델이다.

27 다음 중 PCA에 대한 설명으로 옳지 않은 것은?

① 비지도 학습이다.

② 차원축소 방법의 하나이다.

③ 주성분 간의 상관관계가 없다.

④ 분산이 작은 것을 제1 주성분으로 한다.

28 혼합모형으로 모수와 가중치의 최대 가능도 추정을 위해 사용되는 알고리즘은 무엇인가?

① Odds
② CHAID
③ EM
④ Aprior

29 사회 연결망 분석에서 연결망을 표현하는 분석 방법으로 옳지 않은 것은?

① K-means 방법
② 집합론적 방법
③ 행렬 이론에 의한 방법
④ 그래프 이론에 의한 방법

30 인공신경망 모델에서 입력 신호의 총합을 출력 신호로 변환하는 함수는 무엇인가?

① 감마 함수
② CHAID 함수
③ 활성화 함수
④ 오즈비 함수

31 텍스트 마이닝에 대한 설명으로 적합하지 않은 것은?

① 데이터의 정제, 통합, 선택, 변환의 과정을 거쳐 비구조화된 단계를 코퍼스라고 한다.

② 불용어(stop word), 스테밍(stemming)으로 자연어 처리를 한다.

③ 텍스트 마이닝 시 자연어 처리 과정에 형태소 분석하는 과정이 포함된다.

④ 텍스트 마이닝은 정확도, 정밀도로 성능을 측정한다.

32 ARIMA 모형에 대한 설명 중 옳지 않은 것은?

① $p = 0$일 때, IMA 모형이라 부른다.

② 분기/반기/연간 단위로 다음 지표를 예측하거나 주간/월간 단위로 지표를 분석하며 트렌드를 파악하는 기법이다.

③ ARIMA(p, d, q) 모형은 차수 p, d, q의 값에 따라 모형이 이름이 다르게 된다.

④ ARIMA에서 I는 Improvment이다.

33 모분산의 추론에 대한 설명으로 가장 옳지 않은 것은?

① 표본에 의한 분산비 검정은 두 표본의 분산이 동일한 지를 비교하는 검정으로, 검정통계량은 F-분포를 따른다.

② 표본의 분산은 자유도가 n-1인 t-분포를 따른다.

③ 모집단이 정규분포를 따르지 않더라도 중심극한정리를 통해 정규 모집단으로부터의 모분산에 대한 검정을 유사하게 시행할 수 있다.

④ 모분산이 추론의 대상이 되는 경우는 모집단의 퍼짐의 정도에 관심이 있을 때이다.

34 이동평균(MA) 모형에 대한 설명으로 옳은 것은?

① AR 모형과 반대로 ACF는 q+1 시차 이후 절단된 형태가 된다.

② 정상성을 만족하기 위한 조건이 필요하다.

③ 백색잡음의 비선형 결합이다.

④ 시계열 자료의 비선형 결합이다.

35 사회 연결망 분석의 중심성을 측정하는 방법으로 틀린 것은?

① 위세 중심성   ② 매개 중심성

③ 근접 중심성   ④ 링크 중심성

36 회귀분석의 분산 분석표에 대한 설명으로 옳지 않은 것은?

	df	Sum Sq	Mean Sq	Pr(>F)
X1	1	100	100	<2.2e-16
Residuals	10	200	20	
Total	11	300		

① X1은 $p < 0.05$이므로 통계적으로 유의미한 변수이다.

② 오차항 분산의 불편 추정량은 0.1이다.

③ 관측값의 개수는 12개이다.

④ 결정계수는 1/3이다.

37 다음은 5개의 관측값에 대한 유클리디안 거리를 나타낸 것이다. 최단연결법을 사용하여 계층적 군집을 시해한다면 처음에 형성되는 군집과 관측값 a의 거리는 얼마인가?

```
> df
  x1 x2
a  1  4
b  2  1
c  4  6
d  4  3
e  5  1
> dist(df, method="euclidean")
    a   b   c   d
b 3.1
c 3.6 5.4
d 3.2 2.8 3.0
e 5.0 3.0 5.1 2.2
```

① 2.8   ② 3.0

③ 3.2   ④ 5.1

38 회귀분석에 대한 설명으로 옳지 않은 것은?

① 모형의 설명력은 −1에서 1 사이의 값을 갖는 결정계수를 통해 확인할 수 있다.

② 결정계수는 전체 데이터를 회귀 모형이 얼마나 잘 설명하고 있는지를 보여주는 통계량이다.

③ 결정계수의 값이 클수록 설명력이 좋다.

④ 유의성이 높은 경우 독립변수와 종속변수의 설명이 가능하다.

39 다중공선성(Multicollinearity)에 대한 설명으로 다음 중 가장 옳지 않은 것은?

① 구조적 다중공선성의 문제가 있는 경우에는 데이터의 평균 중심을 변화한다.

② VIF 값이 1에 가까우면 다중공선성이 존재한다.

③ 다중공선성 문제를 해결하기 위해 변수와 상관성이 높지만, 중요성이 낮은 변수를 제거한다.

④ 일반적으로 VIF 값이 10 이상이면 다중공선성 문제가 있다고 판단한다.

40 다음 USArrests의 제1 주성분의 값으로 옳은 것은?

```
> pca <- princomp(USArrests, cor = TRUE)
> pca$loadings

Loadings:
              Comp.1    Comp.2    Comp.3    Comp.4
Murder        0.536     0.418     0.341     0.649
Assault       0.583     0.188     0.268    -0.743
UrbanPop      0.278    -0.873     0.378     0.134
Rape          0.543    -0.167    -0.818
```

① $0.536 \times Murder + 0.583 \times Assault + 0.278 \times UrbanPop + 0.543 \times Rape$

② $0.418 \times Murder + 0.188 \times Assault + 0.873 \times UrbanPop - 0.167 \times Rape$

③ $0.341 \times Murder + 0.268 \times Assault + 0.378 \times UrbanPop - 0.818 \times Rape$

④ $0.649 \times Murder + 0.743 \times Assault - 0.818 \times UrbanPop$

제36회 ADsP 기출복원문제

1과목 데이터 이해

01 개인정보 비식별화 기법에 대한 설명으로 가장 적절하지 않은 것은?

① 총계처리－개별 데이터값을 총합 또는 평균값으로 대치

② 데이터 마스킹－식별 가능한 특정 데이터값 삭제 처리

③ 범주화－식별 단일 정보를 그룹이 있다면 해당 그룹의 대푯값으로 치환

④ 가명처리－개인 식별이 가능한 데이터에 대해 식별 불가능한 값으로 대치

02 다음 중 데이터에 대한 설명으로 가장 적절하지 않은 것은?

① 데이터는 추론과 추정의 근거를 이루는 사실이다.

② 데이터는 지식경영에서 암묵지와 형식지의 상호작용에 중요한 역할을 한다.

③ 데이터는 축적된 지식과 아이디어가 결합된 창의적 산물이다.

④ 데이터 자체로는 의미가 중요하지 않은 객관적인 사실이다.

03 개인에게 내재된 경험을 객관적인 데이터로 문서나 매체에 저장, 가공, 분석하는 과정은?

① 공통화(Socialization)

② 내면화(Internalization)

③ 연결화(Combination)

④ 표출화(Externalization)

04 데이터 웨어하우스에 대한 설명으로 가장 적절하지 않은 것은?

① 일반적으로 데이터 웨어하우스는 전사적 차원에서 접근하기보다 재무, 생산, 운영과 같이 특정 조직의 특정 업무 분야에 초점을 맞추어 구축된다.

② 데이터 웨어하우스에서 관리하는 데이터들은 시간의 흐름에 따라 변화하는 값을 유지한다.

③ 데이터 웨어하우스는 하나의 통합된 데이터 저장 공간으로 기업 내의 의사결정 지원 애플리케이션을 위한 정보 기반을 제공한다.

④ ETL은 주기적으로 내/외부 데이터베이스로부터 정보를 추출하고 정해진 규약에 따라 정보를 변환한 후에 데이터 웨어하우스에 정보를 저장한다.

05 다음 중 빅데이터가 가치 창출 측면에서 기업, 정부, 개인에게 미친 영향으로 가장 적절한 것은?

① 빅데이터 활용을 통해 기업의 투명성에는 악영향을 미쳤지만, 기존의 Business Model을 혁신시킬 수 있게 되었다.

② 시장에서 빅데이터 활용이 활발해지면서 개인이 맞춤형 서비스를 받거나 적시에 필요한 정보를 얻어 기회비용을 절약할 수 있게 되었다.

③ 분석 기술이 다양해지고 고도화되면서 높은 진입장벽이 생김으로 인해 빅데이터 서비스를 제공하는 기업들의 수가 줄어들게 되었다.

④ 빅데이터의 가치에서 정부는 빅데이터를 현재 상황분석에는 활용할 수 있지만, 미래 전략을 수립하는 데는 활용하고 있지 않다.

06 빅데이터 시대 위기 요인 중 사생활 침해 문제를 해결하기 위해 개인 정보를 사용하는 자가 적극적인 보호 장치를 강구하게 하는 방법으로 가장 적절한 것은?

① 사용자에게 수집된 내용 공개 및 접근권 부여

② 개인정보 사용자 책임제도 도입

③ 개인정보 제공자 동의제도 도입

④ 알고리즘 접근 허용

07 데이터 사이언스에 대한 설명으로 가장 적절하지 않은 것은?

① 정형 데이터를 대상으로 총체적 접근법을 사용한다.

② 데이터로부터 의미 있는 정보를 추출하는 학문이다.

③ 전략적 통찰을 통해 기업의 비즈니스 핵심 이슈에 답하고 사업성과를 견인할 수 있다.

④ 데이터 분석뿐 아니라 이를 효과적으로 구현하고 전달하는 과정까지 모두 포함하는 개념이다.

08 다음 중 데이터베이스에 대한 설명으로 가장 적절하지 않은 것은?

① 법률적으로 데이터베이스는 기술을 기반으로 한 일종의 저작물로 인정된다.

② 한 조직의 다수 사용자가 공동으로 이용하고 유지하는 공용 데이터이다.

③ 데이터베이스 내의 모든 데이터는 2차원 테이블로 표현된다.

④ DBMS 소프트웨어를 사용하여 데이터베이스를 구축하고 유지한다.

09 분석 마스터 플랜을 수립할 때 적용 범위 및 방식에 대한 고려 요인이 아닌 것은?

① 업무내재화 적용 수준　　　　　　② 분석데이터 적용 수준

③ 투입 비용 수준　　　　　　　　　④ 기술 적용 수준

10 다음 중 분석 수준 진단의 대상으로 적절하지 않은 것은?

① 분석 성과에 대한 조사

② 분석 업무 수행에 대한 조사

③ 분석 인력 및 조직에 대한 조사

④ 분석 인프라에 대한 조사

11 다음 중 분석과제 정의서에 대한 정의로 가장 적절한 것은?

① 분석에 필요한 요구사항을 기록한 문서이다.

② 분석 방법에 대한 절차와 장단점을 기록한 문서이다.

③ 분석 방법에 관한 내용을 기록한 문서이다.

④ 소스 데이터, 분석 방법, 난이도 등의 분석 과정을 기록한 문서이다.

12 분석 기획에 대한 설명으로 적절하지 않은 것은?

① 성공적인 분석 결과를 도출하기 위한 중요한 사전 작업이다.

② 상향식 분석은 분석 기획에 앞서 탐색적 데이터 분석을 선행한다.

③ 실제 분석을 수행하기에 앞서 분석 과제를 정의한다.

④ 분석 목표가 달성될 수 있도록 과제를 적절하게 관리하는 방안을 수립한다.

13 분석 대상은 명확하지만, 분석 방식이 명확하지 않을 때 수행하는 분석 유형으로 적절한 것은?

① 최적화(Optimization)   ② 통찰(Insight)

③ 솔루션(Solution)   ④ 발견(Discovery)

14 다음 분석 과제의 특징 중 Accuracy와 Precision에 대한 설명으로 옳지 않은 것은?

① Accuracy와 Precision의 관계는 Trade-Off 관계인 경우가 많다.

② Accuracy는 모델과 실제값의 차이에 대한 것이다.

③ Precision은 모델을 반복했을 때의 편차를 의미한다.

④ 분석의 안정성 측면에서는 Accuracy가 중요하며, 정확도 측면에서는 Precision이 중요하다.

15 분석 성숙도 모델 구성에서 고려하는 분석 성숙도 진단 부문으로 적절하지 않은 것은?

① 조직 및 역량 부문   ② 기업문화 부문

③ 1T 부문   ④ 비즈니스 부문

16 분석 마스터 플랜의 세부 이행계획 수립 시 고려해야 할 데이터 분석체계(분석 방법론)에 대한 설명으로 적절한 것은?

① 프로젝트의 세부 일정 계획도 데이터 분석체계를 고려하여 작성한다.

② 데이터 분석 체계는 이해도가 높은 폭포수 모델이 가장 적정하다.

③ 반복적 정련 방식은 데이터 수집 및 확보 단계를 반복적으로 수행한다.

④ 프로토타입(Prototype) 모델은 데이터 분석체계로는 적절하지 못하다.

17 다음 중 유의수준 5% 하에서 대한 설명으로 가장 적절하지 않은 것은?

```
> summary(Wage[,c("wage","age","education")])
      wage             age                education
 Min.   : 20.09   Min.   :18.00   1. <HS Grad        :268
 1st Qu.: 85.38   1st Qu.:3375    2. HS Grad :       :971
 Median :104.92   Median :42.00   3. Some College    :650
 Mean   :111.70   Mean   :42.41   4. College Grad    :685
 3rd Qu.:128.68   3rd Qu.:51.00   5. Advanced Degree:426
 Max.   :318.34   Max.   :80.00

> model<-lm(wage~age+education+age*education, data=Wage)
> aov(model)
Call:
   aov(formula = model)


Terms:
                    age  education  age:education  Residuals
Sum of Squares   199870    1154224          16289    3851704
Deg. of Freedom       1          4              4       2990

Residual standard error: 35.89144
Estimated effects may be unbalanced

> summary(aov(model))
                Df    Sum Sq   Mean Sq   F value   Pr(>F)
age              1    199870    199870   155.155   <2e-16 ***
education        4   1154224    288556   224.000   <2e-16 ***
age:education    4     16289      4072     3.161   0.0133 *
Residuals     2990   3851704      1288
---
Signif. codes:   0 '***' 0.001 '**' 0.01 '*' 0.05 '.' 0.1 ' ' 1
```

① age와 wage는 양의 상관관계를 가진다.

② age의 효과를 제어했을 때 각 education 그룹 간의 wage가 동일하지 않다.

③ age와 wage의 관계가 선형인지는 위의 결과로 판단할 수 없다.

④ age가 증가함에 따라 wage에 미치는 영향은 각 education 그룹에 따라 다르다.

18 웹 데이터의 수집을 위해 웹페이지의 구조를 분석하여 데이터를 자동으로 수집하는 방법은?

① 스테밍(Stemming)

② 크롤링(Crawling)

③ TDM(Term-Document Matrix)

④ 클라우드 컴퓨팅(Cloud Computing)

19 소득 수준과 같이 정규분포를 따르지 않고 오른쪽 꼬리가 긴 분포(Right-skewed)를 나타내는 자료의 평균과 중앙값의 관계로 옳은 것은 무엇인가?

① 자료의 크기에 따라 달라진다.

② 평균과 중앙값이 일치하는 경향을 보인다.

③ 평균이 중앙값보다 큰 경향을 보인다.

④ 평균이 중앙값보다 작은 경향을 보인다.

20 다음 중 앙상블 모형의 특징으로 적절하지 않은 것은?

① 모형의 투명성이 떨어져 원인 분석에는 적합하지 않다.

② 이상값(outlier)에 대한 대응력이 높아진다.

③ 각 모형의 상호 연관성이 높을수록 정확도가 향상된다.

④ 전체적인 예측값의 분산을 감소시켜 정확도를 높일 수 있다.

21 다음 중 연관분석에 대한 특징으로 가장 적절하지 않은 것은?

① 분석을 위한 계산이 복잡하다는 단점이 있다.

② 분석 방향이나 목적이 특별하게 없는 경우 유용한 분석 방법이다.

③ 연관분석의 결과는 조건 반응(if-then)으로 표현된다.

④ 너무 세분화된 품목을 가지고 연관규칙을 찾으려고 하면 의미 없는 결과가 나올 수 있다.

22 다음 중 이상치를 판정하는 방법에 대한 설명으로 가장 부적절한 것은?

① 3−sigma 방법에서는 '평균으로부터 표준편차의 3배가 넘는 범위의 데이터'를 비정상이라 규정한다.

② Q2(중위수)+1.5*IQR보다 크거나 Q2(중위수)−1.5*10R 작은 데이터를 이상치로 규정한다.

③ 회귀분석 적합 후 잔차분석을 실시하여 이상치를 판정하는 방법이 있다.

④ 통계 모형에 기반한 방법으로는 Grubbs' Test, Hotellings T−Squared Test 등이 있다.

23 모형 생성 및 모형 평가에서 성격이 다른 하나는?

① K−fold 교차검증(K−fold Cross validation)

② 홀드 아웃 방법(Hold−out method)

③ 혼동행렬(Confusion Matrix)

④ 엔트로피(Entropy)

24 다음 중 R의 데이터 구조 중 벡터에서 숫자형 벡터, 문자형 벡터, 논리 연산자 벡터를 모두 합쳐 하나의 벡터를 구성하였을 경우 합쳐진 벡터의 형식으로 옳은 것은?

① 데이터 프레임   ② 숫자형 벡터

③ 문자형 벡터   ④ 논리 연산자 벡터

25 다음 중 아래 수식에 해당하는 거리 계산 방법은?

$$d(x, y) = \sum_{i=1}^{p} |x_i - y_i|$$

① 맨하탄(Manhattan) 거리   ② 마할라노비스(Mahalanobis) 거리

③ 유클리드(Euclidean) 거리   ④ 민코우스키(Minkowski) 거리

26 표본들이 서로 관련된 경우 짝지어진 두 관찰치의 크고 작음을 표시하여 그 두 분포의 차이에 대한 가설을 검증하는 비모수 검정 방법은?

① 스피어만 순위상관계수(Spearman's Rank Correlation Coefficient)

② 부호검정(Sign test)

③ 런검정(Run test)

④ 만-위트니의 U검정(Mann-Whitney U test)

27 인공신경망 모형에서 활성화 함수인 시그모이드(Sigmoid)의 함수의 결과로 올바른 것은?

① 0 또는 1

② -1 또는 1

③ $0 \leq y \leq 1$

④ $-1 \leq y \leq 1$

28 분류 모형의 평가를 위해 사용되는 방법으로 적절하지 않은 것은?

① 덴드로그램(Dendrogram)

② 향상도 곡선(Lift Curve)

③ 이익도표(Lift Chart)

④ ROC(Receiver Operating Characteristic) 그래프

29 표본추출의 방법으로 적절하지 않은 것은?

① 계통추출법

② 깁스추출법

③ 층화추출법

④ 단순무작위추출법

30 다음 중 군집분석에 대한 설명으로 가장 적절하지 않은 것은?

① 군집화의 방법에는 분리 군집, 밀도기반 군집, SOM(Self-Organizing Map) 등이 있다.

② 계층적 군집을 형성하는 방법에는 병합적 방법과 분할적 방법이 있다.

③ 군집분석은 집단 간 이질성과 집단 내 동질성이 모두 낮아지는 방향으로 군집을 만든다.

④ 군집분석에 이용되는 다변량 자료는 별도의 반응 변수가 요구되지 않는다.

31 빅데이터 분석 프로세스에서 모델링 단계에 해당하지 않는 과정은?

① 수행방안 설계

② 탐색 전 분석 및 유의변수 도출

③ 모델링 마트 설계 및 구축

④ 모델링 성능평가

32 다음 중 아래 코드 실행 결과에 대한 설명으로 가장 적절한 것은?

```
> summary(lm(Chick$weight~Chick$Time),data=Chick)
Coefficients:
            Estimate Std. Error    t value   Pr(>|t|)
(Intercept)  24.4654     6.7279      3.636   0.00456   **
Chick$Time    7.9878     0.5236     15.255   2.97e-08  ***
---
Signif. codes:   0 '***' 0.001 '**'  0.01 '*' 0.05 '.' 0.1 ' ' 1

Residual standard error: 12.29 on 10 degrees of freedom
Multiple R-squared: 0.9588,      Adjusted R-squared:  0.9547
F-statistic: 232.7 on 1 and 10 DF,  p-value: 2.974e-08
```

① 위의 모델은 2차 선형 회귀 모델이다.

② 추정된 회귀식은 weight=7.9879*Time이다.

③ Intercept는 유의수준 0.1% 하에서 통계적으로 매우 유의미하다.

④ 회귀모형은 유의수준 5% 하에서 통계적으로 유의미하다.

33 신경망 모형에서 출력값이 여러 개이며 목표치가 다범주인 경우에 활용하는 활성화 함수로 옳은 것은?

① 하이퍼볼릭탄젠트함수(Hyperbolic Tangent)

② 소프트맥스함수(Softmax)

③ 시그모이드함수(Sigmoid)

④ 렐루함수(Relu)

34 자료의 종류에 대한 설명으로 부적절한 것은?

① 명목척도 – 측정 대상이 어느 집단에 속하는지 분류할 때 사용하는 척도로 성별구분 등이 해당된다.

② 순서척도 – 측도 대상의 특성이 가지는 서열 관계를 관측하는 척도로 특정 서비스의 선호도 등이 해당된다.

③ 구간척도 – 측정 대상이 갖는 속성의 양을 측정하는 것으로 온도 등이 해당되며 절대 0점이 존재한다.

④ 비율척도 – 비교 대상 간의 상대적인 기준으로 모든 사칙연산이 가능하고 제일 많은 정보를 가지고 있는 척도로 연봉, 시간 등이 해당된다.

35 다음 중 의사결정 나무의 특징에 대한 설명으로 가장 적절하지 않은 것은?

① 모형의 결과는 누구에게나 설명이 용이하다.

② 만드는 방법이 계산적으로 복잡하지 않다.

③ 비정상적인 잡음 데이터에 대해서 민감하지 않게 분류한다.

④ 특정 변수와 매우 상관성이 높은 다른 불필요한 변수가 있다면 큰 영향을 받는다.

36 군집분석기법으로 적절하지 않은 것은?

① PAM(Partitioning Around Medoids)

② Density based Clustering

③ Silhouette Coefficient

④ Fuzzy Clustering

37 데이터 마이닝을 위한 데이터 분할에 대한 설명으로 부적절한 것은?

① 데이터양이 충분하지 않을 때는 교차 검증(Cross-Validation)을 통해 모델을 평가하기도 한다.

② 검정용 데이터는 학습 과정에서 사용되지 않는다.

③ 구축용 데이터는 추정용, 훈련용이라고도 불린다.

④ 데이터 마이닝 적용 후 결과를 검증하기 위해 데이터를 구축용(Training), 검정용(validation), 시험용(Test)으로 분할한다.

38 변수 가공에 대한 설명으로 적절하지 않은 것은?

① 파생변수는 기존의 변수를 조합하여 새로운 변수를 만드는 방법이다.

② 구간화의 개수가 감소하면 정확도는 높아지지만, 속도가 느려진다.

③ 연속형 변수보다 범주형 변수가 이해하기 쉬울 때 연속형 변수를 구간화해 활용한다.

④ 변수의 중요도는 개발 중인 모델에 준비된 데이터를 기준으로 한 번에 여러 개의 변수를 평가한다.

39 다차원척도법에 대한 설명으로 가장 적절하지 않은 것은?

① 데이터에 잠재해 있는 패턴이나 구조를 찾아내는 것이다.

② 찾아낸 구조나 패턴을 소수 차원의 공간에 기하학적으로 표현한다.

③ 개체들 사이의 유사성과 비유사성을 측정하여 차원을 축소하기 위해 사용한다.

④ 데이터의 축소를 목적으로 사용하며, 해석이 용이하다는 장점을 지닌다.

40 데이터 전처리 과정에 대한 설명으로 가장 적절한 것은?

① 특정 변수에 NA 개수가 많더라도 해당 레코드를 삭제해야 한다.

② R에서는 is.notnum( ) 함수를 이용해서 결측값 여부를 확인할 수 있다.

③ 모든 분석에서 이상치는 시간이 오래 걸리더라도 다 찾아내어 제거해야 한다.

④ 데이터 특성을 파악하고 통찰을 얻기 위한 다각도 접근 방법을 데이터 EDA(Exploratory Data Analysis)라고 한다.

제35회 ADsP 기출복원문제

01 다음 중 다수 사용자가 데이터베이스(DB)에 접근(Access)하여 데이터베이스의 정의, 조작, 제어 등 데이터베이스 관리를 지원하는 소프트웨어는 무엇인가?

① HTML
② DBMS
③ SQL
④ JSON

02 데이터 사이언티스트의 요구 역량으로 옳지 않은 것은?

① 설득력 있는 스토리텔링
② 통찰력 있는 분석
③ 네트워크 최적화
④ 다분야 간 협력을 위한 커뮤니케이션

03 사생활 침해를 방지하기 위한 기법은 무엇인가?

① 익명화
② 정규화
③ 표준화
④ 일반화

04 빅데이터 알고리즘에 의해 부당하게 피해를 본 사람을 구제하고, 부당 피해를 막는 역할을 하는 인력은?

① 데이터 사이언티스트
② 데이터 분석가
③ 데이터 엔지니어
④ 알고리즈미스트

05 다음 중 빅데이터 출현 배경에 관한 설명으로 가장 옳지 않은 것은?

① 데이터 생산량이 인터넷, 모바일 발전, SNS, IoT의 확산으로 증가하였다.

② 데이터 구조는 분석 및 수집 관리가 가능한 형태로 정형화되었다.

③ 기업이 데이터 축적 및 활용에 대한 필요성을 인지하였다.

④ 데이터 저장기술은 발전하였고 가격은 하락하였다.

06 빅데이터의 활용에 대한 설명으로 옳지 않은 것은?

① 정부는 이익을 위해서 개인정보를 활용한다.

② 월마트는 고객의 구매 패턴을 분석해 상품 진열에 활용한다.

③ 실시간 교통정보 수집, 기후 정보, 각종 지질 활동, 소방 서비스를 위한 모니터링에 빅데이터를 활용한다.

④ 구글은 사용자의 로그 데이터를 활용하면서 기존의 페이지 랭크 알고리즘을 혁신, 다양한 차원의 신호(Signal)를 추가하여 검색 결과를 개선한다.

07 다음 중 빅데이터 시대의 위기 요인으로 가장 옳지 않은 것은?

① 데이터 오용   ② 사생활 침해

③ 익명화   ④ 책임 원칙 훼손

08 다음 중 데이터베이스와의 통신을 위해 고안된 언어로 가장 적절한 것은?

① Java   ② SQL

③ R   ④ Python

2과목 데이터 분석 기획

09 다음에서 설명하는 데이터 거버넌스의 구성 요소는 무엇인가?

> 메타 데이터 관리, 데이터 사전 관리, 데이터 생명 주기 관리

① 데이터 관리 체계
② 데이터 저장소 관리
③ 표준화 관리
④ 데이터 표준화

10 다음에서 설명하는 분석 조직구조 유형은 무엇인가?

> • 분석 조직 인력들을 현업 부서로 직접 배치해 분석 업무를 수행
> • 전사 차원의 우선순위를 수행하고 신속한 업무에 적합

① 관리구조
② 집중구조
③ 기능구조
④ 분산구조

11 분석 마스터 플랜 수립에서 과제 우선순위 결정과 관련한 내용으로 가장 옳지 않은 것은?

① 속도는 비즈니스 효과이다.
② 시급성과 전략적 필요성은 전략적 중요도의 평가 요소이다.
③ 투자 용이성과 기술 용이성은 실행 용이성의 평가요소이다.
④ 전략적 중요도, ROI 실행 용이성은 분석 과제 우선순위를 결정할 때 고려해야 할 사항이다.

12 분석 과제의 우선순위 선정 시 가장 먼저 추진해야 하는 것은?

① 시급성 : 현재, 난이도 : 쉬움
② 시급성 : 미래, 난이도 : 쉬움
③ 시급성 : 미래, 난이도 : 어려움
④ 시급성 : 현재, 난이도 : 어려움

13 다음 중 위험 대응 방법이 아닌 것은?

① 전가   ② 관리

③ 완화   ④ 회피

14 다음 중 분석 준비도 프레임 워크의 영역이 아닌 것은?

① 분석 문화   ② 분석 인프라

③ 성과 분석   ④ 분석 데이터

15 상향식 접근 방식 절차로 옳은 것은?

① 프로세스 분류 → 프로세스 흐름 분석 → 분석 요건 정의 → 분석 요건 식별

② 프로세스 흐름 분석 → 프로세스 분류 → 분석 요건 정의 → 분석 요건 식별

③ 프로세스 흐름 분석 → 프로세스 분류 → 분석 요건 식별 → 분석 요건 정의

④ 프로세스 분류 → 프로세스 흐름 분석 → 분석 요건 식별 → 분석 요건 정의

16 분석 거버넌스의 구성요소가 아닌 것은?

① 프로세스   ② 네트워크

③ 인적 자원   ④ 조직

3과목 ▸ 데이터 분석

17 회귀 분석에 대한 설명으로 옳지 않은 것은?

① 유의성이 낮은 경우 독립변수와 종속변수의 설명이 가능하다.

② 결정계수는 전체 데이터를 회귀 모형이 얼마나 잘 설명하고 있는지를 보여주는 통계량이다.

③ 결정계수는 0에서 1 사이의 값을 가진다.

④ 결정계수의 값이 클수록 설명력이 좋다.

18 다음은 확률변수 X에 대한 설명이다. $P(X=1)=\frac{1}{3}$, $P(X=2)=\frac{1}{6}$, $P(X=3)=\frac{1}{2}$일 때, 옳은 것은?

① X의 기대값은 $\frac{13}{6}$이다.

② X가 1이거나 2일 때 확률은 $\frac{1}{2}$보다 크다.

③ X가 3일 때 확률은 $\frac{1}{6}$보다 작다.

④ X가 4일 때 확률은 0보다 크다.

19 다음 혼동 행렬에서 민감도는 얼마인가?

실제값 \ 예측치	True	False
True	40(TP)	60(FN)
False	20(FP)	80(TN)

① 0.25   ② 0.40

③ 0.67   ④ 0.75

20 다음 중 목표변수가 연속형인 회귀나무(Regression tree)의 경우에 사용하는 분류 기준은 무엇인가?

① 카이제곱 통계량, 분산 감소량

② 카이제곱 통계량, 지니 지수

③ 분산 감소량, F-통계량의 p-값

④ 지니 지수, 엔트로피 지수

21 다음 A, B의 키와 몸무게가 있을 때 맨하탄 거리를 구하면?

	A	B
키	165	170
몸무게	70	65

① $\sqrt{50}$ ② $\sqrt{10}$

③ 10   ④ 0

22 EM 알고리즘에 대한 설명으로 옳은 것은?

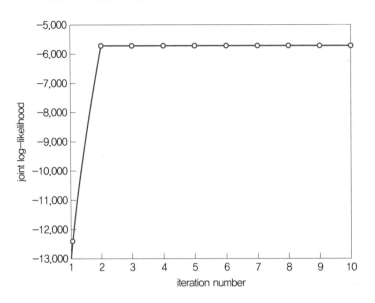

① 정규혼합분포가 2가지로 관찰되었다.

② 모수의 추정을 위해 10회 이상의 반복 횟수가 필요하다.

③ 반복 횟수 2회 만에 로그-가능도 함수가 최대가 되었다.

④ 로그-가능도 함수의 최솟값이 -6,000이다.

23 확률변수 X에 대한 기댓값은 얼마인가?

X	1	2	3
P(X)	0.5	0.3	0.2

① 3.5   ② 1.7

③ 1.0   ④ 0.6

24 다음 중 데이터 마이닝 순서로 옳은 것은?

> ㉠ 목적 정의 　　　　　　　　　 ㉡ 데이터 준비
> ㉢ 데이터 가공 　　　　　　　　　 ㉣ 데이터 마이닝 기법 적용
> ㉤ 검증

① ㉠ → ㉡ → ㉢ → ㉣ → ㉤ 　　　　② ㉠ → ㉢ → ㉡ → ㉣ → ㉤

③ ㉠ → ㉢ → ㉡ → ㉤ → ㉣ 　　　　④ ㉠ → ㉡ → ㉣ → ㉢ → ㉤

25 다음 산점도에 대한 설명으로 옳지 않은 것은?

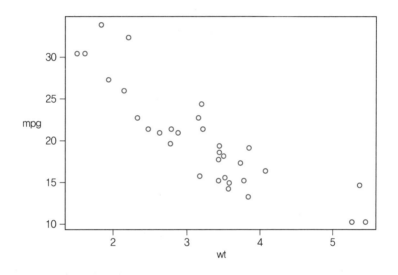

① 상관관계는 음수이다.

② 피어슨 상관계수로 표현할 경우 잘 설명되지 않는다.

③ x가 증가하면 값이 감소하는 경향을 보인다.

④ 상관계수의 절댓값이 크면 두 변수 간의 선형 관계가 크다고 할 수 있다.

26 라쏘(LASSO)에 대한 설명으로 옳지 않은 것은?

① 자동적으로 변수선택을 하는 것과 같은 효과가 있다.

② 회귀계수들의 절댓값이 클수록 페널티(Penalty)를 부여하는 방식이다.

③ 람다 값(X)으로 페널티(Penalty)의 강도를 조정한다.

④ L2-norm을 통해 제약을 주는 방법이다.

27 다음 중 K-평균 군집에서 단점을 보완하는 방법으로 옳은 것은?

① 이상값 자료에 민감한 K-평균 군집의 단점을 보완하기 위해 군집을 형성하는 단계마다 평균 대신 중앙값을 사용하는 k-중앙값 군집을 사용한다.

② 조화평균을 사용한다.

③ K-평균은 군집의 수를 미리 정할 필요가 없다.

④ 볼록한 형태가 아닌 군집이 존재할 때 군집 성능이 높아진다.

28 다음 중 SOM(Self-Organizing Map) 방법에 대한 설명으로 옳지 않은 것은?

① SOM은 입력 변수의 위치 관계를 그대로 보존하여 입력 변수의 정보와 그들의 관계가 지도상에 그대로 나타난다.

② SOM은 경쟁 학습으로 각각의 뉴런이 입력 벡터와 얼마나 가까운지 계산하여 연결 강도를 반복적으로 재조정하는 학습 과정을 거치면서 연결 강도가 입력 패턴과 가장 유사한 경쟁층 뉴런이 승자가 된다.

③ SOM은 고차원의 데이터를 저차원의 지도 형태로 형상화하기 때문에 시각적으로 이해하기 쉬울 뿐 아니라 변수의 위치 관계를 그대로 보존하기 때문에 실제 데이터가 유사하면 지도상 가깝게 표현된다.

④ SOM을 이용한 군집 분석은 역전파 알고리즘을 사용함으로써 군집의 성능이 우수하고 수행 속도가 빠르다.

29 다음 중 시계열 분석에 대한 설명으로 가장 옳지 않은 것은?

① 시계열 자료가 추세를 보이는 경우 변환을 통해서 정상 시계열로 바꾸어 준다.

② 시계열 자료는 시간의 흐름에 따라 관측되는 자료이므로 대체로 독립적이지 않다.

③ 대부분의 시계열 자료는 비정상 시계열 자료이므로 정상 시계열로 만든 후 시계열 분석을 한다.

④ 시계열에 영향을 주는 일반적인 요인을 시계열에서 분리해 분석하는 방법을 분해 시계열이라 한다.

30 다음에 주어진 회귀 분석 결과에 대한 설명으로 가장 옳지 않은 것은 무엇인가? (단, 유의 수준 a는 0.05로 한다.)

```
> md_lm <- lm(Balance~Income+Student+Age, data=Credit)
> summary(md_lm)

Call:
lm(formula = Balance ~ Income + Student + Age, data = Credit)

Residuals:
    Min       1Q    Median       3Q       Max
-817.01  -323.08   -56.68   309.80    790.93

Coefficients :
             Estimate Std. Error tvalue Pr(>|t|)
(Intercept)  312.9120    68.0986   4.595  5.83e-06 ***
Income         6.1530     0.564   10.907  < 2e-16 ***
StudentYes   378.9254    65.1935   5.812  1.27e-08 ***
Age           -1.9585     1.1529  -1.699    0.0901
----
Signif. codes: 0 '***' 0.001 '**' 0.01 '*' 0.05 '.' 0.1 ' ' 1

Residual standard error: 390.9 on 396 degrees of freedom
Multiple R-squared: 0.2827  Adjusted R-squared: 0.2773
F-statistic: 52.02 on 3 and 396 DF, p-value: < 2.2e-16
```

① StudentYes Balance를 설명하는 데 통계적으로 유의하다고 할 수 있다.

② Income이 증가할수록 Balance도 증가한다.

③ Income Balance를 설명하는 데 통계적으로 유의하다고 할 수 있다.

④ Age는 Balance를 설명하는 데 통계적으로 유의하다고 할 수 있다.

31 전체 거래 중 항목 A와 B가 있을 때 연관성 분석의 지지도 공식은 무엇인가?

① (A와 B가 동시에 포함된 거래 수)/(전체 거래 수)

② (A가 포함된 거래 수)/(B가 포함된 거래 수)

③ (A가 포함된 거래 수)/(전체 거래 수)

④ (A와 B가 동시에 포함된 거래 수)/(A를 포함하는 거래 수)

32 다음 주어진 혼동 행렬에서 특이도를 구하면?

실제값＼예측치	True	False
True	20	40
False	30	10

① 0.1

② 0.2

③ 0.25

④ 0.3

33 다음 빈칸에 들어갈 말로 옳은 것은?

> 입력층이 직접 출력층에 연결되는 단층 신경망(Single layer Neural network)에서 활성화 함수를 ( )(으)로 사용하면 로지스틱 회귀 모형과 작동 원리가 유사하다.

① 시그모이드

② tanh 함수

③ ReLU

④ 계단함수

34 다음 중 군집 개수를 미리 알 필요 없이 동작하는 알고리즘은?

① SOM

② 혼합 분포 군집

③ 계층적 군집 분석

④ K-Means

35 혼합 분포 군집에 대한 설명으로 옳지 않은 것은?

① EM 알고리즘을 이용한 모수 추정에서 데이터가 커지면 수렴에 시간이 걸릴 수 있다.

② 이상값에 민감하므로 이상값 제거 등의 사전 조치가 필요하다.

③ 군집의 크기가 너무 크면 추정의 정도가 떨어지거나 어려울 수 있다.

④ 군집을 몇 개의 모수로 표현할 수 있고, 서로 다른 크기의 군집을 찾을 수 있다.

36 다음 중 과적합을 방지하기 위한 알고리즘으로 옳지 않은 것은?

① Boot-Strap
② Decision Tree
③ Hold-out
④ Cross Validation

37 다음 중 분류에 대한 설명으로 옳은 것은?

① 쇼핑 시 고객들이 물건을 살 때 선택하는 물건의 규칙성을 발견하여 상품 진열 시 연관해서 물건을 보여줄 수 있도록 판매 전략 수립 시 활용한다.

② 흔히 장바구니 분석이라고 불린다.

③ 대출 상환을 잘하는 집단에 속하는지 그렇지 않은 집단에 속하는지 문제를 해결하려 할 때 사용한다.

④ 소매점에서 물건 배열 계획, 카탈로그 배열 및 교차 판매, 공격적 판촉 행사 등의 마케팅 계획 수립에 적용할 수 있다.

38 연관성 분석의 장점으로 옳은 것은?

① 더 세분화된 품목을 통해 의미 있는 결과를 도출할 수 있다.

② 데이터가 적으면 연관성 분석의 정확도가 높다.

③ 거래량이 적은 품목은 규칙 발견이 쉽다.

④ 조건 반응(if-then)으로 연결하고 표현하는 분석으로 결과를 이해하기 쉽다.

39 다음 중 로지스틱 회귀 분석에 대한 설명으로 가장 옳은 것은?

① 로지스틱 회귀 분석의 유의성 검정은 F-통계량을 이용한다.

② 로지스틱 회귀 분석에서 오즈는 사용하지 않는다.

③ 종속변수의 결과가 여러 개(3개 이상)일 경우에 사용할 수 있다.

④ 일반적으로 종속변수가 범주형일 경우에 사용한다.

40 다중 선형 회귀 모형에서 통계적 유의성을 확인하는 지표는 무엇인가?

① F-통계량
② t-통계량
③ R-Square
④ Chi-Square

제34회 ADsP 기출복원문제

01 다음 중 빅데이터 분석의 특성에 대한 설명으로 옳지 않은 것은?

① 데이터 크기가 커질수록 더 많은 분석을 수행하는 것이 경쟁 우위 확보의 원천이다.

② 가치 있는 정보 활용을 위해 데이터 처리 및 분석 속도가 중요하다.

③ 빅데이터 분석에는 정형 데이터뿐만 아니라 비정형, 반정형 데이터가 포함된다.

④ 방대한 데이터에서 노이즈 및 오류 제거를 통해 활용 데이터에 대한 품질과 신뢰성 제고가 요구된다.

02 다음 중 빅데이터의 가치 측정이 어려운 이유가 아닌 것은?

① 빅데이터 시대에 데이터가 기존에 없던 가치를 창출하여 가치 산정이 어렵다.

② 데이터의 창의적 조합으로 기존에 풀 수 없는 문제를 해결하는 데 도움을 주기 때문에 가치 산정이 어렵다.

③ 비용 문제로 인해 분석할 수 없었던 것을 저렴한 비용으로 분석하면서 활용도가 증가하여 가치 산정이 어렵다.

④ 데이터 분석과 관련한 전문 인력의 증가로 다양한 분야에서 빅데이터가 활용되고 있다.

03 다음 중 분석 과제 정의서에 필수적으로 포함되어야 할 항목이 아닌 것은?

① 수행 주기   ② 필요 데이터

③ 상세 분석 알고리즘   ④ 데이터 입수 난이도

04 다음 중 데이터 사이언스에 대한 설명으로 틀린 것은?

① 분석뿐만 아니라 효과적으로 구현하고 전달하는 과정까지를 포함한 포괄적 개념이다.

② 주로 분석 정확성에 초점을 맞춰 수행한다.

③ 데이터 사이언스는 데이터로부터 의미 있는 정보를 추출하는 학문이다.

④ 정형 또는 비정형 데이터뿐만 아니라 숫자와 문자 영상 정보 등의 다양한 데이터 유형을 대상으로 한다.

05 다음 중 빅데이터 시대의 위기 요인과 사례가 잘못 연결된 것은?

① 데이터 오용 – 상업적 목적으로 데이터를 크롤링하여 개인정보 수집

② 사생활 침해 – 여행 사실을 페이스북에 올린 사람의 집을 도둑이 노리는 사례 발생

③ 책임 원칙 훼손 – 범죄 예측 프로그램 때문에 범행을 저지르기 전에 체포 자신의 신용도와 무관하게 부당한 대출 거부

④ 책임 원칙 훼손 – 특정 집단에 속했다고 취업이 안 됨

06 데이터베이스 관리 시스템에 대한 설명으로 옳지 않은 것은?

① 데이터베이스 관리로 모든 데이터 문제를 해결할 수 있다.

② 데이터베이스 관리 시스템은 데이터의 중복을 제어하고 중앙 집중식 통제를 통해 데이터의 일관성을 유지한다.

③ 데이터베이스 관리 시스템에 장애가 발생하면 전체 시스템의 업무 처리가 중단되는 단점이 있다.

④ 데이터베이스 관리 시스템은 다수 사용자가 데이터베이스에 접근하여 데이터베이스의 정의, 조작, 제어 등 데이터베이스 관리를 지원하는 소프트웨어이다.

07 데이터베이스 활용에 대한 설명 중 틀린 것은?

① 데이터 웨어하우스는 사용자의 의사결정에 도움을 주기 위하여 기간 시스템의 데이터베이스에 축적된 데이터를 공통 형식으로 변환해서 관리한다.

② CRM은 고객별 구매 이력 데이터베이스를 분석하여 고객에 대한 이해를 돕고 이를 바탕으로 각종 마케팅 전략을 펼치기 위한 시스템이다.

③ 데이터 마트는 조직이나 부서뿐만 아니라 모든 사람이 볼 수 있다.

④ ERP는 회사의 모든 정보뿐만 아니라 공급망 관리, 고객의 주문정보까지 포함하여 통합적으로 관리하는 시스템이다.

08 빅데이터 전략으로 옳지 않은 것은?

① 표본 조사로는 얻기 어려운 패턴이나 정보를 전수조사를 통해 확보한다.

② 대량의 데이터가 질적으로 전환되는 과정에서 빅데이터 가치가 창출된다.

③ 1차 분석으로는 해당 부서 및 업무에 효과가 없다.

④ 신속한 의사결정을 원하는 비즈니스에서는 복잡한 인과관계보다 실시간 상관관계 분석에서 도출된 인사이트를 바탕으로 수익이 창출된다.

2과목 ▶ 데이터 분석 기획

09 분석 프로젝트 관리 설명 중 옳지 않은 것은?

① 데이터 분석은 전문가의 상상력을 요구하므로 일정 및 시간을 제한하지 않는다.

② 프로젝트와 관련된 다양한 활동과 프로세스를 도출하고 정의하며 결합, 단일화, 조정, 통제 및 종료를 통합하여 관리한다.

③ 외부 데이터를 활용한 데이터 분석은 고가의 비용이 소요될 수 있으므로 사전에 충분한 조사를 수행한다.

④ 데이터 분석 프로젝트에는 다양한 전문가(데이터 전문가, 비즈니스 전문가, 분석 전문가, 시스템 전문가 등)가 참여하므로 전체 이해 관계자를 식별하고 관리한다.

10 분석 준비도의 분석 기법 영역이 아닌 것은?

① 분석 기법 라이브러리 사용

② 분석 업무 도입 방법론 사용

③ 분석 기법 효과성 평가 및 정기적 개선

④ 발생한 사실 업무 분석

11 분석 마스터 플랜에 대한 설명 중 적절하지 않은 것은?

① 데이터 분석가가 분석에 필요한 데이터들로부터 변수 후보를 탐색하고 최종적으로 도출하는 일정을 수립한다.

② 데이터 분석 모델링 과정에 대해서 실험 방법 및 절차를 구분한다.

③ 단계별 필요 산출물, 주요 보고 시기 등으로 구분하여 세부 단위별 일정과 전체 일정이 예측될 수 있도록 일정을 수립한다.

④ 모든 과정은 순환적이고 반복적인 단계로 작성된다.

12 하향식 접근방법의 문제 탐색에 대한 설명 중 올바르지 않은 것은?

① 거시적 관점에서는 STEEP 영역으로 나눠서 해당 산업에 영향을 미치는 요인을 탐색한다.

② 비즈니스 모델 관점에서는 비즈니스 모델 캔버스를 활용하여 문제를 탐색한다.

③ 문제 탐색은 유스케이스 활용보다는 새로운 이슈 탐색이 우선이다.

④ 역량의 재해석 관점에서는 조직 및 기업이 보유한 내부 역량뿐만 아니라 비즈니스에 영향을 미치는 파트너와 네트워크 영역을 포함하여 분석 기회를 탐색한다.

13 CRISP-DM에 대한 설명 중 옳은 것을 모두 고른 것은?

> ㉠ 업무 이해 단계에서 비즈니스 관점에서 프로젝트의 목적과 요구사항을 이해한다.
> ㉡ 데이터 준비 단계에서 수집된 데이터에서 분석기법에 적합한 데이터 세트를 편성한다.
> ㉢ 모델링 단계에서 다양한 모델링 기법과 알고리즘을 선택하고 파라미터를 최적화한다.
> ㉣ 평가 단계에서 업무에 맞게 모델링이 잘 되었는지 확인하고, 모델링이 적합하지 않을 경우 모델링 단계로 돌아가서 모델링을 수행한다.

① ㉠, ㉡   ② ㉠, ㉡, ㉢

③ ㉡, ㉢   ④ ㉡, ㉢, ㉣

14 빅데이터 분석 방법론의 시스템 구현 단계의 태스크는 무엇인가?

① 설계 및 구현, 시스템 테스트 및 운영

② 데이터 수집 및 정합성 점검

③ 모델 평가 및 검증

④ 프로젝트 위험계획 수립

15 빅데이터 분석 방법론에서 추가적인 데이터 확보가 필요한 경우 반복적인 피드백을 수행하는 구간은 다음 중 어디인가?

① 분석 기획~데이터 준비

② 시스템 구현~평가 및 전개

③ 데이터 준비~데이터 분석

④ 데이터 분석~시스템 구현

16 분석 과제에서 고려해야 할 5가지의 주요 속성 중에서 정확도(Accuracy)와 정밀도(Precision)에 대한 설명으로 가장 올바르지 않은 것은 무엇인가?

① 정확도와 정밀도는 모델의 해석 및 적용 시 사전에 고려가 필요하다.

② 모델의 안정성 측면에서는 정확도가 중요하고 분석의 활용 측면에서는 정밀도가 중요하다.

③ 정밀도는 모델을 지속해서 반복했을 때 편차의 수준을 의미한다.

④ 정확도와 정밀도는 상충관계인 경우가 많다.

3과목 ▶ 데이터 분석

17 다음 중 박스 플롯에 대한 설명으로 가장 옳지 않은 것은 무엇인가?

① 이상값을 파악하기 어렵다.

② IQR은 제3사분위 수와 제1사분위 수의 차이이다.

③ 제3사분위 수에서 1.5×IQR만큼 떨어진 곳을 Upper Fence라고 한다.

④ 중위수는 파악할 수 있으나 평균은 파악하기 어렵다.

18 다음 중 아래 거래 전표에서 신뢰도가 50% 이상인 규칙으로 가장 적절한 것은?

항목	빈도
A	10
B	5
C	25
A, B, C	5
B, C	20
A, B	20
A, C	15

① A → C   ② B → C

③ C → A   ④ C → B

19 다음 KNN 알고리즘의 특징에 대한 설명 중 가장 올바르지 않은 것은 무엇인가?

① 학습 절차 없이 새로운 데이터가 들어올 때 거리를 측정하고 모형을 구성한다.

② 예측 변수에 따른 정답 데이터가 제공되지 않는 비지도 학습 모형이다.

③ K값에 따라 예측 결과가 달라진다.

④ 분류와 회귀에 모두 사용이 가능하다.

20 Apriori 알고리즘의 분석 절차로 옳은 것은?

> ㉠ 이전 단계에서 찾은 항목의 집합을 결합하여 최소 지지도를 넘는 세 가지 항목 집합을 찾는다.
> ㉡ 개별 품목들 중에서 최소 지지도를 넘는 모든 항목들을 찾는다.
> ㉢ 반복적으로 수행하여 최소 지지도가 넘는 빈발 항목을 찾는다.
> ㉣ 데이터베이스로부터 최소 지지도를 설정한다.
> ㉤ 이전 단계에서 찾은 개별 항목만을 이용하여 최소 지지도를 넘는 두 가지 항목을 찾는다.

① ㉡ → ㉣ → ㉤ → ㉠ → ㉢   ② ㉡ → ㉣ → ㉠ → ㉤ → ㉢
③ ㉣ → ㉡ → ㉠ → ㉤ → ㉢   ④ ㉣ → ㉡ → ㉤ → ㉠ → ㉢

21 다음 중에서 카탈로그 배열 및 교차 판매, 공격적 판촉 행사 등에 적용하기에 가장 적합한 데이터 마이닝 기법은 무엇인가?

① 연관 분석   ② 군집 분석
③ 분류 분석   ④ 추정

22 다음 혼동 행렬에서 재현율은 얼마인가?

실제값＼예측치	True	False	합계
True	300	200	500
False	200	300	500
합계	500	500	1000

① 1.5   ② 0.5
③ 0.6   ④ 0.4

23 다음 중 연관 분석의 특징으로 옳지 않은 것은 무엇인가?

① 조건반응(if-then)으로 표현되는 연관 분석의 결과를 이해하기 쉽다.

② 세분화 분석 품목 없이 연관 규칙을 찾을 수 있다.

③ 분석 계산이 간편하다.

④ 비목적성 분석 기법이다.

24 회귀 분석 가정 중 잔차의 정규성에 대한 설명으로 옳지 않은 것은?

① 정규성은 정규분포의 형태를 이뤄야 한다는 특성이다.

② 더빈-왓슨 검정(Durbin-Watson Test)은 등분산성에 대한 검정 기법이다.

③ Q-Q Plot은 정규성 정도를 확인하는 데 참고할 수 있다.

④ Anderson-Darling, Kolmogorov-Smirnov를 통해 정규성 분포를 알 수 있다.

25 Grad.Rate와 관련된 회귀 분석 결과 해석으로 옳지 않은 것은?

```
Call:
lm(formula = Grad.Rate ~ Outstate + Private + Enroll + Books, data = College)

Residuals:
    Min       1Q    Median      3Q       Max
 -50.569   -8.347    0.090    7.822    54.454

Coefficients :
              Estimate  Std.Error   t value    Pr(>|t|)
(Intercept)  38.5834358  2.2589625   17.080    < 2e-16 ***
Outstate      0.0022527  0.0001543   14.603    < 2e-16 ***
PrivateYes    4.5479139  1.6708407    2.722    0.006636 **
Enroll        0.0024089  0.0006803    3.541    0.000423 ***
Books        -0.0033226  0.0030722   -1.082    0.279810
——
Signif. codes:   0 '***'   0.001 '**' 0.01 '*'  0.05 '.'  0.1 ' '   1
```

① PrivateYes의 표준 오차는 Books의 표준오차보다 크다.

② 모든 회귀 계수가 유의한 것은 아니다.

③ Outstate는 Grad.Rate에 유의한 변수이다.

④ Outstate, PrivateYes, Enroll, Books 간 인과관계를 알 수 있다.

26 의사결정나무에 대한 설명 중 올바르지 않은 것은?

① 의사결정나무의 목적은 새로운 데이터를 분류(Classification)하거나 해당 범주의 값을 예측(Prediction)하는 것이다.

② 두 개 이상의 변수가 결합하여 목표변수에 어떻게 영향을 주는지 쉽게 파악 가능하다.

③ 분석의 대상을 분류함수를 활용하여 의사결정 규칙으로 이루어진 나무 모양으로 그린다.

④ 비지도 학습 모델로 상향식 접근 방법을 이용한다.

27 다음 식에 해당하는 활성화 함수는 무엇인가?

$$y = \frac{1}{1+e^{-x}}$$

① 시그모이드 함수   ② 부호 함수

③ ReLU 함수   ④ tanh 함수

28 다음 군집 분석(Cluster analysis)에 관한 설명 중 올바르지 않은 것은 무엇인가?

① 계층적 군집 분석은 이상값에 민감하다.

② 군집 분석은 신뢰성과 타당성을 점검하기 어렵다.

③ 군집 결과에 대한 안정성을 검토하는 방법이 지도학습과 같은 교차 타당성을 이용한다.

④ 비계층적 군집 분석의 경우 사용자가 사전지식 없이 그룹의 수를 정해주는 일이 많아서 결과가 잘 나오지 않을 수 있다.

29 ROC 커브가 분류 성능이 가장 우수할 때 x, y 값을 올바르게 고른 것은?

① (x, y)=(0, 0)   ② (x, y)=(1, 0)

③ (x, y)=(0, 1)   ④ (x, y)=(1, 1)

30 다음 회귀 분석에서 가장 적합한 회귀 모형을 찾기 위한 과정의 설명으로 가장 알맞지 않은 것은?

① 회귀식에 대한 검정은 독립변수의 기울기가 0이 아니라는 가정을 귀무가설, 기울기가 0인 것을 대립가설로 놓는다.

② 잔차의 독립성, 등분산성, 정규성을 만족하는지 확인해야 한다.

③ 독립변수의 수가 많아지면 독립변수 간에 서로 영향을 미치는 다중 공선성의 문제가 발생하므로 상대적인 조정이 필요하다.

④ 회귀 분석의 가설 검정에서 $p-$ 값이 0.05보다 작은 값이 나와야 통계적으로 유의한 결과이다.

31 회귀 분석 결정계수에 대한 설명으로 가장 알맞지 않은 것은?

① 수정된 결정계수는 유의하지 않은 독립 변수들이 회귀식에 포함되었을 때 그 값이 감소한다.

② 결정계수는 총 변동 중에서 회귀 모형에 의하여 설명되지 않는 오차에 의한 변동이 차지하는 비율이다.

③ 다중 회귀 분석에서는 최종 모형의 선정 기준으로 결정계수 값보다는 수정된 결정계수 값을 사용하는 것이 적절하다.

④ 회귀 모형에서 입력 변수가 증가하면 결정계수도 증가한다.

32 주성분 분석에 대한 설명으로 옳지 않은 것은?

① 주성분 분석의 목적 중 하나는 데이터를 이해하기 위한 차원 축소이다.

② 주성분 분석은 수학적으로 직교 선형 변환으로 정의한다.

③ 동일한 주성분은 선형 결합으로 이루어져 있다.

④ 상관관계가 있는 고차원 자료의 변동을 최대한 제거하는 기법이다.

33 다음 공분산과 상관계수에 대한 설명 중 가장 올바르지 않은 것은?

① 공분산은 측정 단위에 영향을 받지 않는다.

② 공분산이 0이라면 두 변수 간에는 아무런 선형 관계가 없고 서로 독립적인 관계에 있다는 의미이다.

③ 상관계수를 통하여 상관관계의 표준화된 크기를 측정할 수 있다.

④ 상관 분석으로는 두 변수의 인과관계 성립 여부를 확인할 수 없다.

34 다음은 Credit 데이터 세트의 변수 간의 산점도 행렬이다. 설명 중 가장 부적절한 것은?

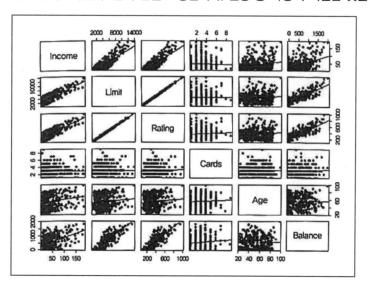

① Rating과 Limit의 상관계수가 가장 높다.

② 산점도 행렬을 통해 각 변수들 간의 상관 정도를 알 수 있다.

③ Balance와 가장 상관관계가 높은 변수는 Age이다.

④ Limit과 Age는 상관계수가 0에 가깝다.

35 다음 중 앙상블 모형의 특징으로 가장 부적합한 것은?

① 정확한 현상의 원인 분석에는 적합하지 않다.

② 다양한 모형 간의 상호 연관성이 높을수록 정확도가 향상된다.

③ 이상값(Outlier)에 대한 대응력이 높다.

④ 전체적인 예측값의 분산을 감소시켜 정확도를 높일 수 있다.

36 다음 중 평균 군집 분석에 대한 설명으로 부적절한 것은?

① 잡음이나 이상값에 민감하게 반응한다.

② 한번 군집이 형성되면 군집 내부의 개체들은 다른 군집으로 이동할 수 없다.

③ 초기 군집의 수는 초 매개 변수로 분석자가 설정해야 한다.

④ 계층적 군집 분석에 비해 많은 양의 데이터를 처리할 수 있다.

37 ARIMA 모형에 대한 설명 중 옳지 않은 것은?

① p=0일 때 IMA 모형이라 부른다.

② ARIMA(p, d, q) 모형은 차수 p, d, q의 값에 따라 모형의 이름이 다르게 된다.

③ ARIMA에서 I는 Improvement이다.

④ 분기/반기/연간 단위로 다음 지표를 예측하거나 주간/월간 단위로 지표를 리뷰하여 트렌드를 분석하는 기법이다.

38 다음 주성분 분석에 대한 해석으로 옳지 않은 것은?

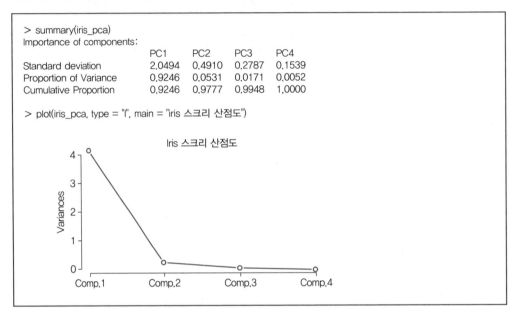

```
> summary(iris_pca)
Importance of components:
                        PC1     PC2     PC3     PC4
Standard deviation      2.0494  0.4910  0.2787  0.1539
Proportion of Variance  0.9246  0.0531  0.0171  0.0052
Cumulative Proportion   0.9246  0.9777  0.9948  1.0000

> plot(iris_pca, type = "l", main = "iris 스크리 산점도")
```

Iris 스크리 산점도

① 두 개의 주성분으로 5.31% 분산을 설명한다.

② 차원 감소 폭의 결정은 스크리 산점도(Scree plot), 전체 변이의 공헌도, 평균 고윳값 등을 활용하는 방법이 있다.

③ 스크리 산점도에서 완만해지는 지점은 Comp.2이므로 주성분 수를 1개로 결정해도 된다.

④ 표준편차(Standard deviation)는 PC1(제1주성분)>PC2(제2주성분)>PC3(제3주성분)>PC4(제4주성분) 순이다.

39 다음 중 상관 분석에 대한 설명으로 옳지 않은 것은?

① 두 변수의 상관관계를 연구할 때 상관계수만으로 해석하면 문제가 된다.

② 독립변수와 종속변수 간에 선형적인 관계를 도출해서 하나 이상의 독립 변수들이 종속변수에 미치는 영향을 분석하고, 독립변수를 통해 종속변수를 예측하는 기법이다.

③ 스피어만 상관계수로 두 변수 간의 비선형 관계를 확인할 수 있다.

④ 상관계수는 선형성, 등분산성이라는 가정을 만족시켜야 한다.

40 시계열의 정상성에 대한 설명으로 가장 옳지 않은 것은?

① 시점 간에 상관관계가 없는 독립성이 있다.

② 평균이 일정하다.

③ 분산이 시점에 의존하지 않는다.

④ 공분산은 시차에만 의존하고 시점 자체에는 의존하지 않는다.

1과목 · 데이터 이해

01 다음 데이터 사이언티스트가 갖추어야 하는 역량 중 소프트 스킬에 해당하지 않는 것은 무엇인가?

① 통찰력 있는 분석　　　　　　　② 설득력 있는 전달

③ 빅데이터 관련 이론적 지식　　　④ 다분야 간 협력

02 데이터의 양을 측정하는 크기 단위를 작은 것부터 큰 것 순으로 올바르게 나열한 것은?

① PB(페타바이트) < EB(엑사바이트) < ZB(제타바이트) < YB(요타바이트)

② PB(페타바이트) < YB(요타바이트) < EB(엑사바이트) < ZB(제타바이트)

③ YB(요타바이트) < ZB(제타바이트) < EB(엑사바이트) < YB(요타바이트)

④ YB(요타바이트) < ZB(제타바이트) < EB(엑사바이트) < PB(페타바이트)

03 다음 중 데이터베이스의 일반적인 특징으로 옳지 않은 것은?

① 자기 디스크, 자기 테이프, HDD, SSD 등 컴퓨터가 접근 가능한 저장매체에 저장된 데이터이다.

② 데이터가 중복되지 않는다.

③ 데이터베이스의 데이터를 공동으로 이용할 수 있다.

④ 정형 데이터만 저장할 수 있다.

04 다음 중 빅데이터의 관점에서 사물인터넷(IoT)의 시대를 바라볼 때 사물인터넷과 가장 관련이 큰 것은?

① 인공지능(Artificial Intelligence)

② 데이터화(Datafication)

③ 스마트 데이터(Smart Data)

④ 지능적 서비스(Intelligent Service)

05 다음 중 빅데이터가 가져온 변화로 가장 올바르지 않은 것은 무엇인가?

① 데이터의 질보다 양을 강조한다.

② 서비스 산업이 확대되고 제조업의 생산성은 감소되었다.

③ 사전처리에서 사후처리 시대로 변화하였다

④ 신속한 의사결정이 필요한 비즈니스에서는 인과관계보다 상관관계 분석으로 충분한 경우가 많다.

06 다음 중 빅데이터의 위기 요인과 해결 방안이 잘못 연결된 것은?

> ⊙ 사생활 침해 → 동의제를 책임제로 전환
> ⓛ 책임 훼손 원칙 → 알고리즘 접근 허용
> ⓒ 데이터의 오용 → 결과 기반의 책임 원칙

① ⊙, ⓛ
② ⊙, ⓒ
③ ⊙, ⓛ, ⓒ
④ ⓛ, ⓒ

07 다음 중 NoSQL이 아닌 것은 무엇인가?

① Redis
② MongoDB
③ MySQL
④ Apache HBase

08 다음 중 빅데이터의 특징으로 옳지 않은 것은?

① 데이터의 질보다 양을 강조한다.

② 데이터 분석의 영향으로 표본조사가 중요한 기법으로 대두되고 있다.

③ 사전처리에서 사후처리 시대로 변화하였다.

④ 신속한 의사결정이 필요한 비즈니스에서는 인과관계보다 상관관계 분석으로 충분한 경우가 많다.

09 다음 중 빅데이터 분석 방법론의 분석 기획 단계에서 수행하는 주요 과업으로 가장 부적절한 것은?

① 필요데이터의 정의

② 프로젝트 위험 계획 수립

③ 프로젝트 정의 및 계획 수립

④ 비즈니스 이해 및 범위 설정

10 다음 중 빅데이터 분석 방법론의 계층적 프로세스 모델에 대한 설명으로 가장 적절하지 않은 것은 무엇인가?

① Task는 단계를 구성하는 단위 활동으로 Input, Output으로 구성된 단위 프로세스이다.

② 각 Task는 물리적 또는 논리적 단위로 품질검토의 항목이 될 수 있다.

③ Phase(단계)는 최상위 단계로 프로세스 그룹을 통하여 완성된 단계별 산출물을 생성한다.

④ Step(스텝)은 마지막 계층으로 WBS(Work Breakdown Structure)의 워크 패키지에 해당한다.

11 다음 중 분석 과제 우선순위 선정 매트릭스에 관한 설명으로 가장 적절하지 않은 것은?

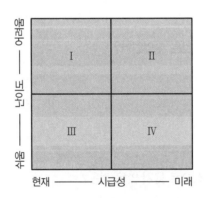

① 분석 과제를 바로 적용하기 어려워서 우선순위가 낮은 영역은 Ⅱ사분면이다.

② 사분면 영역에서 가장 우선적인 분석 과제 적용이 필요한 영역은 Ⅲ사분면 영역이다.

③ 난이도는 기업의 현재 상황에 따라 우선순위를 조정할 수 있다.

④ 시급성의 판단기준은 전략도 중요도와 비용 범위이고 난이도의 판단 기준은 분석 수준과 복잡도이다.

12 다음 중 분석 마스터플랜 수립 시 우선순위 고려 요소에 해당하지 않는 것은 무엇인가?

① 전략적 중요도
② 실행 용이성
③ 데이터 필요 우선순위
④ 비즈니스 성과 및 ROI

13 다음 중 하향식 접근 방식을 통한 분석 과제 발굴 절차로 가장 올바른 것은 무엇인가?

(가) 해결 방안 탐색	(나) 문제 탐색 단계
(다) 문제 정의	(라) 타당성 검토

① (나) – (가) – (라) – (다)
② (나) – (다) – (가) – (라)
③ (나) – (가) – (다) – (라)
④ (가) – (나) – (라) – (다)

14 다음 중 상향식 접근방식의 특징으로 가장 적절하지 않은 것은 무엇인가?

① 일반적으로 지도학습 방법에 의해 수행된다.
② 데이터를 기반으로 문제를 지속해서 개선하는 방식이다.
③ 문제의 정의 자체가 어려운 경우 사용하는 방식이다.
④ 기존 하향식 접근법의 한계를 극복하기 위한 분석 방법론이다.

15 ROI 요소를 고려한 빅데이터 분석 우선순위 평가 기준에 대한 설명으로 가장 부적절한 것은?

① 시급성과 난이도가 높은 분석 과제는 경영진 또는 실무 담당자의 의사 결정에 따라 우선순위를 조정할 수 있다.
② 가장 우선적인 분석 과제는 시급성과 난이도가 높은 과제이다.
③ 데이터 분석 과제를 추진할 때 우선으로 고려해야 하는 요소는 전략적 중요도에 따른 시급성이다.
④ 시급성은 전략적 중요도와 목표 가치를 평가하고 난이도는 데이터 획득 비용과 기업의 분석 수준을 평가한다.

16 다음은 분석 과제 우선순위 선정 매트릭스이다. 분석 과제의 적용 우선 순위를 시급성에 두었을 때 결정해야 할 우선순위로 가장 적절한 것은 무엇인가?

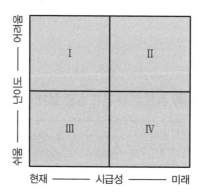

① Ⅲ - Ⅳ - Ⅱ

② Ⅲ - Ⅰ - Ⅱ

③ Ⅲ - Ⅱ - Ⅰ

④ Ⅲ - Ⅱ - Ⅳ

3과목 • 데이터 분석

17 다음 중 혼동 행렬에서 Accuracy와 Precision에 대한 설명으로 가장 올바르지 않은 것은 무엇인가?

① Precision은 $\dfrac{TP}{TP+FP}$ 으로 구할 수 있다.

② Accuracy는 $\dfrac{TP+TN}{TP+TN+FP+FN}$ 으로 구할 수 있다.

③ Precision은 True로 예측한 것 중에서 실제도 True인 비율이다.

④ Accuracy는 실제로 True인 것 중에서 True로 예측한 비율이다.

18 확률 변수 X에 대한 확률 질량 함수가 f(x)일 때 확률변수 X의 기댓값 E(X)는?

① $E(X) = \Sigma x f(x)$

② $E(X) = \dfrac{\Sigma x f(x)}{N}$

③ $E(X) = \int x f(x) dx$

④ $E(X) = \int x^2 f(x) dx$

19 아래 오분류표를 이용하여 구할 수 있는 F1 값은 다음 중 무엇인가?

구분		예측값	
		True	False
실제 값	True	200	300
	False	300	200

① 0.2

② 0.3

③ 0.4

④ 0.5

20 다음 오렌지의 둘레(Circumference)와 수령(Age)의 산점도에 대한 설명으로 옳지 않은 것은?

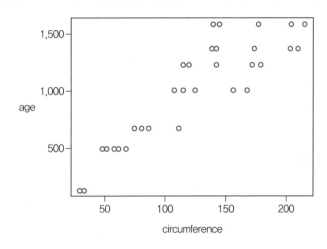

① 둘레(Circumference)가 클수록 수령(Age)도 증가하는 것을 알 수 있다.

② 둘레(Circumference)와 수령(Age)은 양의 상관관계이다.

③ 종별로 관계를 알 수 있다.

④ age는 2000보다 작은 값을 가진다.

21 다음 중 K-평균(K-means) 군집의 단점으로 가장 부적절한 것은?

① 잡음이나 이상값에 영향을 많이 받는다.

② 초기 군집 수를 결정하기 어렵고, 초깃값 선택이 최종 군집 선택에 영향을 미친다.

③ 안정된 군집은 보장하나 최적의 군집이라는 것은 보장하지 못한다.

④ 한번 군집이 형성되면 군집에 속한 개체들은 다른 군집으로 이동할 수 없다.

22 다음 중 연관 분석의 단점으로 가장 부적절한 것은?

① 품목을 너무 세분화할 경우 의미 없는 결과가 도출된다.

② 상대적으로 거래량이 적은 품목은 규칙 발견 시 제외되기 쉽다.

③ 품목 간에 구체적으로 어떠한 영향을 주는지 해석하기 어렵다.

④ 분석 품목 수가 증가하면 분석에 필요한 계산은 기하급수적으로 증가한다.

23 다음 데이터 세트에서 A, B 간의 유클리드 거리를 계산한 결과는?

구분	A	B
키	175	180
몸무게	45	50

① 0

② $\sqrt{5}$

③ $\sqrt{25}$

④ $\sqrt{50}$

24 스피어만 상관계수를 계산할 때 대상이 되는 자료의 종류는 무엇이어야 하는가?

① 명목척도

② 서열척도

③ 등간척도

④ 비율척도

25 다음 중 SOM(Self-Organizing Maps)에 대한 설명으로 가장 옳지 않은 것은 무엇인가?

① 지도의 형태로 형상화를 하여 입력변수의 위치 관계를 보존한다.

② 군집 분할을 위하여 역전파 알고리즘을 이용한다.

③ 경쟁 학습으로 연결 강도가 입력 패턴과 가장 유사한 경쟁층 뉴런이 승자가 된다.

④ 고차원의 데이터를 이해하기 쉬운 저차원의 뉴런으로 정렬하여 지도의 형태로 형상화한 비지도 신경망이다.

26 다음 중 과대적합(Over-fitting)에 대한 설명으로 가장 옳지 않은 것은 무엇인가?

① 모델의 매개 변수가 너무 많아 모형이 복잡할 때 발생한다.

② 학습 데이터가 모집단의 특성을 충분히 설명하지 못할 때 발생한다.

③ 학습을 빠르게 종료하는 방법으로 과대적합을 방지할 수 있다.

④ 생성된 모델이 훈련 데이터에 너무 최적화되어 테스트 데이터의 작은 변화에 민감하게 반응하는 경우는 없다.

27 다음은 피자와 햄버거의 거래 관계를 나타낸 표로, Pizza/Hamburgers는 피자/햄버거를 포함하는 거래 수를 의미하고 (Pizza)/(Hamburgers)는 피자/햄버거를 포함하지 않은 거래 수를 의미한다. 아래 표에서 피자 구매와 햄버거 구매에 대한 설명으로 가장 올바른 것은?

구분	Pizza	(Pizza)	합계
Hamburgers	2,000	500	2,500
(Hamburgers)	1,000	1,500	2,500
합계	3,000	2,000	5,000

① 정확도가 0.7로 햄버거와 피자의 구매 관련성은 높다.

② 지지도가 0.6으로 전체 구매 중 햄버거와 피자가 같이 구매되는 경향이 높다.

③ 향상도가 1보다 크므로 햄버거와 피자 사이에 연관성이 높다고 할 수 있다.

④ 연관규칙 중 "햄버거 → 피자"보다 "피자 → 햄버거"의 신뢰도가 더 높다.

28 앙상블 모형은 여러 개의 분류 모형에 의한 결과를 종합하여 분류의 정확도를 높이는 방법이다. 다음 중 앙상블 모형에 대한 설명으로 가장 옳지 않은 것은?

① 배깅은 훈련 데이터에서 다수의 부트스트랩(Bootstrap) 자료를 생성하고, 각 자료를 모델링한 후 결합하여 최종 예측 모형을 만드는 알고리즘이다.

② 랜덤 포레스트는 의사결정나무의 특징인 분산이 크다는 점을 고려하여 배깅과 부스팅보다 더 많은 무작위성을 주어 약한 학습기들을 생성한 후 이를 선형 결합하여 최종 학습기를 만드는 방법이다.

③ 앙상블 모형은 훈련을 한 뒤 예측을 하는 데 사용하므로 지도 학습법(Supervised Learning)이다.

④ 부스팅은 재표본 과정에서 각 자료에 동일한 가중치를 부여하여 여러 모형을 만들어 결합하는 방법이다.

29 다음 중 정규분포에서 신뢰 수준이 95%일 때에 대한 설명으로 가장 적절하지 않은 것은 무엇인가?

① 신뢰 수준은 모수값이 정해져 있을 때 다수의 신뢰구간 중 모수값을 포함하는 신뢰 구간이 존재할 확률을 말한다.

② 표본의 크기가 커질수록 신뢰 구간이 좁아지는 것은 정보가 많을수록 추정량이 더 정밀하다는 것을 의미한다.

③ 신뢰수준 95%의 의미는 추정값이 신뢰구간에 존재할 확률이 95%라고 할 수 있다.

④ 신뢰수준 99%일 때의 신뢰구간이 신뢰수준 95%일 때의 신뢰구간보다 길다.

30 회귀분석에서 변수 선택 방법에 대한 설명으로 가장 적절하지 않은 것은 무엇인가?

① 후진 제거법은 변수가 많을 경우에 사용하기가 어렵다.

② 전진 선택법과 후진 제거법의 결과는 항상 동일하지는 않다.

③ 전진 선택법은 모형을 가장 많이 향상시키는 변수를 하나씩 점진적으로 추가하는 방법이다

④ 전진 선택법은 변수를 추가할 때 기존에 선택된 변수들의 중요도에 영향을 받지 않는다.

31 아래의 주성분 분석에 대한 설명으로 가장 올바르지 않은 것은?

```
> result <- princomp(headsize)
> print(summary(result), loadings = TRUE)
Importance of components:
                          Comp.1        Comp.2        Comp.3        Comp.4
Standard deviation      15.1093978    5.4217437    4.11998200    3.00009038
Proportion of Variance   0.8048039    0.1036272    0.05983929    0.03172959
Cumulative Proportion    0.8048039    0.9084311    0.96827041    1.00000000

Loadings:
          Comp.1   Comp.2   Comp.3   Comp.4
head1      0.570    0.693    0.442
breadth1   0.406    0.219   -0.870    0.173
head2      0.601   -0.633    0.209    0.441
breadth2   0.386   -0.267            -0.881
```

① 제1주성분은 대략 80.5%의 분산 비율을 갖는다.

② 제2주성분의 로딩 벡터는 모두 양의 방향을 가지고 있다.

③ 제4주성분까지 사용하면 전체 데이터 분산을 모두 설명할 수 있다.

④ 제2주성분까지 사용하면 전체 데이터 분산의 약 90.8%를 설명할 수 있다.

32 다음 오차의 유형에 관한 설명 중 가장 부적절한 것은 무엇인가?

① 비표본 오차(Non-Sampling Error)는 조사 대상이 증가하면 오차가 커진다.

② 표본 오차(Sampling Error)는 모집단의 일부인 표본에서 얻은 자료를 통해 모집단 전체의 특성을 추론함으로써 생기는 오차이다.

③ 표본 편의(Sampling Bias)는 표본 추출 방법에서 기인하는 오차를 의미하고, 표본 추출 방법으로 최소화하거나 없앨 수 있다.

④ 표본 오차는 표본의 크기를 증가시켜서 줄일 수 있다.

33 양성인 사람은 0.4, 실제 질병이 있는 사람은 0.3, 실제 질병이 있는 사람 중 검사 결과가 양성인 사람은 0.80이다. 양성이 나온 사람 중 실제 질병이 있는 사람의 확률은 무엇인가?

① 0.15   ② 0.2

③ 0.3   ④ 0.6

34 다음 표를 사용한 재현율에 관련된 설명으로 틀린 것은?

구분		Predict	
		True	False
Actual	True	300	1500
	False	600	100

① 재현율은 6/10이다.

② F1-Score는 정밀도와 민감도를 하나로 합한 성능평가 지표이다.

③ 재현율(Recall)은 실제로 '긍정'인 범주 중에서 '긍정'으로 올바르게 예측(TP)한 비율이다.

④ 재현율은 참 긍정률, 민감도라고도 하며 TP/(TP+FN)이다.

35 다음 주성분 분석에 대한 설명 중 가장 적합한 것은?

① 척도에 영향을 받지 않으므로 정규화 전후의 주성분 결과는 동일하다.

② 독립변수들과 주성분과의 거리인 '정보손실량'과 분산을 최소화한다.

③ 주성분 분석은 서로 상관성이 높은 변수들의 선형 결합으로 만들어 기존의 상관성이 높은 변수들을 요약, 축소하는 기법이다.

④ 주성분 분석은 변동 폭이 작은 축을 선택한다.

36 주성분 분석에서 주성분 개수를 선택하는 방법으로 가장 적합하지 않은 것은?

① 평균 고윳값

② 성분들이 설명하는 분산의 비율

③ 스크리 산점도(Scree plot)

④ 고윳값의 분해 가능 여부

37 다음 분해 시계열 분석에 대한 설명 중 옳지 않은 것은?

① 이동평균법은 시간의 흐름에 따라 최근 시계열에 더 많은 가중치를 부여하여 이동평균을 계산하는 방법이다.

② 시계열에 영향을 주는 일반적인 요인을 시계열에서 분리해 분석하는 방법이다.

③ 추세 요인은 자료가 어떤 특정한 형태를 취하는 요인이다.

④ 계절 요인은 고정된 주기에 따라 자료가 변화하는 요인이다.

38 의사결정나무 모형에 관한 내용으로 적절하지 않은 것은?

① 설명 변수나 목표 변수에 수치형 변수와 범주형 변수를 모두 사용할 수 있다.

② 분리 변수의 P차원 공간에 대한 현재 분할은 이전 분할에 영향을 받지 않는다.

③ 부모 마디의 순수도에 비해 자식 마디들의 순수도가 증가하도록 자식 마디를 형성한다.

④ 의사결정나무(Decision Tree) 모형은 의사결정 규칙을 나무(Tree) 구조로 나타내어 전체 자료를 몇 개의 소집단으로 분류하거나 예측하는 분석 방법이다.

39 다음 회귀 분석 결과에 대한 설명으로 틀린 것은 무엇인가?

```
> summary(lm(wage~ year + age + jobclass, data = Wage))

Call:
lm(formula = wage ~ year + age + jobclass, data = Wage)

Residuals:
          min     1Q      Median    3Q       Max
      -103.646 -24.525   -6.118   16.406   200.662

Coefficients:
                        Estimate Std. Error t value Pr(>|t|)
(Intercept)            -2.400e+03  7.252e+02  -3.309  0.000946 ***
year                    1.235e+00  3.616e-01   3.415  0.000646 ***
age                     6.362e-01  6.373e-02   9.982  < 2e-16 ***
jobclass2. Information  1.597e+01  1.471e+00  10.859  <2e-16 ***
---
Signif. codes:  0 '***' 0.001 '**'  0.01 '*'  0.05 '.'  0.1 ' '  1

Residual standard error:   40.09 on 2996 degrees of freedom
Multiple R-squared:  0.07794, Adjusted R-squared:   0.07702
F-statistic:  84.41 on 3 and 2996 DF, p-valu: < 2.2e-16
```

① jobclass는 범주형 변수이다.

② age 변수는 wage에 대해 유의하다.

③ 독립 변수는 year, age, jobclass이다.

④ year 변수는 wage에 대해 유의하지 않다.

40 다음 rock 데이터 세트의 분석 결과로 옳지 않은 것은?

```
> summary(rock)
     area            peri             shape              perm
Min :    1016   Min :    308.6   Min :   0.09033   Min :     6.30
1st Qu. : 5306  1st Qu. : 1414.9  1st Qu. : 0.16226  1st Qu. : 76.45
Median : 7487   Median : 2536.2  Median : 0.19886  Median : 130.50
Mean :   7188   Mean :   2682.2  Mean :   0.21811  Mean :   415.45
3rd Qu. : 8870  3rd Qu. : 3989.5  3rd Qu. : 0.26267  3rd Qu. : 777.50
Max :    12212  Max :    4864.2  Max :   0.46413   Max :    1300.00
```

① area와 shape는 유의미한 관계를 갖는다.

② shape의 중위수는 0.19886이다.

③ perm의 최솟값은 6.30이다.

④ area의 IQR은 3,565이다.

제32회 ADsP 기출복원문제

1과목 ▶ 데이터 이해

01 다음 SQL의 명령어 중에서 DML(데이터 조작어)만 선택한 것은?

> ㉠ CREATE   ㉡ SELECT   ㉢ UPDATE
> ㉣ INSERT   ㉤ DELETE

① ㉠, ㉡, ㉢   ② ㉠, ㉡, ㉢, ㉣
③ ㉠, ㉡, ㉢, ㉤   ④ ㉡, ㉢, ㉣, ㉤

02 다음은 고객과 상품의 대응 관계를 도식화한 것이다. 대응비(Cardinality ratio) 관점에서 둘 간의 관계를 가장 바르게 표현한 것은?

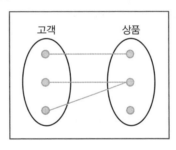

① 1:1   ② 1:N
③ N:1   ④ M:N

03 다양한 비즈니스 분야에서 생산, 구매, 재고, 주문, 공급자와의 거래, 고객서비스 제공 등 주요 프로세스 관리를 돕는 여러 모듈로 구성된 통합 애플리케이션 소프트웨어 패키지는?

① SCM   ② ERP
③ CRM   ④ BI

04 다음 중에서 "커피를 구매하는 사람이 탄산음료를 더 많이 사는가?"에 대한 문제를 해결하기 위한 빅데이터 분석기법은?

① 군집 분석

② 연관 분석

③ 회귀 분석

④ 분류 분석

05 지도 학습은 특정 입력값에 대하여 올바른 정답(Label)이 있는 데이터 집합이 주어지는 경우의 학습이며, 비지도 학습은 올바른 정답이 없는 데이터 집합이 주어진 경우의 학습 방법이다. 다음 중 학습 방법이 다른 것은?

① 분류 분석

② 회귀 분석

③ 군집 분석

④ 인공신경망 분석

06 다음 중 빅데이터 활용에 필요한 3요소로 올바른 것은 무엇인가?

① 데이터, 기술, 인력

② 데이터, 프로세스, 인력

③ 인력, 데이터, 알고리즘

④ 프로세스, 기술, 인력

07 빅데이터에서 통찰력 있는 분석을 하기 위해서는 인문학적 소양이 필요하다. 다음 중 인문학 열풍을 가져온 외부 요인과 관계가 없는 것은 무엇인가?

① 빅데이터 분석 기법의 이해와 분석 방법론이 확대되었다.

② 비즈니스 중심이 제품생산에서 서비스로 이동하였다.

③ 경제와 산업의 논리가 생산에서 시장창조로 변화되었다.

④ 단순 세계화인 컨버전스 시기에서 복잡한 세계화인 디비전 시기로 변화하였다.

08 다음 중 데이터 사이언티스트의 역할로 가장 적합하지 않은 것은?

① 분석의 여러 도구들을 활용해 통찰력을 제시한다.

② 정보를 활용하여 단순한 형태로 정리하거나 정규적인 패턴을 파악한다.

③ 과학과 인문학적 통찰에 근거한 합리적 추론을 탁월하게 조합한다.

④ 데이터 분석 알고리즘으로 피해를 입은 사람을 구제한다.

09 빅데이터의 4V를 ROI 관점에서 볼 때 비즈니스 효과(Return)에 해당하는 것은 무엇인가?

① Volume
② Value
③ Variety
④ Velocity

10 데이터 거버넌스 체계요소 중 데이터 표준화에 대한 설명으로 가장 적합한 것은 무엇인가?

① 데이터 표준 용어 설정, 명명 규칙 수립, 메타 데이터 구축, 데이터 사전 구축 등의 업무를 수행한다.

② 메타 데이터 및 표준 데이터를 관리하기 위한 전사 차원의 저장소를 구성한다.

③ 데이터 거버넌스 체계를 구축한 후 표준 준수 여부를 주기적으로 점검하고 모니터링을 실시한다.

④ 데이터 정합성 및 활용의 효용성을 위해 메타 데이터와 데이터 사전의 관리 원칙을 수립한다.

11 다음 설명이 의미하는 것은 무엇인가?

> 전사 차원의 모든 데이터에 대하여 정책 및 지침, 표준화, 운영조직 및 책임 등의 표준화된 관리 체계를 수립하고 운영을 위한 프레임워크 및 저장소를 구축

① 데이터 마스터 플랜
② 데이터 표준화 활동
③ 분석 거버넌스 체계
④ 데이터 거버넌스

12 빅데이터 분석 방법론의 분석 기획 단계 중 '비즈니스 이해 및 범위 설정'에서 프로젝트에 참여하는 관계자들의 이해를 일치시키기 위해 작성하는 것은?

① 데이터 정의서
② SOW(Statement Of Work)
③ 위험 관리 계획서
④ WBS(Work Breakdown Structure)

13 분석기회발굴의 범위 확장에서 '거시적 관점' 영역으로 적합하지 않은 것은 무엇인가?

① 사회   ② 환경

③ 채널   ④ 기술

14 하향식 접근 방식에서 분석 유즈 케이스에 대한 설명으로 가장 부적절한 것은?

① 분석 유즈 케이스는 문제 정의 자체가 어려운 경우 데이터를 기반으로 문제를 지속해서 개선하기 위해 사용한다.

② 분석 유즈 케이스를 통해 풀어야 할 문제에 대한 상세한 설명 및 해당 문제를 해결했을 때 발생하는 효과를 명시하여 데이터 분석 문제로의 전환 및 적합성 평가에 활용할 수 있다.

③ 분석 기회들을 구체적인 과제로 만들기 위해 분석 유즈 케이스로 표기하는 것이 필요하다.

④ 분석 유즈 케이스는 문제를 탐색하는 단계에 활용된다.

15 다음 중 분석 준비도 프레임워크의 영역이 아닌 것은 무엇인가?

① 분석 인프라   ② 성과 분석

③ 분석 문화   ④ 분석 데이터

16 다음 중 빅데이터 분석 방법론의 절차로 올바른 것은 무엇인가?

① 분석 기획 → 데이터 준비 → 시스템 구현 → 평가 및 전개

② 데이터 전처리 → 데이터 변화 → 데이터 마이닝 → 데이터 마이닝 결과 평가

③ 데이터 전처리 → 데이터 준비 → 시스템 구현 → 평가 및 전개

④ 업무 이해 → 데이터 이해 → 데이터 준비 → 모델링 → 평가 및 전개

17 다음 중에서 비모수 검정이 아닌 것은 무엇인가?

① 카이제곱 검정

② 부호검정(Sign Test)

③ 윌콕슨의 부호 순위하검정(Wilcoxon Signed Rank Test)

④ 런검정(Runs Test)

18 다음 중 어떤 슈퍼마켓 고객 5명의 장바구니별 구매 품목이 다음과 같다고 할 때 연관규칙 '빵 → 우유'에 대한 신뢰도는?

장바구니	조합된 품목
1	{빵, 맥주}
2	{빵, 우유, 계란}
3	{맥주, 우유}
4	{빵, 맥주, 계란}
5	{빵, 맥주, 우유, 계란}

① 50% ② 55%

③ 60% ④ 65%

19 다음은 어떤 편의점의 품목별 거래 건수이다. 연관규칙 '커피 → 김밥'에 대한 향상도를 계산하면?

상품	거래 건수
커피	10
김밥	10
생수	10
커피, 김밥, 생수	5
김밥, 생수	20
커피, 김밥	25
커피, 생수	20

① 30.5% ② 50.0%

③ 83.3% ④ 93.3%

20 다음 혼동 행렬에서 민감도를 계산하면?

예측치 실제값	True	False
True	4(TP)	6(FN)
False	2(FP)	8(TN)

① 0.25　　　　　　　　　　　　② 0.40

③ 0.67　　　　　　　　　　　　④ 0.75

21 다음 중 사실인데 사실이 아니라고 판단할 확률의 최대 크기는 무엇인가?

① 기각역　　　　　　　　　　　② 유의 수준

③ 베타 수준　　　　　　　　　　④ 신뢰 수준

22 다음 중에서 자료들의 중간 50%에 흩어진 정도를 나타내는 통계량은 무엇인가?

① 평균　　　　　　　　　　　　② 중위수

③ 분산　　　　　　　　　　　　④ 사분위수 범위

23 다음이 설명하는 분석 기법은 무엇인가?

> • 상관관계가 있는 고차원 자료를 자료의 변동을 최대한 보존하는 저차원 자료로 변환
> • 서로 상관성이 높은 변수들의 선형 결합으로 만들어 기존의 상관성이 높은 변수들을 요약, 축소하는 기법

① 요인 분석　　　　　　　　　　② 다중 회귀 분석

③ 판별 분석　　　　　　　　　　④ 주성분 분석

24 다음 중에서 파생 변수에 대한 설명으로 가장 올바르지 않은 것은?

① 기존 변수 중의 하나를 대표해서 사용할 수 있다.

② 기존 변수에 특정 조건 혹은 함수 등을 사용하여 재정의한 변수이다.

③ 단위변환, 표현형식의 변환으로 생성할 수 있다.

④ 데이터에 들어 있는 변수를 조합하거나 함수를 적용해서 새로운 변수를 만든다.

25 다음 중에서 거리에 대한 설명으로 가장 올바르지 않은 것은?

① 유클리드 거리는 두 점을 잇는 가장 짧은 직선거리이다.

② 마할라노비스 거리는 변수의 표준화를 고려하지 않고 상관성을 고려한 통계적 거리이다.

③ 표준화 거리는 변수의 측정 단위를 표준화한 거리이다.

④ 맨하탄 거리는 두 점 간 차의 절댓값을 합한 값이다.

26 다음 혼동행렬에서 특이도(Specificity)를 계산한 식은?

예측치 실제값	True	False	합계
True	TP	FN	N1
False	FP	TN	N2
합계	S1	S2	N3

① $\dfrac{TN}{N1}$

② $\dfrac{TN}{N2}$

③ $\dfrac{TP}{S1}$

④ $\dfrac{TN}{S2}$

27 박스 플롯에서 중간에 있는 선이 의미하는 것은?

① 사분위수(Quartile)

② 최빈수(Mode)

③ 수염(Whiskers)

④ 중위수(Median)

28 다음은 K-평균 군집을 수행하는 절차이다. 다음 중 K-평균 군집의 수행 절차를 순서대로 올바르게 나열한 것은?

> ㉠ 각 자료의 가장 가까운 군집의 중심에 할당한다.
> ㉡ 군집 중심의 변화가 거의 없을 때(또는 최대 반복수)까지 단계2와 단계3을 반복한다.
> ㉢ 초기(군집의) 중심으로 k개의 객체를 임의로 선택한다.
> ㉣ 각 군집 내의 자료들의 평균을 계산하여 군집의 중심을 갱신(Update)한다.

① ㉢ → ㉠ → ㉣ → ㉡

② ㉢ → ㉣ → ㉠ → ㉡

③ ㉠ → ㉢ → ㉣ → ㉡

④ ㉠ → ㉣ → ㉢ → ㉡

29 다음이 설명하는 군집 분석 방법은 무엇인가?

> 여러 분포를 확률적으로 선형 결합하여 데이터가 k개의 모수적 모형을 가중 합으로 표현되는 모집단 모형으로부터 나왔다는 가정에서 자료로부터 모수와 가중치를 추정하는 방법

① DBSCAN 　　　　　　　　② EM 알고리즘
③ 혼합 분포 군집 　　　　　　④ SOM

30 긍정으로 예측한 비율 중에서 실제로 긍정인 비율은?

① 정확도(Accuracy) 　　　　　② 정밀도(Precision)
③ 재현율(Recall) 　　　　　　④ 특이도(Specificity)

31 다음이 설명하는 분석 방법은 무엇인가?

> • 데이터 간의 관계에서 조건과 반응을 연결하는 분석
> • 소매점에서 물건을 배열하거나 카탈로그 및 교차 판매 등에 적용하기 적합한 데이터 마이닝 기법

① 군집 분석 　　　　　　　　② 회귀 분석
③ 연관 분석 　　　　　　　　④ 분류 분석

32 다음 중에서 시계열 분석에 대한 설명으로 가장 올바르지 않은 것은 무엇인가?

① 잡음에 대한 원인을 알 수 있다.
② 연도별, 분기별, 월별 등 시계열로 관측되는 자료를 분석한다.
③ 시계열 분해는 시계열에 영향을 주는 일반적인 요인을 시계열에서 분리해 분석하는 방법이다.
④ 시계열 분석을 위해서는 정상성을 만족해야 한다.

33 R에서 서로 다른 데이터 타입을 담을 수 있는 구조는 무엇인가?

① 행렬(Matrix) 　　　　　　　② 벡터(Vector)
③ 배열(Array) 　　　　　　　④ 리스트(List)

34 모형 평가에서 K-Fold Cross Validation에 대한 설명으로 가장 올바르지 않은 것은 무엇인가?

① 데이터 집합을 무작위로 동일 크기를 갖는 k개의 부분 집합으로 나눈다.

② k값이 증가하면 수행 시간과 계산량도 많아진다.

③ k번 반복 수행하며 결과를 k의 다수결 또는 평균으로 분석한다.

④ k=2일 경우 LOOCV 교차 검증 기법과 같다.

35 관측된 여러 개의 변숫값으로부터 유사성에만 기초하여 여러 개로 집단화하여 집단의 특성을 분석하는 기법은 무엇인가?

① 의사결정나무
② 회귀 분석
③ 군집 분석
④ 연관 분석

36 표본조사에 대한 설명으로 가장 바람직하지 않은 것은?

① 표본조사는 전수조사에 비해 시간과 비용이 절감된다.

② 선택된 일부만을 대상으로 조사를 실시하여 이로부터 전체 모집단의 특성을 추정한다.

③ 표본추출 과정에서 표본추출오차가 발생하며, 표본의 크기가 증가하면 표본추출오차는 감소한다.

④ 비표본 오차는 표본이 개수가 많아져도 커지지 않는다.

37 다음 중 시간의 흐름에 따라 일정한 간격마다 기록한 데이터는?

① 패널 데이터
② 시계열 데이터
③ 정형 데이터
④ 횡단면 데이터

38 주성분 분석에 대한 설명으로 가장 올바르지 않은 것은?

① 상관관계가 있는 고차원의 자료를 자료의 변동을 최대한 보존하는 저차원 자료로 변환하는 차원 축소 방법이다.

② 차원 감소 폭의 결정은 스크리 산점도를 활용한다.

③ 분산이 가장 작은 것을 제1주성분으로 한다.

④ 누적 기여율이 85% 이상이면 주성분의 수로 결정할 수 있다.

39 박스 플롯에서 1사분위는 14, 3사분위는 18일 때 하위 경계(Lower fence)와 상위 경계(Upper fence)는 각각 무엇인가?

① −8, 30   ② 2, 32

③ 4, 20   ④ 8, 24

40 시계열의 정상성에 대한 설명으로 가장 옳지 않은 것은?

① 분산이 시점에 의존하지 않는다.

② 평균이 일정하다.

③ 시점 간에 상관관계가 없는 독립성이 있다.

④ 공분산은 시차에만 의존하고 시점 자체에는 의존하지 않는다.

PART

05

기출복원문제
정답 및 해설

제40회 ADsP 기출복원문제

01	02	03	04	05	06	07	08	09	10
④	②	③	②	③	①	④	①	④	③
11	**12**	**13**	**14**	**15**	**16**	**17**	**18**	**19**	**20**
②	③	②	④	④	①	②	③	①	①
21	**22**	**23**	**24**	**25**	**26**	**27**	**28**	**29**	**30**
④	③	①	①	④	③	③	②	②	④
31	**32**	**33**	**34**	**35**	**36**	**37**	**38**	**39**	**40**
②	①	③	②	④	②	①	④	③	②
41	**42**	**43**	**44**	**45**	**46**	**47**	**48**	**49**	**50**
①	④	③	③	②	③	①	④	④	①

1과목 데이터 이해

---

01 정답 ④

해설 빅데이터가 발전함에 따라 '서비스 산업이 축소되고 제조업의 생산성은 감소되었다'는 측면보다는 오히려 서비스 산업이 증가되고 제조업의 생산성 또한 향상되었다.

빅데이터가 만든 본질적인 변화
- 사전처리에서 사후처리 시대로의 변화
- 표본조사에서 전수조사로의 변화
- 질보다 양이 중요한 특징으로의 변화
- 인과관계에서 상관관계로의 변화

---

02 정답 ②

해설 데이터베이스가 '만약 응용프로그램에 종속되게 된다면, 오히려 데이터가 독립적으로 표준화가 가능하단 점에 위배될 수 있다.'

데이터베이스의 특징
- 공용 데이터   · 통합 데이터
- 저장 데이터   · 변화하는 데이터

데이터베이스를 통한 장점
- 데이터 중복 저장 최소화
- 데이터 공유 가능성
- 일관성, 무결성, 보안성 유지 · 데이터의 논리적 물리적 독립 및 표준화 가능
- 데이터 접근 용이성

03 정답 ③

해설 컴퓨터학에서 가장 작은 단위는 0과 1의 이진(Binary)문제를 나타낼 수 있는 비트(Bit)이다. Byte는 Bit의 8배가 더 큰 단위이다.

04 정답 ②

해설 ITS는 기업 내부 데이터베이스 솔루션이 아닌 교통부문의 사회기반 구조의 데이터베이스 솔루션이라 할 수 있다.

05 정답 ③

해설 텍스트 문서, 이미지, 음성은 비정형 데이터이다. 보통 헷갈리는 데이터가 반정형 데이터이며 반정형 데이터의 경우에는 로그데이터, 센서데이터, JSON 등을 예로 들 수 있다.

06 정답 ①

해설 **빅데이터가 만든 본질적인 변화**
• 사전처리에서 사후처리 시대로의 변화
• 표본조사에서 전수조사로의 변화
• 질보다 양이 중요한 특징으로의 변화
• 인과관계에서 상관관계로의 변화

07 정답 ④

해설 빅데이터가 존재하지 않는다고 할지라도 기존 서비스의 성과는 유지가 가능하다.

08 정답 ①

해설 '이 문서는 어떤 주제를 가진 문서그룹에 속하는가?'라는 특성에 따라 분류할 때 사용하는 기법은 분류 분석이다.

09 정답 ④

해설 가트너가 제시한 데이터 사이언티스트가 갖춰야 할 역량에 "조직 관리"는 포함되어 있지 않다.
가트너가 제시한 데이터 사이언티스트가 갖춰야 할 역량
• 분석 모델링
• 데이터 관리
• 소프트 스킬
• 비즈니스 분석

10 정답 ③

해설 데이터 사이언티스트 요구역량은 하드 스킬과 소프트 스킬로 구분이 가능하다. 하드 스킬은 "이론적 지식"과 "숙련도"를 의미하고, 소프트 스킬은 "통찰력 있는 분석", "설득력있는 전달", "다분야 간 커뮤니케이션"을 의미한다.

11 정답 ②

해설 효과적인 데이터 분석 문화를 정착시키기 위해서는 한시적인 속성교육이 아닌 조직 내 구성원 모두에게 교육이 지속되어야만 분석 기반의 업무를 정착시킬 수 있다.

12 정답 ③

해설 **빅데이터 분석 방법론의 분석 기획 절차**
1. 비즈니스 이해 및 범위 설정 – (비즈니스 이해/프로젝트 범위 설정)
2. 프로젝트 정의 및 계획 수립 – (데이터 분석 프로젝트 정의/프로젝트 수행 계획 수립)
3. 프로젝트 위험 계획 수립 – (데이터분석 위험 식별/위험 대응 계획 수립)

13 정답 ②

해설 하향식 접근 방식을 통한 분석 과제 발굴 절차는 문제 탐색, 문제 정의, 해결방안 탐색, 타당성 검토, 선택의 순서로 이루어진다. 프로토타이핑은 본 절차에 포함되지 않는다.

14 정답 ④

해설 분석 과제가 정해져 있어 문제가 명확할 때 사용하는 방식은 '하향식' 접근 방식이다.

15 정답 ④

해설 대상별 분석 기획 유형은 최적화, 솔루션, 통찰, 발견이 존재한다. '관찰'은 해당 유형에 속하지 않는다.

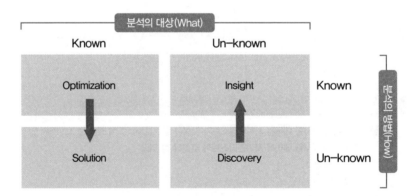

16 정답 ①

해설 **분석 조직 구조 유형**
- 집중 구조
- 기능 구조
- 분산 구조

※ 기억합시다! 집사람의 기분을 좋게 하자. 집기분(**집**중 구조, **기**능 구조, **분**산 구조)
※ 집중 구조의 특징은 이원화, 이중화라는 단어가 나온다는 특징으로 기억하면 좋다.

17 정답 ②

해설 당면과제를 빠르게 해결하는 과제중심적인 접근방법이 단기시점에 해당하게 된다. 이 특징으로는 Quick-Win, Problem Solving, Speed&Test를 대표적으로 꼽을 수 있다.

18 정답 ③

해설 IT영역에서의 빅데이터 관리 환경, 시뮬레이션·최적화, 비주얼 분석, 분석 전용 서버는 확산 단계에 해당한다.

19 정답 ①

해설 빅데이터 분석 방법론의 분석 절차 중에서 비즈니스 이해 및 설정 단계에서 구조화된 프로젝트 범위 정의서인 SOW(Statement Of Work)를 작성하게 된다.

20 정답 ①

해설 CRISP-DM 모델링 단계에서 모델링 기법 선택, 모델 테스트 계획 설계, 모델 작성, 모델 평가를 수행하게 되며, 데이터 준비 단계에서 "데이터 통합"이 수행된다.

3과목 ▶ 데이터 분석

21 정답 ④

해설 K-평균 군집은 비계층 기반 군집분석 방법이다.

22 정답 ③

해설 F1-Score는 정밀도와 재현율의 조화평균이다. 그러므로 공식은 $2 \times \dfrac{\text{Precision} \times \text{Recall}}{\text{Precision} + \text{Recall}}$ 이다.

23 정답 ①

해설 앙상블 기법은 여러 개의 모델을 결합하여 예측 성능을 향상시키는 방법으로 기법의 종류로는 '보팅', '배깅', '부스팅'이 존재한다.
- 보팅(Voting) : 여러 개의 다른 모델의 예측 결과를 투표로 결합하는 방식의 기법
- 배깅(Bagging) : 훈련 데이터의 서브셋을 무작위로 추출하여 여러 모델을 훈련시키고, 이들의 결과를 평균 내는 기법
- 부스팅(Boosting) : 잘못 예측된 데이터에 가중치를 더 주면서 순차적으로 모델을 학습시키는 기법

24 정답 ①

해설 ② 지니계수의 공식
③ 카이제곱의 공식
④ 평균 구하는 공식

25 정답 ④

해설 $d(i,j) = \left[\sum_{f=1}^{p} (x_{if} - x_{jf})^m \right]^{1/m}$ 공식에서 m값이 1이라면, 절댓값 공식이 되어 '맨하탄 거리' 공식이 되고 m값

이 2라면, sqrt 루트가 적용되어 '유클리드 거리' 공식이 된다.

26 정답 ③

해설 recall은 TP/(TP+FN)=300/(300+200)

예측치 실제값	False	True	합계
False	300	200	500
True	200	300	500
합계	500	500	1,000

27 정답 ③

해설 확률변수가 실수와 같이 연속적인 값을 가지며, 구간의 범위를 확률로 계산하는 분포를 연속형 확률 밀도 함수라 한다.

28 정답 ②

해설 퍼셉트론은 인공신경망에서 나오는 개념이다.
①, ③, ④은 의사결정나무에서 분류규칙을 선택하기 위해 필요한 지수이다.

29 정답 ②

해설 함수 $f(x)$는 x값이 0~1 사이가 되면, 1로 표시(Encoding)하게 되고 0 이하이거나 1 이상인 경우에는 0으로 표시하는 함수이다. 이렇게 된다면 기댓값은 0 아니면 1이 될 확률로 귀결되므로, 기댓값은 0.5가 된다.

30 정답 ④

해설 등분산성은 잔차의 분산이 독립변수와 무관하게 일정해야 한다는 특성이다.
※ 회귀분석을 수행하기 위해서는 필요한 가정이 존재하는데 '선정독등비'로 기억하면 좋다. **선**형성 가정, **정**규성 가정, **독**립성 가정, **등**분산성 가정, **비**상관성을 의미한다.
선형회귀분석의 가정

선형성	독립변수와 종속변수가 선형적이어야 함
정규성	잔차항이 정규분포를 이뤄야 함
독립성	• 단순선형회귀분석 : 잔차와 독립변수의 값이 서로 독립적이어야 함 • 다중선형회귀분석 : 단순선형회귀분석의 가정 충족에 독립변수 간 낮은 상관관계를 가져야하는 조건 추가
등분산성	잔차의 분산이 독립변수와 무관하게 일정해야 함
비상관성	관측치와 잔차는 서로 상관성이 없어야 함

31 정답 ②

해설 ① F–분포는 표준정규분포로써 평균을 활용한 가설검정에 활용된다.

③ 카이제곱분포(x^2 분포)는 동일집단 내에서의 모집단과 표본집단 간의 분산을 검정하는 데 활용된다.

④ 포아송 분포는 이산형 확률분포 중 주어진 시간 또는 영역에서 어떤 사건의 발생횟수를 나타낼 때 활용된다.

32 정답 ①

해설 주성분 분석에서 주성분의 개수를 구하는 것은 늘 어려운 문제이다. 따라서, 스크리 산점도, 전체 변이 공헌도 (Percentage of Total Variance) 등의 다양한 기법을 활용하여 최적의 주성분 분석의 개수를 구하고자 한다. 전체 변이 공헌도(Percentage of Total Variance) 방법이 항상 더 나은 결과를 도출한다고 보기엔 어렵다.

33 정답 ③

해설 ① Q–Q plot(Quantile–Quantile plot)은 데이터의 분포가 정규 분포를 따르는지 비교하는 그래픽 도구이다.

② 샤피로–윌크 검정(Shapiro–Wilk test)은 작은 표본에서 정규성을 검정하는 데 유용한 통계적 검정 방법이다.

④ K–S 검정(콜모고로프–스미르노프 검정)은 두 표본의 분포가 같은지 검정하는 방법이며, 한 표본의 경우 정규 분포를 기준으로 검정할 수 있다. 그러나, 결정계수(R^2)는 데이터의 분산 중 회귀선에 의해 설명되는 비율을 나타내는 통계량으로, 모델의 적합도를 평가하는 데 사용되며 정규성 검증과는 관련이 없다.

정규성 검증 방법

방법	설명	정규성 여부
Q–Q plot	데이터 분포와 정규 분포를 비교하는 그래픽 도구	Y
샤피로–윌크 검정	작은 표본에서 데이터의 정규성을 검정하는 통계적 방법	Y
결정계수	모델의 적합도를 평가하는 데 사용되는 통계량, 정규성 검증과 관련 없음	N
K–S 검정(콜모고로프–스미르노프 검정)	표본의 분포가 정규 분포를 따르는지 검정하는 통계적 방법	Y

34 정답 ②

해설 귀무가설(H_0)이 실제로는 거짓이지만, 통계적 검정 결과 이를 잘못 채택하는 오류는 2종 오류라고 한다. 2종 오류는 주로 검정의 민감도가 부족할 때, 즉 검정력이 낮을 때 발생하며, 이는 표본 크기가 작거나 효과 크기가 충분히 크지 않을 때 일어날 수 있다.

가설검정 오류의 종류

방법	설명
1종 오류	실제로는 귀무가설이 참인데, 잘못하여 이를 기각하는 오류. 잘못된 기각의 위험이 있음
2종 오류	실제로는 귀무가설이 거짓인데, 이를 잘못 채택하는 오류. 잘못된 채택의 위험이 있음
검정통계량	데이터에 대한 통계적 검정을 수행할 때 사용되는 값으로, 귀무가설 하에서의 모델 적합도나 예측 정확도 등을 수치적으로 나타낸 것. 이 값을 기반으로 귀무가설의 기각 여부를 결정
유의 확률	통계적 가설검정에서 사용되며, 검정통계량이 귀무가설 하에서 관찰될 확률. 이 값이 매우 낮다면 귀무가설을 기각할 근거가 될 수 있음

35 정답 ④

해설 **시계열 구성요소**
- 추세   · 계절   · 순환   · 불규칙 요인

36 정답 ②

해설 **층화 추출법**
- 모집단을 서로 상이한 특징을 가진 여러 개의 소집단(층)으로 나누고 각 층에서 무작위로 표본을 추출하는 방법이다.
- 각 층의 대표성을 보장하며, 추출된 표본이 모집단의 다양성을 잘 반영하도록 한다.
- 층화 추출은 전체 모집단의 특성을 더 정확히 파악하는 데 유용하다.

37 정답 ①

해설
- 종속변수는 반응 변수, 결과 변수, 목표(Target) 변수, 라벨(Label)이라 부른다.
- 독립변수가 설명변수, 특징변수(Feature Variable)라고 부른다.

38 정답 ④

해설 시계열 데이터에서 정상성(stationarity)은 시계열 데이터의 통계적 속성이 시간에 따라 일정하게 유지된다는 것을 의미한다. 이는 시계열 데이터가 시간의 경과에 따라 평균, 분산, 공분산 등이 일정하다는 특성을 가져야 함을 나타낸다.
① '공분산은 시점에 의존한다.'는 정상성의 정의에 반한다. 정상 시계열에서는 공분산이 두 시점 간의 시간 차이에만 의존하고, 특정 시점에 의존하지 않는다.
② '시간이 지남에 따라 평균이 일정하게 증가한다.'는 평균이 시간에 따라 변한다는 것을 의미하므로 정상성을 위반한다.
③ '정상 시계열 데이터는 이상값이 없어야 한다.'는 잘못된 설명이다. 정상성은 이상값의 유무와는 무관하게, 시계열 데이터의 평균, 분산, 공분산이 시간에 따라 일정하다는 특성을 설명한다.
④ '시계열 데이터의 분산이 시점에 의존하지 않는다.'는 정상성의 정의에 부합한다. 정상 시계열에서는 시간에 따라 데이터의 분산이 일정하게 유지된다.

39 정답 ③

해설 ① K-means 클러스터링은 잡음과 이상값에 영향을 많이 받는다.
② K-means 클러스터링 과정 중에 개체가 속해 있던 군집에서 다른 군집으로 이동하여 재배치가 될 수도 있다.
④ K-means 클러스터링은 데이터의 모양이 구 형태(원형)로 볼록할 경우에 잘 작동한다.

40 정답 ②

해설 education이 아닌 wage의 최솟값이 20.09이다.

41 정답 ①

해설 다양한 분석 기법에서 사용하는 변수 간의 측정 단위가 다를 경우 사용하는 방법은 스케일링(Scaling)이다.

42 정답 ④

해설 은닉층의 은닉 노드가 너무 많을 경우, 오차 역전파과정에서 작은 기울기 값들이 계속 곱해지면서 결과적으로 기울기가 0에 가까워지는 현상이 발생한다.

43 정답 ③

해설 p=0일 때 IMA(d, q) 모형이라고 부른다. ARIMA 모델에서 p(자기회귀 항의 수)가 0이면 자기회귀 부분이 없으므로 IMA(Integrated Moving Average) 모형으로 지칭된다. 이는 단순히 차분과 이동평균 부분만을 포함한다.
① d번 차분할 경우 ARMA로 정상화된다.
② ARIMA 모형은 비정상 시계열 모형이기 때문에 차분이나 변환을 통해 AR 모형이나 MA 모형으로 정상화가 능하다.
④ q=0일 때 ARI 모형이 된다.

44 정답 ③

해설 정보의 양이 가장 많은 유형의 척도는 비율척도이다. 비율척도는 절대영점까지 포함하는 가장 정보의 양이 많은 유형이다.

45 정답 ②

해설 공분산의 범위는 −1에서 1이 아닌, 음의 무한대에서 양의 무한대까지이다.

46 정답 ③

해설 상관계수가 0이면 선형관계가 존재하지 않는다.

47 정답 ①

해설 상관계수는 변수 간의 선형관계 강도를 나타내지만, 회귀모형 해석에서는 모형의 전체적인 적합도와 각 변수의 회귀계수의 유의성이 더 중요하다. 상관계수 자체의 유의성은 회귀계수의 유의성과는 다른 문제이다.

48 정답 ④

해설 ① p-value가 값이 작기에 Time은 유의하다.
② 독립변수는 Time이고, 종속변수가 weight이다.
③ 결정계수는 회귀모형의 설명력을 뜻하지 회귀모형의 유의성을 의미하진 않는다.

49 정답 ④

해설 카이제곱 검정에서 두 값(예측값과 실제값)의 차이가 클수록 검정 통계량의 값이 커지므로, p-값은 작아진다.

50 정답 ①

해설 하이퍼볼릭 탄젠트(tanh) 함수는 −1에서 1 사이의 값을 지닌다.

01	02	03	04	05	06	07	08	09	10
①	③	②	①	②	④	④	②	③	①
11	12	13	14	15	16	17	18	19	20
③	①	④	①	②	③	②	①	①	②
21	22	23	24	25	26	27	28	29	30
③	③	①	①	②	②	④	①	③	③
31	32	33	34	35	36	37	38	39	40
④	④	①	④	②	①	④	③	①	④

1과목 ▸ 데이터 이해

01 정답 ①

해설 과거에는 디지털화, 현재는 연결, 미래는 에이전시로 가치 패러다임이 변화하고 있다.
- 디지털화(Digitalization) : 아날로그 세상을 효과적으로 디지털화하여 가치를 창출함을 의미한다.
- 연결(Connection) : 디지털화된 정보와 대상들을 연결하여 효과적이고 효율적으로 연결된 가치를 창출하게 된다.
- 에이전시(Agency) : 복잡한 연결을 효과적이고 신뢰있게 관리하는 에이전트 기능으로 가치를 창출할 수 있다.

02 정답 ③

해설 빅데이터의 출현 배경은 1. 고객데이터 축적, 2. 대량 데이터를 활용하는 과학의 확산, 3. 관련 기술의 발달로 요약될 수 있다. 이러한 요약에 포함되지 않는 지문은 ③이다.

03 정답 ②

해설 **빅데이터의 위기 요인과 통제 방안**
- 사생활 침해−동의제 → 사생활 침해−책임제
- 책임 원칙 훼손 → 결과 기반의 책임 원칙 고수
- 데이터 오용 → 알고리즘 접근 허용 및 알고리즈미스트 기용

04 정답 ①

해설 데이터베이스는 통합된 데이터이나, 동일 내용의 데이터가 중복되지는 않는다.

05 정답 ②

해설
- 하드스킬 : 이론적 지식, 숙련도
- 소프트스킬 : 통찰력 있는 분석, 설득력 있는 전달, 다분야 간 협력
- ※ 소프트스킬은 통, 설, 다를 기억하자(통찰력 있는 분석, 설득력 있는 전달, 다분야 간 협력)

06 정답 ④

해설 암묵지와 형식지 상호 작용 단계에 대한 설명은 아래와 같이 정리가 가능하다.

내면화(Internalization)	행동과 실천 교육 등을 통해 형식지가 개인의 암묵지로 체화
공통화(Socialization)	타인과의 대화 등 상호작용을 통해 개인이 암묵지를 습득
표출화(Externalization)	개인에게 내재된 경험을 객관적인 데이터인 문서로 저장, 가공, 분석하는 단계
연결화(Combination)	형식지가 서로 상호결합하여 새로운 형식지를 창출

07 정답 ④

해설 통계학과 데이터 사이언스는 '데이터를 다룬다'는 점에서 비슷하지만, "데이터사이언스"가 정형, 반정형, 비정형 등 다양한 유형의 데이터를 다룬다.

08 정답 ②

해설 DIKW의 피라미드에 속하지 않는 것은 신호이다.

2과목 데이터 분석 기획

09 정답 ③

해설 개발 조직이나 개인이 도출된 분석 아이디어에서 확정되지 않아도 분석 과제 풀(Pool)로 관리된다.

10 정답 ①

해설 **프로젝트 관리방안의 관리영역**
- 통합　　　・범위　　　・자원　　　・원가　　　・시간
- 이해관계자　・리스크　　・의사소통　・품질　　　・조달

11 정답 ③

해설 **프로젝트 위험 대응방법**
- 회피(Avoid)　　・전가(Transfer)
- 완화(Miligate)　・수용(Accept)

12 정답 ①

해설 빅데이터의 특징과 분석과제 우선순위에서 투입(Input)적인 요소는 Volume, Variety, Velocity이며, Value는 Return적인 성향을 지닌다.

13 정답 ④

해설 데이터 거버넌스의 구성요소
- 원칙(Principle)
- 조직(Organization)
- 프로세스(Process)

14 정답 ①

해설 데이터 분석 과제 우선순위의 고려요소
- 전략적 중요도 및 목표 가치
- 비즈니스 성과 및 ROI
- 실행 용이성

15 정답 ②

해설 풀이 분석 대상은 명확하지만, 분석 방식이 명확하지 않은 경우에는 솔루션 유형을 사용한다.

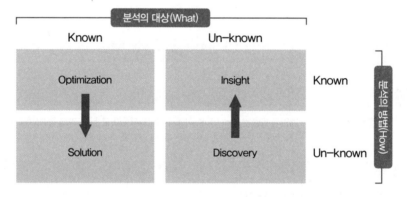

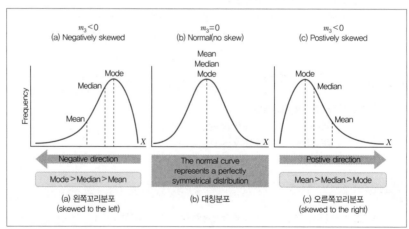

16 정답 ③

해설 **분석 조직 구조 유형**
- 집중 구조
- 기능 구조
- 분산 구조
※ 기억합시다! 집사람의 기분을 좋게 하자. 집기분(집중 구조, 기능 구조, 분산 구조)

3과목 데이터 분석

17 정답 ②

해설 p 백분위수는 순서대로 나열했을 때 p%에 해당하는 값이다.

18 정답 ①

해설 이산확률변수 x의 기대값은 $E(x)=\Sigma xf(x)$로 나타난다.

19 정답 ①

해설 AtBat는 평균(380.9)>중앙값(379.5)이므로 우측으로 꼬리가 긴 분포이다.

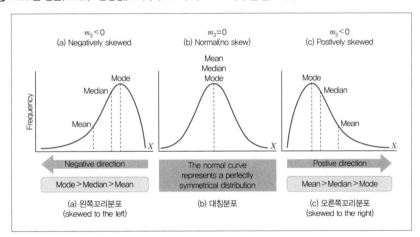

20 정답 ②

해설 주성분 분석에서 변수들의 전체 변동을 살피기 위해서는 누적기여율(Cumulative Proportion)을 확인하면 된다. PC1과 PC2를 확인하면 0.9581을 확인할 수 있다. 즉, 변수들의 전체 변동은 최소 주성분 2개면 95.81%를 설명 가능하다.

21 정답 ③

해설 배깅은 훈련 데이터에서 다수의 부트스트랩(Bootstrap) 자료를 생성하고, 각 자료를 모델링한 후 결합하여 최종 예측 모형을 만드는 알고리즘이다.
① 의사결정나무에 대한 설명이다.
② 인공신경망에 대한 설명이다.
③ K means clustering에 대한 설명이다.

22 정답 ③

해설 목표변수가 연속형인 회귀나무(Regression Tree)의 경우 사용하는 분류 기준은 F-통계량의 p-값과 분산의 감소량이다.

23 정답 ①

해설 더빈-왓슨(Durbin-Watson) 검정은 회귀 분석에서 잔차의 독립성을 검정하는 데 사용되며, 잔차들 사이에 자기 상관이 있는지를 평가한다. 이 검정은 정규성 검정과는 직접적인 관련이 없다. 따라서, 회귀 모델의 잔차에 대한 정규성을 평가할 때 사용하지 않으므로 정답은 ①이 된다. 이 검정은 잔차의 정규성을 검정하는 것이 아니라, 잔차의 독립성을 확인하는 데 사용된다.

24 정답 ①

해설 **분해 시계열의 구성요소**
- 추세
- 계절
- 순환
- 불규칙 요인

25 정답 ②

해설 주어진 표를 통해 확인 가능한 데이터는 t=1.2206, df=70, p-value=0.2263이다. 따라서 df는 자유도를 의미하므로 +1을 해주어 71개가 데이터셋의 개수이다.

26 정답 ②

해설 조건반응(if-then)으로 표현되는 연관분석의 결과와 사용하는 데이터의 형태를 장바구니(Market Basket) 데이터로 지칭하는 특징을 지닌 내용은 "연관분석"과 관련된 내용이다.

27 정답 ④

해설 유클리드 거리는 두 점을 최단으로 잇는 선으로 공식을 적용하여 아래와 같이 풀이 가능하다.
$$\sqrt{(175-180)^2 + (45-50)^2} = \sqrt{50}$$

28 정답 ①

해설 특이도는 실제로 "부정"인 N2 중에서 실제로 "부정"인 True Negative를 올바르게 예측한 비율이다.

29 정답 ③

해설 표본 편의(Sampling Bias)는 표본추출방법에서 기인하는 오차를 의미하는 부분은 맞으나, 표본추출방법자체로 없애는 것이 아닌 확률화(Randomize)를 통해서 최소화할 수 있다. 또한 완전히 제거하는 것은 어렵다.

30 정답 ③

해설 군집분석은 비지도학습이므로 목표변수(Target)가 존재하지 않는다. 따라서 교차 검증 시 기준이 될 모형 평가 지표가 존재하지 않는다.

31 정답 ④

해설 SOM의 경우 역전파 알고리즘이 아닌 순전파 알고리즘을 활용한다.

32 정답 ④

해설 모집단의 분포가 정규분포이든 아니든 무관하게 n=30이 넘어가게 되면 그 데이터 표본의 분포는 정규분포를 따르게 된다.

33 정답 ①

해설 보기에서 설명하는 $Y = \dfrac{e^{\beta_0 + \beta_1 X_1 + \cdots + \beta_k X_k}}{1 + e^{\beta_0 + \beta_1 X_1 + \cdots + \beta_k X_k}}$ 의 공식은 로지스틱 회귀분석의 공식을 의미한다.

34 정답 ④

해설 LOOCV는 K-fold와 동일한 방법을 사용하나, k의 수가 전체 데이터 N과 같다는 점이 특징이다.

35 정답 ②

해설 ARIMA 모형은 ARIMA(p, d, q)를 활용하게 된다. 여기서 p는 AR 모형, d는 차분횟수, q는 MA 모형을 뜻하게 된다. 따라서 35번 문제에서 d에 해당하는 숫자가 2번이므로, 2회 차분하였다고 할 수 있다.

36 정답 ①

해설 주성분 분석에서는 차원축소 시 최대분산을 활용하는데 스크리도표(Scree Plot)의 y축에서도 확인할 수 있는 것과 같이 고윳값(Eigenvalue)을 내림차순하여 고윳값이 높은 순서대로 주성분(Principal Component)을 고른다.

37 정답 ④

해설 일반적으로 잡음은 무작위적인 변동이기에 원인은 알려져 있지 않다.

38 정답 ③

해설 >step(lm(Y~X1+X2+X3+X4+X5,data), direction="both") 코드에서 direction 파라미터가 "both"이므로 "단계적 선택법"을 적용하였다.

39 정답 ①

해설 다중 공선성은 다중회귀분석에서 나타나는 치명적 문제로 불확실성이 증폭될 수 있다.

40 정답 ④

해설 앞면을 H, 뒷면을 T라 하면 모든 경우의 수는 아래와 같이 구할 수 있다.

HHH	HHT	HTH	HTT	THH	THT	TTH	TTT
			O		O	O	

제38회 ADsP 기출복원문제

01	02	03	04	05	06	07	08	09	10
④	②	②	②	①	③	①	④	②	①
11	12	13	14	15	16	17	18	19	20
③	①	④	②	④	③	①	③	①	④
21	22	23	24	25	26	27	28	29	30
③	②	①	③	②	①	③	②	③	①
31	32	33	34	35	36	37	38	39	40
①	③	③	①	③	④	③	④	①	②

1과목 데이터 이해

01 정답 ④

해설 Tableau와 Power BI는 대표적인 BI툴로써 동적 리포팅 및 시각화에서 많이 활용된다.

02 정답 ②

해설 데이터를 관리하는 부서, 담당관 연락처 등의 데이터를 설명하는 구조화된 데이터는 메타 데이터이다. 데이터 사전(Data Dictionary)의 경우 컬럼 정의서를 의미한다.

03 정답 ②

해설 데이터베이스의 특징은 공용데이터, 통합데이터, 저장데이터, 변화하는 데이터이다.

04 정답 ②

해설 데이터 측정의 단위는 ② PB(페타)<EB(엑사)<ZB(제타)<YB(요타)와 같다.

05 정답 ①

해설 빅데이터 활용에 필요한 기본 3요소는 데이터, 기술, 인력이다.

06 정답 ③

해설 빅데이터가 만든 본질적인 변화로는 표본조사에서 전수조사, 인과관계에서 상관관계, 사전처리에서 사후처리, 질보다는 양을 강조하는 변화 4가지가 대표적이다.

07 정답 ①

> **해설** 빅데이터 시대의 위기 요인으로는 사생활 침해, 책임 원칙의 훼손, 데이터 오용이 존재하며 이를 위한 통제 방안으로서는 사생활침해–동의에서 책임으로, 책임 원칙 훼손–결과기반의 책임 원칙 고수, 데이터 오용–알고리즘니스트 활용이 존재한다.

08 정답 ④

> **해설** • 하드스킬 : 이론적 지식, 숙련도
> • 소프트스킬 : 통찰력 있는 분석, 설득력 있는 전달, 다분야 간 협력
> ※ 소프트스킬은 통, 설, 다를 기억하자(통찰력 있는 분석, 설득력 있는 전달, 다분야 간 협력)

2과목 데이터 분석 기획

09 정답 ②

> **해설** 데이터 분석을 위해서 데이터 정형화가 중요하긴 하지만, 본 문제는 분석 과제 기획 시 고려사항에 대한 문제이다. 분석 기획 시 고려해야 할 사항은 가용 가능한 데이터, 적절한 유스케이스, 분석 과제수행을 위한 장애요소이다.

10 정답 ①

> **해설** • 준비형 : 데이터 분석을 위한 낮은 준비도와 낮은 성숙도 수준에 있는 기업
> • 정착형 : 준비도는 낮으나 조직, 인력, 분석업무, 분석기법 등을 기업 내부에서 제한적으로 사용하고 있어 일차적으로 정착이 필요한 기업
> • 도입형 : 기업에서 활용하는 분석업무, 기법 등은 부족하지만 적용조직 동 죠비도가 높아 바로 도입할 수 있는 기업
> • 확산형 : 기업에 필요한 6가지 분석 구성요소를 갖추고 있고, 지속적인 확산이 필요한 기업

11 정답 ③

> **해설** 분산된 조직구조는 분석 조직 인력들을 현업부서로 직접 배치해 분석 업무를 수행하는 구조로 전사 차원의 우선순위를 수행하고 신속한 업무에 적합하다.

12 정답 ①

> **해설** 기업의 분석 수준은 분석 성숙도 모델에서 성숙도에 따라 달라진다.

13 정답 ④

> **해설** 데이터 분석 마스터플랜 수립 시 적용 범위 및 방식에 대한 고려요소로는 분석데이터 적용 수준, 업무 내재화 적용 수준, 투입 비용 수준이 존재한다.

14 정답 ②

해설 가장 우선적인 분석 과제는 시급성과 난이도가 가장 낮은 과제이다.

15 정답 ④

해설 **데이터 분석 기획 시 고려사항**
- 가용한/할 데이터
- 적절한 유스케이스
- 분석 과제수행을 위한 장애 요소

16 정답 ③

해설 **비즈니스 모델 캔버스 기반의 문제 탐색 분야**
- 업무 · 제품 · 고객
- 규제 · 감사 · 지원인프라

3과목 데이터 분석

17 정답 ①

해설 p-value가 0.079190이므로 수면유도제1과 수면유도제2는 큰 차이가 없다. 즉 이는 귀무가설을 지지하고 대립가설을 기각한다.

18 정답 ③

해설 박스플롯을 자세히 살펴보면 동그라미의 형태로 이상값들이 sunflower변수에서 3개 정도 존재한다.

19 정답 ①

해설 salary의 데이터를 확인해보면 평균(535.9)>중앙값(425.0)이므로 우측으로 긴 꼬리를 가진 그래프 모양이다.

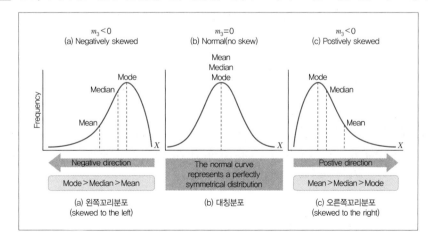

20 정답 ④

해설 TV광고비와 Sales 사이에는 양의 상관관계가 있으므로, TV광고비가 증가할 때 Sales도 함께 증가하는 경향이 관찰된다. 그러나 이 상관관계로 인해 TV광고비의 증가가 반드시 Sales의 분산을 증가시킨다고 말할 수는 없다.

21 정답 ③

해설 모집단의 크기가 비교적 작을 때 주로 사용하는 표본 추출 방법으로 한 번 추출된 표본이 다시 추출될 수 있는 표본 추출 방법은 복원 추출법이다.

22 정답 ②

해설 검증용 데이터는 과대적합(Overfitting)과 과소적합(Underfitting)을 피하기 위해 미세 조정 절차에 활용되는 데이터 세트이다.

23 정답 ①

해설 백색잡음과정은 대표적인 정상 시계열로 평균이 0이고 분산이 일정하며, 합은 0으로 수렴하게 된다.

24 정답 ③

해설 등간척도는 모든 사칙연산이 아닌 덧셈과 뺄셈만 가능하다.

25 정답 ②

해설 고차원의 데이터를 이해하기 쉬운 저차원의 뉴런으로 정렬하여 지도의 형태로 형상화한 분석기법은 SOM(자기 조직화 지도)이다.

26 정답 ①

해설 품목 수가 증가하면 분석에 필요한 계산은 매우 많아지게 된다.

27 정답 ③

해설 배깅은 Bootstrap+Aggregation의 줄임말로써 배깅(Bagging)은 부트스트랩을 수행한 후 결과를 앙상블로 Aggregation 한다.

28 정답 ②

해설 두 사건 A, B가 독립일 때 A라는 사건은 사건 B가 일어나는 여부와는 무관하게 일어나므로 $P(A)$가 된다. 따라서, $P(B|A)=P(B)$이 더 맞는 표현이다.

29 정답 ③

해설 주성분 분석(PCA)은 차원축소이며, 나머지 기법들은 군집분석 방법이다.

30 정답 ①

해설 y의 $Gini = 1 - \left(\dfrac{10}{50}\right)^2 - \left(\dfrac{40}{50}\right)^2 = 0.32$로 계산된다.

31 정답 ①

해설 전체 장바구니 건수는 5건, 빵∩우유=2건, 빵만을 구매한 건수=(1, 2, 4, 5)

신뢰도 $= \dfrac{P(A \cap B)}{P(A)} = \dfrac{A와\ B가\ 동시에\ 포함된\ 거래수}{A를\ 포함하는\ 거래수} = \dfrac{2/5}{4/5} = \dfrac{1}{2} = 0.5$

32 정답 ③

해설 ① 다중 회귀 분석 : 여러 개의 독립변수와 하나의 종속변수 간의 관계
② 판별 분석 : 분류된 집단 간의 차이를 설명해 줄 수 있는 독립변수들로 이루어진 최적 판별식을 찾는 기법
④ 요인 분석 : 관찰 가능한 관측치들을 활용하여 잠재 요인을 도출하고 데이터 내의 구조를 해석하는 기법

33 정답 ③

해설 A를 커피, B를 김밥이라 가정할 경우의 향상도를 계산하면 다음과 같다.

항목	거래수	상대도수
커피	100	100+50+250+200=600
김밥	100	100+50+200+250=600
생수	100	100
커피, 김밥, 생수	50	50
김밥, 생수	200	200
커피, 김밥	250	250+50=300
커피, 생수	200	200
전체 거래수	1000	

$$\dfrac{P(B \mid A)}{P(B)} = \dfrac{P(A \cap B)}{P(A) \times P(B)} = \dfrac{A와\ B가\ 동시에\ 포함된\ 거래수}{A를\ 포함하는\ 거래수 \times B를\ 포함하는\ 거래수}$$

$$= \dfrac{300 \div 1{,}000}{600 \div 1{,}000 \times 600 \div 1{,}000} = \dfrac{0.3}{0.6 \times 0.6} = 0.833$$

34 정답 ①

해설 독립변수와 종속변수 간에 선형적인 관계를 도출해서 하나 이상의 독립변수들이 종속변수에 미치는 영향을 분석하고, 독립변수를 통해 종속변수를 예측하는 기법은 상관분석이 아닌 회귀분석 기법이다.

35 정답 ③

해설 군집 분석은 집단 간 이질성과 동질성을 모두 "최소화"가 아닌 "최대화"하는 방법이다.

36 정답 ④

해설 ①, ② p-value가 작으므로 통계적으로 유의하다.
③ 결정계수는 Multiple R-squared: 0.7007이다.

37 정답 ③

해설 신뢰수준은 다수의 신뢰구간 중 모수를 포함하는 신뢰구간이 존재할 확률이다. 신뢰구간은 신뢰수준을 기준으로 추정된 통계적으로 유의미한 모수의 범위이다.

38 정답 ④

해설 잘못 예측한 데이터에 가중치를 부여하여 오류를 개선하는 알고리즘은 부스팅 계열 알고리즘으로 에이다부스트가 이에 해당한다.

39 정답 ①

해설 • 귀무가설 : 현재까지 주장되어 온 것이거나 기존과 비교하여 변화 혹은 차이가 없음을 나타내는 가설
• 대립가설 : 표본을 통해 확실한 근거를 가지고 입증하고자 하는 가설

40 정답 ②

해설 덴드로그램은 분류 모형이 아닌 군집의 개체들이 결합하는 순서를 나타내는 트리 형태의 도식이다.

제37회 ADsP 기출복원문제

01	02	03	04	05	06	07	08	09	10
②	①	③	①	②	①	④	③	①	④
11	12	13	14	15	16	17	18	19	20
③	③	②	④	①	④	①	③	④	①
21	22	23	24	25	26	27	28	29	30
④	④	②	④	①	②	④	③	①	③
31	32	33	34	35	36	37	38	39	40
①	④	②	①	④	②	③	①	②	①

1과목 데이터 이해

01 정답 ②

해설 회사의 모든 정보와 공급망 관리, 고객의 주문 정보까지 포함하여 통합적으로 관리하는 시스템은 ERP(Enterprise Resource Planning, 전사적 관리 시스템)이다.

02 정답 ①

해설 비정형 데이터의 경우에는 저장되어도 파일 형태를 띠지 않는 경우가 더 많다. 비정형 데이터의 대표적인 예시인 텍스트, 이미지, 음성 데이터 또한 파일 형태이지만 일반적인 파일 형태라 보긴 어렵다.

03 정답 ③

해설 ©은 '사야겠다.'라고 끝나기 때문에 ©은 '지식'이 된다. 따라서 ©이 '지식'인 보기 ②와 ③을 고를 수 있다. 하지만 @에 '다른 품목보다 더 싸다'라는 가설이 포함되므로 @은 '지혜'가 된다.

04 정답 ①

해설 기업의 원천성 데이터베이스는 ERP에서 온다. 데이터 마트(Data Mart)는 데이터 웨어하우스에서 주제별로 구축된 소규모 단위의 데이터 웨어하우스를 의미한다.

05 정답 ②

해설 알고리즘에 의해 부당하게 피해를 본 사람을 구제하는 역할을 하는 것은 '알고리즈미스트'이다.

06 정답 ①

해설 전략적 인사이트를 주는 가치 기반 분석을 위해 고객 니즈의 변화, 인구통계학적 변화, 경제사회 트렌드 등을 고려해야 한다. 기업 성과는 분석의 결과물이다.

07 정답 ④

해설 개인 또한 오픈소스 프로그래밍과 정부의 공공데이터 개방 등을 통해 데이터를 활용할 수 있고 분석 또한 수행할 수 있다.

08 정답 ③

해설 데이터베이스의 통합된 데이터는 동일 내용의 데이터가 중복되지 않게 저장된다.

2과목 데이터 분석 기획

09 정답 ①

해설 필요 데이터의 정의는 데이터 준비 단계에서 수행되는 과업이다.

10 정답 ④

해설 모델링 목적에 따라 목적 변수를 정의하고, 필요한 데이터를 전처리하여 데이터 마이닝 소프트웨어에 적용 가능한 적합한 형식으로 처리하는 단계는 데이터 가공 단계이다.

11 정답 ③

해설 상향식 접근법은 문제가 확실할 때가 아닌 문제가 불확실할 때 활용하며, 이는 비지도학습적인 부분과 동일하다.

12 정답 ③

해설 데이터의 활용 측면에서는 정확도가 중요하고 안정성 측면에서는 분산 성격이 강한 정밀도가 중요하다.

13 정답 ②

해설 표준화 활동과 헷갈릴 수 있지만, 표준 용어 설정, 메타데이터 구축, 데이터 사전(컬럼정의서)는 데이터 표준화에 포함된다.

14 정답 ④

해설

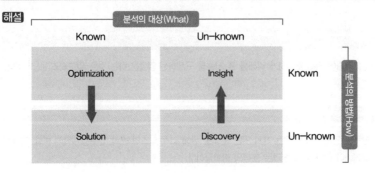

15 정답 ①

해설 **데이터 분석 과제의 우선순위를 결정 시 고려하는 요소**
- 전략적 중요도
- 실행 용이성
- 비즈니스 성과 및 ROI

16 정답 ④

해설 기업의 분석 성숙도는 ① IT 부문, ② 비즈니스 부문, ③ 조직 및 역량 부문을 대상으로 평가한다.

3과목 데이터 분석

17 정답 ①

해설 p-value가 클수록 귀무가설 채택에 가까워지고, p-value가 작을수록 대립가설 채택에 가까워진다.

18 정답 ③

해설 검증용 데이터는 과대적합(Overfitting)과 과소적합(Underfitting)을 피하기 위해 미세 조정 절차에 활용되는 데이터 세트이다.

19 정답 ④

해설 **요인분석(Factor Analysis)의 목적**
- 변수 축소
- 불필요한 변수 제거
- 변수 특성 파악
- 측정항목 타당성 평가
- 새로운 변수(Constructor) 생성

20 정답 ①

해설 결측치가 있다고 해서 반드시 해당 변수를 삭제해야 하는 것은 아니다. 변수의 삭제 유무는 연구자와 현장 전문가가 조율하여 결정하여야 한다.

21 정답 ④

해설 261.3은 weight의 평균값이다.

22 정답 ④

해설 관측된 연속형 변수들에 대해 두 변수 사이의 모형을 구한 뒤 적합도를 측정해 내는 분석방법은 '회귀분석'이다.
①은 상관분석, ②는 차원축소, ③는 군집 분석에 관한 설명이다.

23 정답 ②

해설 부트스트랩에서 d개의 데이터가 있다고 가정할 때 한 번도 데이터가 뽑히지 않을 확률은 $\left(1 - \dfrac{1}{d}\right)$이다. d번의 실행에서 한 번도 데이터가 뽑히지 않는 확률은 $\left(1 - \dfrac{1}{d}\right)^d$이다.

24 정답 ④

해설 유의수준이 5%일 때 귀무 가설은 p-value가 2.2e-16보다 작게 설정되었으므로 기각된다.

25 정답 ①

해설 시차 연관 분석은 순서와 관련된 분석이다. 인과관계는 회귀분석을 통해서 분석할 수 있다.

26 정답 ②

해설 인공신경망 모형에서 은닉층의 뉴런 수와 개수는 초매개변수이기 때문에 사용자가 직접 설정해야 한다.

27 정답 ④

해설 분산이 작은 것이 아닌 가장 큰 최대분산값을 제1 주성분으로 한다.

28 정답 ③

해설 EM 알고리즘은 '관측되지 않은 잠재변수에 의존하는 확률모델'에서 '최대 가능도나 최대 사후 확률을 갖는 모수의 추정값'을 반복적으로 찾아가는 알고리즘이다.

29 정답 ①

해설 K-means 방법론은 K-means clustering으로, 군집 분석 방법론에 해당한다.
※ 시험 범위 외의 문제로 전원 정답 처리

30 정답 ③

해설 활성화 함수는 인공신경망 모델에서 입력 신호의 총합을 출력 신호로 변환하는 함수이다.

31 정답 ①

해설 코퍼스는 말뭉치를 뜻한다.
※ 시험 범위 외의 문제로 전원 정답 처리

32 정답 ④

해설 ARIMA는 'AutoRegressive Integrated Moving Average'의 줄임말로, I는 Integrated를 의미한다.

33 정답 ②

해설 표본의 분산은 자유도가 n-1인 카이제곱(Chi-Squared) 분포를 따른다.

34 정답 ①

해설 ACF는 MA(q)모형에서 q+1차항부터 절단 모양을 나타내고, PACF는 MA(q)모형에서 지수적 감소를 나타낸다. AR(p)모형에서는 ACF는 지수적 감소를 나타내고, PACF에서는 p+1차항부터 절단 모양을 나타낸다.

35 정답 ④

해설 사회 연결망 분석인 SNA에서의 측정지표에는 연결 정도, 포괄성, 밀도, 중심성이 존재하며, 중심성에는 위세 중심성, 매개 중심성, 근접 중심성, 연결 정도 중심성이 있다.

36 정답 ②

해설 분산 분석(ANOVA)에서 평균제곱합(Mean Sq)은 모분산 σ^2의 불편 추정량이므로 오차항 분산의 불편 추정량은 20이다.

37 정답 ③

해설 **최단 연결법으로 계산**
- 두 군집 사이의 거리를 각 군집에서 하나씩 관측값을 뽑을 때, 나타낼 수 있는 거리의 최솟값으로 측정하는 방법이다.
- 2.2가 가장 작은 값이므로 최초 형성 군집은 (d, e)이다.
- d와 a의 유클리디안 거리는 3.2이고 e와 a의 유클리디안 거리는 5.00이다. 처음에 형성된 (d, e)의 군집과 a의 거리를 계산할 때, 최단연결법으로 계산한다면 3.2가 된다.

38 정답 ①

해설 모형의 설명력인 결정계수 값의 범위는 0~1 사이의 값이다.

39 정답 ②

해설 VIF값이 1에 가까우면 다중공선성이 낮다고 판단하며, 10 이상의 경우 심각한 문제점이 있는 것으로 판단한다.

40 정답 ①

해설 제1 주성분을 그림에서 나타내는 것은 Comp.1이다. ① 0.536×Murder+0.583×Assault+0.278×UrbanPop +0.543×Rape로 나타낼 수 있다.

제36회 ADsP 기출복원문제

01	02	03	04	05	06	07	08	09	10
②	③	④	①	②	②	①	③	③	①

11	12	13	14	15	16	17	18	19	20
④	②	③	④	②	①	①	②	③	③

21	22	23	24	25	26	27	28	29	30
①	②	④	③	①	②	③	①	②	③

31	32	33	34	35	36	37	38	39	40
①	④	②	③	④	③	②	②	④	④

1과목 데이터 이해

01 정답 ②

해설 데이터 마스킹은 데이터의 길이, 유형, 형식과 같은 속성을 유지한 채, 식별 가능한 데이터를 익명으로 변경하는 기법이기 때문에 특정 데이터값을 삭제하지 않는다.

02 정답 ③

해설 축적된 지식과 아이디어가 결합된 창의적 산물은 '데이터'가 아닌 '지혜'이다

03 정답 ④

해설 표출화(Externalization)는 형식지 요소 중 하나로, 개인에게 내재된 경험을 객관적 데이터로 문자나 매체에 저장, 가공 분석하는 과정을 뜻한다.

04 정답 ①

해설 재무, 생산, 운영과 같이 특정 조직의 특정 업무 분야에 초점을 맞추어 구축된 데이터 구조를 데이터 마트라고 한다.

05 정답 ②

해설 ① 빅데이터는 오히려 기업의 투명성에 긍정적 영향을 끼쳤다.
③ 오픈소스의 발달로 빅데이터를 향유 가능한 기업들이 많아졌다.
④ 정부에서도 빅데이터를 미래 전략 수립에 적극적으로 활용하고 있다.

06 정답 ②

해설 **빅데이터의 위기 요인 통제 방안**
- 동의가 아닌 책임제도를 도입
- 결과 기반 책임 원칙을 고수
- 알고리즘의 접근 권한을 허용

07 정답 ①

해설 데이터 사이언스는 정형 데이터뿐만 아니라 비정형 데이터도 포함하여 분석을 수행한다.

08 정답 ③

해설 RDBMS의 경우는 데이터를 2차원 표형식(이하 테이블)으로 표현하지만, 모든 데이터베이스의 구조가 그렇지는 않다. 예를 들어, NoSQL의 데이터베이스는 JSON이나 Python의 Dictionary 형태로도 나타나고, 키값–밸류값 등의 형태로도 나타난다.

2과목 데이터 분석 기획

09 정답 ③

해설 투입 비용 수준은 속하지 않는다.
분석 마스터 플랜 수립 시 적용 범위 및 방식의 고려 요소
- 업무내재화 적용 수준
- 분석데이터 적용 수준
- 기술 적용 수준

10 정답 ①

해설 분석 수준 진단의 대상으로는 ㉠ 분석업무, ㉡ 분석인력/조직, ㉢ 분석기법, ㉣ 분석데이터, ㉤ 분석문화, ㉥ 분석인프라가 존재한다.

11 정답 ④

해설 분석과제 정의서에서는 ㉠ 소스 데이터, ㉡ 데이터 입수 및 분석의 난이도, ㉢ 분석의 수행 주기, ㉣ 분석 방법, ㉤ 상세 분석 과정 등을 정의한다.

12 정답 ②

해설 상향식 분석은 데이터에 대한 가설이 없이 이루어지는 분석이다. 하향식 방식인 분석 기획에 앞서 활용하는 경우는 거의 없다.

13 정답 ③

해설 분석 대상은 명확하지만, 분석 방식이 명확하지 않으면 솔루션(Solution)을 수행해야 한다.

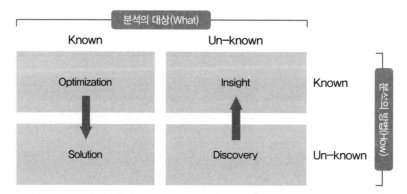

14 정답 ④

해설 기존 성과를 유지하는 데 필요한 것이 무엇인지 주의해야 하는 분석은 일차원적인 분석 방법이다. 이러한 분석은 시장에서의 매출 상승을 기대할 수는 있지만, 시장을 리딩(Leading)하는 것은 어렵다.

15 정답 ②

해설 분석 성숙도 모델에는 기업문화 부문이 포함되지 않는다.

16 정답 ①

해설 프로젝트의 세부 일정 계획도 고려해야 훌륭한 데이터 분석체계라고 할 수 있다.
② 데이터의 분석 체계가 모두 폭포수 모델로 구성되진 않는다.
③ 반복적 정련 방식의 경우에는 데이터 수집 및 확보 단계 외의 모델링 및 분석데이터를 준비하는 단계를 반복적으로 수행한다.

17 정답 ①

해설 본 분석은 분산분석을 수행한 후의 결과표이다. 주어진 표만을 가지고는 변수 간의 상관관계를 살펴볼 수 없다.

18 정답 ②

해설 python과 R을 활용해서 자동화된 방법으로 데이터를 수집하는 방법은 크롤링(Crawling)이다.

19 정답 ③

해설 오른쪽 꼬리가 길어지면 평균이 중앙값보다 커진다.

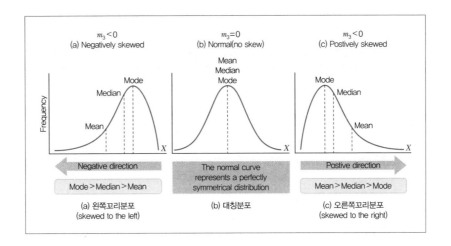

<div class="badge">20 정답</div> ③

해설 각 모형의 상호 연관성이 높을 수록 overfilling을 야기시킬 가능성도 높아지고 정확도 또한 낮아지게 된다.

<div class="badge">21 정답</div> ①

해설 연관분석은 분석을 위한 계산이 단순하지만, 세분화된 품목이 증가함에 따라 단순 계량이 증가하는 경우가 발생한다. 계산이 복잡하지는 않다.

<div class="badge">22 정답</div> ②

해설 Q3+1.5*IQR보다 크거나 Q1−1.5*10R 작은 데이터를 이상치로 규정하므로, Q2가 아닌 Q3와 Q1으로 바뀌어야 한다.

<div class="badge">23 정답</div> ④

해설 엔트로피는 자체만 가지고 모형을 평가하는 방법이 아니다. 크로스 엔트로피와 지니계수는 모델을 학습할 때 활용되지만, 분류모델의 모형평가법은 아니다. 홀드아웃과 K-fold 교차검증을 통해 평가 데이터와 학습 데이터로 나눌 수 있기 때문에 적절하다 볼 수 있다.

<div class="badge">24 정답</div> ③

해설 다양한 데이터 구조가 합쳐져 나타나는 경우, R은 가장 일반적이고 모든 것을 쉽게 표현하는 형태로 나타난다. 문자형 벡터의 경우 3가지 형태를 가장 손쉽게 포함하는 일반적인 방법이다.

<div class="badge">25 정답</div> ①

해설 절댓값으로 계산되는 맨하탄(Manhattan) 거리가 정답이다.
맨하탄(Manhattan) 거리의 정의
- 맨하탄에서 건물 간 최단 이동 거리를 계산하기 위해 고안된 기법이다.
- 맨하탄 거리는 유클리드 거리와 함께 가장 많이 활용된다.

26 정답 ②

해설 부호검정은 두 집단의 차이가 0이라는 귀무가설과 두 집단의 차이가 0이 아니라는 대립가설을 검정하는 데 활용된다. 관측치 간의 차이가 양수인지 음수인지에 따라 부호를 붙이고 그 부호의 분포를 토대로 가설검정을 수행한다.

27 정답 ③

해설 로지스틱 회귀모형과 같은 형태인 시그모이드 함수는 0~1의 확률값을 가지며 S자 형태의 그래프로 표현된다.

28 정답 ①

해설 덴드로그램은 계층적 군집분석에서 군집의 개수를 적절히 파악할 수 있도록 시각화한 그래프이다.

29 정답 ②

해설 단순 무작위, 층화표본추출, 군집(혹은 집락) 표본추출, 계통적 표본추출 방법은 확률적 표본추출 방법의 '단층 군계'에 속한다. 추출방법에서 포함되지 않는 방법은 깁스추출법이다.

30 정답 ③

해설 군집분석은 집단 간 이질성과 집단 내 동질성이 모두 '낮아지는 것'이 아닌 '높아지는 방향'으로 군집을 만든다.

31 정답 ①

해설 수행 방안 설계는 모델링 전에 수행되며 나머지 과정은 전부 모델링 단계에서 수행된다.

32 정답 ④

해설 ① lm으로 쓰였기 때문에 해당 모형은 1차 선형 회귀모델이다.
② 추정된 회귀식에는 절편값(intercept)가 빠져 있다.
③ 절편값(intercept)의 경우에는 별표(*)가 두 개만 표기되어 있기 때문에 0.1%하에서는 유의하지 않다.

33 정답 ②

해설 출력값이 여러 개인 다범주의 경우에는 소프트맥스함수(Softmax)를 출력층에서 활용한다.

34 정답 ③

해설 구간(등간)척도에는 절대 0점의 개념이 존재하지 않는다.

35 정답 ④

해설 특정 변수와 매우 상관성이 높은 불필요 변수가 있다면 의사결정나무의 경우 한 변수를 기준으로 분기점으로 활용하기 때문에 크게 영향을 받는다고 할 수 없다.

36 정답 ③

해설 실루엣 계수(Silhouette Coefficient)는 군집분석의 기법이 아닌 평가기법 중 하나이고, 군집분할의 성과를 평가한다.

37 정답 ②

해설 검정용 데이터는 학습 과정에서 검정용 데이터를 통해 하이퍼 파라미터를 미세 조정하는데 활용되는 데이터를 의미한다.

38 정답 ②

해설 변수 가공 시 구간화의 개수가 감소하면 구간의 범위가 더 줄어들어 underfitting(과소적합)에 노출될 가능성이 높아진다. 속도도 빨라지고 정확도 또한 낮아진다.

39 정답 ④

해설 다차원 척도법은 데이터의 차원축소를 목적으로 활용하지만, 해석이 어렵다는 단점이 있다.

40 정답 ④

해설 데이터 특성을 얻기 위한 다각도 접근 방법은 데이터 EDA(Exploratory Data Analysis)이다.

01	02	03	04	05	06	07	08	09	10
②	③	①	④	②	①	③	②	①	④
11	12	13	14	15	16	17	18	19	20
①	①	②	③	④	②	①	①	②	③
21	22	23	24	25	26	27	28	29	30
③	③	②	①	②	④	①	④	①	④
31	32	33	34	35	36	37	38	39	40
①	③	①	③	③	②	③	④	④	①

1과목 데이터 이해

01 정답 ②

해설 다수 사용자가 데이터베이스(DB)에 접근(Access)하여 데이터베이스의 정의, 조작, 제어 등 데이터베이스 관리를 지원하는 소프트웨어는 DBMS(데이터베이스 관리 시스템)이다.

02 정답 ③

해설 데이터 사이언티스트의 역량 중 하드 스킬은 이론적 지식과 숙련도이며, 소프트 스킬은 통찰력 있는 분석, 설득력 있는 스토리텔링, 다분야 간 협력을 위한 커뮤니케이션이다.

03 정답 ①

해설 익명화를 통해 개인의 정보를 비식별화할 수 있다.

04 정답 ④

해설 빅데이터 알고리즘에 의해 부당하게 피해를 본 사람을 구제하고, 부당 피해를 막는 역할을 하는 인력은 알고리즘미스트이다. 이는 데이터 오용 위기요인의 통제방안으로도 대두되는 인력이다.

05 정답 ②

해설 데이터 구조 면에서 분석 및 수집 관리가 가능한 형태로 정형화되지 않은 데이터들도 빅데이터 기술의 발전으로 분석이 가능해졌다. 즉, ②는 배경이 아니라 결과이다. 빅데이터의 출현 배경은 고객 데이터 축적, 학계에서의 알고리즘 발달, 디바이스와 디지털화의 발전 등이다.

06 정답 ①

해설 정부는 개인정보를 사익이 아닌 공익을 위해서 활용하며, 개인 정보 활용에 대한 가이드 라인 제정 등의 역할을 수행하여야 한다.

07 정답 ③

해설 빅데이터 시대의 위기 요인으로는 사생활 침해, 책임 원칙 훼손, 데이터 오용을 말할 수 있다.

08 정답 ②

해설 쿼리를 통해 데이터베이스와의 통신을 수행할 수 있는 언어는 SQL이다.

2과목 데이터 분석 기획

09 정답 ①

해설 데이터 관리 체계에서 메타 데이터 관리, 데이터 사전 관리, 데이터 생명 주기 관리 원칙을 수립한다.

10 정답 ④

해설 분산구조는 분석 조직 인력들을 현업부서로 직접 배치해 분석업무를 수행, 전사 차원의 우선순위를 수행하고 신속한 업무에 적합한 베스트 프랙티스 구조이다. 다만 업무 과다와 이원화 가능성 등의 단점이 존재한다.

11 정답 ①

해설 속도는 비즈니스 효과가 아닌 투자비용 요소로 구분된다.

12 정답 ①

해설 가장 우선적으로 분석과제 적용이 필요한 사분면 영역은 난이도가 쉬우면서 시급성이 현재인 영역이다.

13 정답 ②

해설 프로젝트에서의 위험 대응 방법 4가지는 회피(Avoid), 전가(Transfer), 수용(Acceptance), 완화(Mitigate)이다.

14 정답 ③

해설 분석 준비도의 프레임워크는 분석 업무 파악, 분석 기법, 분석 데이터, 분석 문화, 인력 및 조직, IT 인프라이다. 성과 분석은 포함되지 않는다.

15 정답 ④

해설 상향식 접근 방식의 절차는 '프로세스 분류 → 프로세스 흐름 분석 → 분석 요건 식별 → 분석 요건 정의' 순이다.

16 정답 ②

해설 분석 거버넌스 체계의 구성 요소는 시스템, 조직, 데이터, 프로세스, 인적자원이다. 네트워크는 포함되지 않는다.

3과목 데이터 분석

17 정답 ①

해설 유의성이 높을 경우에 독립변수와 종속변수의 설명이 가능하다.

18 정답 ①

해설 $\frac{1}{3} \times 1 + \frac{1}{6} \times 2 + \frac{1}{2} \times 3$, 따라서 X의 기댓값은 $\frac{13}{6}$이다.

19 정답 ②

해설 TP/(TP+FN)=40/100=0.40

20 정답 ③

해설 목표변수가 연속형인 의사결정나무의 회귀나무를 활용하는 경우 분류기준은 F—통계량의 P-value와 분산의 감소량을 살펴보게 되며, 목표변수가 이산형인 경우에는 지니 지수, 엔트로피 지수, 카이제곱 통계량의 p-value를 기준으로 한다.

21 정답 ③

해설 |165−170|+|70−65|=10

22 정답 ③

해설 주어진 그림에서 반복 횟수 2회 만에 6,000에 도달하여 로그—가능도 함수가 최대가 되었음을 확인할 수 있다. 정규혼합분포를 2가지로 관찰하는 것은 가우시안 혼합 모델이다.

23 정답 ②

해설 1×0.5+2×0.6+3×0.2=1.7

24 정답 ①

해설 데이터 마이닝은 '목적 정의 → 데이터 준비 → 데이터 가공 → 데이터 마이닝 기법 적용 → 검증'의 순으로 이루어진다.

25 정답 ②

해설 연속형 데이터의 경우에는 피어슨 상관계수로 표현할 경우 설명이 가능하다.

26 정답 ④

해설 L2-norm은 릿지(Ridge), L1-norm은 라쏘(Lasso)를 통해 제약을 주는 방법이다.

27 정답 ①

해설 K-medoid 군집분석 방법은 이상값 자료에 민감한 K-평균 군집의 단점을 보완하기 위해 평균 대신 중앙값을 사용하는 방법이다.

28 정답 ④

해설 SOM을 이용한 군집 분석은 역전파 알고리즘이 아닌 순전파 알고리즘을 활용한다.

29 정답 ①

해설 시계열 자료가 추세를 보이는 경우 차분을 통해서 정상 시계열로 만든다.

30 정답 ④

해설 Age의 P-value는 0.0901로 유의수준 0.05보다 크므로 통계적으로 유의하다 볼 수 없으며, 따라서 ***표시를 확인할 수 없다.

31 정답 ①

해설 지지도=$P(A \cap B)$=(A와 B가 동시에 포함된 거래 수)/(전체 거래 수)

32 정답 ③

해설 특이도(Specificity)=TN/(TN+FP)=10/(10+30)=0.25

33 정답 ①

해설 활성화 함수를 시그모이드 함수로 활용하면 로지스틱과 작동 원리가 유사해진다.

34 정답 ③

해설 계층적 군집 분석은 군집의 개수를 미리 정하지 않고도 유사한 개체를 묶어 나갈 수 있다. 나머지 군집 분석의 경우에는 군집의 개수를 미리 결정해 주어야 한다.

35 정답 ③

해설 군집 분석에서 추정의 정도가 떨어지거나 어려운 경우는 군집의 크기가 매우 클 때보다 매우 작을 때 주로 생겨난다.

36 정답 ②

해설 의사결정나무는 탐욕적(Greedy)인 알고리즘으로, 오히려 과대적합에 취약하다는 단점을 지니고 있다. 따라서 나무의 성장을 제한하는 등의 규제가 적용되어야 한다.

37 정답 ③

해설 대출 상환을 잘하는 집단에 속하는지 그렇지 않은 집단에 속하는지 이산형 자료의 이진문제를 해결할 때 활용되는 알고리즘은 분류 분석이다.

38 정답 ④

해설 연관규칙 분석은 조건 반응(if-then)으로 연결되기에 결과에 대한 이해를 하기 쉬운 알고리즘 분석법에 속한다.

39 정답 ④

해설 로지스틱 회귀분석은 일반적으로 종속변수가 범주형이며 2진분류일 때 많이 활용된다.

40 정답 ①

해설 회귀분석에서 회귀모형의 검정은 F-통계량으로 확인하고, 회귀계수의 검정은 t-통계량으로 확인할 수 있다.

제34회 ADsP 기출복원문제

01	02	03	04	05	06	07	08	09	10
①	④	③	②	①	①	③	③	①	④
11	12	13	14	15	16	17	18	19	20
④	③	②	①	③	②	①	②	②	④
21	22	23	24	25	26	27	28	29	30
①	③	②	②	④	④	①	③	③	①
31	32	33	34	35	36	37	38	39	40
②	④	①	③	②	②	③	①	④	①

1과목 ▶ 데이터 이해

01 정답 ①

해설 데이터의 크기에 따라 분석을 많이 하는 것이 중요한 것이 아니라, 정확하고 통찰력 있는 분석을 수행하는 것이 중요하다.

02 정답 ④

해설 빅데이터의 가치 산정이 어려운 이유로는 '새로운 가치 창출', '데이터 활용 방식의 다양화', '분석기술의 급속한 발전' 등을 들 수 있다.

03 정답 ③

해설 분석 과제 정의서를 통한 분석별 정의 내용은 필요한 소스 데이터, 분석 방법, 데이터 입수 및 분석의 난이도, 분석 수행 주기 등이다. 상세한 분석 알고리즘은 과제 정의서 내용에 포함되지 않는다.

04 정답 ②

해설 분석에만 집중하는 분석은 데이터 마이닝이며, 데이터 사이언스는 분석, 구현, 전달 과정을 포함한 포괄적 개념이다.

05 정답 ①

해설 상업적 목적으로 데이터를 크롤링하는 행위는 데이터의 오용이 아닌 사생활 침해에 따른 위기 요인으로 분류할 수 있다.

06 정답 ①

해설 데이터베이스 관리 시스템을 통한 데이터베이스 관리만으로 모든 데이터 문제가 해결되지는 않는다.

07 정답 ③

해설 데이터 마트는 일부 조직이나 부서 등 제한된 사용자 그룹에서만 볼 수 있다.

08 정답 ③

해설 빅데이터를 활용한 1차 분석으로도 해당 부서 및 업무에 상당한 효과를 기대할 수 있다. 분석의 횟수보다는 정확한 분석이 더욱 중요하다.

2과목 데이터 분석 기획

09 정답 ①

해설 데이터 분석 품질 제고를 위해 일정 관리가 진행되어야 한다.

10 정답 ④

해설 분석 준비도의 분석 기법 영역에 '발생한 사실 업무 분석'은 포함되지 않는다.

11 정답 ④

해설 모든 과정이 순환적이고 반복적인 단계로 작성되는 것은 아니다. 데이터 수집 및 확보와 분석 데이터 준비 단계는 직선형으로 수행하고, 모델링 단계는 반복적으로 수행하는 등의 혼합형을 적용하는 것이 이상적이다.

12 정답 ③

해설 문제 탐색에서 유스케이스를 활용해본 후 새로운 이슈 탐색을 수행해보는 것이 적절하다.

13 정답 ②

해설 평가 단계에서 업무에 맞게 모델링이 잘 되었는지 확인하고, 모델링이 적합하지 않을 경우 모델링 단계가 아닌 업무의 이해 단계까지 돌아가야 한다.

14 정답 ①

해설 빅데이터 분석 방법론에서 시스템 구현 단계의 태스크는 설계 및 구현, 시스템 테스트 및 운영이다.

15 정답 ③

> **해설** 분석용 데이터 세트를 만드는 과정에서 분석에 필요한 충분한 데이터가 확보되지 않은 경우, 데이터 준비~데이터 분석 단계를 반복하여 충분한 데이터를 확보하도록 해야 한다.

16 정답 ②

> **해설** 모델의 안정성 측면에서는 정밀도가 중요하고 분석의 활용 측면에서는 정확도가 중요하다. 즉, ②에서 서로 순서가 바뀌면 옳은 문장이 된다.

3과목 데이터 분석

17 정답 ①

> **해설** 박스 플롯은 EDA(탐색적 데이터 분석)에서 이상치를 파악하기 위해 자주 쓰이는 그래프이다.

18 정답 ②

> **해설**

항목	빈도
A	10
B	5
C	25
A, B, C	5
B, C	20
A, B	20
A, C	15

> ① A → C : $P(A\cap C)/P(A)=(5+15)/(10+5+20+15)=0.4$ → A와 C를 동시에 포함하는 거래/A를 포함하는 거래
> ② B → C : $P(B\cap C)/P(B)=(5+20)/(5+5+20+20)=0.5$ → B와 C를 동시에 포함하는 거래/B를 포함하는 거래
> ③ C → A : $P(A\cap C)/P(C)=(5+15)/(25+5+20+15)=0.31$ → C와 A를 동시에 포함하는 거래/C를 포함하는 거래
> ④ C → B : $P(B\cap C)/P(C)=(5+20)/(25+5+20+15)=0.38$ → C와 B를 동시에 포함하는 거래/C를 포함하는 거래

19 정답 ②

> **해설** KNN은 비지도 학습 모형이 아니라 예측 변수와 정답 데이터가 제공되는 지도 학습 모형이다.

20 정답 ④

> **해설** Apriori 알고리즘의 분석 절차는 '② 데이터베이스로부터 최소 지지도를 설정한다. → ⓒ 개별 품목들 중에서 최소 지지도를 넘는 모든 항목들을 찾는다. → ⑩ 이전 단계에서 찾은 개별 항목만을 이용하여 최소 지지도를 넘는 두 가지 항목을 찾는다. → ⑤ 이전 단계에서 찾은 항목의 집합을 결합하여 최소 지지도를 넘는 세 가지 항목 집합을 찾는다. → ⓒ 반복적으로 수행하여 최소 지지도가 넘는 빈발 항목을 찾는다.'의 순으로 이루어진다.

21 정답 ①

해설 카탈로그 배열 및 교차 판매, 공격적 판촉 행사 등에 활용되는 데이터 마이닝 기법은 '연관규칙 분석'이다.

22 정답 ③

해설 재현율(Recall)은 TP/(TP+FN)이므로 300/(300+200)=0.6이다.

23 정답 ②

해설 적절한 세분화로 인하여 품목 결정이 가능하므로, 세분화가 없이는 분석이 매우 어렵다.

24 정답 ②

해설 더빈-왓슨 검정(Durbin-Watson Test)은 오차항의 자기 상관이 있는지에 대한 검정, 즉 독립성 검정 기법이다.

25 정답 ④

해설 Books의 계수는 유의하지 않으므로 인과관계를 알기 어렵다.

26 정답 ④

해설 의사결정나무는 지도 학습 모델의 일부인 분류분석에 속하는 알고리즘이다. 따라서 의사결정나무는 비지도 학습이 아니다.

27 정답 ①

해설 $y = \dfrac{1}{1+e^{-x}}$ 공식은 시그모이드 함수의 식이다.

28 정답 ③

해설 군집 분석은 label이 없는 비지도 학습 방법에 속한다. 군집 분석은 신뢰성과 타당성을 점검하기는 매우 어렵다. 대표적으로 군집의 타당성을 확인할 수 있는 지표는 Dunn index, 실루엣 계수 등이 있으나, 교차 검증을 통한 안정성 검토를 수행하지는 않는다.

29 정답 ③

해설 ROC 곡선은 좌상향할수록 좋은 곡선이므로, x=0, y=1에 가깝게 그려질수록 우수하다.

30 정답 ①

해설 회귀식에 대한 검정 시에는 '독립 변수의 기울기가 0이라는 가정'을 귀무가설, '기울기가 0이 아니라는 것'을 대립가설로 놓아야 한다.

31 정답 ②

해설 결정계수는 총 변동 중에서 회귀 모형에 의하여 설명되는 변동이 차지하는 비율이다.

$$R^2 = \frac{SSR}{SST} = 1 - \frac{SSE}{SST}$$

32 정답 ④

해설 주성분 분석은 상관관계가 있는 고차원 자료의 변동을 최대한 보존하여 저차원의 자료로 변환하는 차원 축소 기법의 한 종류이다.

33 정답 ①

해설 공분산은 측정 단위에 영향을 상당히 많이 받는다. 그 영향도를 줄이기 위해서 X와 Y의 표준편차의 곱으로 나눠주는 표준화 작업을 거친 지표가 상관계수이다.

34 정답 ③

해설 제시된 산점도를 통해 Rating과 Limit이 Age보다 Balance와 상관관계가 더 높다는 것을 확인할 수 있다.

35 정답 ②

해설 다양한 모형 간의 상호 연관성이 높을수록 정확도는 떨어지게 된다.

36 정답 ②

해설 K-means clustering은 비계층적 군집화 중 하나로, 한 개체가 속해 있던 군집에서 다른 군집으로의 이동이 가능하다는 특징을 지닌다.

37 정답 ③

해설 ARIMA에서 'I'는 Improvement가 아니라 Integrated이다.

38 정답 ①

해설 두 개의 주성분의 분산은 5.31%가 아니라, 누적 기여율(Cumulative proportion)을 통해서 확인한 값인 약 97.8%를 설명한다고 볼 수 있다.

39 정답 ④

해설 선형성, 등분산성이라는 가정의 충족 조건은 상관 분석이 아니라 회귀 분석을 수행하기 위한 조건이다.

40 정답 ①

해설 시계열 분석 시 정상성의 조건은 '평균이 일정할 것', '분산이 시점에 의존하지 않을 것', '공분산은 시차에만 의존하고 시점 자체에는 의존하지 않을 것' 등이다.

01	02	03	04	05	06	07	08	09	10
③	①	④	②	②	④	③	②	①	①
11	12	13	14	15	16	17	18	19	20
④	③	②	①	②	①	④	①	③	③
21	22	23	24	25	26	27	28	29	30
④	③	④	②	②	④	③	④	③	④
31	32	33	34	35	36	37	38	39	40
②	③	④	①	③	④	①	②	④	①

1과목 데이터 이해

01 정답 ③

> **해설** 데이터 사이언티스트의 요구 역량은 하드 스킬과 소프트 스킬로 구분된다. 하드 스킬에는 분석기술 숙련도와 빅데이터 관련 이론적 지식이 포함되며, 소프트 스킬에는 '통'찰력 있는 분석, '설'득력 있는 전달, '다'분야 간 협력('통설다')이 포함된다.

02 정답 ①

> **해설** 데이터의 양을 측정하는 크기 단위
> PB(페타바이트) : 10^3TB < EB(엑사바이트) : 10^3PB < ZB(제타바이트) : 10^3EB < YB(요타바이트) : 10^3ZB

03 정답 ④

> **해설** 데이터베이스에는 정형 데이터, 반정형 데이터, 비정형 데이터가 모두 저장될 수 있다.

04 정답 ②

> **해설** 사물인터넷(IoT), CCTV 등을 통해 수집된 데이터는 다양하게 활용이 가능하여 모든 것에 대한 데이터화(Datafication)가 가능해지고 있다.

05 정답 ②

> **해설** 빅데이터가 만든 본질적인 변화의 특징
> • 사전처리에서 사후처리로
> • 표본조사에서 전수조사로
> • 질보다 양으로
> • 인과관계 분석에서 상관관계 분석으로

06 정답 ④

해설 ⓛ 책임 훼손 원칙 → 결과 기반의 책임 원칙, ⓒ 데이터의 오용 → 알고리즘 접근 허용으로 매핑되어야 한다.

07 정답 ③

해설 NoSQL은 Not Only SQL의 준말로, MongoDB, Apache Hbase, Redis 등이 있다. MySQL은 제외된다.

08 정답 ②

해설 빅데이터의 발전으로 인하여 표본조사가 아닌 전수조사의 중요성이 강조되었다.

2과목 ▶ 데이터 분석 기획

09 정답 ①

해설 필요데이터의 정의는 데이터 준비 단계에서 수행하는 과업이다.

10 정답 ①

해설 입력자료(Input)와 출력자료(Output)로 구성된 단위 프로세스(Unit proecess)는 스텝(Step) 단계이다.

11 정답 ④

해설 시급성의 판단기준은 전략도·중요도만 포함된다. 난이도의 판단기준에 비용과 범위가 포함되며, 데이터 분석 의 적합성 여부의 기준이 된다.

12 정답 ③

해설 데이터 분석 과제의 우선 순위 고려 요소는 전략적 중요도 및 목표 가치, 실행 용이성, 비즈니스 성과 및 ROI 등이다.

13 정답 ②

해설 하향식 접근 방식은 '문제 탐색 → 문제 정의 → 해결 방안 탐색 → 타당성 검토 → 선택'의 순서로 진행된다.

14 정답 ①

해설 상향식 접근 방식은 정답이 정해져 있지 않거나 구체화되어 있지 않은 경우가 많다. 그러므로 Label 값이 정해 져 있는 지도학습은 적절하지 않으며, 비지도학습이 상향식 접근 방식과 비슷하다 할 수 있다.

15 정답 ②

해설 우선적으로 가장 분석에 착수해야 되는 과제는 시급성이 높고, 난이도가 낮은 것이다.

16 정답 ①

해설 분석 과제 선정 시 시급성에 적용 우선순위를 둘 경우 Ⅲ → Ⅳ → Ⅱ 순서로 진행한다.

3과목 데이터 분석

17 정답 ④

해설 ④는 Accuracy가 아니라 Recall(재현율)에 대한 설명이다.

18 정답 ①

해설 확률 질량 함수(즉, 이산형 확률변수)의 공식은 $E(X) = \sum x f(x)$으로 표현한다.

19 정답 ③

해설 $F1\_score = 2 \times \dfrac{Precision \times Recall}{Precision + Recall} = \dfrac{(200/500) \times (200/500)}{(200/500) + (200/500)} = \dfrac{0.4 \times 0.4}{0.4 + 0.4} = 0.4$

20 정답 ③

해설 종별 관계에 대한 정보는 해당 산점도(Scatter plot)만으로는 알 수 없다.

21 정답 ④

해설 계층적 군집 분석의 대표적 특징은 한번 군집이 형성되면 군집에 속한 개체들이 다른 군집으로 이동할 수 없다는 것이다. K-means 군집(K-means Clustering)은 비계층적 군집 방법 중 하나이며 계속 군집을 이동시키며 최적화시킨다.

22 정답 ③

해설 연관 분석은 조건반응(if, then)으로 연결되어 표현이 가능하므로, 품목 간의 시간적 선행과 영향도를 해석할 수 있다.

23 정답 ④

해설 유클리디안 거리는 두 점을 잇는 가장 짧은 직선거리로, 계산 과정은 다음과 같다.
$$\sqrt{(175-180)^2 + (45-50)^2} = \sqrt{50}$$

24 정답 ②

해설 스피어만 상관계수는 순서척도 혹은 서열척도의 자료를 대상으로 한다.

25 정답 ②

해설 SOM은 경쟁 학습 방법을 통한 순전파 방식을 사용한다.

26 정답 ④

해설 생성된 모델이 훈련 데이터에 너무 최적화되어 테스트 데이터의 작은 변화에 민감하게 반응하는 경우가 많이 발생하는 것이 과대적합의 특징이다.

27 정답 ③

해설 향상도 = $\dfrac{P(햄버거 \cap 피자)}{P(햄버거) \times P(피자)}$ = $\dfrac{0.4}{0.5 \times 0.6}$ = $\dfrac{4}{3}$ 이다. 향상도가 1보다 크므로 두 품목 간 연관성이 높다 할 수 있다.

① 정확도는 주어진 자료를 통해서는 구할 수 없다.

② 지지도는 P(햄버거 \cap 피자) $\dfrac{2,000}{5,000}$ = 0.40이다.

④ "피자 → 햄버거"의 신뢰도보다 "햄버거 → 피자"가 더 높다.

· 신뢰도(피자 → 햄버거) = $\dfrac{P(햄버거 \cap 피자)}{P(피자)}$ = $\dfrac{0.4}{0.6}$ = $\dfrac{2}{3}$ = 0.7

· 신뢰도(햄버거 → 피자) = $\dfrac{P(햄버거 \cap 피자)}{P(햄버거)}$ = $\dfrac{0.4}{0.5}$ = $\dfrac{4}{5}$ = 0.8

28 정답 ④

해설 부스팅은 약한 예측력을 지닌 분류기들로 분류를 해 나가며, 잘못 분류된 개체들에 가중치를 적용하여 새로운 분기규칙을 만들고 이 과정을 반복함으로써 최종 모델링을 하는 알고리즘이다.

29 정답 ③

해설 신뢰수준 95%의 의미는 추정값이 신뢰구간에 존재할 확률이 아니라 모수가 신뢰구간에 포함될 확률이다. 추정값이 신뢰구간에 존재하지 않을 수도 있다고 할 수 있다.

30 정답 ④

해설 기존에 선택된 변수들에 전진 선택법은 영향을 받는다. 만약, AIC를 기준으로 전진선택법을 수행할 때 AIC가 낮아지지 않는다면, 변수를 포함하지 않는다.

31 정답 ②

해설 제2주성분의 로딩 벡터에는 음수가 2개 포함되어 있다. 즉, 이는 음의 방향을 가지고 있는 벡터가 있음을 의미한다.

32 정답 ③

해설 표본 편의(Sampling bias)는 표본 추출 방법에서 기인하는 오차를 의미하므로 표본추출방법이 아닌 확률화 (Randomize)를 통해 제거할 수 있다.

33 정답 ④

해설 베이즈의 정리의 공식 : $P(B|A)=P(A \cap B)/P(A)=P(A|B) \times P(B)/P(A)$
$P(질병|양성)=P(양성|질병) \times P(질병)/P(양성)=0.8 \times 0.3/0.4=0.6$

34 정답 ①

해설 재현율은 $TP/(TP+FN)$이므로 $300/(300+1,500)=1/6$이다.

35 정답 ③

해설 주성분 분석은 서로 상관성이 높은 변수들의 선형 결합으로 만들어 기존의 상관성이 높은 변수들을 요약, 축소하는 기법이다.

36 정답 ④

해설 **주성분 분석에서 주성분의 수를 선택하는 방법**
• 스크리 산점도
• 전체 변이 공헌도–총분산으로 선택하는 방법
• 평균 고윳값이 평균 이상이 되는 값을 제거하는 방법 등

37 정답 ①

해설 시간의 흐름에 따라 최근 시계열에 더 많은 가중치를 부여하며 미래를 예측하는 기법은 지수평활법이다.

38 정답 ②

해설 분리 변수의 P차원 공간에 대한 현재 분할은 이전 분할에 영향을 받는다.

39 정답 ④

해설 year변수의 t-test 이후의 p-value값은 0.000646으로, 0.05보다 매우 작아 *** 표시를 나타내고 있으므로 회귀계수(Coefficient)는 유의함을 알 수 있다.

40 정답 ①

해설 두 변수 간의 유의성은 상관분석을 통해 선형관계를 살펴볼 수 있고, 회귀 계수의 유의성은 t-test를 활용하여 확인할 수 있으며, 회귀모형의 적합성은 F-test를 활용하여 확인이 가능하다.

제32회 ADsP 기출복원문제

01	02	03	04	05	06	07	08	09	10
④	③	②	②	③	①	①	④	②	①
11	12	13	14	15	16	17	18	19	20
④	②	③	①	②	①	①	①	③	②
21	22	23	24	25	26	27	28	29	30
②	④	④	①	②	②	④	①	③	②
31	32	33	34	35	36	37	38	39	40
③	①	④	①	③	④	②	③	④	③

1과목 데이터 이해

01 정답 ④

해설 SQL에서의 DML 명령어는 SELECT, INSERT, UPDATE, DELETE가 속한다.

02 정답 ③

해설 고객 하나가 상품 하나와 매핑되어 있고 두 명의 고객이 한 상품과 매핑되었으므로 고객은 N이 되고, 상품은 1이 되는 관계라 할 수 있다.

03 정답 ②

해설 ERP는 조직이 회계, 조달, 프로젝트 관리, 리스크 관리와 규정 준수, 공급망 운영 등 일상적인 비즈니스 활동을 관리하는 데 사용하는 소프트웨어 유형을 의미한다.

04 정답 ②

해설 A 품목을 구매한 후 B 품목을 구매하는 확률을 분석하는 분석법을 연관 규칙 분석이라 하며, 지표로는 지지도, 신뢰도, 향상도가 있다.

05 정답 ③

해설 지도 학습에는 분류 분석, 회귀 분석, 인공신경망 분석 등이 존재하며, 비지도학습에는 차원 축소, 군집 분석, 연관규칙 분석이 존재한다.

06 정답 ①

해설 빅데이터 활용에 필요한 기본적인 3요소는 데이터, 기술, 인력이다.

07 정답 ①

> **해설** 인문학 열풍을 가속화한 외부요인으로 '단순 세계화인 컨버전스 시기에서 복잡한 세계화인 디버전스 시기로의 변화', '비즈니스 중심이 제품 생산에서 서비스로 이동', '경제와 산업의 논리가 생산에서 시장창조로 변화' 등을 꼽을 수 있다.

08 정답 ④

> **해설** 데이터분석 알고리즘으로 피해자 구제 역할을 하는 전문가는 알고리즈미스트이다.

2과목 데이터 분석 기획

09 정답 ②

> **해설** 3V에 해당하는 Volume, Variety, Velocity는 투입에 해당하는 요소들이며 비즈니스효과(Return)에 해당하는 요소는 Value이다.

10 정답 ①

> **해설**
>
> | | |
> |---|---|
> | 데이터 표준화 | 데이터 표준 용어 설정, 명명 규칙(Name rule) 수립, 메타 데이터(Meta data) 구축, 데이터 사전(Data dictionary) 구축 등의 업무로 구성된다. |
> | 데이터 관리 체계 | 데이터 정합성(Data Integrity) 및 활용의 효율성을 위하여 표준 데이터를 포함한 메타 데이터와 데이터 사전의 관리 원칙을 수립한다. |
> | 데이터 저장소 관리 | • 전사 차원의 저장소는 메타 데이터 및 표준 데이터를 관리하기 위한 요소로 구성한다.
• 데이터 저장소는 데이터 관리 체계 지원을 위한 워크플로우(Workflow) 및 관리용 응용 소프트웨어를 지원하고 관리 대상 시스템 통제가 이뤄져야 한다. |
> | 표준화 활동 | 데이터 거버넌스 체계 구축 후 표준 준수 여부(Compliance)를 주기적으로 점검한다 |

11 정답 ④

> **해설** 전사 차원의 모든 데이터에 대하여 정책 및 지침, 표준화, 운영조직 및 책임 등의 표준화된 관리 체계를 수립하고 운영을 위한 프레임워크 및 저장소를 구축하는 것은 데이터 거버넌스를 설명하는 것이다.

12 정답 ②

> **해설** 비즈니스 이해 및 범위 설정에서 프로젝트 참여자들의 이해관계를 일치시키기 위해 작성되는 것은 SOW(Statement Of Work)이며, 이는 '작업지시서'라 할 수 있다.

13 정답 ③

> **해설** 거시적 관점에서 분석 모델은 STEEP(Social, Technological, Economic, Environmental, Political)의 해당 부분을 분석하는 모델이다. 그러므로 채널이 답이 된다.

14 정답 ①

해설 하향식 접근 방식인 분석 유즈 케이스는 문제 정의가 명확한 경우에 적용하기가 용이하다. 문제 정의 자체가 어려운 경우에는 상향식 접근 방식으로 문제를 해결해 나가야 한다.

15 정답 ②

해설 데이터 분석 준비도 프레임워크에는 분석업무 파악, 인력 및 조직, 분석 기법, 분석 데이터, 분석 문화, IT 인프라 가 존재한다. 그러므로 성과 분석이 답이 된다.

16 정답 ①

해설 빅데이터 분석 방법론의 분석 절차는 '분석 기획 → 데이터 준비 → 데이터 분석 → 시스템 구현 → 평가 및 전 개'의 순으로 진행된다.

3과목 데이터 분석

17 정답 ①

해설 카이제곱 검정은 연속확률분포에 속하며, 또한 모수 통계 검정법에 속한다.

18 정답 ①

해설 전체 장바구니는 5건으로 구성되어 있고, 빵과 우유를 동시에 구매한 장바구니는 2번과 5번이다. 그러므로 5건 중 총 2건이라 할 수 있다. 빵이 포함된 장바구니는 1번, 2번, 4번 5번으로 총 4건이다. 따라서, 신뢰도 $P(B|A)$를 나타내면 0.5가 답이 된다.

$$신뢰도 = \frac{P(A \cap B)}{P(A)} = \frac{A와 B가 동시에 포함된 거래수}{A를 포함하는 거래수} = \frac{지지도}{P(A)} = \frac{(2/5)}{(4/5)} = \frac{1}{2} = 0.5$$

19 정답 ③

해설 거래 항목에 따른 계산을 해보면 다음과 같이 할 수 있다.

상품	거래 건수
커피	10+5+25+20=60
김밥	10+5+20+25=60
생수	10
커피, 김밥, 생수	5
김밥, 생수	20
커피, 김밥	25+5=30
커피, 생수	20
전체 거래 수	100

$$\frac{P(B|A)}{P(B)} = \frac{P(A \cap B)}{P(A) \times P(B)} = \frac{A와 B가 동시에 포함된 거래수}{A를 포함하는 거래수 \times B를 포함하는 거래수} = \frac{(30/100)}{(60/100) \times (60/100)} = 0.833$$

20 정답 ②

해설 민감도(Sensitivity)=(TP)/(FN+TP) → 40/(60+40)=0.40

21 정답 ②

해설 유의 수준(Significance level)은 통계적인 가설검정에서 사용되는 기준값으로서 일반적으로 α로 표시하며, 사실인데 사실이 아니라고 판단할 확률의 최대 크기로도 표현된다. 예를 들어 95%의 신뢰도를 기준으로 할 경우 (1−0.95)인 0.05이 유의 수준 값이 된다.

22 정답 ④

해설 자료들을 정렬했을 때 가운데에 위치한 값은 50% 중위수이다. 그리고 중위수를 기준으로 흩어진 정도를 나타내는 통계량은 IQR 즉, 사분위수 범위이다.

23 정답 ④

해설 상관관계가 있는 고차원 자료들을 자료의 변동(즉, 분산을 뜻함)을 최대한 보존하면서 저차원 자료로 변환하는 기법은 주성분 분석(PCA)이다.

24 정답 ①

해설 파생 변수는 기존의 변수들을 통해 새로이 정의되는 변수이며, 다른 데이터셋에 적용되기는 어려운 연구자의 논리적 주관이 포함된 변수이다.

25 정답 ②

해설 마할라노비스 거리는 변수의 표준화와 상관성을 동시에 고려한 통계적 거리이다.

26 정답 ②

해설 특이도(Specificity)의 식은 TNR이며, TN/(FP+TN)이므로, TN/N2로 나타낸다.

27 정답 ④

해설 박스 플롯(상자수염 그림)은 중위수를 기준으로 그려진다.

28 정답 ①

해설 ⓒ 초기(군집의) 중심으로 k개의 객체를 임의로 선택한다. → ⓐ 각 자료의 가장 가까운 군집의 중심에 할당한다. → ⓔ 각 군집 내의 자료들의 평균을 계산하여 군집의 중심을 갱신(Update)한다. → ⓑ 군집 중심의 변화가 거의 없을 때(또는 최대 반복수)까지 단계2(ⓐ)와 단계3(ⓔ)을 반복한다.

29 정답 ③

해설

DBSCAN	관측치들의 밀도 계산 기반으로 밀집도가 높게 분포된 관측치들끼리 그룹핑하는 알고리즘을 의미한다.
EM 알고리즘	관측되지 않은 잠재변수에 의존적인 확률모델에서 최대 사후 확률이나 최대 가능도를 갖는 모수의 추정치를 찾는 반복적 알고리즘을 의미한다.
혼합 분포 군집	여러 분포를 확률적으로 선형결합하여 데이터가 K개의 모수 모형의 가중 합으로 표현되는 모집단 모형에서 나왔다는 가정에서부터 모수와 가중치를 추정하는 알고리즘을 의미한다.
SOM(자기조직화지도)	비지도 신경망으로 고차원의 데이터를 이해하기 쉬운 저차원의 뉴런으로 정렬하여 지도의 형태로 형상화하는 알고리즘을 의미한다.

30 정답 ②

해설 정밀도(Precision)는 긍정이라고 예측한 비율 중에서 실제로 긍정인 비율이다[TP/(FP+TP)].

31 정답 ③

해설 연관규칙 분석은 if, then의 조건을 통해서 분석하는 방법으로 카탈로그 배열, 교차 판매 등의 마케팅을 계획할 때 활용된다.

32 정답 ①

해설 잡음은 무작위적 변동이므로 일반적으로 원인을 알기 어렵다.

33 정답 ④

해설 R의 데이터 구조에서 행렬과 관련된 Scalar, Vector, Matrix, Array는 같은 자료형을 표현하고 Data.Frame과 List는 서로 다른 자료들을 묶어서 저장할 수 있다.

34 정답 ①

해설 LOOCV는 K-Fold의 방식과 같으며, K는 전체 데이터의 개수와 같다. K의 값에 따라서 변화하지 않는다.

35 정답 ③

해설 여러 개의 관측치들을 통해 유사성에만 기초하여 여러 개의 집단으로 군집화하는 방법은 군집 분석이다.

36 정답 ④

해설 비표본 오차는 표본추출 외의 과정에서 발생하는 오차이므로 표본의 개수가 많아질 경우 증가하게 된다.

37 정답 ②

해설 시간의 흐름에 따라 일정한 간격마다 기록된 데이터를 시계열(Time series) 데이터라 한다.

38 정답 ③

해설 분산이 가장 작은 성분이 아닌 가장 큰 성분이 제1주성분이 된다.

39 정답 ④

해설 1사분위수(Q1)는 14, 3사분위수(Q3)는 18일 때, IQR::4=Q3::18−Q1::14 상위 경계는 Q3+1.5×IQR → 24, 하위 경계는 Q1−1.5×IQR → 8로 계산할 수 있다.

40 정답 ③

해설 **정상성의 조건**
- 평균이 일정하다.
- 분산이 시점에 의존하지 않는다.
- 공분산은 단지 시차에만 의존하고 시점 자체에는 의존하지 않는다.

MEMO

MEMO

MEMO

MEMO

MEMO

MEMO

MEMO

01 증권경제전문 토마토TV가 만든 교육브랜드

토마토패스는 24시간 증권경제 방송 토마토TV · 인터넷 종합언론사 뉴스토마토 등을 계열사로
보유한 토마토그룹에서 출발한 금융전문 교육브랜드 입니다.
경제 ·금융· 증권 분야에서 쌓은 경험과 전략을 바탕으로 최고의 금융교육 서비스를 제공하고 있으며
현재 무역 · 회계 · 부동산 자격증 분야로 영역을 확장하여 괄목할만한 성과를 내고 있습니다.

뉴스토마토	Tomato tv	토마토증권통	e Tomato
www.newstomato.com	tv.etomato.com	stocktong.io	www.etomato.com
싱싱한 정보, 건강한 뉴스	24시간 증권경제 전문방송	가장 쉽고 빠른 증권투자!	맛있는 증권정보

02 차별화된 고품질 방송강의

토마토 TV의 방송제작 장비 및 인력을 활용하여 다른 업체와는 차별화된 고품질 방송강의를 선보입니다.
터치스크린을 이용한 전자칠판, 핵심내용을 알기 쉽게 정리한 강의 PPT,
선명한 강의 화질 등 으로 수험생들의 학습능력 향상과 수강 편의를 제공해 드립니다.

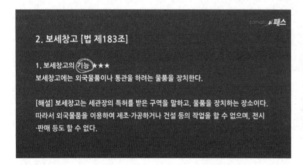

03 최신 출제경향을 반영한 효율적 학습구성

토마토패스에서는 해당 자격증의 특징에 맞는 커리큘럼을 구성합니다.
기본서의 자세한 해설을 통해 꼼꼼한 이해를 돕는 정규이론반(기본서 해설강의) · 핵심이론을 배우고
실전문제에 바로 적용해보는 이론 + 문제풀이 종합형 핵심종합반 · 실전감각을 익히는
출제 예상 문제풀이반 · 시험 직전 휘발성 강한 핵심 항목만 훑어주는 마무리특강까지!
여러분의 합격을 위해 최대한의 효율을 추구하겠습니다.

정규이론반   핵심종합반   문제풀이반   마무리특강

04 가장 빠른 1:1 수강생 학습 지원

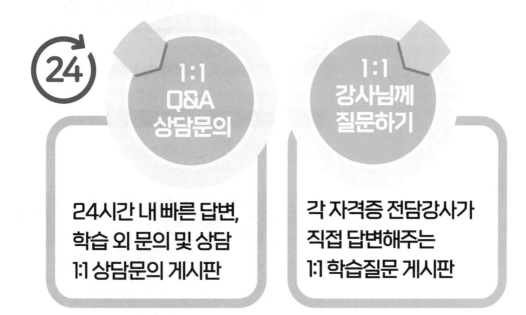

토마토패스에서는 가장 빠른 학습지원 및 피드백을 위해 다음과 같이 1:1 게시판을 운영하고 있습니다.
· Q&A 상담문의 (1:1) ㅣ 학습 외 문의 및 상담 게시판, 24시간 이내 조치 후 답변을 원칙으로 함 (영업일 기준)
· 강사님께 질문하기(1:1) ㅣ 학습 질문이 생기면 즉시 활용 가능, 각 자격증 전담강사가 직접 답변하는 시스템
이 외 자격증 별 강사님과 함께하는 오픈카톡 스터디, 네이버 카페 운영 등 수강생 편리에 최적화된
수강 환경 제공을 위해 최선을 다하고 있습니다.

05 100% 리얼 후기로 인증하는 수강생 만족도

2020 하반기 수강후기 별점 기준 (100으로 환산)

토마토패스는 결제한 과목에 대해서만 수강후기를 작성할 수 있으며,
합격후기의 경우 합격증 첨부 방식을 통해 100% 실제 구매자 및 합격자의 후기를 받고 있습니다.
합격선배들의 생생한 수강후기와 만족도를 토마토패스 홈페이지 수강후기 게시판에서 만나보세요!
또한 푸짐한 상품이 준비된 합격후기 작성 이벤트가 상시로 진행되고 있으니,
지금 이 교재로 공부하고 계신 예비합격자분들의 합격 스토리도 들려주시기 바랍니다.

강의 수강 방법
PC

www.tomatopass.com ▼

02 회원가입 후 자격증 선택
· 회원가입시 본인명의 휴대폰 번호와 비밀번호 등록
· 자격증은 홈페이지 중앙 카테고리 별로 분류되어 있음

03 원하는 과정 선택 후 '자세히 보기' 클릭

04 상세안내 확인 후 '수강신청' 클릭하여 결제
· 결제방식 [무통장입금(가상계좌) / 실시간 계좌이체 / 카드 결제] 선택 가능

05 결제 후 '나의 강의실' 입장

06 '학습하기' 클릭

07 강좌 '재생' 클릭
· IMG Tech 사의 Zone player 설치 필수
· 재생 버튼 클릭시 설치 창 자동 팝업

강의 수강 방법
모바일

탭 · 아이패드 · 아이폰 · 안드로이드 가능

01 토마토패스 모바일 페이지 접속

WEB · 안드로이드 인터넷, ios safari에서
www.tomatopass.com 으로 접속하거나

 Samsung Internet (삼성 인터넷)

 Safari (사파리)

APP · 구글 플레이 스토어 혹은 App store에서
합격통 혹은 토마토패스 검색 후 설치

 Google Play Store

 앱스토어   tomato 패스 합격통

02 존플레이어 설치 (버전 1.0)

· 구글 플레이 스토어 혹은 App store에서 '존플레이어' 검색 후 버전 1.0 으로 설치
(***2.0 다운로드시 호환 불가)

03 토마토패스로 접속 후 로그인

04 좌측 👤아이콘 클릭 후
'나의 강의실' 클릭

05 강좌 '재생' 버튼 클릭

· **기능소개**
과정공지사항 : 해당 과정 공지사항 확인
강사님께 질문하기 : 1:1 학습질문 게시판
Q&A 상담문의 : 1:1 학습외 질문 게시판
재생 : 스트리밍, 데이터 소요량 높음, 수강 최적화
다운로드 : 기기 내 저장, 강좌 수강 시 데이터 소요량 적음
PDF : 강의 PPT 다운로드 가능

👤   **토마토패스**   ≡

금융투자자격증   은행/보험자격증   FPSB/국제자격증   회계/세무지

나의 강의실

| 과정공지사항 | 강사님께 질문하기 |
| 학습자료실 | Q&A 상담문의 |

과정명	증권투자권유대행인 핵심종합반	
수강기간	2021-08-23 ~ 2022-08-23	
최초 수강일	2021-08-23	최근 수강일	2021-09-09
진도율	77.0%	

강의명	재생	다운로드	진도율	PDF
1 강 금융투자상품01	▶	⬇	0%	⬆
2 강 금융투자상품02	▶	⬇	100%	⬆
3 강 금융투자상품03	▶	⬇	100%	⬆
4 강 유가증권시장, 코스닥시장01	▶	⬇	94%	⬆
5 강 유가증권시장, 코스닥시장02	▶	⬇	71%	⬆
6 강 유가증권시장, 코스닥시장03	▶	⬇	0%	⬆
7 강 채권시장01	▶	⬇	96%	⬆
8 강 채권시장02	▶	⬇	0%	⬆
9 강 기타 증권시장	▶	⬇	93%	⬆

데이터분석준전문가(ADsP) 단기완성

초 판 발 행　　2023년 4월 10일
개정1판1쇄　　2024년 6월 10일

편 저 자　　박영식
발 행 인　　정용수
발 행 처　　(주)예문아카이브
주　　　소　　서울시 마포구 동교로 18길 10 2층
T E L　　02) 2038-7597
F A X　　031) 955-0660

등 록 번 호　　제2016-000240호

정　　　가　　28,000원

홈페이지 http://www.yeamoonedu.com

I S B N　　979-11-6386-313-7　　[13000]